教育部人文社会科学重点研究基地重大项目研究成果
复旦大学美国研究中心

美国综合国力及社会政治生态的变化趋势

倪峰 等·著

时事出版社
北京

前　言

习近平总书记多次指出，当今世界正处于百年未有之大变局，强调要从纷繁复杂的国际形势大发展大变革大调整中把握规律、认清大势，共同塑造人类社会和世界变革的积极方向。大变局的本质，是国际力量对比变化。应当看到，中美关系与百年大变局的联系紧密，很大程度上，中美关系是牵动百年大变局走向的核心因素之一。百年变局与百年复兴相互激荡，推动中美关系走入了一个战略竞争的新时代。竞争在利益目标上具有重大性，不仅事关中华民族的伟大复兴和美国霸权的护持，而且涉及西方和非西方关系的根本转变和整个世界力量体系的重构。竞争在时间上具有长期性，它可能将伴随百年变局与百年复兴的全过程。竞争在范围上具有全面性，涉及经济、技术、意识形态、地缘政治以及全球治理等诸多领域。竞争在影响上具有全局性，其结局将决定百年变局的最终走势。在中美战略大博弈不断展开之际，我们一方面需要对美国对外战略的发展演进做实时的跟踪、分析和研判，与此同时，对美国的综合国力及社会政治生态的变化有一个总体把握也是一项基础性工作。对于美国而言，21 世纪最初的 20 年可能是颇具转折性意义的历史阶段。2001 年发生的“9·11”事件揭示出美国在对外政策与国际角色上已陷入重大危机，而其后的阿富汗战争以及对中东局势的破坏性影响也成为了牵动美国国内政治与对外战略的重要议题。2008 年金融危机再次反映出美国经济制度与治理层面的重大的结构性矛盾，引发了美国社会层面在阶层、族裔等各层面持续爆发出重大危机，在此背景下，美国国力盛极而衰的转向也变得日益清晰可见。本书聚焦美国综合国力和社会政治生态两个关键变量，旨在通过“显微镜”观察美国经济社会发展各方面指标，也力图用建立在数据分析基础上的“望远镜”绘制美国国力兴衰及战略调整的航线图。在写作布局上本书分为四章。

第一章“进入21世纪以来的美国”主要从经济、社会、政治和外交四个视角对进入21世纪以来美国发生的各种变化进行一个总体性的描述和分析。从经济视角来看，21世纪以来美国三大结构性问题凸显：（1）总量优势下降和增速趋缓。在世纪之交的2000年，美国的实际GDP达到了13.26万亿美元，占全球总量的27.9%。而到了新冠肺炎疫情前的2019年，美国实际GDP的全球占比已下降至21.6%。在21世纪的头二十年中，美国实际GDP的平均年度增长率为2.09%，低于1961—1999年的3.52%的平均增长率。这其中固然有2008—2009年金融危机的影响，但美国经济增长率在经历危机的低谷后未能实现大幅度的提升。虽然美国经济在近年保持了2%左右的稳步增长，但和历史数据相比，经济增长率依然相对偏低，人们愈发担心美国经济可能将陷入长期低增长的局面。（2）资本和劳工的失衡。在二战结束到20世纪80年代新自由主义兴起之前，美国的资本和劳工的关系也具有非对称性，前者在财富分配和议价能力等方面具有显著的优势。虽然美国在历史上也经历过劳资严重失衡的情形，但均能在较短的时间内回到均衡水平。然而，随着新自由主义的兴起和全球化的迅速扩张，资本在和劳工的博弈中的优势地位不断扩大，导致劳工阶层的收入愈发落后于资本的利润所得。这构成当下美国各种社会政治矛盾的基本根源。（3）赤字和债务危机问题。进入21世纪以来，联邦政府已数次因无法和国会就提高债务上限达成协议而关闭。从理论和经验性的角度来看，只要美国经济能及时复苏，同时世界对美元的信用继续持有信心，美国在短期内爆发债务危机的可能性较低。然而如前所述，美国经济总量的全球占比已呈现出逐年下滑的态势，美元国际储备货币的地位也面临着挑战，这些结构性因素为美国的赤字和债务的可持续性埋下了隐患。这些问题是美国政治、经济和社会等多重因素作用的结果，很难在短时间内得到有效的解决，并将深刻影响美国的内外战略和政策。

从社会的视角来看，在经济全球化的背景之下，新自由主义主导下的市场力量打破了第二次世界大战后美国政治国家、市场经济与社会力量之间所形成的平衡，美国的贫富悬殊、阶层固化等问题不断恶化，使美国社会正处于自内战结束以来最严重的分裂之中，不仅在经济收入、政治参与、阶层和种族隔阂等方面裂痕正在加深，而且在文化认同与社会参与等方面分裂也在加剧。从政治的视角来看，不断加深的政治极化、民粹主义与反建制派的崛起、身份政治与认同的“部落化”不断侵蚀着政治制度的肌体，导致美国政治不断上演的政策朝令夕改，难以调和的府会之争和政府关门，民众之间的政治分歧上升为社会骚乱，“政治衰败”的戏码不断上演。而在外交领域，美国经历小布什政府的过度扩张、奥巴马政府的“审慎”和收缩以及特朗普政府的“美国优先”，维护霸权的目标与自身能力之间落差越来越大。由于美国外部行为的大幅度转向，世界正在进入一个日益混乱的时代，冷战以来关于全球化的乐观情绪正在消失，逆全球化、民族主义、民粹主义、单边主义卷土重来，国家间的矛盾在扩展升级，种族间的隔阂在加深加宽、文明冲突的言论甚嚣尘上、人类正处于一个充满不确定性的十字路口。

第二章“新世纪以来的美国综合国力变化”吸取现有综合国力评价方法的经验与不足，从综合国力生产过程视角构建了一套新的评价综合国力的指标体系和评价方法。通过该方法研究发现，相对其他国家，21世纪以来美国综合国力总体“小幅下降”。其一，美国相对经济实力有较大幅度下降，经济总量、贸易额、世界500强企业等占世界的比重明显下降。其二，美国科技实力相对“小幅下降”，在某些关键和新兴科技领域有被他国赶超之势。其三，美国军事实力总体保持稳定，依然是世界最强军事力量。其四，美国软实力“较大幅下降”，美国文化、意识形态对他国的吸引力不如以前，对国际机制的控制和运用能力明显下降。21世纪以来美国国力的相对下降，一方面缘于其他国家国力发展较快，另一方面也与美国自身因素有关。一是美国的政治效能有所下降，政治极化、两党恶斗加剧，“三权分立”正日益转向“否决政治”，民众对联邦政府的信任感大幅下滑并保持低位运行。二是美国的社会形势每况愈下，贫富差距、族裔冲突等社会矛盾加剧；美国的社会制度在缓和矛盾、凝聚人心上作用不如以前。三是美国的科技创新能力有所下降，创新制度的全球领先优势有所弱化，吸纳世界优秀人才、研发投入和科技创新速度等有所放缓。从更深动因层面看，21世纪以来美国综合国力相对下降，是全球化深入发展所导致的必然结果。

从大历史的角度看，美国在20世纪的超级国力地位，是一种历史反常现象，主要缘于美国在知识、资本、人才以及在制度层面的先发优势所致。而随着20世纪后期，特别是21世纪以来经济全球化的深入发展，全球化的“溢出”效应愈加明显，知识、资本、人才等现代国力资源要素，从原先狭小的西方地理范畴向全球扩散，从而致使其他国家迅速发展，缩小了与美国在经济、科技、军事等硬实力方面的差距。2016年以来美国对自由主义国际秩序的反思甚至反动，在很大程度上正是基于美国对全球化对其消极影响的一种反应。同时，其他国家也在不断改革、完善自身体制机制，顺应和利用经济全球化发展大势，以此促进了其硬实力增长，提升了其软实力，增强了其对自身制度与文化的自信心，加之美国自身内政外交存在的诸多问题，从而在一定程度削弱了美国软实力的吸引力。放眼未来，基于拜登政府的内政外交政策，可以预见，未来几年美国某些综合国力很可能出现局部“技术性反弹”，特别是在科技实力、意识形态吸引力、国际制度运用能力等21世纪以来下降较明显的国力指标领域；但从长时段看，由于全球化深入发展的大趋势难以逆转、世界其他国家的更快发展难以阻挡以及美国国内存在的深层结构性问题短期难以根除，美国综合国力相对下降的大趋势难以改变。

第三章“新世纪以来的美国社会”将观察社会变迁的一些基础性指标阶层、职业、种族、意识形态、地区、年龄、受教育程度、宗教与近20年来美国社会的具体实际情况相结合从多个维度对21世纪以来美国社会的变化进行了较为系统的梳理。从阶层的视角来看，随着经济结构的变化，美国的劳动力市场也发生了结构性变化，再加上新技术革命带来的生产自动化和智能化等，美国的贫富两极分化、阶层固化等状况持续恶化，并在2008年金融危机之后迅速加剧，导致“精英—草根”“全球化—本土主义”等的矛盾激化。从人口结构和宗教因素相叠加的视角来看，美国的人口结构正在经历一个不可逆的革命性变化，即从欧洲裔白人占据人口绝对多数向没有哪个族群超过半数的方向发展，这既引发欧洲裔白人深重的危机感，也带来了美国宗教结构的日益多元化。从种族矛盾和地区差异的视角看，移民问题日益成为“撕裂”美国政治的一个导火索，与种族相关的冲突再度成为美国社会难题。更多受益于经济全球化的东西海岸与中部地区的对立、大都会地区和乡村地区的对立等代表的地区撕裂也已经逐步成型。从社会福利的视角来看，美国经济结构的变化产生福利转移支付的失灵，医保问题是两党政治角力的对象，建立全民医疗保健系统始终因为既得利益集团的干预而无法成功，社会安全网问题也是美国两党争取选民的焦点之一。

在此背景下，各类社会思潮及运动的再度泛起乃至转向，无论“茶党”还是“占领华尔街”运动都宣称“与草根阶层站到一起”。社会思潮和社会运动的对立势必进一步加剧美国民主、共和两党之间的分裂，最终体现为美国社会不同利益群体之间的分裂和对立的加剧。与此同时，美国社会正在围绕个人价值观或者说是国家认同而展开根本性斗争，这种文化认同和意识形态的撕裂意味着美国已经是并且将长期是一个功能失调加剧的国家，社会冲突更多地向暴力化方向发展。为此，美国社会充满焦躁的情绪，高犯罪率、高监禁率和枪支暴力等是21世纪的美国社会舆论焦点，阿片危机则是特朗普2017年上任以来在社会领域的关注重点。美国近20年所呈现的这些社会问题植根于美国历史，也与20世纪80年代开始的经济全球化和美国经济结构向金融化转型密不可分。美国已经陷入经济社会不平等与政治回应不平等之间的恶性循环，这导致美国社会问题的不断沉淀，因而不断损害美国政治体制自身的“造血”机能和自我修复能力。

第四章“新世纪以来的美国政治发展”主要以小布什、奥巴马和特朗普三位总统的执政为基本线索描述和分析过去20年来美国政治演进的基本状态。从“9·11”事件到金融危机，共和党总统小布什和民主党总统奥巴马面对着前所未有的国内外危机以及持续积累的矛盾采取了具有政党倾向的完全不同的政策议程，在客观上刺激了具有一定政治诉求的社会运动的崛起，进而加剧了美国政治层面的极化与分化。由于共和党长期强化价值观与意识形态驱动的特征，持有极端倾向的反建制派的“茶党”力量成为推动政党生态快速变动的关键力量，最终也导致了特朗普如此具有现象级的共和党总统候选人的当选。而同步共振或回应的塑造之下，民主党也进入了激进派与温和派之间不同代际之间的烈度相对较低的党内整合与路线调整。在内外交困及其对美国政治的剧烈塑造下，特朗普出乎很多人意料的当选及其随后的四年执政完全引爆了美国政治本身的重大变革，在某种意义上也开启了美国政治特别是政党政治不可逆的新的方向。在其任内，美国总统制等基本政治构建被反复挑战，党争极化持续加剧，“身份政治”突出，党争“部落化”态势突出，基于社交媒体的永续竞选被彻底滥用于过度动员，共和党甚至呈现出了所谓“特朗普化”的明显走向。

2016 年大选以及特朗普的当选极可能是一次具有关键意义的政党重组，预示着美国政治可能正在开启新的完全不同于以往的历史周期。21 世纪以来，在经济全球化背景下，两党关键群体已呈现出重组态势，不断表现为区域意义上的两党归属变动，也反映为两党在重大内外政策议题上的立场错位与交换，逐渐形成了政党重组态势，酝酿成美国政治的新周期。社交媒体等个性化网络传播方式直接解构了传统政治权威与传统政治行为模式，刺激了“反建制派”政治人物及其极端立场的得势，并进一步为党争“部落化”以及政党重组提供了新的巨大的动力。这些逐渐反映出的美国政治难题与困境都戏剧性地集中体现在了特朗普的任期之内。换言之，特朗普是美国政治、经济、社会、外交等诸多层面长期积累矛盾交织塑造出的结果，而当特朗普成为结果之时，也就成为了加剧美国各层面矛盾的新的强大的原因。

虽然 2020 年大选终结了特朗普的总统生涯，但该选举结果是在新冠肺炎疫情这一百年不遇的突发因素等关键干扰下实现的，即并未有效证明2016年大选被认为开启的新一轮政党重组与新的关键政治周期的判断。换言之，2021年以来的拜登政府极可能是这种政党重组与政治周期背景等变动因素下的一次传统建制派力量的最终坚持。而其所依旧面对的身份政治危机、党争"部落化"、特朗普对共和党"独大"式控制以及民主党激进派在党内的压力等政治现实都毫无改变。这也就意味着，2020年大选及其建制派回归的结果，并不意味着美国政治中不断显现出的新问题与新困境会得到任何程度的化解，反而会持续走向无解之中。

目　录

第一章　进入21世纪以来的美国

2019年6月，习近平主席赴俄罗斯出席第二十三届圣彼得堡国际经济论坛全会，发表题为《坚持可持续发展　共创繁荣美好世界》的致辞。他指出，当今世界正经历百年未有之大变局。新兴市场国家和发展中国家的崛起速度之快前所未有，新一轮科技革命和产业变革带来的新陈代谢和激烈竞争前所未有，全球治理体系与国际形势变化的不适应、不对称前所未有。进入21世纪以来，百年未有之大变局最突出的体现就是在整个世界范围内力量对比的“东升西降”。一方面，以中国为代表的新兴国家快速发展，极大地改变过去几百年来西方主导的局面，为世界的变化加注了全新和巨大的动力；另一方面，在过去400年“执世界之牛耳”的西方世界遭遇到各种冲击、挑战，内外问题集中爆发，尽显颓势。曾几何时，也就是在30年前的冷战结束之际，西方世界将冷战的结束看作是西方的胜利。作为西方世界的“领头羊”，美国荣登唯一超级大国宝座，自信爆棚，声称历史已经终结，要将“单极时刻”在21世纪转变为“单极时代”。但现实的历史进程与美国人的期待大相径庭。从进入21世纪的头一年开始，几乎是每隔一段时间，美国都会遭遇到一场重大冲击，2001年是“9·11”事件，2008年是“金融风暴”，2016年是“特朗普冲击”。这种冲击是沿着外部、经济、政治的线索层层递进。

在内政领域，美国正面临自19世纪内战结束以来最分裂的时刻，2016的大选是美国社会阶级矛盾、种族矛盾、意识形态冲突集中爆发的结果。特朗普上台后，一些矛盾呈愈演愈烈之势，建制与反建制，上下、左右、黑白、蓝红相互交织。2020年的美国大选更是将政治的极化和社会的撕裂提升到触目惊心的程度，选举过程跌宕起伏、惊心动魄、充满争议，甚至发生了2021年1月6日抗议者占领国会的骚乱，这在美国的选举史上前所未有。在外交领域，特朗普开启了美国二战以来最重大的变轨，他反复声称，美国在外部世界承担了过多的责任，投入了过多的资源，因而忽视了国内的建设和对自身利益的维护，这使得美国吃了大亏，并导致自身问题丛生。为此，“美国人民要同过去失败的历史告别，重拾自己的话语权，重新掌握了这个国家及其命运。”这显然是对二战结束以来美国民主、共和两党奉行的国际主义外交传统的否定。2019年末—2020年初，一种由新型冠状病毒感染引发的“2019冠状病毒病”（COVID－19）不期而至，并迅速演化为一场百年不遇的全球疫病大流行，波及200多个国家和地区，使上亿人感染、上百万人丧生，对全球的政治、经济、社会带来极其重大的冲击，成为历史进程中一个重要的分水岭。病毒对人类的攻击不分国别、地域、种族、信仰。2020年1月21日，美国宣布发现第一个病例，随后的一个多月，只增加了几十例。2020年3月，疫情进入暴发阶段，从每天几百、几千到上万，美国迅速成为新冠肺炎病毒大流行的“风暴中心”。疫情对美国的冲击是全方位的。截止到2020年年底，美国已有超过2300万人确诊，35万人丧生，是全球疫情最严重的国家。美国经济遭遇重创，“特朗普景气”提前终结，衰退已至。美国社会生活开始陷入大面积停摆，各种矛盾激化。疫情与2020年美国大选相互叠加，美国社会进一步被撕裂，正在走向“动荡的20年代”。① 可以说，当下的美国也正在经历百年未有之变局，而这种变局也是世界大变局中重要的组成部分。

第一节　经济之变

进入21世纪以来，随着美国综合实力的相对下降和中国等新兴大国的迅速崛起，人们不断在思考美国是否会在21世纪交出世界头号强

① Jack Goldstone, Peter Turchin, “Welcome To The ‘Turbulent Twenties’,” NOEMA, Sep 10, 2020, https: //www. com/welcome－to－the－turbulent－twenties.

国的交椅。2008—2009 年的金融危机以及 2020 年因新冠肺炎疫情导致的经济衰退进一步激发了人们对于美国政治、经济和社会等多重危机的探讨。从经济的视角来看，美国经济在 21 世纪呈现出三大结构性问题：总量优势下降和经济增长乏力、资本和劳工阶层的失衡，以及赤字和债务积累。这些结构性问题已深刻影响到美国的国内政治、社会变迁和对外战略。

一、总量优势下降和经济增长乏力

在世纪之交的2000 年，美国的实际 GDP 达到了 13. 26 万亿美元，占全球总量的 27. 9%。而到了新冠肺炎疫情前的 2019 年，美国实际 GDP 的全球占比已下降至 21. 6%。由于欧盟、日本和亚洲“四小龙”等主要经济体在这 20 年中的经济增长率低于美国，而中国经济则在加入世界贸易组织后保持平稳较快增长，中国 GDP 占全球的比重从 2000 年的 3. 5% 一路升至 2019 年的 13. 6%，已和美国愈发接近（参见图 1－1）。由于历史上从未有一个大国在经济总量层面如此接近美国，中国迅速崛起的势头使美国感受到了前所未有的挑战。

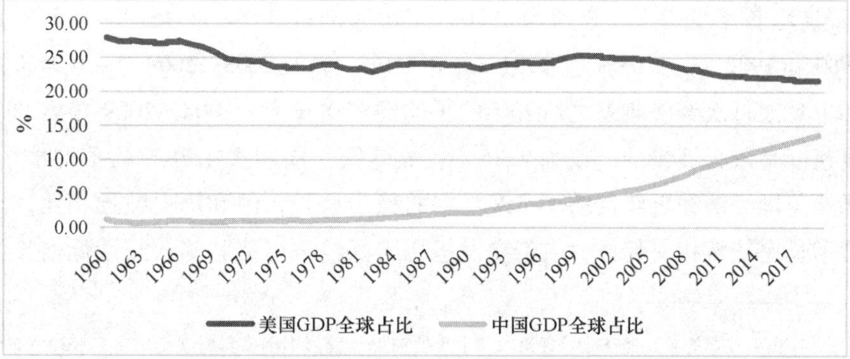

图 1－1　美国和中国 GDP 占全球比重的变化趋势（1960—2019 年）

数据来源：世界银行。

从理论的角度看，美国经济占比的相对下降具有一定的客观必然性。根据经济收敛理论的观点，虽然发达国家在初始阶段的经济发展水平处于领先地位，但由于资本等生产要素边际效应递减的特点，一旦这些生产要素越过边际效应递减的临界点，经济增长速度将逐渐下降并最终趋于零。发展中国家由于初始发展水平的相对滞后，其资本和劳动依然具有较大的增长潜力，并且可以通过从发达国家引进技术来加速生产效率的提高，因此从长期来看，发达国家和发展中国家的经济发展水平（以人均 GDP 衡量）将会最终趋同[①]。美国由于在 19 世纪末就已成为世界第一经济大国，并于二战结束后确立了世界霸主的地位，在技术进步低于资本和劳动边际效应递减速率的情况下，经济增长率的逐年下降具有一定的客观必然性。而中国作为发展中国家，资本和劳动的增长潜力在改革开放的进程中得到了愈发充分的释放，在后发优势的作用下实现了经济的快速增长，从而在世界经济总量的占比中不断上升[②]。

在经济总量层面，美国的另一大隐忧是经济增长速度的停滞不前。在 21 世纪的头 20 年中，美国实际 GDP 的平均年度增长率为 2.09%，低于 1961—1999 年的 3.52% 的平均增长率。这其中固然有 2008—2009 年金融危机的影响，但美国经济增长率在经历危机的低谷后未能实现大幅度的提升。如图 1－2 所示，美国在 1961—2019 年间主要经历过五次经济萎缩（经济增长率为负），分别为 1970（－0.32%）、1974—1975（－0.37%）、1980 和 1982（－1.03%）、1991（－0.11%）以及 2008—2009（－1.34%）。如果对比每次经济收缩之后五年的平均经济增长率，2008—2009 年后的恢复速度是最为缓慢的，仅为 2.15%，显著低于前四次 4.38% 的平均水平。虽然美国经济在近年保持了 2% 左右的稳步增长，但和历史数据相比，经济增长率依然相对偏低，人们愈发担心美国经济可能将陷入长期低增长的

① 需要注意的是，经济收敛理论的一个重要前提是发展中国家具有在全球市场获得资本和技术的能力。由于发达国家在关键技术领域实行出口管制以及很多发展中国家长期面临流动性不足的困境，这导致大多数发展中国家至今未能缩小和发达国家在人均 GDP 上的差距。

② 除经济收敛外，中美两国经济总量的日趋接近还源自发展战略、对外关系以及全球化等多重因素，学者们对这些因素已经进行了大量的研究。因主题和篇幅的原因，本书在此不进行具体展开。

局面。

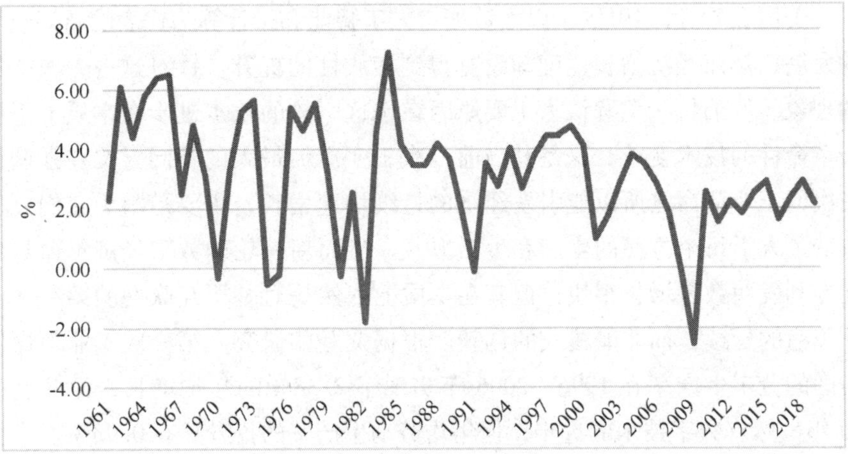

图1－2　美国历年经济增长率（1961—2019年）

数据来源：世界银行。

学术界对于经济增长的解释有两个主要理论：一是索洛在1956年提出的外生增长理论；二是产生于20世纪80年代中期的内生增长理论，代表人物包括罗默和卢卡斯。外生增长理论认为资本是一国经济增长的内生变量，但资本投入的边际收益率呈递减趋势，如果没有外生变量（技术进步）的注入，经济增长将逐渐陷入零增长稳态（steady state）[①]。内生增长理论同样重视技术进步对于经济实现可持续增长的决定性作用，但其和外生增长理论的主要区别在于强调技术进步可以通过劳动投入过程中的经验积累、干中学和发明创新等渠道来实现，因此具有内生性的特点[②]。相比外生增长理论，内生增长理论更加重视人力资本在提升经济效率中的作用，并且将这一过程内化于企业的生产过程之中。尽管两大理论在模型构

① Robert Solow, "Technical Change and the Aggregate Production Function," *Review of Economics and Statistics*, Vol. 39, No. 3, 1957, pp. 312－320.

② Paul M. Romer, "The Origins of Endogenous Growth," *Journal of Economic Perspectives*, Vol. 8, No. 1, 1994, pp. 3－22.

建方面存在不同，但均十分重视技术进步对拓展生产可能性边界的决定性作用。

美国在21世纪引领了以大数据、人工智能和云计算为代表的新兴技术的发展，然而经济增长速度却没有得到实质性的提升。针对这一令人费解的现象，罗伯特·戈登认为主要原因在于这一轮的技术进步在本质上不属于革命性的技术变革，这是其与前三次工业革命最大的不同。戈登强调前三次的工业革命之所以能引发经济的持续快速增长，主要是因为它们几乎改变了人类每个方面的生产和生活方式。然而新一轮的数字经济革命虽然在专利发明数量增长很快，但其在本质上依然是对基于互联网的第三次工业革命的延续，而非颠覆式的创新。根据戈登的研究，第三次工业革命使美国的劳工生产率在1996—2006年实现了2.38%的年均增长，而此后的10年虽然有数字技术的进步，但年均劳动生产率的提升只有0.93%。当代科技巨头（例如谷歌、亚马逊）虽然看似在推出新产品和服务方面令人目不暇接，但它们的核心技术和商业模式其实和20世纪90年代和21世纪初并没有本质的区别。尼古拉斯·布卢姆等学者在收集了各行业数据的基础上探究了经济增长率为何趋缓，他们发现一个关键的原因是第三次工业革命释放的潜能已接近极限，提出新的创新性理念变得愈发困难，而且需要付出极高的成本。这导致科研投入的增加和效率的提升呈现出相反的走势。布卢姆等人的定量分析结果表明如果保持现有的人均GDP增长率，投入到科研中的各类成本每隔13年就需要增长一倍，来抵消难以产生实质性创新理念的影响①。虽然创新发展缓慢的问题具有全球性，但美国在科技领域长期处于领先地位，如果迟迟无法在颠覆性创新方面取得突破，其他国家在第三次工业革命的技术边界内追赶美国的步伐就会越来越快，这将对美国的科技霸权带来根本性的挑战。

除科技进步遭遇瓶颈外，社会经济方面的变化也是美国经济增长率下降的重要原因。例如美国的抚养比例的上升使相当一部分国民经济收入需要被用来支持老人和小孩，而无法作用于扩大再生产、研发以及其他的生

① Nicholas Bloom, Charles I. Jones, John Van Reenen, and Michael Webb, "Are Ideas Harder to Find?" *American Economic Review*, Vol. 110, No. 4, 2020, pp. 1104 - 1144.

产性活动中，导致投资率的下降。美国的劳动参与率在1997—2000年间曾达到67.1%的峰值，但随后一路降至2017年的62.8%，降幅中至少有2.5个百分点是由“婴儿潮”逐渐进入退休年龄所导致，同时25—54岁且学历在本科以下人口的参与率在2007年之后出现了明显下滑，拉低了整体劳动参与率。在全球化和技术替代效应的影响下，美国这部分虽处于黄金年龄但技术能力相对不足的人群的生存危机愈发严峻，成为了绝望的群体。皮凯蒂、苏索和祖克曼的研究显示美国所有人口的总实际收入在2000—2014年间增长了0.56%，但90%以下收入阶层的实际收入却下降了0.12%，这表明每年的经济产出实际上被最富裕的10%的阶层所获得①。收入不平等问题的加剧使人们愈发缺乏进入劳动市场的动力，人力资本的缺失一方面导致经济增长后劲的不足，同时为民粹和保护主义的兴起提供了“温床”。

二、资本和劳工阶层的失衡

近年来，美国的民粹主义呈现出愈演愈烈的趋势。特朗普之所以能在2016年异军突起，以政治素人的身份击败民主党精英希拉里当选美国总统，其核心原因就在于他所宣扬的政治、经济主张迎合了美国广大劳工阶层对自身现状的严重不满。特朗普执政期间在很大程度上兑现了他对选民的承诺，从在美墨边境建造隔离墙，到对中国发动贸易战，这些政策虽然遭到了舆论严厉的抨击，而且没有能够解决非法移民以及贸易赤字等问题，但其背后的“逻辑”却始终一致且清晰，即通过反全球化来增加中低收入阶层的就业机会和收入。2020年的新冠肺炎疫情对美国的经济造成了严重的打击，特朗普在应对疫情严重失策的情形下依然获得超过7400万张普选票，在几个摇摆州中也只是以微弱的劣势败给了民主党候选人拜登。这从侧面反映出美国的社会分化已经到了相当严重的程度，加之疫情对低

① Thomas Piketty, Emmanuel Saez, and Gabriel Zucman, “Distributional National Accounts: Methods and Estimates for the United States,” *Quarterly Journal of Economics*, Vol. 133, No. 2, 2018, pp. 553 - 609.

收入阶层的影响显著高于高收入阶层，美国劳工和资本的失衡已成为影响美国经济运行、政策制定和政治博弈的结构性变量。因此，我们有必要对其展开细致和深入的分析，尤其是要探究其之所以达到如此严重程度的背后原因。

作为资本主义世界的代表，资本和劳工的关系始终是牵动美国政治和经济运行的主线之一。美国的政治制度之所以能在过去长期保持稳定，一个重要的因素就是中产阶级在社会中占据较大的比例，富裕阶层和贫困阶层占比相对较小，整个社会的财富分布呈“橄榄球型”。根据美国皮尤研究中心的数据，1970 年美国中产阶级占社会的 61% 。在中产阶级占社会大多数的条件下，无论是当政者，还是竞选总统的候选人，都会首先确保所主张的政策符合中产阶级的利益，这就从激励结构的角度降低了特朗普式的民粹主义候选人的出现。然而，随着美国贫富差距的扩大，皮尤的数据显示，中产阶级的比例在 2016 年已降至 52% 。[①] 中产阶级的大幅萎缩是美国如今政治极化、民粹主义浪潮愈发汹涌的重要根源。

在二战结束到 20 世纪 80 年代新自由主义兴起之前，美国的资本和劳工关系也具有非对称性，前者在财富分配和议价能力等方面具有显著的优势。虽然美国在历史上也经历过劳资严重失衡的情形，但均能在较短的时间内回到均衡水平。然而，随着新自由主义的兴起和全球化的迅速扩张，资本在和劳工的博弈中的优势地位不断扩大，导致劳工阶层的收入愈发落后于资本的利润所得。根据丽娜·宋等人基于企业数据的计算，美国劳资收入比从 1981 年的 2. 78 下滑至 2012 年的 2. 10，显著低于大部分经济合作与发展组织国家[②]。他们的研究还显示与这一趋势相伴的是全球化的加深和工会力量的减弱，这两个因素大大增强了资方在博

---

① Rakesh Kochhar, “The American middle class is stable in size, but losing ground financially to upper - income families,” *Pew Research Center*, September 6, 2018.

② Rena Sung, Erica Owen, & Quan Li, “How do Capital and Labor Split Economic Gains in an Age of Globalization?” *Review of International Political Economy*, 2019, pp. 1 - 28.

弈中的议价能力①。

全球化使资本可以在全球范围内配置资源，寻找能使其实现利润最大化的区域进行投资。由于发展中国家的劳工工资普遍低于美国这样的发达经济体，美国跨国公司基于成本收益的考量，纷纷选择将生产和组装基地迁往海外，这对美国本土劳工阶层的工作机会和工资收入形成了“挤出效应”。而工会的式微则导致劳工阶层无法有效组织起来对资本施压。同时，随着美国的产业变迁，劳工阶层在区域分布上呈现出愈发分散的特点，进一步增加了组织和游说的成本，使得劳工阶层在资本力量日渐增强的局面下无法建立有效的制度手段。除全球化和工会外，技术进步的替代效应和美国经济的金融化也是加剧劳工和资本失衡的重要因素。以下我们将对这些因素进行逐一的分析。

1. 全球化

全球化赋予了资本在世界配置资源的自由，从而最大化地提升了生产效率。客观上讲，全球化大大推动了人类财富的增长，同时降低了消费者的成本，促进了消费福利的增长。然而如前所述，全球化的一个突出局限性就是加剧了资本和劳工阶层的失衡。全球化赋予了资本前所未有的自由，却无法使劳动力实现自由跨境流动，这一内在矛盾使得原本已处于被动地位的劳工阶层更加难以和资本展开有效议价。美国在2000—2010年短短10年间就流失了600万个工作岗位，这期间大幅度扩张的全球化被认为是主因之一。政府虽然可以通过税收和转移支付等方式来努力缩小劳资之间的鸿沟，但在一次分配占主导性地位的情形下，二次分配对改善收入差距的作用较为有限，这在以往的经验性研究中得到了证明②。

① 其他学者基于不同模型和样本的经验性研究也得出了相似的结论，其中的代表性研究包括：Michael Elsby，Bart L，and Aysegul Sahin，“The Decline of the US Labor share，” *Brookings Papers on Economic Activity*，Fall 2013，pp. 1 - 63；Yasser Abdih and Stephan Danninger，“What Explains the Decline of the U. S. Labor Share of Income? An Analysis of State and Industry Level Data，” *Working Paper WP/17/167*，Washington：International Monetary Fund，2017；Loecker and Eeckhout，“Global Market Power，” *Working Paper No.* 24768，National Bureau of Economic Research，2018.

② Herwig Immervoll and Linda Richardson，“Redistribution Policy and Inequality Reduction in OECD Countries：What Has Changed in Two Decades?” *IZA Discussion Paper No.* 6030，2011，pp. 1 - 89.

2. 工会力量的下降

根据“奥尔森困境”理论，如果一个行业的劳工阶层人数众多且分散在不同区域，将显著增加建立工会的成本，因此在和资方进行整体议价的过程中容易处于弱势地位。然而在单一企业内部，由于人数相对较少且聚集，劳工组织工会的成本明显降低。杰克·罗森菲尔德（2014）的研究发现加入工会的劳工在工资溢价方面比同行业的非工会成员高出15%—25%。① 然而，罗森菲尔德等学者均指出美国私人部门的工会参与率在20世纪50年代达到⅓的高峰后就在逐渐下降，1973年降至24%。随后降幅开始加快，到2019年，工会参与率仅为6%。② 与此同时，安娜·斯坦斯伯里等人的回归模型结果显示在控制了教育、年龄、性别、种族、地理区域和行业等因素后，美国工会成员的工资溢价在从1982年的21%降至2019年的15%③。

学者们认为工会参与率和工资溢价的降低是制度和经济因素双重作用的结果。制度性因素主要包括对劳动法执法力度的降低，以及越来越多的州（right to work states）废除了强制劳工加入工会的法规。④ 在经济层面，全球化下的进口竞争效应增加了工人需求弹性，加剧了工人在议价中的被动地位。自动化技术的进步和推广使工作替代效应显著增强，并扩大了不同技术级别间的工人的收入差距⑤。在1984—2016年间，未接受高等教育的美国工人的收入下降幅度比拥有本科及以上学位的工人高出3.5个百分点。同时值得注意的是生产效率和收入之间的正相关关系正在加速消失。

---

① Jake Rosenfield, *What Unions No Longer Do*, Cambridge, MA: Harvard University Press, 2014.

② Barry Hirsch and David Macpherson, (2019). Union States Database.

③ Anna Stansbury and Lawrence H. Summers, “The Declining Worker Power Hypothesis: An Explanation for the Recent Evolution of the American Economy,” *NBER Working Paper No.* 27193, 2020, pp. 1 - 138.

④ Frank Levy and Peter Temin, “Inequality and Institutions in 20th Century America,” *Working Paper* 13106, Cambridge, MA: National Bureau of Economic Research, 2007.

⑤ Daron Acemoglu and Pascual Restrepo, “The Race between Man and Machine: Implications of Technology for Growth, Factor Shares, and Employment,” *American Economic Review*, Vol. 108, No. 6, 2018, pp. 1488 - 1542.

斯坦斯伯里等人对美国1958—2011年间473个制造业细分行业的增加值和工人收入进行了统计，发现工作效率的增加对收入的改善作用在这一期间下降了50%。在全行业样本中（金融业除外），劳动报酬和净增加值之间比重在1982—2016年间也下降了6个百分点，而资本在净增加值中的所得却在这一期间呈上升趋势，反映出资本在议价方面处于愈发强势的地位[①]。

3. 技术替代效应

技术进步对劳资关系的影响主要体现在两个方面：

首先，增加了对工作岗位的替代效应，这种效应在劳动密集型产业的体现最为显著。由大数据、人工智能和云计算所驱动的新一轮技术革命使计算机和机器人等电子设备具备了不同于以往的思考能力，可以以高效率和低成本的方式来完成大量的一线工作。自动化带来的替代效应已从制造业迅速扩展至金融、传媒和餐饮等服务业领域，加剧了大范围失业的风险。

其次，和之前的工业革命相比，当前新一轮技术进步的学习门槛相对更高，往往需要花费极大的成本才能掌握相关的知识和技能。技术革命虽然创造出了新的工作岗位，但这些岗位往往需要从业者具有较高的知识和技术水平，无法在短时间内弥补替代效应所造成的工作损失。美国从事一线工作的劳工阶层的年龄普遍偏大，这就导致这一群体很难通过学习新的技术来拓宽就业渠道，加剧了替代效应对其造成的冲击。因此，他们中的相当一部分人诉诸于选票，希望选举可以为其带来改变，“铁锈带”选民对特朗普毫无保留的支持反映出这一群体所面临的深刻生存危机。

4. 产业结构的变化

伴随着全球化和技术革命的推进，美国的产业结构经历了深刻的变迁。曾经辉煌的制造业逐渐衰落，其占总GDP的比重到2018年已降至11.25%。虽然历届美国政府均十分重视制造业在国民经济中的地位，并制定了一系列振兴战略和政策，包括奥巴马的“再工业化”和特朗普的“制造业回流”，但均无法扭转制造业下滑的趋势。国内产能的不足使美国愈发依赖从海外进口制造业产品来满足需求，制造业占总进口的比重到2019

① Brian Bell, Pawel Bukowski, and Stephen Machin, “Rent Sharing and Inclusive Growth,” *Working Paper No.* 29, London: London School of Economics International Inequalities Institute, 2019.

年已攀升至总进口额77.3%，而制造业出口仅占总出口额的58.9%。这种内外失衡一方面增加了产业链的脆弱性，同时加剧了制造业的竞争压力，导致相关产业劳工阶层的就业和收入面临进一步下降的风险。制造业就业人数占美国非农产业的比重已经从1948年的32%降至2017年的8%，其中2000—2012年的降幅是1979—2000年的2倍。这表明制造业工人的生存危机在21世纪呈现出恶化的态势，在相当程度上推动了反全球化和民粹主义运动的兴起。

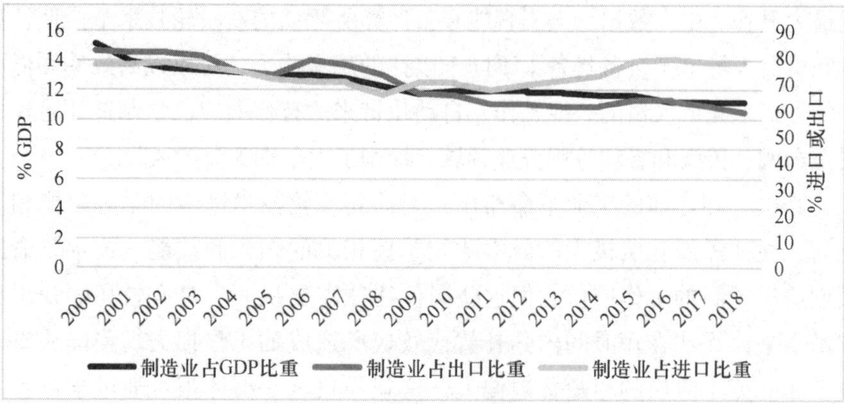

图1-3　制造业总额和进出口变化趋势

数据来源：世界银行。

与持续衰落的制造业形成鲜明对比的是以金融和科技为代表的新兴产业的快速发展。在2000—2019年间，年产值增幅排名前4位的产业分别为金融保险、房地产和租赁，专业和商务服务，教育、医疗和社会服务，以及信息产业（参见图1-4）。这类产业具有两个显著特点：第一，它们属于高度的知识和技术密集型产业，在需求侧青睐高端人力资本。在技术溢价的作用下，扩大了资本和劳工阶层的收入鸿沟。第二，这类产业是全球化的受益者，生产要素越是能自由流动，越能加快其创新和利润增长。在数字经济时代，大数据已成为企业愈发看重的生产资料。金融和科技公司普遍希望扩大数据的跨境自由流动，从而助力于产品和服务的研发。数字经济的发展大大加速了生产的效率，也为消费者提供了便利，但这些发展成果在短时间内难以惠及制造业，甚至还会形成一定程度的“挤压效应”。虽然在这一过程中也会有新工作岗位被创造出来，但这些岗位大多也具有知识和技术密集型的特点，很难直接平抑因替代效应导致的工人福利损失。

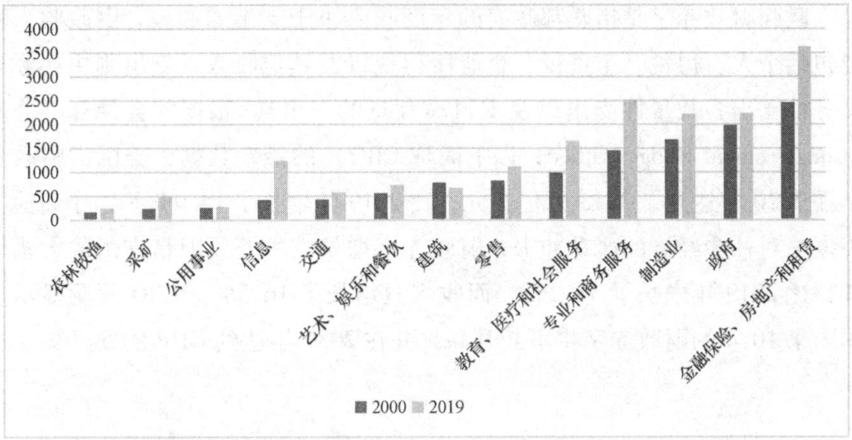

图1-4　各行业增加值在2000年和2019年的对比（单位：十亿美元）

数据来源：美国经济分析局。

三、赤字和债务的可持续性问题

由于美国的经济结构和美元的国际储备货币地位，美国自二战以来的绝大多数时期均呈现出赤字和债务持续增长的态势①。联邦政府在2020财年的赤字已高达3.13万亿美元，占GDP的14.9%，债务也攀升至GDP的102%，均创下了二战以来的新高。这其中疫情固然是重要的因素，但不容忽视的是，美国财政赤字和债务已长期持续走高，尤其是在进入21世纪以来，联邦政府已数次因无法和国会就提高债务上限达成协议而关闭。从理论和经验性的角度来看，只要美国经济能及时复苏，同时世界继续对美

① 根据国会预算办公室的数据，二战结束以来美国只在5个年份出现过财政顺差，分别为1946年和1998—2001年的连续四年。

元的信用持有信心，美国在短期内爆发债务危机的可能性较低。然而如前所述，美国经济总量的全球占比已呈现出逐年下滑的态势，美元国际储备货币的地位也面临着挑战，这些结构性因素为美国的赤字和债务的可持续性埋下了隐患。

1. **财政赤字**

联邦财政赤字是指联邦政府的年度收入小于支出的额差。财政收入主要包括个人所得税、工资税、企业所得税以及其他收入；支出则主要涵盖义务性支出、裁量性支出以及支付净利息的支出①。根据国会预算办公室（Congressional Budget Office，以下简称 CBO）的最新数据，美国的财政赤字在 2020 年达到了 3.13 万亿美元，比 2019 年增长了 14.9%。由于新冠肺炎疫情对社会经济的严重冲击，财政赤字增长的主要原因是支出的大幅增长，比 2019 年增长了 31.2%，而收入只增长了 16.3%。CBO 预测显示美国未来 10 年的财政赤字将不断升高，并在 2031 年达到 GDP 的 5.7%。这

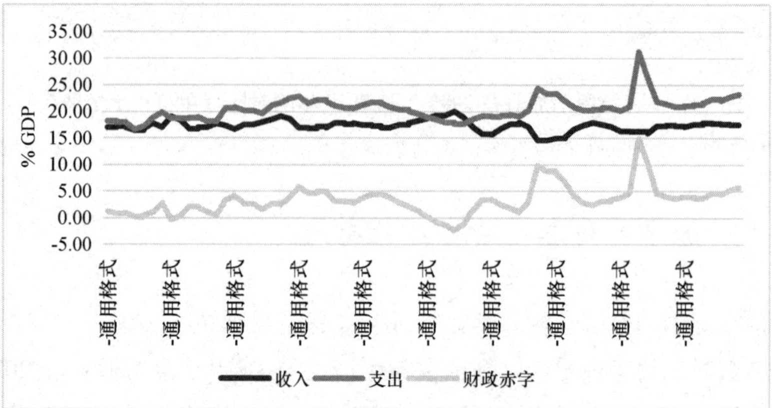

图 1－5　联邦财政收入、支出和赤字的变化趋势及预测（1962—2031 年）

数据来源：Congressional Budget Office。

① 联邦政府每年的义务性支出包括社会保障、老年保险医疗制度、联邦医疗保险计划，以及失业补助等其他开支，裁量性支出包括国防开支和非国防开支，后者一般由教育、交通、公共卫生、住房等项目所组成，利息支付是指联邦政府支付公债和政府间债务的利息。平均而言，义务性支出占据联邦政府年度支出的 60%。资料来源：Grant A. Driessen，"Deficits，Debt，and the Economy：An Introduction，" *Congressional Research Service*，April 15，2019。

一比例不仅将远高于过去 50 年 3.3% 的水平，同时也显著高于经合组织国家和中国等新兴经济体。图 1－5 描述了美国在 1962—2031 年间财政赤字占 GDP 比重的变化和趋势预测[①]。

2. 债务

美国联邦政府的债务主要由两部分构成：第一部分是政府公共债务和借贷项目。政府公债和财政赤字紧密相连，财政赤字的增加会直接导致公债的上升，而公债升高所引发的利息将会加重未来的财政赤字。借贷项目（Federal credit programs）是指为大学生和小企业等群体提供的贷款及其他支持性项目。联邦债务的第二部分是政府间债务（Intragovernmental debt），主要是指联邦政府通过临时向有财政盈余的部门借款来为支出项目提供资金。根据 CBO 最近发布的《2021—2031 年预算和经济展望》，联邦公共债务在 2020 财年结束时已达到 GDP 的 100%，并将在 2031 年升至创历史记录的 107%[②]。图 1－6 展示了联邦政府公共债务在 1962—2031 年的变化和预测趋势。

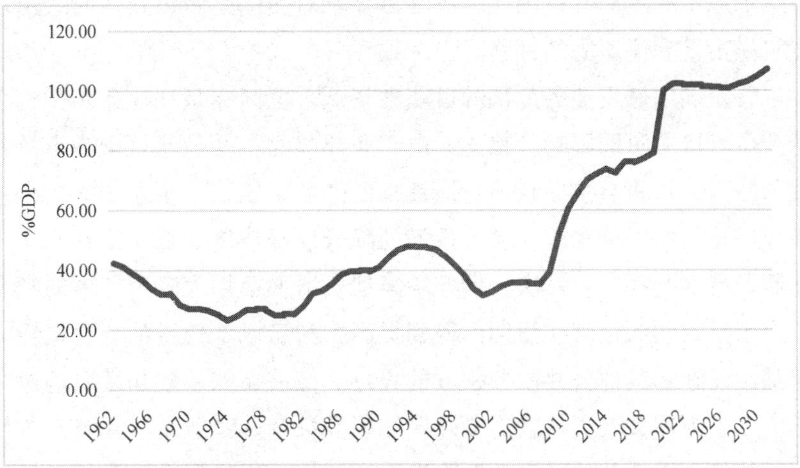

图 1－6　联邦政府公共债务的变化和预测趋势（1962—2031 年）

数据来源：Congressional Budget Office。

① CBO 的数据库最早的年份为 1962 年，因此作者将该年作为曲线图的起始年，下同。数据库详情请参考：Congressional Budget Office，*Historical Budget Data*，February 2021。

② *The Budget and Economic Outlook*，Congressional Budget Office，February 2021.

虽然美国的财政赤字和债务均已达到了二战以来的最高值，但美国的实际 GDP 预计将于 2021 年下半年恢复到疫情前的水平，并且美元的国际储备货币地位在当前依然比较稳固，因此美国在短期内爆发债务危机的可能性较低。然而，美国财政赤字和债务的关键是可持续性问题。虽然经济学家根据以往其他国家出现债务危机前的宏观经济指标提出了各种预警模型，但这些模型在政策操作层面存在局限性。经济学家在建构模型的过程中一般采用包含多个国家的样本，并根据这些国家在经济增长、失业率、通货膨胀以及汇率等方面的变动来总结债务危机发生前的“共性”特征。这种方法虽然有助于增加样本的代表性，但会影响其结论在应用于单一具体国家时的有效性。另外，以往绝大多数的债务危机发生在发展中国家，预警模型的样本也主要以发展中国家构成，因此其在预测美国债务危机方面存在样本错位的局限。由于美国的经济综合实力长期领先于世界，同时又拥有美元储备货币所赋予的独特优势，美国的赤字和债务已和其经济发展模式形成了深度嵌套，因此经济学界很难对美国是否以及何时会出现债务危机做出具有说服力的判断。

尽管短期内爆发债务危机的可能性较低，但高赤字和债务水平也会对经济产生直接的负面影响。首先，由于联邦政府主要是通过国内市场来进行债务融资，这将直接导致银行储蓄额的降低，压缩了企业用来扩大再生产和改进技术的融资来源。私人投资的降低使经济增长低于潜在水平，同时抑制了就业的提升。其次，债务的滚动式增加会加大政府偿债的利息成本，由于财政收入很难在短期内得到提高，利息成本的增加会直接影响政府对基础设施和其他公共服务领域的投资。最后，如果联邦政府通过吸引国际资本来为债务融资，就需要确保外国投资者始终能对联邦政府的偿债能力保持信心。从其他国家的经验来看，一旦外国投资者认为债务的增长速度超过了 GDP 并形成了不可逆的态势，他们很可能将选择撤出资本。在这种情形下，联邦政府将面临不得不提高债务利率的局面，这将会加重其在下一个阶段的债务负担，形成了债务螺旋式的恶性循环。

针对美国债务的可持续问题，一些学者近年来提出了现代货币理论（Modern Monetary Theory，以下简称 MMT），其核心思想是在确保低利率和低通胀的前提下，财政部可以通过直接增加货币供应的方式来偿还债务，从而避免因债务累积所导致的短期负面效应①。由于美国经济长期处于低利率和低通胀的状态，现代货币理论一经提出便引起了学术界和政策界的广泛讨论。在MMT的理论框架内，财政政策对调节经济起主导作用，而美联储的主要职能被限定在确保利率始终保持在低水平。如果扩张性的财政政策没有引发通胀，则说明实际产出低于潜在增长率，这种情况下可以通过增加货币供应来抵消赤字。而如果扩张性政策导致了通胀的上升，则需要及时停止或过渡到紧缩性政策，从而扭转通胀和赤字增加的趋势。虽然MMT对于担忧美国赤字和债务问题的人们具有不小的吸引力，但这一理论在应用层面存在明显的局限性。美国的法律和制度规定美联储具有独立性，并且禁止其直接向财政部提供融资②。然而MMT将美联储和联邦政府作为一个整体，并假定前者可以为财政部提供直接的融资支持，因此在实际运作层面存在制约。另外，由于美联储最核心的职责是确保价格的稳定，这意味着其在必要时会采取紧缩性货币政策来防止通胀，这可能会和财政部的扩张性政策形成矛盾。由于MMT的理论框架偏重财政政策，在二者出现矛盾时倾向于发挥财政政策的作用，这将导致美联储独立性的弱化，会从根本上动摇美国金融制度的基础，因此在实践层面很难具有可操作性。

四、疫情进一步凸显美国经济深层次问题

2020年新冠肺炎疫情使美国经济遭遇重创，全年经济增速为－3.5%，是二战以来的最大幅度的经济萎缩③。失业率在2020年4月一度高达

① 现代货币理论的提出者包括Stephanie Kelton，L. Randall Wray，William F. Mitchell，Eric Tymoigne，Dirk Ehnts，Scott Fullwiler，Fadel Kaboub，Pavlina Tcherneva，and Warren Mosler。关于现代货币理论的提出请参考："Introduction：Whither MMT?" *Real－World Economics Review*，No. 89，2019。

② 美联储可以通过在二级市场购买联邦政府债券的方式来进行间接融资。美联储曾经在2009年金融危机期间通过这种方式为市场注入流动性，同时未引起通货膨胀。

③ U. S. Bureau of Economic Analysis. https：//www. bea. gov/data/gdp.

14.7%，在政府大规模纾困政策的作用下，失业率在2020年底降至6.7%，但依然明显高于疫情前的接近自然失业率的4.4%水平[①]。此次由公共卫生危机所引发的经济危机虽然与“大萧条”和2008—2009年的金融危机具有本质上的不同，但它使美国经济的一系列深层次问题凸显了出来。

第一，疫情造成的经济萎缩进一步缩小了美国在经济总量上对中国的领先优势。根据国际货币基金组织的数据，中国是2020年世界主要经济体中唯一保持正增长的国家，全年GDP增幅为2.3%，GDP总量已超过美国的70%，成为经济体量最接近美国的国家。中美经济总量差距的迅速缩小将加剧美国战略界的担忧，这其中蕴藏着不可忽视的风险。同时，美国经济增长速度的提升愈发受制于科技创新的瓶颈和国内经济结构的变化，这些因素增加了美国经济的未来走势的不确定性。第二，这次危机进一步暴露了美国资本和劳工阶层之间严重的失衡。低收入阶层在危机中的损失远远大于高收入阶层，后者甚至还在科技和医疗等领域获得了净利润的大幅增长。根据福布斯的调查报告，从2020年3月到2021年1月，美国亿万富翁的平均财富增长幅度高达39%，和深陷贫困的劳工阶层形成了鲜明的对比[②]。高举民粹主义旗号的特朗普在应对疫情严重不利的情况下依然能获得7400多万张普选票提醒人们美国劳工阶层的被剥夺感已经达到了空前的程度。虽然特朗普最终败选，但“特朗普主义”将继续对美国的内政外交产生深刻的影响。第三，疫情加剧了人们对美国财政赤字和债务问题的担忧。联邦政府在2020年总共推出了五轮纾困措施以缓解危机对经济造成的影响，总额高达3.4万亿美元[③]。加上拜登政府1.9万亿美元的经济刺激计划，这将进一步加重美国的赤字和债务负担，为后疫情时代的紧缩政策和经济下行埋下

① U. S. Bureau of Labor Statistics. https://www.bls.gov/charts/employment-situation/civilian-unemployment.htm.

② Tommy Beer, “Report: American Billionaires Have Added More Than $1 Trillion In Wealth During Pandemic,” *Forbes*, January 26, 2021.

③ Jane G. Gravelle and Donald J. Marples, “Fiscal Policy and Recovery from the COVID-19 Recession,” *Congressional Research Service*, February 1, 2021, pp. 1-19.

了隐忧。

美国经济在21世纪的三大结构性问题：总量优势下降和经济增速趋缓、资本和劳工阶层的失衡，以及赤字和债务危机的隐忧。这些问题是美国政治、经济和社会等多重因素作用的结果，很难在短时间内得到有效的解决，并将深刻影响美国的内外战略和政策。

作为世界唯一的超级大国，美国对这些深层次问题的解决不仅关乎其国内的发展，同时会对全球政治经济格局产生影响。美国在二战后凭借其显著的综合国力优势建立了延续至今的国际政治经济体系。这套体系之所以能长时期基本维持有效运转，一个重要的原因在于美国作为体系的构建者和受益者能够不断为国际社会提供包括稳定的金融体系在内的公共物品。随着美国经济总量的相对下降和内部结构性问题的深化，美国很难再像过去那样以一己之力来提供公共物品和主导国际体系的运行。在世界其他主要经济体的综合实力和美国依然具有较大差距的情形下，世界存在陷入“金德尔伯格陷阱”的风险。

第二节　社会之变

冷战结束后，随着两个平行市场的消失，整个世界进入了经济全球化的时代，资本、技术、人员在全球范围内更加自由地流动，资源得到更有效的配置，产出效率提高，财富大幅度增加。在资本逐利的驱动下，美国的资本大肆向海外扩张，攫取更高额的利润，并成为吸纳全球高性价比产品最大市场。然而，在经济全球化高歌猛进之时，资本的马太效应在包括美国在内的西方社会内部日益凸显，尽管西方国家在这轮经济全球化中获益巨大，但内部分配极不均衡，收益大多被资本和技术精英获取，许多中下层因企业外迁、议价能力下降，不断向下沉沦。尤其值得关注的是，在经济全球化的背景之下，新自由主义主导下的市场力量打破了第二次世界大战后美国政治国家、市场经济与社会力量之间所形成的平衡，美国的贫富悬殊、阶层固化等问题不断恶化，使美国社会正处于历史上严重的分裂之中，不仅在经济收入、阶层和种族隔阂等方面裂痕正在加深，而且在文化认同等方面也在加剧分裂。

一、贫富悬殊与阶层固化

进入21世纪以来，贫富悬殊和阶层固化日益成为美国社会最突出且深层的矛盾。在2015年的一次调查中，61%的受访者认为穷人和富人之间的差距正在扩大，65%的受访者支持立刻采取措施应对贫富悬殊。根据2020年全球社会流动性报告，美国排名第27位。纽约大学一项研究表明，尽管美国社会的确存在流动性差距，但民众对贫穷与富裕家庭的孩子经济收入鸿沟大小的认知是实际大小的2倍[①]，对发展机会均等的悲观预期远超过现实，不但强化了美国阶层固化印象，更削弱了中产阶级对社会稳定和进步的潜在信心。

第一，贫富悬殊扩大。世界收入不平等数据库的数据显示，美国是世界上贫富差距最大的西方国家。[②] 美国联邦人口普查局指出，美国的基尼系数从1967年的0.397%攀至2018年的0.485%，系50年来峰值。[③] 2018年家庭收入中位数同比增长0.9%，但是考虑通货膨胀因素，该增长几近为零。法国经济学家皮凯蒂的研究显示，占美国人口1%的富人在1810年占全国总收入的26%左右，并在1910年达到了历史最高点（约45%），此后明显下降，但在2010年则达到35%左右。美国国家统计局的数据显示，20%的富人占2018年全国总收入的52%，而60%的中下层美国人仅占全

---

① Siwei Cheng, Fangqi Wen, "Americans Overestimate the Intergenerational Persistence in Income Ranks," *Proceedings of the National Academy of Sciences*, Vol. 116, No. 28, 2019, p. 13909.

② Austin Clemens, "New Worldwide Report on Inequality Shows How the United States Compares," *Washington Center for Equitable Growth*, December 15, 2017, https: //equitablegrowth. org/new – world-wide – report – on – inequality – shows – how – the – united – states – compares/, accessed on April 17, 2020.

③ United States Census Bureau, "American Community Survey Provides New State and Local Income, Poverty and Health Insurance Statistics," September 26, 2019, https: //www. census. gov/newsroom/press – releases/2019/acs – 1year. html, accessed on April 18, 2020.

国总收入的25.5%。这表明美国的贫富悬殊再次进入了危险区。另外，近半数美国家庭仍面临基本支出困难，23.1%的人无力满足食品开支，17.8%的人受财力所限被迫脱保，另有9.3%难以负担住房相关费用。① 并且，28%的美国成年人没有应急储蓄，仅25%的人自备“雨天基金”（Rainy Day Fund），完全不足以支付3个月生活费。② 因此意外损失、家庭成员疾病、缺乏医疗保险以及高住房成本均令他们雪上加霜。过去30多年来，贫富悬殊已成为美国社会不满的重要来源。

值得注意的是，贫富两极继续分化不仅体现在家庭收入、财富占有等反映“静态”不平等的数据上，更重要的是通过不断拉大的阶层“剪刀差”动态作用于教育、健康、家庭结构、居住环境、城乡差异等多个维度。首先，高收入区段内部继续“再分化”。2018年，收入排名前0.01%和0.1%人群财富增长速度远超过其他收入排名前1%的人群。若以排名后90%人群的收入为参照系，那么收入前10%的收入是其9倍，前1%是其39倍，而前0.1%的富豪阶层则是其196倍以上。③ 高收入区段的精英阶层的“再分化”揭示了富人对财富蛋糕的激烈瓜分，进一步压缩了中产阶级和贫困人口的财富增长空间。其次，沿海—内陆差距拉大。根据2018年的“美国社区调查”（American Community Survey），不平等程度恶化的不仅包括那些财富高度集聚的沿海州，如加利福尼亚州、得克萨斯州和弗吉尼亚州，还涉及到位于中心地带（heartland）的阿拉巴马州、阿肯色州、

---

① Michael Karpman, Stephen Zuckerman, Dulce Gonzales, “Despite Labor Market Gains in 2018, There Were Only Modest Improvements in Families' Ability to Meet Basic Needs,” Urban Institute, May 13, 2019, https://www.urban.org/research/publication/despite-labor-market-gains-2018-there-were-only-modest-improvements-families-ability-meet-basic-needs, accessed on April 18, 2020.

② Amanda Dixon, “A Growing Percentage of Americans Have No Emergency Savings Whatsoever,” *Bankrate*, July 2019, https://www.bankrate.com/banking/savings/financial-security-june-2019/, accessed on April 18, 2020.

③ Inequality.org, “Income Inequality in the United States,” 2018, https://inequality.org/facts/income-inequality, accessed on April 18, 2020.

堪萨斯州、内布拉斯加州、新罕布什尔州和新墨西哥州。[①] 由此可知，美国的“中部塌陷”在经济文化落后和贫富差距拉大的双重压力下愈加显著。再次，城区、郊区和农村之间的收入、贫困率、就业率鸿沟扩大。2017 年，美国大都市区的人均收入接近 5.4 万美元，而非城市地区的人均收入不足 4 万美元。[②] 美国农业部（USDA）经济研究服务局（Economic Research Service）2019 年的报告指出，广大农村地区面临着最严峻的经济形势：人口数量下降，就业增长缓慢和贫困率远高于城市地区。

第二，中产阶级持续萎缩。相对于社会底层那些需要较少技能的工作以及社会上层那些需要更多技能的工作，曾经属于中产阶级的“好工作”逐渐消失。这一变化导致如下结果：一是更多的钱流向了上层；二是更多的人滑向了底层；三是中产阶级人数持续减少。根据美国皮尤研究中心的调查，1971 年美国生活在中产阶级家庭里的成年人占比为 61%，而 2016 年，这一比例降为 52%。[③] 另外，经济合作与发展组织（OECD）在 2016 年的报告也显示，自 2000 年起美国中产阶级家庭占比下降了 5%。[④]

第三，阶层固化初具规模。广义的社会流动指地理空间流动以及个人社会地位的改变；狭义的社会流动指个人职业地位的改变。纵观美国历史，我们可以发现，一部美国史其实就是一部社会流动史。从底层向高层的社会流动的信念，是美国梦的核心。如今，严重的贫富差距、两极分化导致了美国梦赖以实现的基础——向上社会流动变得越发艰难。有研究表明，如果把美国社会分为最底层、第二阶层、中产阶层、第四阶层、最高

① “US Inequality Gap Grew Larger Between 2017 and 2018,” *The New York Post*, Sept. 26, 2019, https://nypost.com/2019/09/26/us-inequality-gap-grew-larger-between-2017-and-2018/, accessed on April 18, 2020.

② Richard Florida, “America's Worsening Geographic Inequality,” CityLab, Oct. 16, 2018, https://www.citylab.com/equity/2018/10/americas-worsening-geographic-inequality/573061/, accessed on April 18, 2020.

③ “The American middle class is stable in size, but losing ground financially to upper-income families,” Pew Research Center, September 6, 2018, https://www.pewresearch.org/fact-tank/2018/09/06/the-american-middle-class-is-stable-in-size-but-losing-ground-financially-to-upper-income-families/.（上网时间：2018 年 12 月 14 日）

④ “The Squeezed Middle Class in OECD and Emerging Countries: Myth and Reality (OECD, Dec 1, 2016),” archived at http://perma.cc/C93R-59YY.

层五个层级，目前出生在社会底层的美国人成年后留在底层或逐层向上攀升的百分比分别为43%、27%、17%、9%、4%。也就是说，出生在最底层的美国人成年后只有4%攀升至最高层，仍有43%留在最底层，而最底层和第二层相加达到70%，实际上他们甚至从未跻身于中产阶层。美国的中产阶层大部分人向下流动，而只有少部分人向上流动。

美国历史上贫富差距曾清晰地体现在不同的种族之间，长期以来，高收入群体中白人居多数，似乎贫穷只与少数族裔特别是非裔、拉美裔相关。但近年来，白人蓝领阶层和富裕白人精英阶层之间的经济鸿沟在不断扩大，并以尖锐的阶层隔离问题体现出来，已经严重影响了这一群体的向上社会流动。在美国畅销小说《乡下人的悲歌：危机中的家庭与文化回忆录》中，作者J. D. 万斯生活的米德尔顿地区是“铁锈地带”传统制造业中心俄亥俄州的一个小镇。贫富差距将这里的人们清晰地分割开来，形成了许多贫困人口聚集区，失业的白人蓝领阶层无力搬迁，陷入了绝望的深渊。而精英阶层将这些失业的靠社会救济过活的白人蓝领阶层称为“白人垃圾”。白人精英阶层对于他们的冷漠、厌恶甚至是憎恨可以从保守派评论家威廉姆森在2016年3月下旬的《国民评论》杂志撰文中看出：“事实上，这些失调的下层社区活该去死，他们在经济上是负资产，在道德上无法辩护……美国的下层白人被束缚在一种邪恶、自私的文化中，这种文化的主要产品就是郁闷和毒瘾。”白人蓝领阶层群体向上社会流动无望，他们的诉求又得不到上层精英阶层的关注，直接导致了对传统建制派的反叛。

与此同时，随着社会不平等加剧，“了不起的盖茨比曲线”（The Great Gatsby Curve）成为了美国代际收入弹性的缩影。斯坦福大学贫困与不平等问题研究中心2019年发布的一项报告显示，“千禧一代”中，仅44%的人从事了社会经济地位高于父母的工作，而49%的人尚未达到父母的职业地位。①

美国人民曾经相信只要通过努力、勤劳工作，就能获得物质生活的富

① Michael Hout, “Social Mobility,” *The Poverty and Inequality Report*, 2019, p. 31.

足、社会地位的上升并最终实现美国梦。可现在对于大部分人来说，以向上社会流动为标志的美国梦已经破灭了。

二、族裔结构与种族矛盾

美国被称为是“移民之国”，早期的移民大都来自于欧洲和从非洲贩卖来的奴隶，因此种族矛盾一直伴随着这个国家的成长，是美国社会最为凸显的矛盾。随着美国的移民来源更加多元化，这一矛盾呈不断扩展之势。美国的种族主义历史由来已久，其观念更是根深蒂固，少数族裔受到排挤、歧视的现象屡见不鲜。在 20 世纪 60 年代民权运动之后，美国公开谈论种族主义，尤其是歧视有色人种已经成为“禁忌”，然而“白人至上主义”仍然是一个公开的“潜规则”。随着移民结构的变化以及不同族裔出生率的差异，美国人口结构正在经历“从几乎是白色婴儿潮文化到全球化多民族国家的转型”，这种族裔人口结构的变化带给欧洲裔白人这一主体族裔强烈的不安全感，这种不安全感和种族不平等问题交织在一起，加剧了美国的种族与文化危机。

第一，族裔结构变化带来挑战。据人口统计数据显示，1970 年，非西班牙裔的白人人口占美国人口总数的 83%，2015 年则骤降为 62%。[①] 2010 年美国少数族裔新生儿数量首次超过了白人的新生儿数量。这有可能成为美国人口构成的“临界点”。目前，18 周岁以下年轻一代美国人生于一个“多数变少数”和“少数变多数”的年代。据相关统计，欧洲裔白人在这一年龄组的现有比例为 52%，而到 2060 年将进一步降为 35.6%，在这一年龄组中，美国的欧洲裔白人已经接近成为“主要的少数族群”。尽管欧洲裔白人目前仍占据美国总人口的半数，但到了 2060 年其所占人口比重将仅占 40%。虽然欧洲裔白人仍将是最大的单一族群，但美国将处于没有任一族群超过总人口半数的多元人口结构之中。

---

① Nancy Foner, Kay Deaux, Katharine M. Donato, “Introduction: Immigration and Changing Identities,” *RSF: The Russell Sage Foundation Journal of the Social Sciences*, Vol. 4, No. 5, (August 2018), pp. 1 – 25.

由于美国的传统主体族群——欧洲裔白人的生育率低于少数族裔，导致美国“土生人口”（native born）出生率持续下降，为了保证劳动人口规模不萎缩需要引入移民。预计到2027年，美国外国出生人口（foreign born）占总人口比例将达到14.8%，其中主要是来自于亚洲、非洲、拉美等地区。到2060年将有18.8%的美国人是“外国出生人口”。未来人口增长最快的三个族群分别为：多族群、亚裔和拉美裔，其中拉美裔到2060年将占据美国总人口的¼。对于一个由欧洲裔白人首先建立政府、经历持续种族斗争、尤其近年还频繁爆发种族冲突和激烈的限制移民争论的国家来说，美国人口结构的这种不可逆的革命性变化是引发欧洲裔白人深重的危机感和引爆文化认同冲突的里程碑事件。美国白人对自身在将来可能不再占据人口多数的前景感到恐惧。同时，移民确实对美国本土工人的工资有某种负面影响，有研究表明，低技术移民人口每增加1个百分点，美国工人的平均工资就下降0.2个百分点。[①] 白人蓝领认为移民不但不认同他们的政治价值观，还抢了他们饭碗，因此极度愤懑。

第二，种族矛盾再度恶化。自民权运动以来，美国联邦政府推行了肯定性行动（affirmative action），为消除与补救过去在就业、教育等领域对少数族裔及妇女等群体歧视而采取了一系列政策与行动。但是，广义上的种族歧视并没有消失，尽管种族歧视被视为“政治不正确”，但无法掩盖事实上的歧视和社会分化所导致的一系列问题。

在相同的教育背景和资历的情况下，不同族群之间的劳工薪资差距明显，拉美裔和黑人的平均收入大幅低于欧洲裔白人与亚裔；从贫困率进行比较，拉美裔美国人和非洲裔美国人都远高于欧洲裔白人和亚裔，凸显出族群不平等所造成的集中贫困问题的严重性。2013年欧洲裔白人家庭财富中位数是非洲裔美国人家庭财富中位数的13倍、是拉美裔家庭财富中位数的10倍，而在2008年分别为8倍与9倍，这表明不同族群之间的家庭财富的差距在2008年金融危机引发的经济大衰退之后迅速扩大。并且过去30年里，欧洲裔白人家庭的财富增长速度是拉美裔家庭的1.2倍左右、是

---

① William W. Olney, “Offshoring, immigration, and the native wage distribution,” *The Canadian Journal of Economics/Revue canadienne d'Economique*, Vol. 45, No. 3 (August 2012), pp. 830 – 856.

非洲裔美国人家庭的3倍左右。

在新冠肺炎疫情的冲击下，不同族群之间事实上的不平等和鸿沟进一步暴露出来。美国疾控中心2020年6月25日公布的数据显示，美国非洲裔居民的新冠病毒感染率和致死率是白人的5倍，拉丁裔是白人的4倍。统计显示，18岁至64岁美国人中，非洲裔和拉丁裔无医疗保险居民的人数是白人的2倍以上。高昂的医疗费用迫使大批少数族裔放弃治疗。此外，非洲裔和拉丁裔社区的医疗机构服务质量普遍不及白人社区。美国全国城市联盟主席马克·莫利亚尔说："医疗系统对非洲裔存在偏见，与白人相比，非洲裔患者接受的医疗服务更少，医疗质量更差。"少数族裔不仅面临的感染、病亡风险更大，也更难抵御疫情带来的经济冲击。美国劳工部2020年7月初发布的数据显示，6月份，美国白人失业率为10.1%，非洲裔失业率为15.4%，二者差距达到2015年5月以来的最大值。英国《金融时报》刊文指出，没有什么比这场疫情下的生与死更能体现美国的肤色差异了。比起白人，非洲裔和拉丁裔美国人更有可能从事维持社会运行所必需的工作，贫困率以及患有糖尿病、高血压等疾病的概率更高，也更易感染新冠病毒。[①]

与此同时，平权措施正在不断激发相当多的白人和部分亚裔的不满情绪，一些白人感受到了竞争压力与不公平，一种"反向歧视"的思潮在白人中蔓延。尤其是对于那些蓝领白人，他们的生活境遇与就业形势其实也很不乐观，白人危机感（无论是从种族、文化角度，还是从经济层面）愈加强烈。特朗普当选实际上与这种"白人的危机"有关联。这种危机感分布在各个年龄层的白人中间，不仅年长的白人感受到了压力，即便是"千禧一代"的美国年轻白人也感受到了压力。他们中接近一半的人认为对白人的歧视将成为与对黑人和少数族裔歧视一样重大的问题。白人群体中这种日益高涨"反向歧视"情绪可以说是2016年大选中特朗普逆转希拉里重要的原因之一。据CNN出口民调显示，2016年投票支持特朗普的30岁以下白人，比支持希拉里·克林顿的多出4个百分点。特朗普执政以后更

① 《疫情笼罩 种族矛盾撕裂美国社会》，光明网，2020－07－19，https：//www.sohu.com/na/408529235_ 162758。

是打破了传统的“政治正确”，有意无意地为“白人至上主义”张目，进一步激化了美国种族对立的情绪。进而，白人的危机感以及由此而造成的“白人的觉醒”，并继而引发的白人维权运动与“黑人的命也是命”（Black Lives Matter）的维权运动已成为美国种族矛盾的核心焦点。具体表现为：首先，极端种族主义情绪在美国普通民众中重新抬头。美国联邦调查局 2018 年 11 月发布的数据显示，2017 年度美国共发生 7175 起仇恨犯罪案件，同比增加约 17%，其中约 60% 的犯罪涉及种族歧视，近 50% 的受害者是非洲裔。根据反诽谤联盟（ADL）2019 年的数据，“白人至上主义”者旨在散布仇恨、招募新成员的宣传活动发生频率增加了 120%。[①] 另一方面，黑人等有色群体以暴力等形式回应。该年度各类仇恨团体中，黑人分离主义团体数量最多（255 个）。[②] 其次，移民问题政治化过程中的种族歧视和偏见更加明显，基于种族歧视和偏见的反移民运动和排外主义浪潮席卷美国。例如，在对待穆斯林移民的问题上，路透社和益普索对美国民众进行的联合调查表明，“高达 49% 的受访者对特朗普的移民禁令表示支持，反对者则有 41%”。[③] 美国社会的撕裂程度也进一步加深。2017 年，在夏洛茨维尔市的种族暴力和文化冲突相交织的骚乱，主角由少数族裔变成了白人。再次，尤其是对非洲裔美国警察执法过程中执法过度问题严重。仅以 2019 年数据为例，非裔美国人占美国总人口的不到 14%，但在警察造成的 1000 多起致命枪击事件却占到了 23% 以上。[④] 在此背景下，“黑人的命也是命”运动趁势而起。该运动始创于 2012 年，构成一种去中心化、缺乏正式等级制度的活动网络，核心诉求在于整顿和惩罚暴戾警察，还迫切要求消除系统性种族主义造成的经济不平等以及教育和医疗保健方面的

---

① “US White Supremacist Propaganda Incidents Rose by 120% in 2019,” BBC, February 12, 2020, https://www.bbc.com/news/world-us-canada-51480500, accessed on April 27, 2020.

② “Number of Hate Groups in the United States in 2019, by Type,” Statista Research Department, March 30, 2020, https://www.statista.com/statistics/740008/us-hate-groups-by-type/, accessed on April 27, 2020.

③ 郝亚明：《从“禁穆令”看美国少数群体的权利保障》，《人民日报》，2017 年 3 月 10 日，第 18 版。

④ “George Floyd: How are African-Americans treated under the law?” https://www.bbc.com/news/world-us-canada-52877678.

差距。尤其是2020年弗洛伊德事件使得该运动超越族裔层面向更广泛的社会层面急剧蔓延，在美国国内收获大量拥趸。估计有1500万—2600万人参加了2020年在美国举行的“黑人的命也是命”抗议活动，呼吁给警察系统撤资，转而直接资助黑人社区或其他应急响应模式。[①]

三、文化战争

美国社会一些核心共识并非一脉相承沿袭所得，而是在历史长河中经过不断磨合冲突而形成。20世纪末至今，美国社会中一直存在着对于价值观的争论并被广泛称为“文化战争”，对美国当代社会、政治、文化产生了重要的影响。美国文化战争主要以争论、政治竞选活动等形式展开，争论焦点集中在堕胎、同性恋、肯定性运动等社会和道德问题，并扩展到国家、社会、经济、历史、宪政等基本问题的认知，争论中各方观点不一，其直接后果就是造成美国政治和公共领域出现分裂乃至对峙局面，撕裂了公众原有的价值共识。

美国是一个多种族的移民国家，移民的大量涌入带来了美国人口、种族和族裔、宗教构成的深刻变化，使得美国社会的种族和文化多元化成为一个不可逆的进程。被视为美国主流社会文化源流的盎格鲁—新教文化，其社会包容性不足，“文化大熔炉”理想和种族歧视实践之间的对立，使得种族矛盾和与其相关联的文化认同冲突是美国与生俱来的问题。

“文化战争”一词源自于1991年詹姆斯·亨特的著作《文化战争：定义美国的奋斗》一书[②]，并因1992年共和党总统竞选人帕特·布坎南（Patrick Buchanan）在共和党全国代表大会上发表的关于“文化战争”的著名演说而被美国社会所关注。以2016年美国大选为分水岭，21世纪的美国文化战争大致分为两个阶段：

---

① Larry Buchanan, et al., “Black Lives Matter May Be the Largest Movement in U. S. History,” *The New York Times*, July 3, 2020, https://en.wikipedia.org/wiki/Black_Lives_Matter#cite_note-15.

② James Davison Hunter, “Culture Wars: The Struggle to Define America,” New York: Basic Books, 1991.

第一阶段，围绕堕胎、同性恋和同性婚姻等社会态度、文化和道德价值观问题而展开的文化战争，宗教和文化保守派力量和自由派力量围绕上述问题陷入分裂和相互对立。因种族族裔、社会经济地位、文化程度、性别年龄、宗教信仰等方面的不同，美国人对上述问题采取截然不同的态度，也就是说，对于如何从道德上界定自己有着完全不同的立场。

第二阶段，围绕"我们是谁?"这个疑问所展开的关乎国家认同和民族认同的文化战争，也就是美国人对于如何从种族、族裔和语言上来界定自己发生了冲突，这种冲突更复杂地和种族族裔、意识形态、宗教等交织在一起。"文明冲突论"的提出者塞缪尔·亨廷顿在其著作《我们是谁：美国国家特性面临的挑战》一书中主张，美国文明性质应当单一，否则必然产生内部文明冲突。[①] 2016 年美国大选以来，美国内部的文明冲突日益凸显，"身份政治"（identity politics）或"认同政治"大行其道。这种新形式的文化战争说明，文化多元主义也无法有效融合美国的不同族群，反而因为过度强调文化的多元性和族群差异性造成了共同的美国身份与文化认同根基的缺失，将政治奠定在群体基础或者简单地过程化描述上，甚至有可能撕裂共同体[②]，难免陷入亨廷顿之问——"我们（美国人）是谁"。

美国近年来的社会运动与文化认同冲突结合在一起，呈现出文化战争日益激化的趋势，以种族矛盾和文化战争为基调的抗议骚乱已经沦为两党鼓动选票的政治营销手段。2017 年特朗普就任总统以来的言行被诸多美国媒体批评为加速了美国社会分裂和文化冲突的政治化，促使"白人至上主义者"更敢于公开表达主张。特朗普所强调的"美国优先"和"真正的美国人"等口号，既在利用强调文化族群、男性中心主义、反对女权主义和同性恋运动等的保守主义思潮，也在表达美国传统欧洲裔白人群体的族群意识和文化危机感等民粹主义情绪。

---

① 塞缪尔·亨廷顿：《我们是谁？美国国家特性面临的挑战》，程克雄译，北京：新华出版社，2005 年版。

② Arthur M. Schlesinger，"The Disuniting of America：Reflections on a Multicultural Society，" New York：W. W. Norton & Company，1998.

以夏洛茨维尔骚乱为代表的系列文化冲突事件被视为美国文化战争的爆发，并在2020年美国大选中得到集中体现，表明文化战争和社会分裂所形成的作用力正在对美国的现有政治版图产生影响。

1. 夏洛茨维尔骚乱

2017年8月在弗吉尼亚州中部城市夏洛茨维尔爆发的“白人至上”骚乱，引发了美国南方各州移除主张蓄奴制的邦联纪念物风潮和美国多地的抗议浪潮，这被视为美国社会与美国政治的一个转折点，即文化冲突从暗流正式走到了台前。

夏洛茨维尔骚乱起源于一场白人民族主义者示威，事件的导火索是弗吉尼亚州夏洛茨维尔市决定拆除美国内战时期南方将领罗伯特·李的雕像，由此引发主张“白人至上”的右翼团体的不满，因而组织抗议政府移除罗伯特·李将军的雕像。据美联社报道，这次骚乱是过去10年中，白人种族主义者最大规模的一次集会。包括新纳粹组织、光头党组织和3K党的一些分支等众多“白人至上主义”团体汇集夏洛茨维尔。但2017年8月12日游行当天，出现了大批反抗议的人群，主要包括“黑命贵”（Black Lives Matter，BLM）以及极左组织“反法西斯行动”（Anti－Fascist Action，Antifa）成员。此次示威游行一波三折，虽然事先取得了政府颁发的游行许可证、后来被吊销、打官司之后又获得法院批准，但是游行刚开始不久市政府突然宣布其为非法集会并随即清场，结果将抗议人群和反抗议人群赶到了一起，双方产生了冲突，造成1死多人受伤的惨剧。

该骚乱发生之后，引发了美国多地的抗议和冲突。同年8月19日，4万多人涌入波士顿公园抗议极右翼演讲者参与的一场集会；“黑命贵”组织在休斯顿召开集会，达拉斯、新奥尔良、亚特兰大和洛杉矶等地也爆发了抗议“白人至上主义”的集会……此外，美国南方许多城市出现激进的抗议者推倒和污损南方将军或士兵雕像和纪念碑的事件，北卡罗来纳州杜克大学拆除了美国内战时南方将军罗伯特·李的雕像，奥尔良市市长下令推倒了4座纪念南方的纪念碑、南方的旗帜被撤走，并且极具政治象征意义的林肯纪念堂遭涂鸦……被视为美国的“文化战争”。

特朗普本人在夏洛茨维尔骚乱之后表现出摇摆态度：事件发生当天，

尽管发表谴责暴力行为的声明，但是被视为“各打五十大板”；8月14日特朗普再度发表声明，谴责“白人至上主义”、3K党、新纳粹及其他仇恨团体是“令人厌恶的”“罪犯和恶棍”；8月15日又再度指责“（冲突）双方都有责任”；随着美国多个城市抗议活动现拆像风潮，特朗普在推文中表示“你无法改变历史，但是你可以从中学习。在移走罗伯特·李的塑像后，会轮到华盛顿和杰斐逊吗?”……特朗普这种摇摆态度的背后是共和党主流人物和部分特朗普白宫团队成员与特朗普本人的纷纷切割，以及英特尔CEO、默克制药CEO等多名企业家宣布退出“美国制造业委员会”，由黑石集团、通用电气、摩根大通等10余名知名大企业CEO组成的“总统战略和政策论坛”也集体决定解散，以至于特朗普不得不宣布解散这两个高级别总统顾问团等。

上述情况表明美国精英们也担心骚乱及其引发的各种文化冲突事件所反映出的极端思潮和极端行为，不仅涉及不同种族之间的矛盾，也卷入两党政治极化和意识形态的对立，还有复杂的冲突和南北矛盾等，已经触动美国社会的底线。此后，白人民粹主义浪潮得到一定程度的控制，开始显现“退烧”趋势。

2. 体育界“国歌门”

“国歌门”缘起于2016年8月底美国全国橄榄球联盟（NFL）的一场赛前国旗仪式中，橄榄球队员卡佩尼克以抗议压迫黑人和有色人种为由拒绝在奏国歌的时候站立，在引发媒体围剿之后改成单膝跪对美国国旗并获得全国橄榄球联盟（NFL）范围内的各方面支持。当时尚处于竞选阶段的特朗普呼吁，“请卡佩尼克滚出美国!”

在该事件逐渐沉淀之后，2017年9月22日，特朗普在为共和党参议员斯特兰奇（Luther Strange）站台时，针对当地主要选民是白人的情况再次主动挑起事端，在集会中指出，“我们以美国为荣，我们也尊重美国的国旗！你们难道不想看看NFL的老板们说：把那个孙子（指卡佩尼克）赶走！他被解雇了!”特朗普的讲话激起了上百名全国橄榄球联盟球员拒唱国歌和拒对国旗敬礼，甚至还有许多球员当众焚烧美国国旗以表达不满。接下来围绕邀请拿到2017年NBA总冠军的金州勇士队到白宫参观，而勇士球星史蒂夫·库里表达抗议姿态之后，特朗普的批评言论导致 NBA 联盟和 NFL 联盟站在一起，甚至蔓延到美国体育界向特朗普抗议。

尽管特朗普和体育界的对骂并未涉及种族歧视等内容，但背后深藏着种族歧视的分歧，还有特朗普所倡导“美国制造”等与美国体育界经济利益的冲突、NBA 联盟所奉行的“国际化”路线与特朗普“美国优先”政策冲突等，也就是存在着需要“国际化”的体育资本力量和特朗普的经济民族主义政策之间的冲突。但是，这种冲突经过媒体炒作之后，变成了“爱国要不要爱总统？反特朗普要不要反国旗国歌?”等尖锐问题，再度成为撕裂美国社会的诱因，例如彭博社的《体育比赛中的国歌可以降降温》一文就将国歌视为一种右派的政治正确。

3. 弗洛伊德事件引爆文化战争

2020 年 5 月，美国明尼苏达州白人警察暴力执法导致非洲裔男子乔治·弗洛伊德（George Floyd）死亡，引爆了全美大规模反对种族歧视和暴力执法的抗议示威甚至骚乱，成为自 1992 年洛杉矶因种族冲突而引起的骚乱之后，最大规模的一次抗议浪潮。此后，在世界多国掀起了反种族歧视运动。联合国人权理事会在 2020 年 6 月通过决议，对“弗洛伊德事件”所暴露的种族歧视、暴力执法和美国刑事司法系统中的结构性种族主义等表示“强烈谴责”。

“弗洛伊德事件”引爆的抗议骚乱的参与者们更多以种族身份、“左”或“右”的意识形态、“白人优先”或“黑命贵”的文化认同区隔、“Z 世代”和“婴儿潮一代”的代际矛盾等组织起来提出身份政治诉求，很少基于共同的阶级出身而组织起来提出阶级政治诉求。抗议骚乱主要以反种族歧视、反暴力执法、反特朗普政府等为口号，不但没有针对美国深层次的阶级矛盾、歧视性制度结构和资本主义制度等提出政治诉求，而且变相沦为两党鼓动大选投票的政治营销手段，因而是美国两党党争和政治极化日益恶化的又一次集中体现。

“弗洛伊德事件”爆发后，抗疫、抗议和经济衰退三者互为因果，而两党激烈的党争给三级政府之间合作解决这三个问题带来明显的负面作用，不但难于建立起统一的国家战略，而且两党都在利用骚乱进行政治秀以扩大自己的选举基本盘。“弗洛伊德事件”所引爆的美国骚乱呈现如下两个特点：第一，身份政治口号比阶级政治口号更有号召力；第二，不反对美国政治体制和资本主义制度。“弗洛伊德事件”是美国历史性结构性问题的爆发，也是美国防控新冠肺炎疫情不力的产物。这一事件所具有的上述双重特点植根于美国的政治制度与政治文化，也从多个维度印证美国政治处于“制度失灵”困境之中。①

“弗洛伊德事件”所引爆的社会动荡，除了说明美国的种族之间矛盾依然严重，而且体现了美国社会内部的多重价值分裂，特别是文化认同冲突的高度激化，聚焦为美国文化认同的内部撕裂——盎格鲁—新教文化认同者与文化多元主义二者之间的对抗。以鼓吹“黑人的命也是命”或“白人至上”为口号的各种利益团体和政客等为了维护各自所代表的利益，已经罔顾整体利益、不惜用各种手段来进一步撕裂已经难于弥合的文化认同冲突，“弗洛伊德事件”引爆的长达数月的骚乱背后就有两党政客蓄意推动种族矛盾和仇视的因素。因此，此次运动中出现了大量激进诉求，包括要求解散警局、呼吁白人下跪反思、强迫修改历史上已经约定俗成的专有名称、强拆历史雕像等。

在社会骚乱和两党为了大选进行的充分政治动员的共同作用之下，曾经是大多数美国人分布在意识形态中间区域的格局发生变化，越来越多人趋向文化认同的两极，加快了社会分裂的脚步，一方面是盎格鲁—新教文化认同越来越被欧洲裔白人和保守主义少数族裔所坚持，另一方面文化多元主义越来越在知识界、金融—科技资本、媒体和年轻人中占据“政治正确”唯一性地位。冲突双方不再局限为白人与有色人种特别是与黑人之间的对峙，而是在美国多个地区出现持不同文化认同的白人之间相互对抗的情况。而在黑人内部，部分精英人士与下层民众也拉开了距离，前者强调“黑人最大的问题正是我们自己”“肤色不能永远成为群体的挡箭牌和换取食物券的便利条件”等。

这种分裂又与2020年美国大选紧密捆绑在一起：特朗普支持者将自身

① 魏南枝：《弗洛伊德事件与美国政治的“制度失灵”》，《世界社会主义研究》2020年第8期。

视为美国立国者们的直系后裔和精神后裔，他们维护美国宪法、反抗既得利益者和“真正的美国人”，将民主党、部分共和党建制派、华尔街、几乎所有的主流媒体、几乎所有的科技巨头、常青藤高知联盟等视为美国资源的垄断者。在美国，政治与宗教信仰难于分离。美国的基督教和天主教宗教团体，特别是以白人福音派信徒为代表的基督教力量等是特朗普支持者的中坚力量。2016 年和 2020 年两次美国大选的投票民意调查显示，特朗普在白人福音派信徒和再生基督徒（born - again Christians）中赢得了超过七成的选票。特朗普反对者将特朗普本人及其支持者视为右翼民粹主义、白人至上主义、法西斯、反移民、歧视女性等，他们支持文化多元主义，认为自身代表了自由、平等和民主。

文化认同冲突已经演化为美国内部的“文化战争”，历史叙述权之争已经变为“老美国”（认同盎格鲁—新教文化和希望实现“文化大熔炉”）与“新美国”（认同文化多元主义之下的“文化沙拉碗”和强调美国种族、性别、宗教歧视历史的罪恶性）两种认同之争。美国的文化战争的背后，是各种分裂所掩盖的美国社会日益恶化的经济与社会不平等所产生的“1% 与 99% 的斗争”。

“草根—精英”的对立被转移：要么以盎格鲁—新教文化认同和多元文化认同之间的冲突为代表，以某种“文化战争”的形式体现出来；要么以“白人至上主义”与“黑命贵”之间的冲突为代表，以种族矛盾的形式体现出来。① 这些手法在撕裂美国政党政治有效运转的基本共识，所引发的政治冲突只会越演越烈。

在政治、经济、社会和文化等多重因素共同作用之下，美国的欧洲裔白人基于不同文化认同或利益机制而相互对抗，他们的代际冲突和地区差异日益明显，进一步加速了盎格鲁—新教文化作为美国主体文化地位的衰落。美国的社会不平等性和文化战争相互交织的状况将持续相当一段时间，并有可能进一步恶化，甚至导致系统性社会危机的爆发。

---

① 魏南枝、常夷：《美国的人口结构变化和社会不平等》，《美国问题研究》2018 年第 1 辑，第 138 页。

第三节　政治之变

1989 年柏林墙倒塌，持续 40 多年的冷战已经临近终点。也就是在这一年，美籍日裔学者福山发表了《历史的终结》一文。他认为，冷战的结束不仅仅意味着以美国和苏联为首的两大阵营之间意识形态对抗的结束，更意味着“人类意识形态演进的终点和作为人类最后的政府形式的西方自由民主的普遍化”，以美国为代表的自由民主将是所有国家的必然归宿。福山的这种表述反映出当时的美国对其政治体制的满满自信。然而，历史的演进似乎与他开了一个大大的玩笑，美国本身真实的演进进程是贫富差距扩大、中产阶级缩小、普通民众对政府决策影响甚微、富人的政策偏好对公共政策影响日益显著、普通民众对美国政治体制的认同感越来越弱等。为此，福山本人于 2016 年发表了《衰败的美利坚——政治制度失灵的根源》一文，通过观察美国政治内在逻辑所得出的结论，即否决型政体导致美国“政治衰败”已经接近故事的真相。美国政治不断上演政策的朝令夕改，难以调和的府会之争和政府关门，民众之间的政治分歧上升为社会骚乱，使福山这样理性的新保守主义者陷入对美国政治的失望与无奈。不断加深的政治极化、民粹主义与再次兴起的文明冲突正在重新定义美式甚至西方民主。

一、不断加深的政治极化

进入 21 世纪，美国的政治极化尤其政党极化持续升级，一发不可收拾，日益成为美国政治中一个突出的现象。政治精英们放弃了传统的温和审慎，政治立场呈现明显的极端化趋势。要么旗帜鲜明地选择自由派立场，要么坚定不移地固守保守派情怀，温和持中群体日渐萎缩。在民主党内部，保守派议员遭到排挤；在共和党内部，绝大多数共和党人转向保守立场，中间阵营越来越不受欢迎。根据皮尤研究中心的系列调查，在1994—2016年间，民主党变得更“左”、共和党变得更“右”：2014年有92%的共和党人趋于极端，而1994年这一比例为64%；民主党人中2014年有94%的趋于极端，1994年为70%。由此，民主党与共和党都更加“敌视”对方。越来越多的人视另一政党为“国家福祉的威胁”，持这一观点的共和党人在2014—2016年间增长了8个百分点，而持这一观点的民主党人则增长了10个百分点。美国的政治极化不只是体现在政党政治层次，还蔓延到整个社会。根据盖洛普的民意调查，“9·11”事件发生后的2个月内，有74%的美国人认为国家是团结的，到2004年小布什竞选时，该比例下降至45%，2016年选举后更降到21%。[①] 现在实际有两个美国（Two Americas），或者说美国人越来越多地因政见不同而分为互不相容或难以相容的两大群体，他们在价值取向上存在着极大的差异，而且相互交流越来越少，都认为对方愚昧、思想封闭。他们有着不同的朋友圈，不同的社交网站，读不同的报纸（民主党支持者多读《纽约时报》和《华盛顿邮报》，共和党支持者多读《华尔街日报》和《华盛顿时报》），看不同的电视新闻（民主党支持者多看微软全国有线电视广播公司（MSNBC）和美国有线电视新闻网，共和党支持者多看福克斯（FOX）），听不同的音乐（民主党支持者多爱听摇滚乐，共和党支持者多爱听乡村音乐），甚至相信不同的事实。[②] 同样，美国皮尤研究中心的调查也显示，在1994—2014年间，美国人中持极端政治立场的比重已经从10%增加到21%；中间派则大大缩水，从1994年的49%下降到2014年的39%。[③]

2008年金融危机发生后，美国国内关于政府角色的辩论彰显了两党的

① Jeffrey M. Jones, “Record - High 77% of Americans Perceive Nation as Divided,” November 21, 2016, Available at: http://www.gallup.com/poll/197828/record - high - americans - perceive - nation - divided.aspx? utm_ source = alert&utm_ medium = email&utm_ content = morelink&utm_ campaign = syndication.

② 白宫新闻发言人肖恩·斯派瑟（Sean Spicer）捏造事实，说参加特朗普总统就职庆典的人创下纪录，白宫高级顾问凯莉安·康威尔（Kellyanne Conwell）为其辩护，说世界上存在着“另类事实”（alternative facts）。

③ “Political Polarization in the AmericanPublic,” Pew Research Center, June12, 2014, http://www.people - press.org/2014/06/12/political - polarization - in - the - american - public/.

政治分野。在激烈的选战中，一个最为严肃且传统的话题是，“政府应该发挥什么样的作用?”民主党和共和党在这个问题上具有天然的分歧，但这分歧从未像2008 年大选中表现的如此明显。奥巴马的大半生时间都在公共部门、学术界以及社区度过，为此他显然认为政府必须发挥更大作用，包括刺激经济发展和缓解社会不平等，而商人出身的罗姆尼认为政府最好减少干预，包括减税、减少监管以及让人们自主经商等。对于政府在美国社会中的角色，奥巴马和罗姆尼带来两种截然不同的理念，这迫使选民做出非此即彼的选择。虽然选民最终选择了奥巴马，但两党明显划界的政治分歧甚至是斗争也拉开了帷幕。2012 年 6 月美国皮尤中心发表的民调报告《1987 年至 2012 年美国价值观调查》指出，美国价值观和基本信念因党派而产生的极化现象是过去 25 年来最为严重的。美国民主党和共和党之间的价值分歧比不同性别、年龄、种族和阶级之间的分歧要大得多，因此政党极化现象已经成为美国社会最大的单一分裂因素。通过对 3000 名美国成年人进行调查，报告发现美国政治极化现象不仅在政治精英中出现，也在普通民众中日趋严重。25 年来，在涉及对政府、商业、环境和社会等 48 个议题的价值观倾向上，民主党和共和党成员在观点上的差距扩大将近 1 倍，其中差距扩大最快是在小布什和奥巴马任上。

美国知名专栏作家托马斯・弗里德曼认为，美国的两党制本身就内嵌了某种程度的极化。但美国以前经历危机之时，两党都能克服分歧，合作应对。例如在 19 世纪，美国国内政治的分歧最终导致了内战，但内战结束后美国最终回归到民主政治的正轨，国内各种政治势力仍然可以在很多重大问题上形成共识。但如今的情况明显不同：一是在巨大的金融危机面前，极化趋势不但没有得到遏制，反而变得更糟；二是这种极化变得更加“个人化”，国会里民主党人和共和党人之间几乎不再相互往来，而两党议员越不交往，就越难以进行政治合作，如此形成恶性循环。奥巴马推动医改法案的艰难过程生动地展现出美国的“否决政治”，即只要是奥巴马和民主党支持的提案，都将被共和党反对，无论这些提案是否有利于美国多数民众的利益。

特朗普上台执政本身在某种程度上是这种极化现象发展到极端状况的

一种产物。在2016年大选期间，通过发表大量极端言论来争取和调动与他有着相近想法的极端选民而不在意甚至故意激怒其他选民，是特朗普一个基本的竞选策略，而且特朗普当选总统以后继续使用这种策略。他反对自由贸易，鼓吹民族主义。他毫不掩饰对移民的厌恶，公开表示他若当选将在美国与墨西哥边界修建一堵高墙，阻挡拉美非法移民入境，并让墨西哥买单。他的当选本身造成了美国巨大的分裂，因为反对他的选民比支持他的选民还多出近300万人。他上台执政后，也没有像其他前任的总统那样呼吁美国的团结，而是将兑现极端的竞选主张作为主攻方向，下令废除奥巴马医改法案，签发"禁穆令"，执意在美墨边境修墙，称美国的主流媒体是"美国人民的敌人"，一系列的做法在美国引起巨大争议。特朗普的政治言论使其面对最为负面的政治开局，以45%支持、45%反对的低民调入主白宫，并且其支持率一直低于40%或在40%左右徘徊，没有其他总统上任伊始惯常有的"蜜月期"。之后，民主党以"通俄门"调查为契机，不断质疑特朗普执政的合法性。

尽管特朗普自执政以来一直保持着创纪录的低支持率，最低时只有35%，但是，共和党内部却保持了对特朗普的高支持率。按照2017年9月份的民调显示，有将近85%的共和党选民对特朗普表示满意，而其中的¼表示了对共和党的不满；同时，79%的共和党选民认为特朗普的方向正确，而认为国会共和党领导层方向正确者只有52%。由此看来，特朗普又是共和党获得支持度的主要源泉。这种情景进一步固化甚至加剧了美国社会的左右对峙。例如，2017年12月2日美国参议院通过了减税法案，这个重大法案的投票，几乎全是按党派划线。当天民主党左派桑德斯在讲话中就指出：这是美国历史上最黑暗的一天，这是一个劫贫济富的法案。

2020年的美国大选更是将政治极化推高到19世纪内战以来前所未有的高度。民主党人确信，如果特朗普连任，美国民主将无法生存；共和党人同样确信，如果特朗普败选，激进社会主义者将攫取精英阶级的财富并将之分配给不配得到的穷人与少数族裔，从而永久摧毁美国经济。双方都相信另一方意在改变民主的"游戏规则"，从而使得他们无法在未来的选举中有效竞争。在这样的情况下，选举不仅仅是政策偏好的争夺，而是变成了关乎国家未来的生存之战。输掉的一方认为选举结果是被操纵的，对选举结果不可容忍。

二、民粹主义与反建制派的崛起

如果说政治分化本来就是美国政治的特点，那么 2008 年金融危机后兴起的民粹主义无疑加快了政治分化的进程，打破了美式民主精英治国的本质和游戏规则。美国自认为是民主国家的典范，但精英治国的传统在 2016 年之前从未改变，民众通过选举支持他们信任的政治精英引导美国向正确的方向发展。但 2008 年金融危机之后，美国民众对传统政治精英的信任度快速下跌。在 3 个历史时期，美国人对政府的信任度较高，即 20 世纪 60 年代中期、80 年代中期和 21 世纪初期，这 3 个时期的最高点分别为 1966 年的 61%，1986 年的 47%，以及 2002 年的 43%。从 2002 年开始，美国人对政府的信任度急剧下降，到了 2008 年只有 26%。这么低的比例，在此之前只出现过一次（1994 年）。到了 2012 年，只有 22% 的美国人信任联邦政府，创有史以来最低。美国经济遭受重创，复苏缓慢，各种矛盾不断累积，其中最突出的问题是日益严重的不平等。美国的中产阶级不断萎缩，已从 20 世纪 70 年代占美国人口的 60% 以上，下降到 2015 年的不足 50%，比 1971 年下降高达 11 个百分点。根据美国人口普查局的统计，美国 2015 年家庭收入中位线约为 5.6 万美元，如果扣除通货膨胀因素仍然低于 1999 年的水平。历史上曾经令美国普通老百姓十分自豪的高薪蓝领越来越少。美国最富有的 0.1% 的家庭在美国家庭总财富中占的比例更是从 1979 年的 7% 升至 2012 年的 22%，几乎与美国 90% 的家庭拥有的财富相等。[①] 正如美联储前主席格林斯潘所指出的那样，美国已经分裂成两个：一个是超级富人的美国，他们在经济复苏中赚到了高额的奖金；另一个则是大量中产阶级、中小企业主的美国，他们仍在艰难地挣扎。

正是在这种背景下，民粹主义应运而生，“茶党运动”和“占领华尔

① Emmanuel Saez & Gabriel Zucman，“Wealth Inequality in theUnited States since 1913：Evidence from Capitalized Tax Data，” https：//gabriel – zucman. eu/files/SaezZucman2014. pdf.

街”是金融危机后美国民粹主义最明显的表现。“茶党运动”兴起于2009年初，主要参与者是主张保守经济政策的右翼人士，其人员绝大多数是不满现实的中产阶级白人和白人工人阶级，是共和党一部分派系发起的右翼民粹主义社会运动。“茶党运动”在很短的时间内席卷美国，在2010年的国会中期选举中，共和党在国会和州长选举中都获大胜，而很多评论认为，是茶党帮助共和党夺回众议院的多数席位，并且帮助共和党人赢得了更多的参议院席位。茶党代表人物兰德·保罗和马尔科·卢比奥更是以超过对手十几个百分点的选票当选为参议员。在“茶党运动”的公开支持下，强硬的保守主义候选人成功当选为一些关键州的州长。在茶党的影响下，共和党开始向极端保守主义方向发展。大批具有保守主义倾向的新议员当选使得国会共和党领导层比以前更趋于保守，为了满足“茶党运动”所希望看到的美国政治及社会变化，他们在社会福利、经济和对外政策等一系列问题上——从保健计划、税收、财政到军事干预利比亚——与奥巴马总统和民主党人主导的参议院发生分歧和对抗。“茶党运动”可以被视为美国逐渐衰落的中产阶级对过去半个多世纪以来政府权力不断扩大趋势的强烈反应，而2008年的金融危机则是这一运动兴起的直接契机。① 另一方面，“茶党运动”也带有着一定的文化焦虑感，对白人传统价值观在外来移民不断涌入、少数族裔人口不断增加导致白人在不久的将来成为人口少数等忧心忡忡。因此，在主张小政府的同时，57% 的茶党支持者又赞成应该依靠政府推进传统价值观。②

“占领华尔街”运动更是贫富分化严重加剧背景下民粹主义的直接表现。“占领华尔街”在本质上是一场反对社会两极分化的左翼社会运动，抨击美国巨富阶层尤其是金融资本过度攫取社会财富，反对政府成为巨富阶层的获利工具，希望通过社会压力迫使政府改善劳动阶层和社会底层的经济政治地位。自2011年9月17日在纽约市金融区展开之后，这场运动

---

① 付随鑫：《从右翼平民主义的视角看美国茶党运动》，《美国研究》，2015年第5期，第91页。

② Jeffrey M. Jones, “Debt, Gov't. Power Among Tea Party Supporters' Top Concerns,” July 5, 2010, http://www.Gallup.com/poll/141119/Debt-Gov-Power-Among-Tea-Party-Supporters-Top-Concerns.aspx.

在一个多月时间内成为世界上最受关注的事件之一，激起人们在全球至少数百个地方效仿展开占领行动，并被一些人称作是1968年以来美国规模最大的左翼社会运动。“占领华尔街”运动在某种程度上具有阶级斗争的性质。从其主要诉求来看，在美国历史上的左翼社会运动中，多以性别、种族、性取向、环境等有关问题为主，其中声势最为浩大的当属20世纪六七十年代的平权运动、反战运动、妇女运动等。“占领华尔街”运动的诉求虽然极为多元，但其核心议题是“经济不平等”，矛头直指资本主义制度的核心问题之一，揭示出资本主义制度下贫富分化、经济不公平的制度性弊病。从运动参与者与抗议对象的关系来看，是大多数未能在金融危机过后享受红利、生活压力与日俱增的中产阶级对位于美国财富顶端的极少数人群、在2008年金融危机后快速满血复活的金融精英的不满与愤怒，以及政府对中产阶级帮扶不力的抗议。正如《中产阶级的回击：为何进步运动能重塑美国的民主》一书指出：“占领华尔街”运动以“1%对99%”的方式界定阶级，是一种革命性发展。[①] 尽管“占领华尔街”运动没过多久就销声匿迹了，但对美国政治产生了相当程度的影响。一些美国媒体认为，“占领华尔街”的抗议者至少在把收入不平等引入政治讨论这一点上做出了一定贡献，这不仅启发了2012年部分美国民众要求将最低时薪提高至15美元的抗议活动，也为2016民主党总统竞选人伯尼·桑德斯创造了民意支持的基础。不仅如此，“占领华尔街”运动中的一些主张似乎正成为2020年美国大选一些民主党候选人的竞选主题。

“茶党运动”与“占领华尔街”都是金融危机后美国民粹主义的体现，唯一的区别是“占领华尔街”并未与“茶党运动”一样，成为政党层面反建制的重要力量，但无论如何，它们都成为2016大选以来，美国反建制力量的重要基础，而美国的民粹主义正是通过反建制力量在政坛的快速崛起影响美国政治的走向，这其中最重要的两个人物就是第45任总统特朗普与2016年、2020年参加民主党总统候选人提名角逐的桑德斯。虽然特朗普和桑德斯处于美国政治光谱的两个极端，分别代表共和党的右翼保守派和民

① Brian D’Agostino, “the Middle Class Fights Back: How Progressive Movements Can Restore Democracy in America,” Praeger, 2012, xv.

主党的左翼激进派，但他们都表现了对美国政治精英的极端不满，并且获得政治支持的手段如出一辙，都是试图通过“自下而上”的方式改变美国社会和外交现状。可以说，特朗普和桑德斯都在走“草根路线”，用“人民战争”的方式改造华盛顿的精英政治。从某种意义上来讲，特朗普在2016年的胜利其实是美国草根民众的胜利，反映了“沉默的大多数”对美国民主现状的失望和不满。

如果说2016年的美国大选有一个主旋律的话，那就是反建制。反建制就是反对现状，反对两党主流精英多年来对选民利益的漠视，反对选举之后“换汤不换药”的局面。其中最为突出的表现就是“特朗普现象”和“桑德斯现象”。

特朗普是美国政治舞台上一位特殊的非典型政客，在竞选之前是美国著名的地产商人，通过亲自主持真人秀节目《飞黄腾达》而获得了相当可观的公众影响力。特朗普没有任何从政经验，既不是共和党内建制力量成员，更不是共和党坚定分子。根据纽约市选举理事会记录，抛开之前在别处的选民登记不算，仅自1987年在曼哈顿登记为共和党人以来，特朗普就5次变更党派。因此2015年6月16日69岁的特朗普在其位于纽约市第五大道的特朗普大厦正式宣布参选下届美国总统时，不少观察家并未将他当作总统宝座的有力角逐者，只将此视作特朗普别出心裁地为自己企业打广告。然而他不仅在共和党初选中接连击败拥有丰富政治经验、被共和党精英寄予厚望的佛罗里达州前州长杰布·布什、参议员卢比奥等人，一举夺下共和党总统提名，而且在最后冲刺阶段，面对实力强大的希拉里、党内的众叛亲离、主流媒体一边倒的攻击、录音门丑闻，特朗普最终上演了惊天大逆袭，几乎完成所有不可能完成的使命。

特朗普行为乖张、口无遮拦，然而他的政治素人形象和出格的言论却在美国广大的中下阶层中引发共鸣。这表明特朗普抓住了美国社会的痛点和焦虑，并用一种夸张的方式将它们激发出来，为他所用。金融危机以来，美国经济遭受重创，复苏缓慢，各种矛盾不断累积，其中两个最突出的问题是——日益严重的不平等和组织严密的利益集团对政治制度的控制。这些年来，美国的中产阶级在不断萎缩，从20世纪80年代的60%以上，下降到2014年的不足50%，[①] 相当数量普通民众的收益感也因为低迷的经济形势以及全球化等因素的影响而受到重挫。与此同时，精英寡头们依旧纸醉金迷，整个政治体制仍对日益扩大的社会问题视而不见或有意回避。而当越来越多的普通民众对于生活现状感到不满，试图寻求改变的时候，华府的政治精英依旧忙于利益争斗，以至于府院之争、政府关门、预算危机等闹剧屡屡上演，国家的政治机器在空转，本应当造福公众的政府沦为政客的秀场。可以说，近年来美国民众，尤其是中下层民众对本国政治的不满上升到一个前所未有的水平，他们热切希望一个与原先体制没有多少关系的局外人来打破这样的政治格局。

2016年美国大选结果和英国脱欧同称为当年最大的"黑天鹅"事件。事实上，这两大事件包含有几乎相同的逻辑，就是对经济全球化的反动。冷战结束后，经济全球化在世界范围内凯歌行进了近30年，在这个进程中西方世界尤其是美国无疑是最大的受益者。然而，这种收益在包括美国在内的西方内部并不均衡，受益者主要是西方国家中的大资本和社会精英。在资本逐利的驱动下，西方国家的中端技术行业转移到海外，大量技术工人向下滑入低端行业，加之大量第三世界移民的涌入，造成劳工市场的供求关系失衡。在美国国内，受到冲击最大的就是白人蓝领工人集中的传统制造业。对于这些人来说，全球化意味着工作机会减少，实际工资降低，生活水平下降。1991—2012年，美国劳动生产率平均每年提高2.2%，但劳动者收入年均增长仅1%。[②] 而特朗普自参选伊始，就大打反移民、反全球化的牌，应当说他的主张，迎合了这些人对全球化越来越强烈的幻灭感。与此同时，特朗普把美国今天所遇到的所有问题都归结于外部。在移

① 美国的中产阶级，用美国人口普查局的定义，指家庭收入水平是美国家庭收入中位数的⅔到2倍的家庭，高收入家庭和低收入家庭则居于这一收入区间的两端。对美国一个三口之家来说，按照2014年的收入水平，中产阶级家庭的年收入从4.2万美元到12.6万美元。See "The American Middle Class Is Losing Ground: No longer the majority and falling behind financially," Dec. 9, 2015, http://www.pewsocialtrends.org/2015/12/09/the-american-middle-class-is-losing-ground/.

② Jennifer Erickson ed., "The Middle-Class Squeeze: A Picture of Stagnant Incomes, Rising Costs, and What We Can Do to Strengthen America's Middle Class," Sep. 24, 2014, https://www.americanprogress.org/issues/economy/reports/2014/09/24/96903/the-middle-class-squeeze/.

民问题上，特朗普毫不掩饰对移民的厌恶，他公开表示，若当选将在美国与墨西哥边界修建一堵高墙，阻挡拉美非法移民入境，并呼吁美国禁止所有穆斯林入境。在经济上，他谴责美国签署对美国有害的贸易协议，并许诺撕毁这些协议，包括奥巴马政府极力推动的《跨太平洋战略经济伙伴关系协定》（TPP）。这些举动为他在美国传统制造业的中心地带，也是白人蓝领工人最集中的地区，如威斯康辛、密歇根、宾夕法尼亚州赢得了关键性的胜利，最终登顶白宫宝座。总之，特朗普成功激发起了美国社会中下层民众的集体焦虑，进而将其转化为一股支持自己赢得选举的基础性力量。

桑德斯是来自美国东北部佛蒙特州的联邦参议员。他年轻时曾积极参加和组织民权运动，并多次被捕。1970 年，他试图组织第三党竞选佛蒙特的州长和联邦参议员职位，但未获成功。1980 年他作为独立候选人，成功地当选为佛蒙特州最大城市伯林顿市的市长，并多次连任。1991 年桑德斯当选为联邦众议员，2006 年当选为联邦参议员。担任议员期间，他一直以独立派自居，但通常加入民主党党团投票。2015 年 4 月 30 日，他宣布将角逐民主党总统候选人，不过直到当年 11 月他才正式加入民主党。桑德斯的行动和政策偏好体现了其民主社会主义的意识形态。他是支持 2011 年“占领华尔街”运动的少数政治家之一。在竞选中，他声称自己的目的是要在美国掀起一场“政治革命”，并提出了一整套激进政策。他希望建立一套覆盖所有人的、由联邦政府单独支付的医疗保险体系，取消公立大学和学院的学费，拆解华尔街的大银行，加强对大企业和跨国公司的监管，对富人和企业大幅度增税，实施带薪产假，缩短非法移民的归化时间，对污染企业征收碳税，限制区域贸易协定，反对美国介入国际争端和参战，等等。① 桑德斯的这些主张在长期以来对于“社会主义”概念过敏的美国堪称异类，但因为他把矛头直接指向美国越来越严重的经济不平等，认为

① David A. Fahrenthold, “How Bernie Sanders's ‘Political Revolution’ Would Change the Nation,” January 18, 2016, https://www.washingtonpost.com/politics/how-bernie-sanderss-political-revolution-would-change-the-nation/2016/01/18/4c1c13fa-bde4-11e5-9443-7074c3645405_story.html?tid=pm_politics_pop_b.

贫富分化主要是华尔街金融势力以及被其收买的腐败政治精英所造成的，所以在美国中下层尤其年轻人中引发热烈反响，以 CNN 的密歇根州民主党初选出口民调为例，桑德斯获得了 85% 的 30 岁以下年轻选民的支持和 56% 的白人选民的支持。[①] 按照联邦选举委员会 2016 年 4 月初公布的数字，桑德斯募集到了 1.39 亿美元，刷新了美国总统竞选小额捐款的最高纪录，希拉里的同期水平也只有 1.59 亿。[②] 尽管桑德斯本人一直不被民主党主流所看好，他却凭借超高的人气和雄厚的竞选资金与希拉里不断缠斗。因此，当特朗普在共和党初选中已经扫平竞争对手、坐等共和党全国代表大会提名之际，民主党主流属意的总统竞选人希拉里仍旧不得不一个州接一个州地拼初选，因为她的对手桑德斯发誓要战斗到“最后一票”。在“桑德斯现象”的作用下，希拉里和民主党建制派已接受了其部分主张，尤其在公立大学学费、全民医保和贸易保护等议题上，希拉里的竞选主张明显向桑德斯靠拢，桑德斯所代表的力量已成为民主党内一股重要的新兴力量。

政治圈外人、边缘人的异军突起，“特朗普现象”“桑德斯现象”的出现，对于长期占据美国政治舞台的“建制派”形成大的冲击，在两位反建制人物鼓动下，不少原本对政治冷漠的公众参与了投票，形成反建制的有力力量，使得建制力量对两位反建制参选人的大力阻挠变得很有限。桑德斯取得了相当的选民支持，而特朗普更是突破阻力当选第 45 任美国总统，对美国的政治体制和内外政策形成了前所未有的冲击。

三、身份政治与认同的“部落化”

近年来美国政治最显著而重要的变化无疑是身份政治的强势崛起。可以说美国当前面临的所有重大问题——国家分裂、民主衰败、政治极化、民粹主义，都与身份政治密切关联。身份政治作为美国两党均日益青睐的竞选和执政策略，更是在 2016 年和 2020 年两场总统大选之间扮演了举足

① “Michigan Exit Polls,” http：//www. cnn. com/election/primaries/polls/mi/Dem.

② “2016 Presidential Race,” *Open Secrets*, http：//www. opensecrets. org/pres16/.

轻重的角色。因此，解读身份政治不仅是理解美国政治各种乱象的关键，也能为研判美国政治在“后特朗普时代”的走向提供参考。

1. 身份政治的兴起与演变

在讨论美国政治中的身份政治这一特定话题之前，有必要首先粗略描述“身份政治”这一概念的定义与内涵。根源于社会心理学的“身份”（identity）是指个体或群体基于特定归属（attribute）而产生的认同，这些归属包括国籍、族裔、性别、宗教、经济和社会地位等。[①] 身份形成于政治之前，个体或群体的身份建构是政治认同的前提，而政治身份（political identity）的确立则是“身份政治”（identity politics）产生和发挥作用的基础。尽管持不同立场的学者对“身份政治”的意义褒贬不一，但“身份政治”在实践中的重要性毋庸置疑。有学者认为，“一切的政治都可以归结为身份的政治”，因为政治过程中利益的分配、制度的安排等等核心问题（who gets what，when，how），都势必与政治行为体的身份发生联系。需要指出的是，“身份政治”不仅可以是政治抗争的目的，也可以是实现特定政治主张的手段，这一点在美国政治中尤为明显。

事实上，作为移民国家的美国，以族裔差异为核心的身份政治一直是其政治发展的一条主线。建国初期的美国已开始根据种族、性别和宗教信仰等因素赋予公民不同的权利，而身份政治在美国政治中的内涵也跟随时代的变迁而不断演变。然而身份政治正式进入美国社会的主流话语，是源于二战后美国国内发生的一系列深刻变化，其标志性事件包括民权运动、女权运动、反文化运动、反战运动等。在此过程中，少数族裔和弱势群体竞相登上美国的政治舞台，并通过主张和争取自身的政治权利，为美国政治注入了浓厚的身份政治色彩。这些影响深远的社会群体运动不同于传统的社会变革，其共通之处在于抗争的核心都紧紧围绕着某一族群，尤其是在某种意义上被美国社会边缘化的有着共同“身份”的族群而展开，其目的在于获得政府和社会对其应当享有的平等权利给予正式的承认和保障。

最初的身份政治运动主要针对社会现实的种种弊端，一定程度上维护

① 刁大明：《身份政治、党争“部落化”与2020年美国大选》，《外交评论》2020年第6期，第50页。

了弱势群体的权益、促进了美国政治的公平与公正。然而在左翼自由主义者的推波助澜下，身份议题变得日益敏感，尊重和保护少数族裔等群体的言行被过度政治化，“矫枉过正”的政治身份抗争逐渐演变为强调政治身份大于一切的“政治正确”（Political Correctness），并最终导致身份政治作为平衡现实公义、弥补社会缺陷的“政治势能”所发挥的积极作用，逐渐演变成为“制造不平等、分裂、对立甚至仇恨的无限期的道德审判和激进化”的负面力量。[①] 正如美国学者批评的，自由主义者因为过分关注身份政治而忽视了公民政治，以至于“美国自由主义滑向了一种对种族、性别和性身份的道德恐慌，使得自由主义的信条被扭曲，使之无法成为一股可以支配的统一力量”。[②]

如果说二战后身份政治在美国的兴起来源于少数族群追求社会对多元文化价值的“承认”（recognition），那么今天身份政治在美国的大行其道则更多根源于贫苦白人强烈要求对经济资源和社会地位进行再确权、“再分配”（redistribution）。在弗朗西斯·福山看来，[③] 全球化衍生的众多问题与科技发展的负面效应扩大了世界范围内的贫富差距，尤其加剧了西方社会不公平的矛盾。原本就对自由主义的平权政策心怀不满的男性白人，尤其是中下层蓝领阶级，不仅没有分享到全球经济发展的红利，其经济处境反而雪上加霜。[④] 同时，外来移民的大量涌入催生了这部分白人对自身“认同和尊严”丧失的焦虑和恐惧，而强调“政治正确”的左翼面对白人主流群体经济和社会双重优越性的流失则出现了“失语”。政治上被民主党抛弃的白人因此被右翼保守主义所俘获，“身份政治成为美国白人表达自己受害者意识和经济、文化焦虑的新标杆”。[⑤] 由于这种白人身份政治的

---

① 马涛：《身份政治与当代西方民主的危机》，《当代美国评论》2019年第2期，第33页。

② Mark Lilla, “The End of Identity Liberalism,” *The New York Times*, November 18, 2016, https://www.nytimes.com/2016/11/20/opinion/sunday/the-end-of-identity-liberalism.html.

③ Francis Fukuyama, “Identity: The Demand for Dignity and the Politics of Resentment,” New York: Farrar, Straus and Giroux, 2018.

④ 林红：《身份政治与国家认同——经济全球化时代美国的困境及其应对》，《政治学研究》2019年第4期，第36页。

⑤ Thomas B. Edsall, “Donald Trump’s Identity Politics,” *The New York Times*, August 24, 2017, https://www.nytimes.com/2017/08/24/opinion/donald-trump-identity-politics.html.

构建与种族主义、本土主义、民粹主义和美国传统价值纠葛不断，与多元文化主义的身份政治针锋相对，因此又被称为推崇“白人至上”的“反向身份政治”。[①]

如果说白人身份政治的快速崛起是多元文化身份政治逆向刺激的结果，那么白人身份意识和权利意识的“觉醒”则是2016年特朗普赢得总统选举的重要原因。正如福山所言，“特朗普的崛起所反映出的并不是对身份政治的排斥，而是右翼对身份政治的接受。”[②] 因此，2016年美国总统大选也可被视作两种截然不同的身份政治之间的首次历史性对决，其过程与结果充分体现出美国两党政治与身份政治之间的相互塑造。

2. 当前美国政党政治中的身份政治

正如福山指出的，“当下的政治与其说是由经济或意识形态的问题决定的，不如说是由身份问题所决定的。”[③] 身份政治无疑是主导2016年美国总统大选的核心议题。一方面，以民主党为大本营的自由派多年来过于关注少数族裔的权益而忽略了白人群体的权益，原本旨在针对少数族裔的平权运动被白人视作“逆向歧视”，对“政治正确”的矫枉过正限制了白人在种族问题上的言论自由，多元文化主义则进一步导致美国主流传统中的盎格鲁—新教文化与价值观日渐式微。有研究表明，白人身份政治不仅加强了白人群体的内部团结，并且导致白人选民的种族憎恨显著增加。换言之，左翼身份政治的偏狭无法满足白人中下层群体的政治身份诉求，因此也无法帮助民主党在大选中收获更多选票，反而间接壮大了右翼的政治力量。

另一方面，特朗普敏感地捕捉到白人身份政治逆向传动的巨大选举价值，并通过对自由主义奉为圭臬的“政治正确”原则发动攻击，同时“将民族主义议题融入民粹主义动员策略之中”，利用奥巴马当选总统以来白

---

① 赵丁琪：《身份政治的困境与右翼民粹主义的兴起——西方身份政治的危机与反思》，《当代世界与社会主义》2020年第5期，第116页。

② 弗朗西斯·福山：《信念式国民身份——应对身份政治带来的民主危机》，甄成、张淦译，《国外社会科学前沿》2019年第11期，第28页。

③ Francis Fukuyama, “Against Identity Politics: The New Tribalism and the Crisis of Democracy,” *Foreign Affairs*, Vol. 97, No. 5, 2018, pp. 90 – 114.

人身份认同急剧上升的有利形势，争取那些被民主党忽略和遗忘的白人选民的支持。[①] 2016年大选的结果证明，正是因为赢得大批充满身份焦虑的中下层白人男性的支持，特朗普才得以入主白宫。事实上，特朗普执政以来从未放弃对白人身份政治议题的操弄，不断通过充满民族主义和种族主义的言行与政策，如颁布“禁穆令”、收紧移民、纵容白人种族主义暴力等，继续迎合白人身份政治、巩固自己在选民中的长期和强烈的吸引力。

可以认为，在特朗普当选和执政的推动下，共和党已将其政党核心纲领确定为传统国家对“白人至上”认同的捍卫与坚守，一种明显混合了种族、宗教和移民等动员性议题的身份政治俨然已成为共和党的选举策略和执政方针。[②] 有美国学者研究表明，在今天贫富差距特别严重的美国，代表富人利益的共和党往往会利用非经济议题来发动选民，而在所有的非经济议题中，身份政治类议题的动员效果往往最好，因为这类议题涉及到某个群体共有的忠诚和威胁感知。[③] 根据该研究，选民动员的效果依赖于强度（intensity），而后者往往取决于威胁感知——“一旦感到威胁，人民就会响应”。共和党的身份政治动员策略主要依靠白人的怨愤（resentment）和身份议题的种族化（racialization）两大法宝来提升选民的威胁感知，从而达到动员的目的。

回顾特朗普2016年以来竞选和执政的表现，不难看出，他时刻以美国劳苦大众的代表自居，一面高举反建制派、反“政治正确”、反非法移民的大旗，另一面则不断利用情感极化的话语煽动其支持者对民主党人的偏见和憎恨，并通过法律和秩序、移民和犯罪以及社会福利等话语将社会议题种族化。共和党的选民建设和选举动员之所以紧紧围绕身份政治展开，因为这是已被实践证明行之有效的、能够让代表少数富人的共和党在富人治国（plutocracy）的时代赢得大多数穷人选票的最佳策略。

特朗普和共和党以种族主义和民族主义色彩浓郁的身份政治去迎合

---

① 林红：《身份政治与国家认同——经济全球化时代美国的困境及其应对》，第38页。

② 谢韬：《美国大转型：从“例外国家”到民族国家》，《探索与争鸣》2020年第7期。

③ Jacob Hacker and Paul Pierson, “Let Them Eat Tweets: How the Right Rules in an Age of Extreme Inequality,” New York: Liveright Publishing Corporation, 2020.

与驱动白人身份政治的议程，尽管能够吸引和转移选民注意力甚至赢得选举，但是依然无法真正回应普通美国人的需求，更加不能解决美国社会愈发严重的极端不平等问题。政治精英刻意放大身份政治的象征意义的确可以击败选举的对手，但很难解决选民最为关切的“面包和黄油”的问题。事实上，民主党奉行和实践的身份政治虽然与共和党截然不同，但两党其实是一枚硬币的两面，都无法为美国政治的根本性难题提供解决方案。

正如有学者指出的，民主党奉为圭臬的身份政治实际上是一种表演性质大于实际意义的“伪政治”（pseudo - politics），[①] 因其“既无法提出一种能够吸引大多数人的政治愿景，又偏离了权力这个政治的核心问题，沉迷于空洞的自我表演与缺乏建设意义的抗议运动中，最终加剧了社会的对立与分裂”。[②] 换言之，奉行多元文化主义的左翼身份政治过度强调“政治正确”、过于注重个体认同，实质上却回避了美国政治中更加严肃和迫切的问题，例如如何创造更广泛的经济平等以缩小社会贫富差距的鸿沟。因此，疏远和脱离了工人阶级的民主党实际上已经作茧自缚，掉入了身份政治的“政治正确陷阱”中。

随着不同族群间身份政治的对立日益取代传统的意识形态分歧成为主流的政治话语，民主党和共和党不约而同选择了身份政治作为政治动员的利器和赢得选举的捷径。两党运用身份政治的策略虽然不同，结果却殊途同归，折射出的均是美国政治衰败的困境。挥舞身份政治这把“双刃剑”固然能够让两党巩固自身的选民优势、维系支持者的忠诚度，却无法缓解经济全球化负面效应对美国国内社会经济的冲击，也无法根治美国民主制度经年累积的痼疾。在政治极化和制度环境的制约下，华盛顿的政治精英——无论秉持何种身份，均难以解决日益加剧的贫富悬殊所导致的阶级固化与社会不平等问题。

---

① Mark Lilla, “The Once and Future Liberal: After Identity Politics,” New York: Harper Collins, 2017.

② 何涛:《极端个人主义的“伪政治”—— 马克·里拉对美国当代身份政治的批判》,《国外理论动态》2020 年第 6 期, 第 75 页。

更重要的是，民主党与共和党在身份政治上水火不容的对立与对抗，加剧了美国政治极化的趋势，导致美国政党政治陷入了“部落化”（tribalism）的困境，也进一步撕裂了美国的民主政治和国家认同。正如有学者指出的，“当民主政治被身份政治拆解为部落政治时”，美国社会也就不得不承受来自内部的“文明冲突”的巨大冲击。[①]

3. 后特朗普时代身份政治的发展趋势

2016年特朗普的当选无疑是白人身份政治正式登上政治舞台的标志性事件，之前的铺垫和力量的酝酿最晚可以追溯至奥巴马的当选和“茶党”的兴起。特朗普在2020年的败选并不代表“特朗普主义”的终结，没有特朗普的共和党仍将利用其留下的身份政治遗产，巩固选民的情感极化（affective polarization）和党派认同。另一方面，民主党显然同样不具备“去身份政治”的意愿，至少对拜登新内阁“像美国一样”的多元化而言，民主党仍将坚守多元文化和“政治正确”的理念，维系美国“合众为一”的身份认同和叙事。[②]

因为新冠肺炎疫情的巨大冲击，2020年美国总统选举未能延续2016年大选身份政治的主导趋势，无论是民主党还是共和党显然都无法也无意摆脱身份政治的诱惑和制约，两党已然形成的所谓“非对称极化”（asymmetric polarization）的态势短期内也不会改变。[③] 结合美国政治衰败的困境，可以预见身份政治在后特朗普时代的发展将会呈现以下特点：

第一，身份政治将继续塑造两党政治的走向。可以肯定，两大政党利用身份政治竞选和施政的基本策略不会改变，民主党将延续多元文化主义的路线转向，而共和党则会加强白人选民基础的建设，两党之间身份政治理念与政策的对抗性将继续加强，党争“部落化”的趋势不断加深，导致

---

① 庞金友、洪丹丹：《大变局时代的身份政治与西方民主政治危机》，《行政论坛》2019年第6期，第8页。

② James L. Huffman, “Biden’s identity politics do a disservice to his nominees,” *The Hill*, January 4, 2021, https: //thehill. com/opinion/white – house/532165 – bidens – identity – politics – do – a – disservice – to – his – nominees.

③ Mat Grosmann and David A. Hopkins, “Ideological Republicans and Group Interest Democrats: The Asymmetry of American Party Politics,” *Perspectives on Politics*, Vol. 13, No. 1, 2015, pp. 119 – 139.

跨党派合作和相互妥协的难度加大，两党支持者之间的矛盾也随之加剧。而随着高收入高教育水平群体转投民主党等选民结构性变化的发生，美国两党可能迎来新的政党重组。

第二，身份政治将继续固化美国社会的分裂。个体或群体对于政治身份的追求无可厚非，但是政党对族群的有目的细化、对身份政治的刻意强调，甚至利用身份的对立性和排他性推行极端的政策、助长独立与对抗，则势必不利于国家团结和政治稳定，势必会导致美国社会因为身份认同的矛盾而进一步撕裂。长期而言，民主党与共和党两种身份政治之间的争斗与对抗将与美国政治地理上的分裂态势相互裹挟、同步发展。

第三，身份政治将继续弱化美国的国家认同。民主党和共和党秉持的身份政治虽然有着各自的思想根源与行动愿景，但是指向的都是美国“国家认同”（national identity）的问题。然而不同身份政治间强调差异性、忽视同质性的自我构建，导致了不同群体受困于自身“碎片化”的狭隘认同，进而削弱了基于共同的核心价值与信念而建立的国家认同。当下美国政治中充斥着身份政治的元素，却缺乏一个能够超越个体族群身份同时能够联结所有族群的、明确回答“我们是谁”的国家身份。

第四，身份政治将加速美国民主制度的衰败。在福山看来，身份政治是当前美国民主政治危机的根源。身份政治取代公民政治，因其对立冲突、“敌我分明”的特性分裂了民主政治，对民主话语和言论自由也构成了威胁，同时不同族群间差异和威胁感知的存在又阻碍和破坏了美国民主协商的机制。身份政治的兴起本质上是美国政治衰败失序、制度困境凸显、治理能力衰减的一种表现。特朗普四年执政加剧了美国国内矛盾与分裂，疫情又导致美国经济持续低迷，在多重危机交织下，民主党和共和党如果仍然无法摆脱对身份政治的执念，转而着手解决美国政治的制度性问题，那么美国的民主制度势必会在身份政治的催化下加速衰败。总而言之，除非美国政治体制发生根本变革，除非美国选举政治的游戏规则被改变，除非美国人口结构发生巨大变化，那么作为一种新常态的身份政治势必将在未来较长一段时期内继续通过与政党和选举的相互结合与塑造，影响和左右美国政治的发展。

第四节　外交之变

冷战结束之后，由于苏联的解体，美国外交失去了明确的外在威胁，同时也失去了明确的战略目标。在冷战格局即将崩溃的1990年，美国《外交政策》主编梅恩斯认为美国即将丧失对外政策的“定位仪”，从而在国家利益、战略目标、战略手段、战略原则等一系列问题上，陷入混乱。[①]20世纪的最后10年，美国外交果然呈现出理查德·哈斯所谓的“失范”（Paradigm Lost）局面：在外交政策目标问题上，威尔逊主义、经济主义、现实主义、人道主义和最低限度主义相互竞争，在外交政策手段方面，单边主义、新国际主义和美国领导论此消彼长。[②]

一、两场战争：小布什政府的过度扩张

冷战结束后，美国的力量有了长足发展，它的经济占据了经济全球化最有利的位置，在新技术革命的推动下经历了长达10年的繁荣，它的军事力量变得更加无人匹敌，其军费开支超过了其后的15—20个防务开支最多国家的支出总和。总之，无论在西方内部还是整个世界，美国与其他国家的力量对比都在变得更加的不平衡。按照西方社会流行得近乎于常识的理论，“崛起的大国”往往是现行国际体制的“修正者”。从全球范围来看，在冷战结束后的10年中，综合实力上升最快的国家可能恰恰正是美国。虽然它是现行国际体制的缔造者和得益者，但是现行体制似乎已经不能反映美国的现实地位和利益，为此，美国试图对现行体制破旧立新的愿望开始变得日益强烈。从20世纪90年代后半期开始，一种帝国理论在保守派中

① 查尔斯·威廉姆·梅恩斯：《摆脱冷战后的美国》，《冷战后的美国与世界》（中国现代国际关系研究所选编），北京：时事出版社，1991年版，第12页。

② Richard N. Haass, “Paradigm Lost,” *Foreign Affair*, January/February 1995.

流行起来，他们认为，目前国际体系的一大特征是美国同时在所有领域占据统治地位，在西方的历史上，只有罗马帝国有过如此“杰出”的地位，因此，美国更应当像帝国那样行事。他们不断攻击克林顿带有自由主义色彩、较注重多边主义的对外政策，称之为“全球胡话”，[①] 并为建立新帝国进行思想和舆论准备。

“9·11”事件的出现终于为美国外交战略带来了一个“产生大变革的时期”。在2001年新上台的小布什政府看来，“9·11”事件正好向世人证明，原先的两种战略已经无法应对目前的形势，尤其是应付恐怖主义给美国造成的安全难题，现实主义的遏制和威慑对于跨国恐怖网络不起作用，因为恐怖分子都是亡命徒，而且他们能够避开报复，自由主义战略对于根治恐怖主义也许有远期效果，但不能解决目前所面临的威胁。赖斯说的非常明确：“此时此刻与1945—1947年那个时期相似，那是遏制政策形成的时期……今天国际政治的结构板快已经巨变。最重要的是要抓住这一机会，重新界定美国的国家利益和对国际机制的立场。”这样，带有明显帝国色彩的新外交战略孕育而生，美国外交的一个新时代开始了。小布什政府时期美国的对外战略明显地呈现出以下突出特点：

1. 对威胁做出了全新评估。冷战时期，关于威胁来自何方，对手是谁，美国一直十分明确。冷战结束后，对手和威胁都变得模糊起来，而且美国国内在这个问题上也是意见不一，存在争论。“9·11”事件终于使这个问题再一次地清晰化了，恐怖主义不容质疑地成为美国所面临的头号威胁。2002年1月，布什在国情咨文中对这种威胁又做了扩大性的解释，提出了“邪恶轴心说”。美国“最迫切的任务”就是“捣毁全球范围内的恐怖主义组织以及任何试图获得或使用大规模毁灭性武器（WMD）或武器制作材料的恐怖主义分子或支持恐怖主义的国家”。[②]

2. 先发制人原则。这一原则并非布什政府的发明，第一次运用它是1818年对西班牙控制的佛罗里达提出的领土主张，理由是西班牙并没实施管辖也没对其提供安全保障，因此美国有理由占领它。二战以后先发制人

① 汤姆·巴里、吉姆·洛布：《抢尽风头的人》，［美］《外交政策聚焦》2002年10月。

② http：//www. whitehouse. gov/nsc/nss/2002/nss. pdf.

战略被暂行中止，因为罗斯福和以后的历任总统都认为，在美苏两大力量均衡的局面限制了美国在这方面的选择权，而美国建立的反苏同盟体系的维系也需要美国在众多问题方面保持与盟国的协商。在这种情况下，如果还沿用先发制人就可能破坏与西方盟国的团结及美国的道德优势。而冷战结束后美国独步天下的实力和“9·11”事件的爆发为布什政府回归先发制人的原则提供了前所未有的机会。布什政府认为在这个存在“失败国家”、“基地”恐怖组织和大规模杀伤性武器的世界，美国只能采用先发制人的战略。

3. 更加强调军事手段和军事实力。通过谋求绝对的军事优势，追求所谓绝对安全。2002 版《国家安全战略》报告直言不讳地承认并支持美国对外政策逐步走向军事化。布什政府不再将武力视为最后诉诸的手段；更确切地说，由于美国在军事领域占有无可比拟的优势，它把军事力量作为美国发号施令的最有效手段。布什说得很明白，“在我们进入的这个新的世界里，通往和平与安全的唯一道路就是军事行动的道路。”为此，小布什政府先后发动了阿富汗战争和伊拉克战争。

4. 单边主义。“9·11”之后，美国借反恐战争的名义，在全球范围内争夺战略制高点，试图建立不可动摇的美国单极秩序。其基本的理由是，作为一个拥有无可比拟的实力国家，美国有“义务”领导这个世界，并按照自己的想法重新塑造这个世界。在反恐领域，美国在寻求国际社会支持和协助的同时，强调它在这个问题上的主导作用，美国多次表示，“国际社会不能妨碍美国单独行动的自由”。为此，在阿富汗战争中，美国有意将其盟友的作用边缘化。在对伊拉克动武问题上，美国更是不顾多数盟友和国际社会的普遍反对，执意而为。在对待联合国的问题上，美国采取了一种机会主义立场，只是将联合国及安理会视为美国行为合法化的工具。另外，美国还尽量推脱作为国际社会成员应尽的责任，避免受到各种多边机制和组织的约束。例如，布什政府上台后不久就退出了《京都议定书》。在公布的美国《国家安全战略》报告中，美国明确表示：“美国人不在国际刑事法院的管辖范围，我们也不认可它的管辖。”在联盟关系上，美国主张以“自愿者联盟”“临时联盟”或“议题联盟”代替过去那种固定的军事同盟。

5. 以反恐战争为契机，构建新的大国关系框架。在阿富汗的军事行动基本结束以后，美国开始逐步意识到“美国拥有无与伦比的军事实力和巨大的经济政治影响力”，基于这种认识，美国试图建立一种新的大国关系体系，以此作为美国领导世界的一个重要基础。按照美国的说法就是“建立一种有利于自由的均势”。所谓“有利于自由的均势”不如直言为“美国主导的均势”更为贴切，因为在美国的眼中，它实际上处在这一“均势”之外，是这一“均势”缔造者和最终裁决者。这种“均势”包含有下列企图：将中国、俄罗斯、印度这样一些美国眼中的体制外大国“整合”到美国领导的世界体系中去；减少美国对传统盟友倚重，并降低这些传统盟友对美国行动的羁绊。

6. 强调美国的“道德优势”和“道义责任”，更加积极地以美国的价值观来规划和改造世界。在2002版《国家安全战略》报告中，美国声称“在21世纪，美国握有把自由对所有仇敌的胜利发扬光大的机会。美国愿意承担领导这项伟大使命的责任”，“积极致力于把民主、发展和自由市场的希望扩展到世界的每一个角落。”美国占领伊拉克后，于2004年6月正式推出所谓“中东民主改造计划”，宣称要恢复伊拉克的和平与稳定；要与有关各国政府、企业界和公民社会建立伙伴关系，并建立部长级的未来论坛。计划列出了政治、社会文化和经济三个方面的具体措施，包括尊重人权和基本自由，尊重多样性；发展教育，降低文盲率，尤其是妇女的文盲率，提倡男女平等；创造就业机会，扩大贸易和投资，尤其是区域内贸易，支持金融改革，保障产权提高透明度，反对腐败等。

如果将布什政府对外战略的这些特点做一个概括，那就是，以反恐战争和美国无与伦比的实力为基本支点，以军事力量为主要依托，以“有利于自由的均势”为基本框架，以单边主义为主要手段，以美国的价值观为道义基础，构筑一个单极世界体系。按照当时美国流行的说法就是建立一个新的“美利坚帝国”或者实现“美国治下的和平”。

可以说，小布什政府过度扩张的对外政策尤其是其发动的两场战争是冷战结束后美国由兴向衰的转折点，小布什执政的8年把克林顿时期积累下的家底耗费殆尽。在小布什执政的头一年即2001年，因为阿富汗战争，美国当年的财政盈余减少到1282亿美元，2002财年更直接变为赤字1578亿美元。美国国会研究局资料显示，截至2011年末，美国在伊拉克战争中至少付出了7476亿美元的高昂战争代价。小布什离任的2008财年美国的联邦预算赤字规模高达6418亿美元。2008年12月小布什下台之前，美国的失业率高达7.2%，创16年以来新高，美国国内生产总值占世界经济总量的比重，从克林顿时期的30%下降到25%。两场战争带来了各种“后遗症”长期困扰美国经济、政治、社会、军事、文化等方方面面，“软实力”受到严重损伤，2008年爆发的金融危机更加速了这一进程。

二、“不干蠢事”：奥巴马政府的战略收缩

奥巴马是在两场战争、一场危机、新兴大国群体性崛起、以美国为代表的西方力量整体性下滑的大背景下出任美国总统的，面对这一基本形势，作为一名具有谨慎性格的自由派，奥巴马在上台之初就深刻意识到美国全球维霸的目标与其能力之间不断加大的落差，提出了在新形势下维护美国霸权的基本思路，即在经历了小布什政府时期鲁莽的过度扩张和好战的单边主义之后，美国的长期外交政策目标可以通过短期收缩来最适当地加以推进，为了固本强基、巩固美国主导的世界秩序的核心，可以在一些边缘的地带和利益上后撤，并避免新的重大施政错误。总之，美国需要通过“克制”（restraint）和“收缩”（retreat），“追求一种致力于国家革新和实现全球领导地位的战略，也就是重建美国实力和影响力基础的战略”。其中注重恢复国力、审慎使用武力、平衡运用各种国家安全手段、强调责任分担是所谓“奥巴马主义”的核心含义，如果用一句话来形容“奥巴马主义”的特质，就是其在第二任期内经常的口头禅，“不干蠢事!”（Don't do stupid stuff！）

基于面临的挑战和对现实的认识，奥巴马政府推出了不同小布什政府的对外战略，其基本特征是：对内固本，对外借力；整体守势，局部攻

势；放低身段，多用巧劲；挖掘存量，培植增量。具体表现在以下几个方面：

1. 提出了“巧实力”概念，以此作为指导美国对外战略的理念。其核心含义就是通过软硬力量的结合，形成一个融合政治、经济、外交、军事、法律与文化领域各种资源和手段的综合战略，以此来弥补硬实力的相对不足，实现美国的对外战略目标。

2. 将主要关注点从布什时代以反恐、防扩散为中心的军事安全议题，转移到以维护全球金融稳定、促进世界经济复苏为中心的经济安全议题。美国倡导通过G20峰会和其他国际机制，稳定全球金融，促进经济复苏，为自己打开更大的国际市场。①

3. 注重大国协调，努力建立“新型多伙伴关系”。其主要包含两个方面的中心任务：一是在西方世界整体力量下降比美国本身实力下降还要明显的情况下，美国进一步发挥在发达国家中的“领头羊”作用，加强G20等多边合作机制，以维系西方在全球秩序中的主导地位。二是面对中国、印度、俄罗斯、巴西等新兴大国的崛起，美国将采取合作、利用、分化、牵制等多种手段，使之不至成为有组织的西方对立面。

4. 将防止核扩散和核恐怖主义作为国家安全的首要目标，孤立企图发展核武器的伊朗和朝鲜。奥巴马政府高举“无核世界”的道义旗帜，召集全球核安全峰会，同俄罗斯重新签订《反导条约》。奥巴马政府在2010年先后发布了《四年防务评估报告》《核态势评估报告》《国家安全战略》等文件，全面勾画了其安全战略调整的方向。

5. 决心切除布什政府遗留下来的伊拉克战争与阿富汗战争两个肿瘤。奥巴马先后制订了从伊拉克和阿富汗全部撤军的计划，但美军撤离后的伊拉克能否维持基本稳定而不成为动乱的“温床”，尚无保证。与伊拉克不同的是，阿富汗和巴基斯坦的安全形势在明显恶化，北约其他国家在阿富汗早已无心恋战，而巴基斯坦的核武器一旦失控将成为灭顶之灾。美国虽然承诺了从阿富汗撤军的最终目标，但又表示必须首先取得清剿“基地”

① 美国《国家安全战略》报告，2010年5月27日发布，http://mil.news.sohu.com/20100630/n273184896.shtml。

组织和赢得对塔利班的胜利。阿富汗与巴基斯坦问题已成为奥巴马政府全球反恐的最紧迫难题和最大负担。

6. 缓和同伊斯兰世界的矛盾，不再宣称以“伊斯兰激进势力”为主要敌手，不再提“反恐战争”和“先发制人”。十多亿穆斯林民众对美国的敌意是美国安全的巨大隐患，而布什政府将恐怖主义同伊斯兰教挂钩的政策更加深了穆斯林民众和伊斯兰国家同美国的矛盾。为表示对伊斯兰世界的“善意”，孤立恐怖主义和极端势力，奥巴马政府做了一系列政策宣示和调整。2010年9月，巴以在华盛顿重启中断近两年的双边直接谈判。奥巴马政府还加大了对伊斯兰国家的援助力度。

7. 在非传统安全方面，美国将气候变化和开发新能源作为首要议题，提出各类倡议和计划，力争抓住主导权。

8. 重视国际机制建设、多边外交和公共外交。奥巴马政府继承了历届民主党政府的外交传统，带有较重的理想主义色彩，但没有像克林顿那样，把促进各国民主和人权提高到外交支柱的高度。

9. 强化在亚太地区的战略存在，即所谓“重返亚洲”及“亚太再平衡”战略。由于中国实力迅速上升，亚洲经济规模日益扩大，区域合作不断发展，西太平洋和印度洋的战略重要性越来越突出，而美国的经济影响正在下降。美国强化在亚太地区的存在，成为其战略调整的长远趋势。从地缘角度看，奥巴马的国家安全战略变化十分清晰：在中东避免投入过多权力资源；在亚太则加大投入权力资源。外交上，美国加入《东南亚友好合作条约》，并加入东亚峰会。军事安全上，美国加强美澳军事合作，在澳大利亚达尔文轮驻200—250名海军陆战队官兵。2012年国防部《国防预算优先性与选择》提出美国战略重心必须向亚太倾斜。① 同年6月，国防部长帕内塔宣布将在2020年前，将太平洋和大西洋的配比从5：5调整为6：4，② 这一决定清晰地展现了美军重心向亚太地区转移的事实。为应

---

① Department of Defense, *Sustaining U. S. Global Leadership: Priorities for the 21st Century Defense*, January 2012, http: //www. defense. gov/news/defense_ strategic_ guidance. pdf。（上网时间：2014年2月25日）

② 美国国防部：“帕内塔谈美国新防务战略和亚太政策”，http: //iipdigital. usembassy. gov/st/chinese/texttrans/2012/06/201206046790. html#axzz2uoYZBJpc。（上网时间：2014年2月25日）.

对东海、南海可能出现的意外和冲突，美军在新加坡轮驻濒海战斗舰，在日本冲绳部署“鱼鹰”直升机，加强其在亚太驻军的针对性。经济上，大力推动TPP协定谈判，使其不仅成为重塑全球经济制度的抓手，也成为“亚太再平衡”的重要工具。

奥巴马主义的实质就是要在依然高企的目标和不断下降的能力之间寻求一种平衡。为了求得这种平衡，奥巴马在执政8年的时间里可以说是全力以赴、辗转腾挪，通过收缩、巧实力、不做蠢事以及反复调试以期不辱使命。然而在他离任之际，美国所面临的内外环境并未出现大的改观。问题的核心正如基辛格所评论的那样，外交离开了实力的辅佐，成就将十分有限。① 这可能构成“奥巴马主义”难以克服的内在悖论。正是面对这一内在悖论，在2016年的大选中特朗普提出了具有“颠覆性”思路，即只有在一定程度地放弃“道统”，才有可能降低维护霸权的高昂成本，同时需要将更大精力放在自身能力的建设上，按照特朗普的说法就是“美国第一”“让美国重新伟大”。从这个意义上说，“奥巴马主义”是美国对外战略面对新的内外环境向更现实方向转换的过渡状态。“奥巴马主义”与特朗普的外交主张之间并非完全的南辕北辙，而在“收缩”“内顾”等议题上存在着内在一致性。而“奥巴马主义”的进退维谷也为特朗普“颠覆性”主张的推出提供了铺垫。

三、“美国优先”：特朗普推动美国对外政策蜕变

在美国政治舞台上，特朗普是一位非常特殊的政治人物。其强烈的“反建制”色彩以及民粹主义、孤立主义、经济民族主义的言行不仅加剧美国政治的极化和社会的分裂，而且其外交、安全领域的许多观念和做法也被视为是对二战结束以来美国国际主义外交尤其是自由国际主义外交传统的背离。美国外交史家米德认为，特朗普是“70年来美国人首次选出的

① 斯蒂芬·沃尔特：《奥巴马外交，一个非现实主义者的自嗨》，转引自 http：//www. guancha. cn/StephenMWalt/2016_ 05_ 13_ 360122. shtml。

与处于美国战后对外政策核心的政策、观念和制度都格格不入的总统”。[①]就连特朗普的国家安全顾问麦克马斯特在接受采访时也承认，特朗普的另类做法“让我们很多人离开了自己的舒适区，包括我在内”。[②] 在竞选和执政期间，特朗普反复强调，美国在外部世界承担了过多的责任，投入了过多的资源，而忽视了国内建设和对自身利益的维护，这使得美国吃了大亏，并导致自身问题丛生。为此，他声称：“美国人民要同过去失败的历史告别，重拾自己的话语权，重新掌握了这个国家及其命运。”[③] 这显然是对二战结束以来美国民主、共和两党奉行的国际主义外交传统的否定。随着特朗普上台执政，他的这些观念与70年来的美国外交传统、与美国利益在外部世界广泛而深入的嵌入之间形成了巨大的张力，两者之间如何调试也成为我们观察美国安全战略走向一个重要的看点。特朗普对外政策的理念概括起来讲就是其经常挂在嘴边的“美国优先”。所谓的“美国优先”并非什么全新的理念，实际上是美国社会中曾经出现、被长期压制或边缘化的本土主义、孤立主义、狭隘民族主义、重商主义、粗鄙的利益算计的一种大融合。特朗普政府对外政策主要有以下特点：

1. 在一定程度上放弃自二战以来美国历届政府坚持的国际自由主义“道统”，即维护自由主义的国际秩序。这可能是特朗普政府对外政策中最具颠覆性的变化。特朗普在就职演说时就表示：“几十年来，我们以牺牲美国工业为代价，发展外国工业。以消耗美国军队为代价，援助外国军队。以破坏美国边境为代价，保护着外国边境。我们在海外倾尽所有，而我们的基础设施却年久失修，陈腐破败。我们助他国致富，而我国的财富，力量和信心已经渐渐消逝在地平线上。工厂一个个关停，搬往他处，成百上千万的美国工人被丢在脑后。财富从我们的中产阶级的手中流逝，

① Walter Russell Mead, “The Jacksonian Revolt: American Populism and Liberal Order,” *Foreign Affairs*, March/April 2017.

② Mark Landler, “Trump, the Insurgent, Breaks With 70 Years of American Foreign Policy,” *The New York Times*, December 29, 2017.

③ “Remarks by President Trump on the Administration's National Security Strategy,” December 18, 2017, https://www.whitehouse.gov/briefings-statements/remarks-president-trump-administrations-national-security-strategy/.

却被分配到了世界各地。”① 这就意味着，美国将从过往的全球化模式中后撤。

2. 在战略态势上继续进行战略收缩。金融危机以来，美国维持霸权的目标与维持霸权的能力之间的落差不断加大，为此，从奥巴马政府开始，美国就开始了战略收缩，认为美国的“领导地位”由办好自己的事情开始。在这一点上特朗普的思路与奥巴马相似。所不同的是，特朗普比奥巴马更加“内倾”，把办好自己的事放在更加突出的位置，而且关于美国需要一个怎样的国际秩序，需要制定一个怎样的全球战略，特朗普并没有一个整体性的设计。特朗普战略收缩的突出表现是强调成本效益核算，尽可能减少美国在国际事务中的投入、减少外交事务给美国带来的负担。这其中包括，从伊拉克、阿富汗撤军，要求盟友承担更多自身的防务负担，以减少美国的军事义务，自2001年反恐以来，美国已经介入中东地区的战争长达近20年，损耗了大量人力、物力和财力。特朗普决意兑现承诺，停止无休止的战争。

3. “买美国货，雇美国人”。从经济民族主义的视角看待美国与外部世界的经济联系，认为美国在战后多边自由贸易体系中吃亏了，倾向于从“零和”视角审视国际关系特别是国家间的经济关系。公然挑起全球性贸易战和扬言退出WTO，使多边自贸体制陷入空前险境，危及世界经济稳定与发展。“美国曾是国际贸易规则的‘设计者’，如今却沦为赤裸裸的‘破坏者’，不仅违反作为市场经济基础的契约精神，而且正在颠覆全球开放性秩序。”

4. 在全球化和全球治理问题上“踩刹车”、甚至“开倒车”。曾几何时，美国人一度认为“全球化就是美国化”，然而特朗普任内美国朝野对全球化的态度发生重大变化，日益感到全球化已偏离了“美国化”的轨道，美国得利减少，其他新兴国家的获利在增加。特朗普政府消极对待多边合作，单边主义倾向明显，“退群”成瘾，先后退出了包括《跨太平洋伙伴关系协定》《巴黎协定》，世界卫生组织在内的大量国际

① Donald Trump, 2017, “The Inaugural Address,” the White House, January 20, 2017, https://www.whitehouse.gov/inaugural-address.

协定。

5. 大幅增加军费开支，寻求“以实力求和平”。特朗普认为，实力才是国家安全和利益的根本保障，尤其强调军事实力是处理国与国关系最重要的基础。特朗普反复强调美国要“支出必要的经费来重建美国军队”，形成历史上最强大的军力，“外交的一切都始自强大的军力”。同时美国还要有足够的经济实力，以奖赏那些与美国合作的国家。在其推动下，《2018财年国防授权法案》将国防预算增至7000亿美元。与2017年相比，军费预算增加了将近700亿美元，增幅达10%，这是自2007年以来最大的年度增幅。特朗普这么做的目的就是“让美国军队再次伟大”[①] 2019年，美国国防开支达到了7160亿美元。特朗普要求2020年的国防开支达到7500亿美元。

6. 回归大国竞争的思路，将中俄两国视作战略竞争对手。特朗普政府鄙视全球化时代相互依赖、合作共赢的精神，更加强调权势的重要性和大国之间的零和竞争。从特朗普上台采取的行动来看，正如美国《国家安全战略》所阐述的那样，特朗普政府认定美国处在一个竞争的世界，“将对所面临的日益增长的政治、经济和军事竞争作出回应。”而“中俄挑战美国的权势、影响力和利益，企图侵蚀美国的安全与繁荣。”[②] 特朗普政府将中俄两国同时作为战略竞争对手来看待，极大加剧了大国之间的竞争与博弈。

在特朗普的推动下，美国的国际领导力和形象再度受挫。2018年盖洛普进行的民调显示，2017年3—11月，美国领导力的全球满意度为30%，是这项年度调查自2007年以来的最低水平。

---

① “President Donald J. Trump Will Make the American Military Great Again,” December 12, 2017, https://www.whitehouse.gov/briefings-statements/president-donald-j-trump-will-make-american-military-great/.

② “National Security Strategy of the United States of America,” December 2017, pp. 2-3.

第五节 美国是当今国际体系变动最显著的变量

大约是100年前的当下，美国时任总统威尔逊率领一个庞大的代表团参加巴黎和会，以此为起点，美国作为一个新兴大国步入了世界舞台的中央。20世纪甚至被称为是“美国世纪”，期间美国赢得了一战、二战、冷战，逐步建立起以它为主导的世界体系，尤其是冷战结束后，成为世界上唯一的超级大国，独步天下，踌躇满志。

然而，进入21世纪初以来，在各种内外因素的共同作用下，人类历史上盛极而衰的一幕似乎又再度上演。美国一系列的内在矛盾不断发酵：一方面，美国拥有着全世界最大体量、最高水平的经济和世界上最好的大学和研究机构，是世界的财富中心和创新中心；另一方面，又是贫富分化、社会分裂和政治极化最为严重的西方国家；它标榜自由、民主、人权，崇尚所谓“道义”，同时，它又是西方社会最为赤裸裸的“自由市场经济体”，信奉资本为王。随着全球化进程的嬗变，这些内在矛盾显示出越来越大的张力，撕裂着美国，同时加剧着它与外部世界的矛盾。面对2001年“9·11事件”和2008年金融海啸等数波巨型冲击，美国实力损伤严重，谋霸的雄心与护霸的能力之间的落差越来越大。在此背景下，民粹主义和狭隘民族主义汹涌而起，尤其在蓝领白人中产群体和乡村白人中间，他们普遍认为华盛顿、华尔街建制派精英长期推行的全球化政策只是让资本和技术精英获益，而受到损害的是广大的中下层、美国传统制造业和美国的主权。正是在这波汹涌大潮的推动下，政治素人特朗普在2016年当选为美国总统。

观察特朗普执政以来的言行，他的基本主张都是基于一个原则，即所谓“美国第一”。这一提法实质上是美国国内问题积聚、国际地位变化背景下焦虑情绪的直接体现。其核心含义就是将美国遭遇到的各种问题归罪于外部世界，归罪于全球化，归罪于其他国家占美国的“便宜”，为此，美国要靠“单打独斗”来追求自身利益，以“零和”的思维看待美国与外部世界的关系。为此，他主张减少自由贸易对美国就业的负面影响，减少气候合作等全球治理机制对美国的限制，减少对盟国的安全承诺。从总体来看，这是一个全面退出的战略。与此同时，特朗普的国际观是“霍布斯式”的，认为国际社会就是一个弱肉强食的“丛林”，强调实力原则、大国竞争和不择手段，他主张增加军费，建立更强大的军队。这些政策主张看似矛盾，却表现出特朗普的外交政策更具单边色彩和破坏性、冒险性。特朗普执政以来，美国一直在承担国际责任方面后退，退出了 TPP、《巴黎协定》、伊核协议、联合国教科文组织、万国邮政联盟、《中导条约》等众多国际机制。由于美国的阻挠，世界贸易组织上诉仲裁机构不得不陷入停摆的状态。另外，美国还故意拖欠联合国会费，持续压缩对外援助总额。在新冠肺炎疫情全球肆虐之际，特朗普威胁停止资助世界卫生组织。在处理与世界其他主要国家的关系方面，特朗普政府回归大国竞争的思路，将中俄两国视作美国的战略竞争对手，在中美之间，美国对华发起史上空前规模的贸易战，在中国台湾地区、南海、中美人文交流等各个领域同时发力，并强力将涉新疆、香港问题纳入中美战略竞争的轨道，并以“印太战略”为抓手，不断强化对华地缘战略布局。美俄在北约东扩、军控不扩散、乌克兰、叙利亚、委内瑞拉等问题上博弈加剧。与此同时，特朗普政府以邻为壑，强化边境安全，对主要贸易伙伴全面开启贸易战，目标国不仅包括中国这样的竞争对手，还包括美国霸权长期依赖的北约和亚太盟国，逼迫盟友“公平分担”防务费用。为此，就连西方内部也弥漫着一种焦虑情绪，法国总统马克龙发出惊呼，北约正在经历“脑死亡”；美国学者米尔斯海默称，自由主义的国际秩序正在崩溃；2020 年 2 月举办慕安会将会议的主题定为“西方缺失”。

由于美国外部行为的大幅度转向，世界正在进入一个日益混乱的时代，冷战以来关于全球化的乐观情绪正在消失，逆全球化、民族主义、民粹主义、单边主义卷土重来，国家间的矛盾在扩展升级，种族间的隔阂在加深加宽，文明冲突的言论甚嚣尘上，人类正处于一个充满不确定性的十字路口。2019年末—2020年初，一种被称之为“COVID-19”的病毒不期而至，并迅速演化为一场百年不遇的全球疫病大流行，波及200多个国家和地区，上百万人感染，上万人丧生，对全球政治、经济、社会带来极其重大的冲击。疫情期间，特朗普政府继续奉行所谓“美国优先”的理念，在有关协调危机应对、物资流动、财政刺激、信息共享等方面，美国几乎都处于缺席状态，就连自己也成了疫情的“震中”，不仅没有发挥全球性主导作用，而且以邻为壑，对其他国家的抗疫努力妄加指责。就连许多美国人都认为：“这次COVID-19的疫情表明，美国未能调整战略以适应这个新世界”，“由于美国政府的狭隘自私与无能为力，美国将不再被视为国际领导者”，“在这场领导力测试中，美国‘挂科’了，世界也会因此而更加糟糕”。

总之，特朗普治下的美国开启了一个新的时代，美国开始从全球领导国的“神坛”跌落，逐渐向一个普通的民族主义国家转变。所不同的是，美国在仍然拥有独一无二实力的情况下抛弃其长期承担的责任，这使得世界正在陷入一些学者所说的“金德尔伯格陷阱”。在各种全球性挑战日益突出的形势下，长期自诩为世界领袖的美国却“卸责护霸”，实施一系列颠覆性的内外政策，正造成广泛深远的国内外消极影响。美国已成为当今世界大变局中最大不稳定因素。

第二章　新世纪以来的美国综合国力变化

进入21世纪以来，人们对美国综合国力有着不同看法。一种观点认为，新世纪以来美国的综合国力正在衰退。这种衰退不仅限于美国，而存在于整个个西方，即全球政治经济格局出现“东升西降”趋势。另一种看法与之相对，认为美国综合国力没有明显衰退。此外，也有介于两者之间的观点，认为美国相对于中国有所衰落，但在全球地位并没有明显变化。本章将在既有研究基础上，尝试构建新的综合国力评价体系，并对新世纪以来美国综合国力变化做出评估。

第一节　何为综合国力？

长期以来，人们痴迷于综合国力（下文常简称为“国力”）研究。这首先缘于综合国力研究具有极强的现实意义。对政治家而言，准确了解本国及他国的综合国力，是制定明智对外政策的前提。在国际政治“牌局博弈”中，综合国力如同“牌面”，而作为“牌手”的政治家，只有准确了解自己手中的“牌面”和对手的“牌面”，做到“知己知彼”，方能在风云变幻的国际政治博弈中纵横捭阖、“百战不殆”。综合国力极强的现实意义，促使一代又一代学者不断研究综合国力，以求准确衡量综合国力。理论上，综合国力是一种客观存在，能够被客观反映。但在实际研究中，由于综合国力本身内涵极为广泛，包括经济、军事、科技、地理、文化、政治及其他诸多要素，且相关要素不断动态变化、此消彼长、推陈出新，准确衡量数量广泛且动态变化的综合国力要素存在巨大客观挑战。此外，人们的认识存在主观局限性，对综合国力很难做到客观、准确的衡量。可以说，一代又一代学者对综合国力的研究，尽管使人们不断接近了解综合国力的真相，却很难完全准确地反映综合国力的真相。因此，综合国力研究“永远在路上”。

一、既有综合国力研究的经验、不足与启示

本书选举了12个具有代表性的综合国力指标体系。[①] 这些既有的综合国力研究，大致反映了现代以来人们对综合国力研究的脉络，为后续有关综合国力的研究提供了坚实的基础和丰富的经验；既有研究存在的分歧和争论，也为后续研究提供了重要启示。

1. 关于国力结构的认识：“横向视角”与“纵向视角”

多数既有的综合国力研究，往往倾向于从综合国力构成要素的“横向视角”来认识综合国力的结构，即将国力结构视为各种国力要素的一种集合。黄硕风关于综合国力的论述代表这类观点。她认为，一国的综合国力要反映一个主权国家生存与发展所拥有的全部实力（物质力和精神力）及

① 本书所选取的12个国内外代表性的综合国力指标体系的相关文献参见：胡鞍钢、郑云峰、高宇宁：《对中美综合国力的评估（1990—2013年）》，《清华大学学报（哲学社会科学版）》2015年第1期；高红卫：《2030年中国综合国力模型构建与预测》，《管理观察》2015年9月第25期；王玲：《关于综合国力的测度》，《世界经济与政治》2006年第6期；黄硕风：《综合国力新论》，北京：中国社会科学出版社，2001年版；王诵芬主编：《世界主要国家综合国力研究》，长沙：湖南出版社，1996年版；［美］汉斯·摩根索著，杨歧明等译：《国家间的政治》，北京：商务印书馆，1993年版；《日本的综合国力》，日本综合研究所，1987年版；［美］克莱因（Ray S. Cline）：《国力评估公式》，1975年；［美］约瑟夫·奈著，吴晓辉、钱程译：《软力量：世界政坛的成功之道》，北京：东方出版社，2005年版；《2018年全球竞争力报告》，世界经济论坛，2018年，https：//cn. weforum. org/reports/the - global - competitveness - report - 2018（上网时间：2020年12月3日）；李少军主编：《国际战略报告》，北京：中国社会科学出版社，2005年版；中国现代国际关系研究院综合国力课题组：《世界主要国家综合国力评估》，《国际资料信息》2000年第7期；袁鹏：《美国“十五力”》，《四百年未有之变局：中国、美国与世界新秩序》，北京：中信出版社，2016年版；《新时代国力评估体系》，中国现代国际关系研究院，2020年。

国际影响力的合力[①]。这种以国力构成要素看待国力结构的“横向视角”研究，大致表现为以下几种类型：一是以国力要素的特点来认识国力结构。例如，约瑟夫·奈将国力要素分为硬实力（包含基本资源、军事力量、经济力量、科技力量等国力要素），软实力（包含文化、价值观和外交政策等国力要素）。[②] 二是以国力要素的用途来认识国力结构。中国现代国际关系研究院的“新时代国力评估体系”（2020 年），将国力要素分为：发展国力（包含经济实力、科技实力、资源实力），生存国力（包含军事实力），和平国力（包含外交实力），民本国力（包含教育、社会等国力要素），以及政府能力（包含政府领导力的国力要素）。黄硕风将国力要素分为生存力、发展力和协调力，具体国力要素包括政治力、经济力、科技力、资源力、文教力、外交力以及国防力。[③] 日本的“综合国力三要素”（1987 年），将国力要素分为：国际贡献能力（包含基础实力、政策能力等国力要素），生存能力（包含人口、地理、资源、经济实力、防卫实力、国民意志、友好同盟关系等国力要素），强制能力（军事实力、外交能力、经济实力、战略物资和技术等国力要素）。[④] 三是以国力要素的属性认识国力结构。1948 年汉斯·摩根索将国力要素分为：物质因素（包含地理、自然资源等国力要素），人力因素（人口、民族士气、外交质量、政府质量等国力要素），人物结合因素（包含工业能力、军备状况等国力要素）。[⑤] 1981 年克莱因将国力要素分为物质要素（包含基本实力、经济实力、军事实力）和精神要素（战略目的、追求国家战略的意志）。

以“横向视角”来分析国力结构常存在两个问题：首先，由于综合国力的内涵极为丰富，人们在以“横向视角”分析综合国力时，往往在国力衡量指标的选取方面存在分歧。这种对国力衡量指标的选取分歧，在很大程度上体现了以“横向视角”分析综合国力所面临的局限性，并导致人们对综合国力衡量的主观性。本书对所选择的 12 个国内外衡量综合国力指标

① 黄硕风：《综合国力新论》，第 5 页。
② ［美］约瑟夫·奈著，吴晓辉、钱程译：《软力量：世界政坛的成功之道》，第 11—14 页。
③ 黄硕风：《综合国力新论》，第 13 页。
④ 转引自施祖辉：《国外综合国力论研究》，《外国经济与管理》2000 年 1 月第 1 期，第 17 页。
⑤ ［美］汉斯·摩根索著，杨歧明等译：《国家间的政治》，第 151—197 页。

体系加以简单的技术统计，将出现 10—12 次的国力指标视为高频指标，将出现 7—9 次的国力指标视为中频指标，将出现 3—6 次的国力指标视为低频指标，将出现 1—2 次的国力指标视为无效指标。统计结果显示，人们普遍认为经济（12 次）、军事（12 次）、资源（11 次）、科技（10 次）等指标是衡量综合国力的主要指标，多数人也认为外交（9 次）、政治/政府调控（9 次）是衡量综合国力的主要指标，但人们对于社会（5 次）、文化（4 次）、人口/人力资源（4 次）、教育（3 次）、战略/政策（3 次）、国际制度（3 次）等指标存在较大分歧。其次，以“横向视角”来看待综合国力，可能面临逻辑不清的问题，不利于人们更深入地理解国力如何产生、如何变化。例如，人们普遍认为经济和资源是衡量国力的重要指标，但资源也是影响经济规模的重要因素，二者之间存在一定因果关系和交集，存在重复计算的问题。

鉴于“横向视角”分析国力的不足，兰德公司的泰勒斯（Ashey J. Tellis）等人，提出了一种认识国力结构的新视角，即从国力生产过程的“纵向视角”来认识国力结构。泰勒斯等人认为，可以从三个层面理解国力：一是形成国力的资源，主要表现为国家资源（National Resources），包含技术、企业、人力资源、资本资源、物质资源等要素；二是国力的形成过程，主要表现为国家能力（National Performance），包含外部制约因素、基础设施能力以及创意资源；三是国力的外在显示，即国力最终体现为军事力（Military Capability）。[①] 泰勒斯等人对综合国力研究的最大贡献，是提供了一种认识国力结构的新视角，即将国力结构视为一种“资源—形成—显示”的纵向生产过程。但泰勒斯等人对国力资源、国力形成和国力显示之下的具体构成要素的界定，却难以让人满意。例如，其认为国力最终表现为军事力，国力显示只包括军事力；该结论显然难以让人认同。

受泰勒斯等人研究的启发，国内一些学者开始从国力生产结构的“纵向视角”来研究综合国力，从而丰富了人们对国力生产结构的认知（参见

---

① Ashley J. Tellis，Janice Bially，Christopher Layne and Melissa McPherson，“Measuring National Power in the Postindustrial Age，” RAND Corporation，Jan 1，2000，https：//www. rand. org/pubs/monograph_ reports/MR1110. html.（上网时间：2020 年 12 月 7 日）

表2-1)。王玲认为，把综合国力当作一个生产系统考虑，可以更好地理解综合国力的结构；国力结构包括国力资源、政府的调控能力和外在显示的国力。其中，国力资源包含技术、人力资本、资本资源、信息基础设施以及自然资源；而国力的外在显示包含经济力、军事力和外交力。① 高红卫细化了国力生产结构的要素内涵，认为综合国力的构成要素由形成综合国力的资源、由资源转化成实力的机制、国家实力（硬实力和软实力）和巧妙运用实力的机制（巧实力）等因素构成。②

表2-1　将国力结构视作国力生产过程的三项代表性研究

国力生产过程	泰勒斯等（2000年）	王玲（2006年）	高红卫（2015年）
国力资源	国家资源：技术、企业、人力资源、资本资源、物质资源	技术、人力资本、资本资源、信息基础设施、自然资源	领土、自然资源、人口资源、知识资源、国际资源
国力转换	国家能力：外部制约因素、基础设施能力、创意资源	政府调控能力	社会基本制度、政治现代化、政府效能、官员廉洁程度、国际化程度、社会发展程度、国家领导人素质、民主法治化程度、宏观经济政策
国力显示	军事力	经济力 军事力 外交力	硬实力：经济力、科技力、军事力 软实力：文化、国家形象、价值观和意识形态、外交和对国际制度掌控 巧实力：国家全球或地区战略意图、对国际局势的判断和把控、首脑智慧及实力组合技巧

资料来源：作者根据相关研究整理，具体参见 Ashley J. Tellis，Janice Bially，Christopher Layne and Melissa McPherson，“Measuring National Power in the Postindustrial Age，” RAND Corporation，Jan 1，2000；王玲：《关于综合国力的测度》，《世界经济与政治》2006年第6期；高红卫：《2030年中国综合国力模型构建与预测》，《管理观察》2015年9月第25期。

① 王玲：《关于综合国力的测度》，《世界经济与政治》2006年第6期，第46页。
② 高红卫：《2030年中国综合国力模型构建与预测》，《管理观察》2015年9月第25期，第47页。

本书倾向以国力生产过程的“纵向视角”来认识国力结构。国力生产过程理顺了国力评价指标的逻辑关系，即国力的生产结构为：国力资源——国力转换——国力显示。其中，“国力资源”和“国力转换”尽管极大地影响综合国力，但属于综合国力强弱及变化的原因，而非结果。只有“国力显示”属于狭义的综合国力；对综合国力强弱的衡量，就是对“国力显示”指标的衡量。进一步而言，在国际政治中的“国力”和“权力”的关系上，国力是一种客观的“权力资源”，而对国力的运用及其结果，构成国家在国际政治中的“权力”。如果将国力生产过程进一步延伸至国力运用，可以得出综合国力的如下逻辑结构：国力资源—国力转化—国力显示（国力）—国力运用（权力）。因此，国力生产结构的“纵向视角”，可以使人们能更为深刻地理解国力的来源、变化及其影响。

2. 关于国力的测量与比较：“多指标量化合成”与“多指标非合成”

多数现代综合国力研究，采取多指标量化合成方法来测量国力。该方法首先是选择国力指标，其次赋予各指标特定权重，再通过特定的算法进行合成，从而得到一国或各国综合国力的总得分，以此来判定或比较一国和各国的综合国力强弱及变化。以多指标量化合成方法来测量国力，其最大好处是结果简单明了。同时，相对传统测量综合国力的定性分析方法，以定量分析为主的多指标量化合成方法，也具有较强科学性。然而，多指标量化合成方法也存在诸多重大缺陷，这些重大缺陷损害了其国力测量结果的准确性。

第一，测量方法的主观性。其一，国力指标量化的主观性问题。如经济、军事等硬实力指标相对容易量化，但如文化、价值观、制度等软实力指标很难量化。如果以量化方式处理相关软实力指标，无疑存在主观性，进而影响国力测量结果的准确性。其二，权重、赋值、合成的主观性问题。现有以多指标量化合成方法来测量国力的研究中，各国力指标的权重、赋值、合成方法几乎都不相同，由此造成不同研究对相同国家的国力测量结果存在较大差异。这主要因为，人们在采用多指标量化合成方法测量国力时，往往依据自己的认知来确定各国力指标的权重、赋值及合成。而各指标权重的不同、选择数据的不同、使用合成方法的不同等，都会对国力的测量结果产生影响。因此，多指标量化合成方法的主观性，使得其测量国力结果的准确性大打折扣。其三，测量结果的可信性问题。一些多指标量化合成方法的国力测量结果，有时可能出现不太符合常识的结果。例如，在李慎明、王逸舟主编的《2006 年：全球政治与安全报告》中，按照非线性合成方法，美国的综合国力得分为 90.69，英国为 65.04，韩国为 53.2（参见表 2－2）。换言之，韩国或英国的综合国力相当于美国的一半多，这显然不太符合常识。人们可能更倾向于认为，美国的国力是韩国或英国的数倍甚至更多，而非仅高出一些。美国与韩国或英国的国力差别，应是数量级的差别，而非有限的数量差别。

表 2－2　综合国力测度不同方法的得分和排名差异

国家	非线性合成	各国排名	赋权逐级汇总	各国排名	结构离散系数	各国排名
美国	90.69	1	92.13	1	1.02	8
英国	65.04	2	64.63	4	0.99	10
俄罗斯	63.03	3	66.56	2	1.06	3
法国	62.00	4	64.07	5	1.03	6
德国	61.93	5	62.63	7	1.01	9
中国	59.10	6	62.35	8	1.06	4
日本	57.84	7	62.85	6	1.09	2
加拿大	57.09	8	65.45	3	1.15	1
韩国	53.20	9	55.01	9	1.03	5
印度	50.43	10	51.44	10	1.02	7

资料来源：李慎明、王逸舟主编：《2006 年：全球政治与安全报告》，北京：社会科学文献出版社，2006 年版，第 265 页；转引自王玲：《关于综合国力的测度》，《世界经济与政治》2006 年第 6 期，第 49 页。

第二，有些国力研究可能从特定政治需要来设定评价国力的指标。例如，日本学者提出的“国力三要素”，在评价国力时看重经济、科技、国际援助等日本具有相对优势的指标。再如，改革开放后，一些中国学者基于中国与国外先进国家发展水平悬殊、急于推动中国发展的考虑，对中国综合国力的评价可能偏低。即便是21世纪后中国国力明显提升后，很多中国学者对中国国力的评价仍明显偏低。这种偏低评价的出发点很可能是善意的，产生的实际效果甚至可能是良好的，有助于我们保持谦虚谨慎、专心于国内发展、保持对外政策的克制。相对“夸大”中国国力的潜在危害性，“贬低”中国国力至少不会带来重大危害。但这种刻意“贬低”中国国力也不是全无弊端。其一，使我们对自身国力的认识存在偏差，也与国外对中国国力的认识（往往是过高认识）存在较大“落差”。这使我们在制定对外政策、参与国际交往时，面临不必要的“困扰”，在一定程度干扰了中国对外政策的选择空间。其二，更重要的是，对中国国力的“贬低”，可能源于对国力的认识不够深入和准确。这会影响我们对增强国力机制的认识，以及准确认识中国及其他大国真实国力的对比。

第三，既有的国力测量研究，只考察一国本身具有的资源禀赋，忽视了一国可利用的国际资源。过去，由于国际环境突出的“丛林社会”色彩、以及国际资源供给市场的不健全，国际资源供给既不充分，也不可靠，容易使一国受制于他国。因此，人们往往在评价国力时，基本忽视了国际资源。然而，随着国际社会的进步，以及经济全球化的深入发展，相对过去，人、财、物、知识等国力资源，日益在全球范围内实现大量流动。现代世界有太多现实案例表明，国际资源能显著促进一国国力的提升。尽管相对国内资源，国际资源仍具有较强的不可靠性，但这种不可靠性是相对的，一方面，这种不可靠性因国而异，对外部环境恶劣的国家的负面影响更为明显，而对外部环境良好的国家的负面影响较小不能一概而论；另一方面，这种不可靠性在很大程度上，也是可以通过一国政策调整而得以缓解。放眼未来，随着全球化的深入发展，世界各国将更为充分利用国际资源来促进本国发展，国际资源供给体系很可能日益充分和完善，国际资源的可靠性也会日益提升。鉴于国际资源在促进一国国力增长方面的现实作用及其发展趋势，需要与时俱进，将国际资源、特别是可靠的国际资源纳入国力评价。

鉴于多指标量化合成方法的缺陷，本书的国力测量不采取多指标量化合成，而是采取多指标非合成方法对综合国力进行考察。

必须采取多指标测量综合国力。鉴于综合国力内涵极为丰富，因此测量综合国力必须采取多指标评估体系。其一，多指标包括国力资源、国力转换、国力显示下的诸多指标。例如，国力显示既包含经济、科技、军事等“硬实力”指标，也包含文化吸引力、意识形态吸引力、国际制度运用能力等“软实力”指标。详细指标将在下文中具体展开。其二，不对多指标进行量化合成，以避免量化合成的主观性问题；而是按照对各指标分别进行测量和比较。

以定性与定量相结合的方法测量国力。对于难以量化的“软实力”指标，主要采取定性方法来判定其结果。对于易于量化的“硬实力”指标，可在定量考察的基础上，辅之以定性方法来判定其结果。

比较各国国力时，强调国力的等级差异、而非精确的数值差异。测量国力的目的是为了比较国力强弱和变化，而非为求得一个准确的国力数值。只要能完成国力比较目标，无须十分精确的测量结果。十分精确的国力测量结果，既不现实，也无必要。在国力比较时，国力之间小的数量差别实际意义不大，国力级别的差别或者说国力质的差别更有实际意义。例如，当测量中国国力时，人们可能并不关心中国的国力得分究竟是59分还是61分，人们可能更关心的是中国的国力与哪些国家处在同一级别、哪些国家的国力比中国高一级或低一级。因为在现实国际政治和国家竞争中，国力级别的差异才具有现实意义，决定了一国是否能被他国“击败”或“严重伤害”。例如，假如俄罗斯和中国的国力处于同一量级，双方谁都难以轻易“击败”或“严重伤害”对方；但俄罗斯和乌克兰国力明显处在不同量级，俄罗斯可以较轻易地“击败”或“严重伤害”乌克兰。因此，比较国力的一种较好的办法是，通过定量基础上的定性分析，对各国综合国力进行级别的比较，强调各国国力质的差别。

国力评价指标的动态性与不平等性。其一，国力评价指标的动态性。从历史发展的角度看，人们评价国力的主要指标是随着时代发展而不断变化的。冷战及冷战前的漫长时期，国际社会的主要特点表现为无政府状态的“丛林社会”，各国长期面临国家生存与安全问题。因此，冷战结束前，军事实力被认为是评价综合国力的最重要指标，甚至有时是唯一的评价指标。冷战后，和平与发展成为时代主题，各国面临的安全环境总体大幅改善，安全压力普遍缓解。因此，在冷战后的各类国力评价体系中，军事实力的地位大大下降，经济、科技、软实力等指标的作用大大提升。其二，国力评价指标之间的不平等性。在评价国力时，各国力评价指标的地位是不平等的。如前所述，在冷战前的国力评价中，军事指标的作用远大于其他国力指标。而在当代，人们在衡量国力时，越来越看重经济实力和科技实力的作用。一种权威的看法认为，当今国际竞争的实质是以经济与科技为基础的综合国力的较量。因此，在当代背景下，经济和科技两大因素在国力评价中的作用凸显，地位高于军事、文化等其他国力指标，并对军事、文化等其他国力指标具有“溢出效应”。一国经济强大、科技发达，往往能带动该国军事实力的提升（军费更多、军事装备性能更好）。一国经济富足、科技先进，也往往对他国产生更多文化和意识形态方面的吸引力。因此，评价当代的国力，应充分考虑各国力指标的地位不平等性，给予经济和科技指标比其他指标更大的权重。

基于以上考虑，本书衡量国力特点如下：第一，在各指标的衡量上，借鉴约瑟夫·奈的“软、硬实力”评估模式，采取“强、中、弱”3个等级的定性定量测评法。例如，约瑟夫·奈以七项国力指标对当时主要国家和地区的综合国力排序是：美国（七强）、欧洲（五强、一中、一弱）、日本（三强、三中、一弱）、中国（二强、四中、一弱）。第二，按照国力强弱，将国力等级分为超级大国、大国、中等国家、小国、微小国五个级别。这样，既可满足对各国国力进行国际对比的实际需要，也可尽量避免以精确国力数值进行线性排名的主观性。第三，对于国力变化程度，不求追求精确数值的变化，而用“大幅上升”“小幅上升”“稳定”“小幅下降”“大幅下降”来描述。

二、本书的综合国力评价体系

本书从国力生产结构的视角，参照既有的国力评价指标体系，在对既有国力指标的思辨和斟酌下，形成以下综合国力评价的指标体系（参见表2－3）。需要指出的是，该指标体系中的“国力资源”与“国力转换”的指标，属于评价国力的相关指标，旨在衡量国力强弱与变化的原因；只有“国力显示”指标，是衡量国力强弱与变化的直接指标。因此，本书的综合国力主要衡量指标，包含了经济实力、科技实力、军事实力、文化吸引力、意识形态吸引力，以及国际制度运用能力等六项指标。

表2－3　本书的综合国力评价体系

性质	一级指标	二级指标及其内涵
国力资源	自然资源	1. 国土：总面积，有效国土面积（可耕地），管辖海域面积，地缘位置（如处于战略要冲或深居内陆） 2. 资源：矿产、能源、淡水、农产品（四种资源的产量与自给率） 3. 可靠的国际自然资源供给
	人口资源	1. 人口总数 2. 人力资源：劳动人口总数及其占总人口比重，老龄化程度 3. 人才资源：受中、高等教育人口的数量及其占总人口比重 4. 移民情况：高素质人才移民平衡情况
	基础设施	交通、电力、电信等基础设施
	知识资源	1. 国内知识资源：科学、技术、管理 2. 可用的国外知识资源：技术转让，海外留学生
	资本资源	1. 国内资本 2. 可利用的国外资本：FDI，外国金融市场融资
国力转换	政治效能	1. 政治结构稳定性：是否动荡（内战、政治恶斗、地方割据） 2. 政治认同能力：政治精英对政治制度的认同程度、民众对政治制度的认同程度、政治体制吸纳社会各阶层的有效性 3. 政府决策能力：前瞻能力，反应能力，调适与纠错能力，对外政策能力 4. 政府执行能力：政府地位，财政实力（总额、占GDP比重），公务员体制的效率与清廉度

续表

性质		一级指标	二级指标及其内涵
国力转换		经济制度	是否使经济要素更合理配置，以产生更大的经济效益
		社会状况	是否促进公平正义、有效调节社会关系，以缓和社会矛盾、凝聚人心。包括：族群关系、贫富差距、宗教关系、社会保障等，也包括工作伦理、教育观念等
		创新体制	是否有利于科技知识创新。包括教育制度（是否有效培养学生解决问题能力和创新能力）、产权制度、产学研的结合与转化等
		外部环境	1. 时代背景：和平发展或战争对抗，无政府状态或存在国际秩序，开放（全球化）或封闭 2. 地缘安全环境：友好和平或敌意对抗
国力显示，即综合国力	硬实力	经济实力	GDP，人均 GDP，GDP 增速，产业结构，贸易，投资，金融等
		军事实力	军事人员数，军费开支，军工产业水平（武器出口），核武器情况（核发射装置和核弹头的数量及质量）
		科技实力	科技产业规模及在世界科技产业中的份额，在国际价值链中的地位，对全球科技发展的影响
	软实力	文化吸引力	一国生活方式的吸引力，他国对一国的亲近感
		意识形态吸引力	政治价值观的吸引力（对美国而言大致包括自由、民主、人权、自由市场经济等），外交的正当性和道德感召力
		国际制度运用能力	国际组织影响力，联盟与伙伴关系，国际规则塑造能力

资料来源：作者自制。

1. 国力资源

国力资源是国力形成的基础，[①] 包括自然资源、人口资源、基础设施、知识资源、资本资源等五种资源。国力生产过程好比企业的生产活动，需要投入物料、人力、技术和资本进行生产，也需要电力、通信等基础设施的支持保障。人们公认的国力强国，如美国、俄罗斯、中国等，往往本身具备丰富而全面的国力资源。如日本、英国、法国、德国等国力较强的国

① 王玲：《关于综合国力的测度》，《世界经济与政治》2006 年第 6 期，第 46 页。

家，尽管自然资源和人口资源不算丰富，但具备发达的基础设施、知识资源与资本资源。

国力资源按照来源可分为国内资源和可利用的国际资源。传统的国力评价体系，主要衡量一国国内资源，往往忽视了一国可利用的国际资源。事实上，在全球化背景下，自然资源、人才、知识、资本等国力资源在全球范围内流动，国际资源在不同程度上几乎参与了所有国家的国力产生。特别是一些原本国力资源不足的国家，通过充分利用国际资源，实现了国力的巨大飞跃。典型国家和地区如新加坡、韩国、以色列、越南、中国等很多新兴经济体。相反，也有一些国家由于排斥国际资源，选择自给自足、进口替代、闭关锁国等政策，致使国家发展受挫、国力相对下降。因此，有必要将国际资源纳入国力评价体系中的国力资源部分。

当然，国际资源也有其负面作用。一国利用的国际资源越多，常意味着其对外依存度越高，更容易受到外部供应链和消费市场变化的不利影响，也更容易受制于人，一国抵御外部风险的能力就越弱，国力也就更脆弱。因此，在考察国力资源时，需要考虑国际资源和国内资源的平衡。对国际资源的利用，量的多少不是问题，关键在于结构（对外依存度过高）和性质（国际资源的可靠性）。较好的国力资源结构，应是以国内资源为主、国际资源为辅，国际资源应是国内资源的有益补充。

自然资源。自然资源是一国赖以生存和发展的先决条件。虽然其作用已逐渐被其他资源所替代，但是由于其不可再生性和稀缺性，在国力中的地位仍然不可忽视。特别是，当一国自然资源丰富、可以实现自给自足时，该国可以抵御外部安全风险的能力大大增强，不易因潜在的资源封锁或限制而受制于他国，甚至可以作为国际资源市场的重要供应方而获得更大国际影响力。例如，俄罗斯由于其自然资源丰富，能够有效抵御资源封锁，其广袤国土给予其抵抗外部入侵的战略空间，并通过油气资源出口获取国际影响力等。

人口资源。国力是由人所创造，人口资源是国力生产的主体。人口资源包括数量和质量两方面。在很长的历史时期，受制于生产力低下，人口数量很重要。一国人口多，意味着更多的兵源、更多的生产者、更多的税收。在现代社会，由于生产技术的进步，人口质量更为重要。受教育程度高的人口，能创造更高的附加值和更多的知识资源。同时，人口结构也影响着一国人口资源的质量。一国国力的迅速提升，往往发生在该国劳动人口比重高的“人口红利”阶段。而当一国进入老龄化阶段后，国力增长速度往往趋于减缓。

基础设施。基础设施的供给质量、规模和效率，显著影响了一国经济等国力要素的增长。在现代经济中，除传统的交通、电力等重要基础设施外，信息基础设施对经济的发展愈发重要。完善便捷的基础设施，可使经济发展所需的物流、人流、信息流更为高效的运转，提升了国力发展的效率。几乎所有的发达国家，其基础设施、特别是信息基础设施都较为发达。而很多新兴经济体，也通过不断提升本国基础设施来促进经济腾飞。例如，中国在改革开放时期的一句著名口号就是“要致富、先修路”。基础设施的高效和完善，不仅可促进经济增长，甚至带来军事实力的提升。例如，在1870年的普法战争中，普鲁士凭借国内四通八达的铁路运输网，在普法边境快速集中兵力，从而获得了战争的主动权；在一战中，德国尽管面临两线作战压力，但同样凭借发达的国内铁路和公路网络，使得德国相对有限的兵力在东西两线高效调配。

知识资源。包括科学、技术、管理等在内的知识资源，是现代社会最为重要的国力资源。当代的国际竞争，实质上是一场以科技创新和技术进步为核心的竞争。在这场史无前例的国际竞争中，为了从根本上提升本国的综合国力、增强发展后劲与竞争实力，主要国家都不约而同地选择了科技创新这一最佳途径，并由此掀起了一场汹涌澎湃的国际科技创新竞赛。1988年9月，邓小平根据当代科学技术发展的趋势和现状，提出了“科学技术是第一生产力”的论断。[①] 2016年5月30日，习近平总书记在全国科技创新大会上指出：“当今世界，科技创新已经成为提高综合国力的关键支撑，成为社会生产方式和生活方式变革进步的强大引领，谁牵住了科技

① 《邓小平：科学技术是第一生产力》，人民网，2017年1月19日，http：//cpc. people. com. cn/n1/2017/0119/c410539 - 29036094. html。（上网时间：2020年9月8日）

创新这个牛鼻子，谁走好了科技创新这步先手棋，谁就能占领先机、得优势。”① 科学技术在促进国力增长中作用越来越大，成为各国竞争与国力强弱的核心所在。

资本资源。资本资源包括国内资本和可利用的国外资本。值得注意的是，在经济全球化大背景下，资本以前所未有的规模在全球范围内流动，外国直接投资（FDI）对各国的经济发展日益重要。特别对于发展中国家而言，外国直接投资可在很大程度上弥补国内资本资源不足，促进经济发展。同时，国外资本的进入，不仅带来了资金，往往也带来了先进的技术、管理及人才等资源，促进了国力资源的综合增长。放眼全球，吸引外国直接投资多的国家和地区，往往经济最有活力或最为发达。此外，可利用的国外资本，不仅包括外国直接投资，还包括一国在国外金融市场的融资，如企业境外上市、企业和政府的对外借贷、国外的发展援助、国外持有本国货币等。

2. 国力转换

国力转换本质上是以制度为主要内容的生产关系，包括一国的政治效能、经济制度、社会状况、创新体制和外部环境等要素。国力转换的核心是国力资源转换为国力的效率。在国力资源相似的两个国家，由于国力转换的差异，致使两国国力出现巨大差异。这样的例子举不胜举。例如，中国和印度在 1949 年时的国力资源相似（有效国土面积、人口、自然资源、知识积累、基础设施等），两国综合国力也相似；但由于转换机制的差异，致使 1990 年以后两国综合国力的差距越拉越大。再如，俄罗斯、巴西与美国的国力资源也相似（国土面积、自然资源、人口等），但综合国力相差悬殊。

很多传统的国力评价体系，也意识到制度等因素在国力发展方面的重要性，将政治/政府调控、社会、教育、战略/政策等因素作为国力评价指标。只不过多数相关研究，一方面没有理顺相关制度要素在国力结构中的逻辑关系，主要将相关制度要素作为衡量国力的直接指标，而非将其视为

① 《习近平：科技是国之利器》，新华网，2016 年 6 月 6 日，http：//www. xinhuanet. com/politics/2016 -06/06/c_ 129043555. htm。（上网时间：2020 年 9 月 8 日）

影响国力变化的间接因素或动因；另一方面，总体上对相关制度要素的重要性仍强调不够，甚至有些国力评价研究直接忽略了相关制度要素。

政治效能。一国的政治效能大致包括以下内涵。第一，一国政治结构的稳定性，特别是国内政局是否动荡（内战、政治恶斗、地方割据）。若一国政局动荡，势必增加国力的内耗，阻碍国力增长。第二，一国的政治认同能力，包括政治精英对政治制度的认同程度、民众对政治制度的认同程度、政治体制吸纳社会各阶层的有效性。借用国内政治话语，一国的政治认同能力就是该国的“道路自信”和“制度自信”状况。第三，政府决策能力，包括政府制定政策的前瞻能力、对国家所面临问题的反应能力及政治调适与政策纠错能力。典型负面案例为，苏联后期政治体制僵化，政府缺乏纠正苏联所面临诸多问题的能力，由此导致苏联国内矛盾愈加恶化、国力增长停滞。政府决策能力还包括对外政策能力，主要包括四方面：一是制定明智对外政策的能力。这一方面取决于一国的外交决策机制及战略传统，另一方面也离不开智库、情报机构等对外交决策的支持能力。二是对外战略的稳定性和纠错能力。三是对外政策执行手段的多样性，能综合利用外交说服、规则约束、政治与经济的利诱和施压、军事威慑乃至战争等手段，维护本国利益，促进本国国力增长。四是决策者外交智慧。如梅特涅、俾斯麦、戴高乐、邓小平、尼克松、基辛格等外交大师，能够将一手“烂牌”打的风生水起，为本国争取了最大外交利益、创造了有利的外部环境，从而促进了本国的国力增长。第四，政府执行能力，包括一国政府地位、财政实力（财政收入总额及其占 GDP 比重）、公务员体制的效率与清廉度等。

经济制度。一国经济制度决定了一国能否更合理地配置经济要素，以产生更大的经济效益。如苏联的中央计划经济体制严重束缚了经济要素的合理配置，降低了企业、农业的生产效率；僵化的用工制度和不合理的劳动分配制度，打击了劳动者工作积极性。纵观世界各国，以市场为基础的经济制度，往往能更为合理地配置经济要素，有效促进国力增长。但这并不意味着经济制度越自由开放、政府作用越小，就越有利于促进国力增长。一个较好的经济制度须适应本国发展阶段，需不断根据本国现实发展情况进行调整。在日本、韩国、新加坡、中国台湾地区等后发经济体的经济快速发展阶段，政府的宏观调控、产业政策等措施，有效保护和扶持了本国幼稚产业，从而大大促进了其经济腾飞与国力急剧增长。中国的改革开放，一方面大大降低原先的计划经济体制色彩，不断发展和完善社会主义市场经济体制，通过制度变革极大地解放了生产力；另一方面没有放弃“强政府”特点的经济宏观调控手段和产业政策的引导与规划，从而促进中国国力的增长。相反，很多发展中国家过早接受自由开放经济体制，导致国内产业被外国控制，本国产业难以发展，沦为外国产品的倾销地和自然资源供应者，陷入各种经济发展“陷阱”，从而致使国力难以实现持续增长。

社会状况。一国社会状况主要涉及该国社会制度，是否促进公平正义、有效调节社会关系，以缓和社会矛盾、凝聚人心；这包括族群关系、贫富差距、宗教关系、社会保障等，也包括工作伦理、教育观念等。第一，族群关系和谐和宗教矛盾缓和，无疑有助于减少国家内部损耗，有利于充分利用国内各族群的聪明才智来促进国力生产。反之，则会增加国民对立和国力损耗，不利于国力资源转化为国力。第二，贫富差距过大，社会公平正义难以实现，可能加剧社会矛盾和国内损耗。而较为完善的社会保障体系和合理的二次分配体系，有助于缓和社会各阶层矛盾。第三，一国国民的工作伦理和教育观念，也在一定程度上影响国力的转换效率。例如，人们可能注意到，南欧和北欧国家在工作伦理上存在较大差异：北欧国家工作纪律观念较强，而南欧国家则相对注重享受生活，工作纪律较为散漫。相似体量的南北欧国家，尽管国力资源和社会制度相似，但其国力存在一定差距。马克斯·韦伯的《新教伦理与资本主义精神》论证了精神与文化因素对经济社会发展具有巨大的推动力。相似的例子也体现在儒家文明圈国家与其他发展中国家的发展差异上；相对大多数典型发展中国家，受儒家国家人民，工作更加勤勉，也更为重视教育，由此实现了更好的发展；一些儒家文明圈国家成功跻身发达国家行列。

创新体制。主要考察一国创新体制是否有利于科技知识创新，包括教育制度是否培养学生的创新能力、产权制度是否保护知识创新、产学研体制是否有利于科技成果的转化等。若一国创新体制能有效保护、鼓励科技知识的创新与转化，则该国更有可能步入科技创新的良性循环，从而有助于国力增长。相反，“山寨文化”和“山寨行为”盛行，或许有助于后发国家迅速模仿先进国家的产品，短期内促进生产；但长期看，若一国想跨越“中等收入陷阱”、进入发达国家行列，必须依靠自身的创新以及对知识创新的鼓励和保护。

地缘安全环境。地缘安全环境在很大程度影响了一国国力资源的配置以及国力资源的使用方向。当一国处在战争年代或是周边敌国环绕时，该国为确保生存和安全，不可避免地会将更多国力资源投向国防和军工部门，从而可能减少向经济、民生领域的资源供给，导致各国力要素不均衡发展。例如，苏联自建国到崩溃，始终面临着充满敌意的外部安全环境，因此不得不将更多国力资源投向国防和军工部门，导致苏联经济结构畸形，军工行业过大，经济难以可持续发展。

3. 国力显示

国力显示，就是国力资源经过转化后所形成的国力生产结果，即综合国力。综合国力包含硬实力和软实力两部分。

硬实力是可强迫他国或限制他国的实力，主要包括经济实力、科技实力和军事实力。

经济实力。经济实力几乎是所有国力评价体系都包含的指标，是一国所有经济力量的综合。衡量一国经济实力的最主要指标是国内生产总值（GDP）。但国内生产总值往往只能反映一国经济的总量，难以反映一国经济的质量。因此，在评价一国经济实力时，还应考虑人均 GDP、GDP 增速、产业结构、对外贸易、对外投资、金融货币等因素。

科技实力。科技在很大程度上既是一种国力资源（知识资源），也是一种国力显示。科技实力的这种双重身份，充分体现了其在国力生产中的重要作用。当然，本文在将科技作为一种国力资源指标时，主要强调其投入国力生产的资源属性，主要评价指标包括研发投入、科研人员数量等；而在将科技作为一种国力显示指标时，主要强调其作为一种生产出来的实力属性，主要评价指标包括科技产业规模、在世界科技产业中的份额、在国际价值链中的地位、对全球科技发展的影响（诺贝尔物理、化学、生物领域奖项获得情况）。

军事实力。军事实力也几乎是所有国力评价体系都包含的指标，反映了一国自我防卫的能力和强制他国的能力。军事实力的主要评价指标包括：军事人员数、军费开支、军工产业水平（武器出口）及核武器情况（核发射装置和核弹头的数量和质量）。

软实力是吸引和说服他国的能力，对国力具有“倍增效应”。人们对软实力的内涵存在较大分歧和模糊。约瑟夫·奈虽然提出软实力概念，但并没有清晰地进行界定。约瑟夫·奈所说的软实力具体包含文化吸引力、意识形态或政治价值观的吸引力，塑造国际规则和决定政治议题的能力（包括对外政策的正当合理且具有道德上的权威性）。国内一些学者赋予软实力更为丰富的内涵。周桂银基本认同了约瑟夫·奈的软实力内涵，认为软实力应包括：建立并控制国际制度的能力、文化与价值观及意识形态、外交政策所产生的国家形象和地位等三个要素。① 门洪华在对中国软实力的论述中，认为软实力包含文化、观念、发展模式、国际制度、国际形象等核心要素。② 楚树龙则认为软实力包括科技、管理、体系、吸引力、文化、人的素质及竞争力等，软实力最重要的环节是价值观、文化、教育等精神方面的吸引力，而一个国家、民族、集体和个人的最永久、最根本的软实力是创造力、创新能力和应变能力。③ 庞中英在论述软实力时，认为中国的“软力量”可能来自以下方面：培养高素质人口和生产力的教育体系，具有知识创新和贡献能力的研究体系，具有吸引力的主流文化，比较高的人口素质和有秩序的社会，在国际上有影响力的媒体，具有一定普世性的政治、经济经验、模式、理论、观念，外交政策和外交的成功，政府和社会的良性互动，道德声望或者诉求产生的全球号召力，全球责任的担当能力等。④

---

① 周桂银、严雷：《从软实力理论看美国霸权地位的变化》，《解放军国际关系学院学报》2005 年第 1 期。

② 门洪华：《中国软实力评估报告（上）》，《国际观察》2007 年第 2 期，第 15 页。

③ 楚树龙：《国际关系基本理论》，北京：清华大学出版社，2003 年版，第 74—76 页。

④ 庞中英：《中国软力量的内涵》，《瞭望周刊》2005 年 12 月 7 日，第 62 页。

鉴于学界在软实力内涵方面的分歧，综合考虑相关研究的影响力和简洁性，本书主要以约瑟夫·奈的软实力概念为参考，认为软实力主要包括文化吸引力、意识形态吸引力和国际制度运用能力。文化吸引力主要指一国生活方式的吸引力，以及他国对一国的亲近感。意识形态吸引力主要指政治价值观的吸引力，以及外交的正当性和道德感召力。对美国而言，其政治价值观的吸引力主要体现为自由、民主、人权、自由市场经济等。国际制度运用能力主要包括一国在国际组织的影响力，联盟与伙伴关系，制定国际规则能力等。

小结

第一，研究综合国力，首先应理解综合国力的结构。相对传统研究以国力要素的“横向视角”来看待国力结构，以国力生产过程的“纵向视角”，即国力资源—国力转换—国力显示，能更深刻地理解综合国力的来源和逻辑。国力显示就是国力资源经过转化后所形成的国力生产结果，即综合国力。国力资源和国力转换，尽管不是狭义的综合国力，但对综合国力具有极为重要的影响，是理解国力变化的深层动因，甚至比国力显示本身更有研究意义和现实意义。

第二，多指标量化合成方法在测量国力时，存在较大主观性。这种主观性主要缘于国力评价指标的主观性以及赋值、权重、合成方法的主观性，并导致其国力测量结果的准确性存疑。一种比较保守但相对稳妥的国力测量方法是，以定性和定量相结合的方法，对国力的多指标分别进行评价。

第三，线性的、精确打分的国力排名比较，既无必要、也不准确，而确定各国的国力等级差别更有实际意义。在国力的六项指标的衡量上，可采取“强、中、弱”3个等级定性定量相结合的方法，综合判定各指标的等级。在综合国力总体评价上，将国力分为超级大国、大国、中等国家、小国、微型国等五个级别。对于国力变化程度，不追求精确数值，而用“大幅上升”“小幅上升”“稳定”“小幅下降”“大幅下降”来描述。

第二节　新世纪以来美国“国力资源”稳中有升

总体看，21 世纪以来美国的“国力资源”呈现了稳中有升的发展态势；自然资源稳中有升，人口资源总体稳定，基础设施总体领先，知识资源增长较快，资本资源保持稳定。

一、自然资源稳中有升

美国地大物博，自然资源丰富，是世界上自然资源禀赋最好的国家之一。一般而言，自然资源由于其自然属性的缘故，其变动相对稳定。总体看，21 世纪以来美国自然资源稳中有升，总体自然资源基本稳定，油气资源大幅上升。

1. 自然资源总体稳定

第一，美国国土资源优势明显。首先，美国的国土面积优势明显。根据 2018 年世界银行给出的数据，美国国土面积约 963 万平方千米，排名世界第四。为了突出土地服务于发展的基础作用，本书中再引入一个“有效国土”的概念。所谓“有效国土”，通常是指一个国家内所有适合人类居住的领土面积，主要以地形、气候、水源和土壤等自然条件为参考。美国除地处高纬度地区的阿拉斯加外，以及本土除中西部的少部分山地地区外，基本上都是适宜人类居住的。美国的“有效国土”面积约占全国领土总面积的 80% 左右，大约为 750 万平方千米，排名世界第一位。其次，美国管辖海域面积广阔。所谓“管辖海域”，包括领海和专属经济区。美国的海洋专属经济区有 1217 万平方千米，排名世界第一。同时，美国也是海岸线最长的国家之一。再次，美国地缘位置得天独厚。东西有大洋（大西洋与太平洋），南北无强邻，北邻北冰洋。同时，由于历史的缘故，美国控制了多个地缘要冲，包括深居太平洋要冲的夏威夷群岛、北马里亚纳群岛、阿留申群岛，以及阿拉斯加、波多黎各、美属维尔京群岛等地，在东西南北四个方向拥有极为广阔的战略缓冲区。

第二，美国自然资源丰富。首先，美国矿业实力雄厚，保持全球矿业霸权。一是国内储量丰富。根据美国地质调查局（USGS）每年颁布的《世界矿产品概要》，美国煤炭、石油、天然气等重要矿产储量一直排在世界前列，总矿产资源储量排名世界第二。美国还是世界上重要的矿产资源勘查国。多年来，其矿产勘查预算投资一直位居世界第三位，仅列加拿大和澳大利亚之后。二是生产能力领先。美国的矿产生产能力排名世界第一。2016 年，在有统计的矿产中，美国有 35 种产量排名世界前五。其中，石油、天然气等 9 种排名世界第一，煤炭产量排名世界第二。① 美国的主要矿产品的生产集中度高，有利企业竞争和发展，有利产业竞争力提升。对国家安全和经济发展有重要影响的矿产品生产，如石油、天然气、煤炭和铀等，合理与科学布局生产基地，既有利于生产和经济发展，又在战略上安全可靠。美国对重要矿产品生产基地的合理布局，看似是一种由自然资源禀赋条件决定的偶然现象，实则有可能存在某种维护国家矿产品安全生产的精心考虑与科学谋划。三是全球矿业霸权。美国矿业的强大，不仅体现在其资源禀赋好及生产能力强，更体现在其对全球矿业的霸权。从 20 世纪初，美国就开始通过金融、技术、军事、政治等手段，对全球矿产资源的占有、生产、贸易、价格、消费等全产业链进行操控，经略全球矿产资源。

其次，美国淡水资源丰富。美国淡水资源总量巨大，约为 2.81 万亿立方米，仅次于巴西、俄罗斯、加拿大，排名世界第四。美国拥有或与加拿大共享北美五大湖的淡水资源，拥有世界第四大河密西西比河的庞大淡水水系，并拥有阿拉斯加的巨大冰川淡水储备。美国人均淡水占有量丰富，是世界人均淡水占有量的 1.5 倍，更是中国人均淡水占有量的 5 倍。21 世

① “World Development Indicators,” https：//data. worldbank. org/country/united－states？view＝chart.（上网时间：2020 年 10 月 13 日）

纪以来，随着美国人口的增长，美国人均淡水占有率呈下降态势。[①] 当然，水资源匮乏是各国都要面临的难题。但美国非常注重水资源的节约和高效利用，其节水灌溉、污水处理回收利用为世界先进水平。

再次，美国农产品产量巨大。其一，美国农产品总产量位居世界前列。根据世界银行的统计数据，2017 年美国谷物总产量为 4.4 亿吨，仅次于中国的 6.2 亿吨，位列世界第二。[②] 更重要的是，由于美国人口数量相对少，美国可以出口大量谷物，常年保持世界第一大粮食出口国地位。同时，美国的粮油作物和肉类产品不仅产量巨大，更是对外大量出口。例如，2018 年美国大豆的对华出口量，约占中国大豆进口总量的约⅓。[③] 其二，美国耕地潜力高。美国的耕地资源丰富，排名世界第一，其耕地面积占世界总耕地面积的 12%。由于其耕地多为广阔的平原，非常适宜机械化作业。同时，美国主体地处亚热带和温带，大部分地区气候温和，雨量充沛，适合农业生产的发展。更重要的是，美国具有大量的耕地储备。根据世界银行统计，近十年美国农业用地的总面积总体呈略微下降趋势，农业用地占土地面积基本维持在 44%。其中，耕地面积总体呈下降趋势，从 2004 年的 16705 万公顷下降到 2015 年的 15224 万公顷。这意味着美国农产品生产能力的潜力尚未完全开发。

2. 油气资源大幅上升

能源资源主要涉及石油、天然气及可再生能源。长期以来，尽管美国能源产量巨大、排名世界前列，但能源消耗巨大，长期大量进口国外能源，特别是石油资源。21 世纪以来，特别是在奥巴马政府时期，由于美国“页岩油气革命”的成功，美国油气产量大幅提升，基本摆脱了对外部石油资源的依赖，实现了能源独立。2019 年，美国能源产量自 1962 年来首

① “World Development Indicators,” https://data.worldbank.org/country/united－states? view=chart.（上网时间：2020 年 10 月 13 日）

② “World Development Indicators,” https://data.worldbank.org/country/united－states? view=chart.（上网时间：2020 年 10 月 13 日）

③《中国去年大豆进口依存度超 87% 美国占进口总量约 34%》，《中国新闻周刊》，2018 年 11 月 25 日，http://finance.china.com.cn/agri/20181125/4817871.shtml.（上网时间：2020 年 10 月 13 日）

次大于消费量，自 1967 年来能源出口量首次大于进口量，成为能源净出口国，实现了能源独立，预计未来 30 年美国都将保持能源净出口国的地位。[①] 由于美国“页岩气革命”取得巨大成功，使得美国天然气产量超过俄罗斯，成为全球最大的天然气生产国，正在改变全球天然气资源格局。另一方面，美国可再生能源消费量自 130 多年来首次超过煤炭。据美国能源信息署的统计数据，2019 年由地热、太阳能、水利发电、风能和生物质燃料构成的可再生能源，占美国一次能源消费的 11.44%，成为第三大能源消费来源，[②] 美国的能源消费结构得到了根本性的优化。

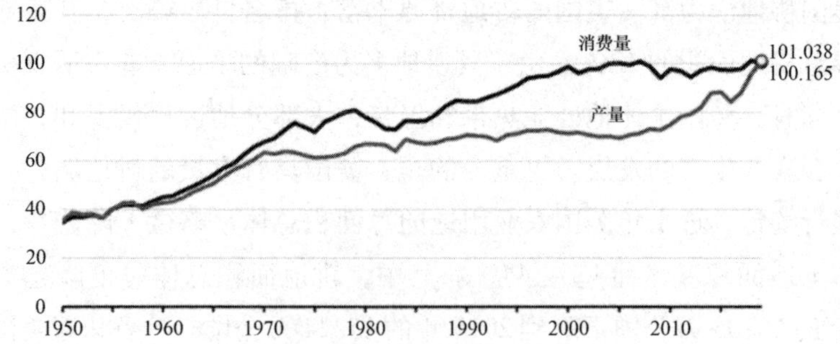

图 2－1　1950—2019 年美国能源产量和消费量（单位：千万亿英热）

资料来源：美国能源信息署，2020 年 4 月 28 日。

二、人口资源总体稳定

总体看，21 世纪以来美国人口资源总体稳定，人口数量和质量总体上升，但也出现诸多不利的人口发展态势，包括人口老龄化加速、生育率下降、劳动人口参与率下滑、移民问题及人口结构变化等。21 世纪以来美国的人口资源存在诸多挑战，是世界性的共性问题；相对其他主要大国，美

① “Energy Information Administration，” https：//www. eia. gov/petroleum/.（上网时间：2020 年 10 月 13 日）

② “World Development Indicators，” https：//data. worldbank. org/country/united－states？view＝chart.（上网时间：2020 年 10 月 13 日）

国人口资源总体表现良好。

第一，美国人口总数保持适度增长，但人口结构呈现一定的不利变化趋势。首先，美国人口总数保持适度增长。根据世界银行统计，美国人口总数从2000年约2.8亿增长到2019年约3.3亿，位居世界第三，2017年之前人口增长率每年均在0.7%至0.9%之间。其次，自2008年经济危机以来，美国的出生率延续了明显下降趋势。根据联合国的统计数据，美国人口出生率由2008年的14‰下降到2019年的11.4‰。但美国的生育率仍处在发达国家中较高水平。生育率下降将会带来很多负面影响：例如，国家劳动力成本激增，企业将面临劳动力压力，社会保障压力不断增加，年轻人养老负担加重，影响社会保障和医疗保险的偿付能力，以及股市的表现。再次，美国人口老龄化步伐加快。根据世界银行统计，美国自2000年至2018年美国老龄人口比率从12.43%上升到16.03%。[①] 尽管作为高度发达国家，美国的人口老龄化问题相对其他发达国家甚至发展中国家而言，并不十分严重，但其人口老龄化的速度依然较快。随着美国人口老龄化程度加深，人口老龄化问题也将对美国经济产生一定负面影响：一是美国财政将面临巨大压力，就业人口不升反降，纳税人口随之减少，导致美国社保资金缺口扩大，社会养老保障体系面临严峻挑战；二是经济增速放缓，利率水平降低。一个国家经济增长的核心要素是劳动力的增加和发展，如果美国年轻一代无法迅速转换为释放新生产力的来源，美国经济增长将受到老龄化问题的拖累。

第二，美国的劳动人口参与率呈下降趋势。劳动人口参与率，是经济活动人口占劳动年龄人口的比率，是用来衡量人们参与经济活动状况的指标。根据经济学理论和各国的经验，劳动参与率反映了潜在劳动者个人对于工作收入与闲暇的选择偏好。根据美国劳工统计局的统计数据，自2000年以来，美国劳动参与率总体呈下降趋势，从2001年的67%持续下降至2019年的63%。这将给美国经济发展带来一定冲击。此外，劳动力参与率的下降并非均衡分布在美国劳动力中，其不仅因性别和年龄不同，还因教

---

① "World Development Indicators," https://data.worldbank.org/country/united-states?view=chart.（上网时间：2020年10月13日）

育因素和地理位置而异，并受到宏观经济条件、自动化、监禁和药物成瘾等一系列因素的影响。城市与农村的差异使得美国劳动力供给面临更加复杂的挑战。作为大型机构雇主的东道主，城市失业率较低，人口增长更强劲，劳动力受教育程度较高，相比之下，在许多小城镇和农村地区，人口老龄化严重，人口数量萎缩。

第三，美国的人才资源持续提升。根据美国人口普查局2019年发布的数据显示，美国成人受教育水平不断提高。自2000年以来，美国25岁及以上人口中，最高学位为硕士的人数翻了一番，达到2100万；博士学位持有人数增加了1倍多，达到450万。数据显示，目前美国成年人口中，13.1%的人拥有硕士学位、专业硕士学位或博士学位，而2000年这一比例为8.6%。从2000年至2018年，25岁及以上人口获得学士及更高学位的人数占比从25.6%升至35%。其中，亚裔表现尤为突出。2018年，在25岁至29岁的亚裔美国人中，69.5%拥有学士及更高学位，而2013年这一比例是59%。此外，自2000年起抵美的移民中，有38.8%的人拥有学士或更高学位。①

第四，美国移民带来的结构性挑战愈发明显。根据世界银行统计，2002年美国净移民人口约为533万人，此后一直呈上升态势，受特朗普政府限制移民政策影响，2017年这一数据则为477万人，略有下降。按现在的趋势，到2065年，移民及其后代将贡献88%的美国人口增长。除了移民的涌入，移民父母生育的后代也将极大地带动美国人口的增长。2016年，移民女性在过去一年的生育比例（7.4%）超过了美国本土女性（5.9%）的比例。外来移民为美国带来了源源不断的劳动力资源，特别是高素质人才资源，促进了美国国力的增长；但另一方面，外来移民也给21世纪以来的美国带来了一系列政治和社会挑战。首先，使美国人口结构发生变化。从1950年开始，美国白人的比例就一直在降低，在2018年已经下降至60%左右历史最低值。根据美国人口普查局预测，2040—2050年，美国白人将成为“少数民族”。产生这种变化的主要原因：一是美国白人

① UNESCO，http：//data. uis. unesco. org/OECDStat_ Metadata/ShowMetadata. ashx? Dataset = NATMON_ DS&ShowOnWeb = true&Lang = en. （上网时间：2020年10月13日）

的出生率不高，远低于非洲裔和西语裔的生育率；二是移民人口增加，每年约有四五百万的移民进入美国。其次，美国移民问题已成为民主、共和两党政治争斗的重要议题，并“外溢”至美国的外交政策，特别是美国与拉美国家及伊斯兰世界的关系。

三、基础设施总体领先

总体看，21 世纪以来美国在基础设施方面尽管存在投入停滞问题，但总体表现优秀，在绝大多数基础设施领域保持全球领先地位。在基础设施方面，可以通过四项主要指标加以观察。

第一，基础设施投入停滞。尽管近年来美国联邦、州和地方政府名义上在基础设施上投入更多，但材料成本的上升降低了实际购买力。因此，美国的实际基础设施支出从 2007 年的 4504 亿美元下降到 2017 年的 4405 亿美元。尽管 2009 年和 2010 年的实际支出曾大幅增长，但这种增长转瞬即逝。具体而言，交通基础设施的支出，包括公路、公共交通、铁路、航空和水运继续占所有公共基础设施支出的最大份额（67.8%），但金额从 2007 年的 3030 亿美元下降到 2017 年的 2988 亿美元，高速公路支出下降是主要原因。公共基础设施的另一个主要类别水利基础设施在 2007 年至 2017 年也出现了支出下降，用于水利基础设施的实际支出从 2007 年的 1474 亿美元降至 2017 年的 1417 亿美元。同时，尽管 2007 年至 2017 年美国基础设施建设的公共支出总额有所下降，但基础设施运营和维护方面的支出却上升了 232 亿美元（9.5%）。除美国联邦层面的基础设施建设支出外，州和地方政府的支出有所下降，但仍占美国基础设施支出的¾以上，主要用于运营和维护。①

第二，交通基础设施总体领先，但领先优势有所下降。根据世界经济论坛《全球竞争力报告 2019》，各国的交通基础设施评分被划分为 8 个小

① Joseph W. Kane and Adie Tomer, “Shifting into an era of repair: US infrastructure spending trends,” May 10, 2019, https://www.brookings.edu/research/shifting-into-an-era-of-repair-us-infrastructure-spending-trends/.

项，并以百分制进行打分。其中，美国在“公路联通”获得100分（全球第1名）、“公路基础设施质量”获得74.5分（全球第17名）、“铁路密集程度”获得41.3分（全球第48名）、“火车服务效率”获得69.2分（全球第12名）、“机场联通”获得100分（全球第1名）、“空中运输服务效率”获得79.6分（全球第10名）、“船运联通”获得96.7分（全球第8名）、“海运服务效率”获得75.9分（全球第10名）。综合各项指标，美国在交通基础设施整体获得87.9分，全球第13名。① 对比看，在能源基础设施的8个小项中，除了“公路联通”“船运联通”的分数相比往年有所提升、“机场联通”与往年持平之外，其余各项的分数均出现下滑，表明美国虽然在公路以及机场等基础设施方面保持全球领先地位，但在铁路以及运输效率方面却呈现落后或下滑趋势。

第三，实用基础设施继续保持领先。根据世界经济论坛《全球竞争力报告2019》，各国的能源基础设施评分被划分为4个小项，并以百分制进行打分，其中美国在“电力获取”获得100分（全球第2名）、“电力供应质量”获得98.6分（全球第23名）、“非安全饮用水风险”获得100分（全球第14名）、“水资源供应可靠性”获得86.1分（全球第30分）。综合各项指标，美国在能源基础设施整体获得96.2分，全球第23名。② 对比看，在实用基础设施的4个小项中，“电力供应质量”和“水资源供应可靠性”两项相比往年有所提升，“电力获取”“非安全饮用水风险”两项与往年持平，表明美国在实用基础设施方面仍在全球保持领先地位，且变化不大。

第四，信息通信技术基础设施继续保持领先优势。根据世界经济论坛《全球竞争力报告2019》，各国的信息通信技术基础设施评分被划分为5个小项，并以百分制进行打分，其中美国在“移动蜂窝电话用户量”获得100分（全球第1名）、“移动宽带用户量”暂无打分但全球排名第7名、“固定宽带因特网用户量”获得71.2分（全球第18名）、

① World Economic Forum, “The Global Competitiveness Report 2019,” http: //www3. weforum. org/docs/WEF_ The Global Competitiveness Report 2019. pdf, p. 583.

② World Economic Forum, “The Global Competitiveness Report 2019,” http: //www3. weforum. org/docs/WEF_ The Global Competitiveness Report 2019. pdf, p. 583.

“光纤因特网用户量”暂无打分但全球排名第45名、“因特网用户量”获得87.3分（全球第26名）。综合各项指标，美国在信息通信技术基础设施整体获得74.3分，全球第27名。[①] 对比看，在信息通信技术基础设施的5个小项中，“固定宽带因特网用户量”“因特网用户量”相比往年均有上升，“移动蜂窝电话用户量”与往年持平，美国仍然在这一领域保持领先趋势。

四、知识资源增长较快

总体看，21世纪以来美国在知识资源方面的表现优秀，基本保持较快的增长态势。在知识资源方面，可以通过四项主要指标加以观察。

第一，研发投入稳步增长，世界第一。根据世界银行的统计数据，美国研发投入占GDP比例从2000年2.62%提升到2018年的2.82%。需要注意的是，虽然从比例上看提升不多，但随着美国GDP体量大且不断增长，美国研发投入的实际增长是可观的，虽增速略有下降。从各国研发投入来看，美国一直是最领先的研发投入国，占全球研发总额的25%。具体来看，2008—2010年间受到经济衰退的影响，美国的研发支出总额基本没有变化；衰退之后，美国的研发支出每年稳定增长，究其原因，主要是由企业研发资金持续增长所致（参见图2-2）。

此外，美国企业研发资金主要集中在应用研究和实验开发两个方面，重点在化学品制造、计算机和电子产品制造、信息等几大领域。联邦政府资助的研发资金占美国研发支出总额的22%，联邦政府提供的资金是大多数研发执行部门的主要资金来源。来自于科研机构自身的资金资助逐年增加，在科研机构研发投入总额中占比越来越大，科研机构的研发重点和资金投入集中于基础研究活动，主要是在生命科学和工程这两个领域。

① World Economic Forum, “The Global Competitiveness Report 2019,” http://www3.weforum.org/docs/WEF_ The Global Competitiveness Report 2019. pdf, p. 584.

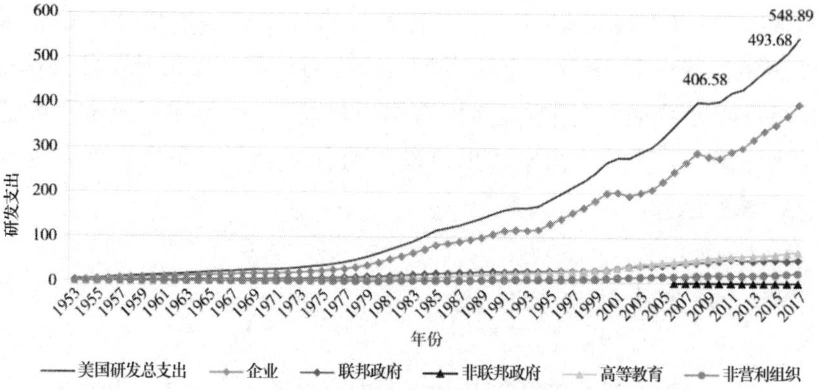

图2-2 美国1953—2017年美国按执行和资金来源分列的研发支出情况（单位：十亿美元）

数据来源：NSF. 2018 Science & Engineering Indicators。

第二，科研人员数量明显增长。根据世界银行数据显示，美国每百万人中科研人员数量从2000年的3496.368人上升到2017年的4412.435人；其间也有起伏，但总体呈增长趋势。从研发人员类别来看，美国⅔的企业研发人员为科学、工程师或研发经理，其余为技术人员或其他支持职员。从研发人员的分布来看，与研发支出一致，研发从业人员也集中在大公司，国内雇员500人以上的大公司占2013年美国研发从业人员的⅔以上。①

第三，创新能力保持领先。根据知名机构“IFI CLAIMS专利服务”发布的《2019年全球各国专利数量最新数据》显示，在2019年，美国专利商标局颁发了16.5万专利授权，位列世界第一；与2018年相比，同比上涨15.95%，专利数量再次刷新记录。而这样的数据除了表明专利申请增多之外，也可能表明人们对知识产权重视度的不断提高。同时，需要关注的是2019年，美国新增专刊总数中的52%是外国公司或个人注册的，这

① “Science & Technology,” The World Bank, https://data.worldbank.org/topic/science-and-technology? view = chart.

个数字在2011年首次达到了52%，而首次达到50%的时间点是2008年，1963年的这一数据仅有18%。[①] 通过对比这两个数据可以看出，1963年“美国创新”能力处于巅峰时期，说明美国创新能力在当前呈现某种衰落态势。同时，截至2019年，美国共有381人获得诺贝尔奖，总人数排名世界第一，美国培养了近半数的诺贝尔奖得主，无疑代表了其在创新人才领域的巨大优势。此外，世界经济论坛《全球竞争力报告2019》也对各国的创新研发能力以百分制进行打分，并分为4个小项。美国在“科学发表”获得100分（全球第1名）、“专利申请”获得91.4分（全球第13名）、“研发支出”获得91.5分（全球第11名）、“研究机构知名度”获得100分（全球第1名）。对比看，“专利申请”和“研发支出”相比往年有所下降，“科学发表”和“研究机构知名度”相比往年持平。[②]

第四，对国际知识资源的利用有所放缓。从2009年开始，美国大学里国际学生总人数和国际学生注册人数每年都在递增。以2015年为分界线，2015年以前，增幅越来越大；而2015年之后可以看到增幅明显下降。在2018年，出现了十年之间第一次的注册入学人数和国际学生人数减少的情况；2019年，注册学生人数持续减少，其中本科国际学生人数相比2018年下降2.4%，研究生国际学生人数相比2018年下降1.3%，[③] 似乎留学美国的热潮要慢慢迎来“停滞期”。总体看，美国21世纪以来知识资源仍是全球最丰富的的国家，各项量化数据总体上升，但增速放缓。

五、资本资源保持稳定

21世纪以来，美国国力的资本资源保持稳定，继续保持全球资本的高

① IP Watchdog, “Latest IFI CLAIMS Report Shows U. S. Patent Grants Are Up 15% Over 2018,” January 14, 2020, https://www.ipwatchdog.com/2020/01/14/latest-ifi-claims-report-shows-u-s-patent-grants-15-2018/id=117870/.

② World Economic Forum, *The Global Competitiveness Report* 2019, http://www3.weforum.org/docs/WEF_TheGlobalCompetitivenessReport2019.pdf, p. 585.

③ Educationdata, “International Student Enrollment Statistics,” https://educationdata.org/international-student-enrollment-statistics.

地地位，基本保持全球最大的外国直接投资目的地，且美国对外融资规模巨大、融资渠道相对安全可靠。由于美国庞大的经济体量和战后布雷顿森林体系的加持，美国迅速成为全球资本的聚集地和高地，其资本资源呈现两大显著特点。

第一，美元在世界货币体系中具有无可匹敌的主导地位。美元最大的优势在于，包括债券、股票、外汇以及衍生市场等在内的金融市场拥有无可比拟的规模、深度和开放度。2015 年，全球投资者可购买的包括证券与股票在内的美国资产达 55 万亿美元，欧元资产约 29 万亿美元，日元资产 17 万亿美元，人民币资产仅 0.3 万亿美元。[①] 根据国际货币基金组织（IMF）数据显示，截止到 2020 年第一季度，美元资产占全球储备的份额为 62%，虽较 2017 年第一季度的 64.7% 有所下降，但与 2009 年至 2012 年期间的美元份额持平。[②] 近年来，一些国家试图摆脱美元霸权的影响，但这并未能削弱美元对全球金融的控制。以俄罗斯为例，俄罗斯央行在 2018 年出售了约 1000 亿美元的美国国债，并将其转换成以人民币或欧元计价的资产。美国地缘政治对手采取的此类措施以及全球金融市场的其他动态并未使全球持有的美元储备量减少，其产生的主要影响仅体现在使二线货币的相对地位重新洗牌。除全球储备外，目前世界 95% 的国际大宗商品以美元计价，这意味着任何从事该种商品交易的国家和公司都需要储备美元，无形中增加了美元需求。美元在国际支付中使用率最高，从 2012 年至 2020 年 6 月，通过环球银行间金融通信协会（SWIFT）网络进行的跨境支付中，美元份额上升了 10 个百分点，达到 40.33%，占比全球最高；而欧元份额则下降了 10 个百分点，为 34%；人民币在国际支付中的市场份

---

① William T. Wilson, "Washington, China and the Rise of the Renminbi: Are the Dollar's Days as the Global Reserve Currency Numbered?," The Heritage Foundation, August 17, 2015, p. 5, http://thf_ media. s3. amazonaws. com/2015/pdf/SR171. pdf. （上网时间：2021 年 2 月 21 日）

② Wenzhen Tan, "The Dollar May Slide Further, But Analysts Say Its Demise is 'Greatly Exaggerated'," CNBC, August 23, 2020, https://www. cnbc. com/2020/08/24/us - dollar - still - unrivaled - as - global - reserve - currency - versus - yuan - euro. html. （上网时间：2021 年 2 月 21 日）

额占比1.76%，位居美元、欧元、英镑、日元、加元之后的第六位。[①] 国际贸易结算中，根据SWIFT统计，截止到2020年6月，美元在跨境贸易金融业务中份额86.52%，虽较2018年的86.69%微降0.17个百分点，但仍是各国用于跨境贸易结算的首要结算货币；相比之下，人民币份额为1.95%，排名第三。此外，根据国际清算银行抽样调查结果显示，美元占2019年全球外汇交易市场80%的份额，且截止到2020年第一季度，全球47%的债券以美元为面值。[②]

第二，美国市场开放程度和资本流动性在全世界范围内处于领跑位置。作为世界最大的经济体和奉行开放型外资政策的国家，美国曾连续多年成为吸收外国直接投资最多的国家。按美国政府2019年所做统计，美外资企业雇员约780万人，为美国创新投入669亿美元研发资金，占美国出口商品总额的24%，约为3953亿美元。[③] 按流量计算，2019年美国的外国直接投资流入量为2460亿美元，排名第一，但相较上一年度资金流入量减少了3%，主要原因是瞄准美元的跨境并购交易额连续四年下降，降至1560亿美元，中国则以1410亿美元的体量位居第二；外国直接投资流出量方面，除2018年由于美国跨国公司在税制改革驱动下把积累的外国收入汇回国内，导致当年度该数值负流出（-910亿美元）外，其余年份美国排名均靠前，2019年美国为世界第二大外资流出国，约1250亿美元[④]（参见图2-3）。外国对美投资格局近年来变化较大，英国曾长期占外国对美投资总额的榜首，最高占比达20%，但随着各国经济实力的此消彼长，2019年日本、加拿大和德国位居对美投资前三名，占比分别为14.5%、

---

① Eswar Prasad, "Has the Dollar Lost Ground as the Dominant International Currency?" September 2019, Brookings Institute, https://www.brookings.edu/research/has-the-dollar-lost-ground-as-the-dominant-international-currency/.（上网时间：2021年2月21日）

② "Triennial Central Bank Survey: Global Foreign Exchange Market Turnover in 2019," Monetary and Economic Department, Bank for International Settlement, December 2019, https://www.bis.org/statistics/rpfx19_fx_annex.pdf.（上网时间：2021年2月21日）

③ "Foreign Direct Investment: United States, Select USA, 2019," https://www.selectusa.gov/servlet/servlet.FileDownload?file=015t00000003D9M.（上网时间：2021年2月21日）

④ *World Investment Report* 2020, UNCTAD, 2020, https://uat.unctad.org/system/files/official-document/wir2020_en.pdf, p.12, p.15.（上网时间：2021年2月21日）

13%和11.7%，英国跌至第四名。[①] 外资投入的领域主要是制造业，约占40%，金融保险和批发零售业也占有相当比重。[②] 据联合国贸发会议（UNCTAD）发布的《全球投资趋势监测》报告显示，2020年，受新冠肺炎疫情影响，中国超美国成为全球最大外国直接投资地，外国对中国的直接投资增长了4%，达到1630亿美元，而美国的外国直接投资暴跌49%，降至1340亿美元。[③]

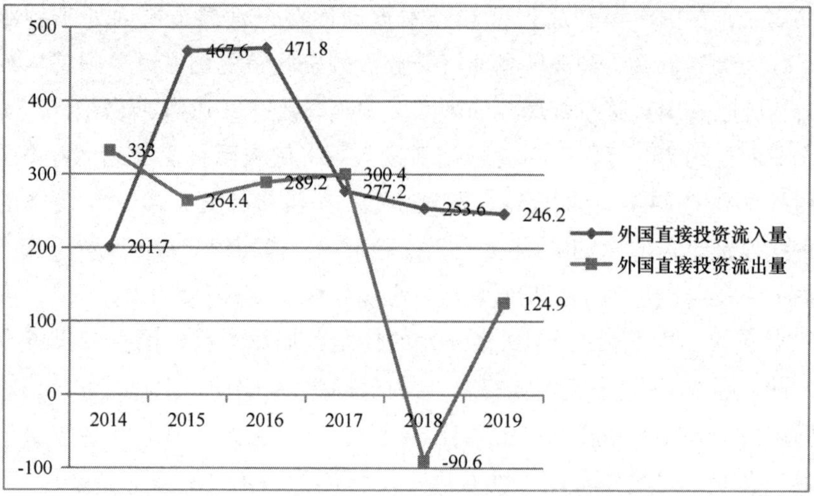

图2－3　2014年—2019年美国外国直接投资流入量和流出量（单位：十亿美元）

资料来源：UNCTAD，“World Investment Report 2020，” 2020，https：//uat. unctad. org/system/files/official－document/wir2020_ en. pdf，p. 238。（上网时间：2021年2月21日）

① “Foreign Direct Investment：United States，Select USA，2019，” https：//www. selectusa. gov/servlet/servlet. FileDownload? file＝015t00000003D9M.（上网时间：2021年2月21日）

② “Foreign Direct Investment in the United States 2018，” Organization for International Investment，2018，https：//ofii－docs. ofii. org/dmfile/FDIUS－2018－Report. pdf，p. 5.（上网时间：2021年2月21日）

③ Paul Hannon，“China Overtakes U. S. as World's Leading Destination for Foreign Direct Investment，” *Wall Street Journal*，January 25，2021，https：//www. wsj. com/articles/china－overtakes－u－s－as－worlds－leading－destination－for－foreign－direct－investment－11611511200.（上网时间：2021年2月21日）

第三节　新世纪以来美国“国力转换”有所下降

国力转换是以制度为主要内容的生产关系，转换能力的核心是效率，即是否将国力资源最大程度转化为国力显示的能力。就美国而言，转换能力的主要考察项为政治效能、经济制度、社会状况、创新体制以及外部环境五大部分。这五个部分下的具体指标均对美国能否顺利将国力资源转化为国力显示发挥关键作用，是判断美国衰落与否的重要指标。总体而言，21 世纪以来美国在“国力转换”的表现有所下滑，主要体现为美国的政治效能有所下降、社会状况每况愈下、外部挑战有所增加。

一、政治效能明显下降

政治效能主要包括政治结构稳定性、政治认同能力、政府决策能力、政府执行能力等指标，是体现美国政治制度稳定和效率的重要方面。总体看，21 世纪以来美国的政治效能有所下降，政治极化、两党恶斗加剧，“三权分立”正日益转向“否决政治”，民众对联邦政府的信任感大幅下滑并保持低位运行。

1. 政治结构稳定性有所下降

一方面，美国政体权力结构层次性强、张力较大，总体稳定性较高，但近年来两党恶斗的激烈程度小幅上升。一方面，美国“宪法至上”的宪政体制稳定。目前，有效的联邦宪法修正案只有 27 条，其中百年内提出的仅有 7 条，宪法精神的原则性和条文的模糊性保证了联邦制的稳定。“三权分立”体制和选举政治能够一定程度上缓解社会矛盾，行政权和立法权在政策层面对制度进行微调，避免政体陷入僵化，最高司法权则通过司法权威对行政权和立法权进行辖制，维持权力平衡。2000 年大选结果争议中，最终由最高法院的司法判决解决争议，使普选票数较少的小布什成为“判出来的总统”，意义重大。

另一方面，“三权分立”正日益转向“否决政治”，21世纪以来美国政治体系的运转效率有所下降。[①] 看似精巧的权力制衡设计在实际运作中暴露重重弊病，逐渐出现扭曲，导致“否决政治”在国会盛行，进而催生两党恶斗。国会利用其在“三权分立”中的位置和权力反对行政机构的一些政策主张，以党派划线反对另一党派总统或议员提出的法案，或者以阻止重大改革和预算立法、阻挠行政官员任命等方式胁迫政府让步等。这一点在奥巴马和特朗普任内表现得极为突出，尤其体现在政府停摆这一事件之上。21世纪以来，小布什任内并未出现政府关门事件，而在奥巴马任内，2013年10月1日至10月17日政府停摆16天。在特朗普任内则出现过三次政府关门：第一次是在2018年2月9日关门1天；第二次是在2018年1月20日至23日关门3天；第三次是在2018年12月22日至2019年1月25日关门34天，这也是历史上美国政府停摆时间最长的一次。[②]

2. 政治认同能力明显下降

尽管美国政治体制相对稳定，但民众对联邦政府的信任感在21世纪以来大幅下滑并保持低位运行。根据美国皮尤研究中心的调查数据显示，2000年左右，相信联邦政府总是或多数时间能够做正确事情的受访民众比例达到54%。但自2007年美国经济衰退开始以来，相信联邦政府会做正确事情的美国人比例一直或多数时候都下降并且徘徊在20%左右，2019年低至15%左右。根据2020年8月2日的数据显示，2%的人说他们一直相信政府，18%的人说他们大多数时候相信政府，79%的人说他们相信联邦政府在某些时候会做正确事情（65%），或者从来不会（14%）。在2015年至2020年，民众对联邦政府的总体感觉非常稳定，对政府感到愤怒（24%）、沮丧（57%）和满意（18%）的受访者比例

① Francis Fukuyama, “American Political Decay or Renewal?” *Foreign Affairs*, July/August 2016, https://www.foreignaffairs.com/articles/united-states/2016-06-13/american-political-decay-or-renewal.

② Tom Murse, “All 21 Government Shutdowns in U. S. History,” January 29, 2020, https://www.thought co.com/government-shutdown-history-3368274.

与2015年10月的数字相同或几乎相同。[①] 另外根据皮尤研究中心常年跟踪多项民调数据的结果，2000年7月9日盖勒普的民调数据显示，有42%的受访者认为联邦政府总是或多数时间能够做正确事情，在2001年“9·11”事件爆发后，这一比例更是上升到60%。在此之后，这一比例大幅下滑，2010年1月10日时只有19%，2019年3月25日，皮尤研究中心的数据为17%。[②]

不过，两党对于政府能力的认同却有较大差异。尽管感到愤怒的总体比例没有变化，但自2015年以来，共和党和民主党的立场背道而驰。在2016年总统大选前一年，⅓的共和党人表示他们对政府感到愤怒，相比之下，只有约⅒的民主党人（11%）表示愤怒。特朗普就职一年后，表示愤怒的共和党人比例下降到19%，而表示愤怒的民主党人比例上升到29%。2020年8月，约有⅓的民主党人（34%）表示他们感到愤怒，而共和党只有14%。[③] 以2020年暴发的新冠肺炎疫情为例，在这一全国性危机面前，两党对政府能力的认知差异暴露无遗。关于特朗普政府对新型冠状病毒的应对，两党分歧很大。根据皮尤研究中心2020年7月27日至8月2日的一份民调，近¾的共和党人（73%）认为特朗普在应对疫情方面做得很好（33%）或做得不错（41%），只有6%的民主党人认为他做得很好；超过90%的民主党人（94%）认为特朗普做得一般（11%）或者很差（82%）。自2020年3月份以来，特朗普对疫情的应对在美国公众中的总体支持率下降了11个百分点，从48%降至37%。共和党和民主党的降幅相差很大。自3月份以后，将特朗普的应对评价为“糟糕”的民主党人比例急剧上升。2020年3月，56%的民主党人表示特朗普应对新型冠状病毒

---

① “Americans’ Views of Government：Low Trust，but Some Positive Performance Ratings，” Pew Research Center，September 14，2020，https：//www. pewresearch. org/politics/2020/09/14/americans – views – of – government – low – trust – but – some – positive – performance – ratings/.

② “Public Trust in Government：1958 – 2019，” Pew Research Center，April 11，2019，https：//www. pewresearch. org/politics/2019/04/11/public – trust – in – government – 1958 – 2019/.

③ “Americans’ Views of Government：Low Trust，but Some Positive Performance Ratings，” Pew Research Center，September 14，2020，https：//www. pewresearch. org/politics/2020/09/14/americans – views – of – government – low – trust – but – some – positive – performance – ratings/.

不力，8 月有 82% 的人这样认为。[①]

3. **政府决策能力略有下降**

自 21 世纪初小布什执政以来，联邦政府总体上能够发挥应有角色，比如小布什对“9·11”事件做出较好回应，奥巴马对金融危机采取了应对措施，特朗普的“美国优先”政策贯彻得也较为坚决。因此，除定性描述外，还应找到一些可以体现政府决策力上升或下降的更细致证据：一是从联邦政府重要官员的到位情况看，小布什和奥巴马任内的官员到位速度都比特朗普任内更快，重要岗位的空缺必然会影响联邦政府的决策能力。根据美国斯坦福大学教授安妮·约瑟夫·奥康奈尔的研究，在执政百日之时，特朗普是近六任总统中提名官员和参议院确认提名官员最慢的总统。根据统计小布什在执政百日期间提名 87 位官员，参议院确认 35 位官员；奥巴马提名 196 位官员，参议院确认 70 位官员；特朗普提名 75 位官员，参议院确认 28 位官员。其中，小布什的提名官员有 1 人被否决，撤回提名 1 人；而奥巴马和特朗普总统均在此期间撤回了 3 位官员提名。[②] 具体而言，特朗普执政初期，国务院、国防部的重要岗位仍大量空缺。截止到 2017 年 7 月底，国务院包括助理国务卿在内的 39 个高层职位仍然空缺，许多重要岗位仍为职业外交官“代理”，188 个驻外大使岗位只有 30 个得到正式提名。[③] 首任国务卿雷克斯·蒂勒森对本部门人员并不重视，整个部门上下士气低落，导致国务院在对外决策中“缺位”，严重影响美国对外政策执行和危机应变。国防部面临同样问题。截止到 2017 年 8 月中旬，国防部只有 15 个高级岗位得到任命，而奥巴马同期的任命官员数量为 22

---

① “Most Americans Say State Governments Have Lifted COVID – 19 Restrictions Too Quickly,” Pew Research Center, August 6, 2020, https://www.pewresearch.org/politics/wp – content/uploads/sites/4/2020/08/PP_ 2020.08.06_ COVID – 19 – Restrictions_ FINAL – 1.pdf.

② Anne Joseph O'Connell, “Trump's staffing record in the first 100 days was slow, but not catastrophic,” May 1, 2017, https://www.brookings.edu/research/trumps – staffing – record – in – the – first – 100 – days – was – slow – but – not – catastrophic.

③ Kylie Atwood, “State Department feels the pain of vacancies”, http://www.cbsnews.com/news/state – department – feels – the – pain – of – vacancies/.

个，小布什为33个。[①] 综合而言，正如（图2-4）所示，特朗普在执政首年需要参议院确认的官员到位数明显落后于其前任奥巴马、小布什和克林顿。

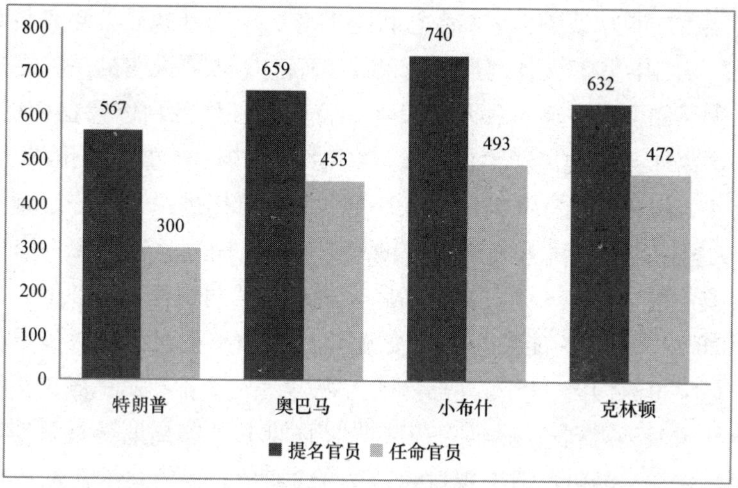

图2-4　近四任美国总统执政第一年需参议院确认的提名官员和任命官员数量

资料来源：Anne Joseph O'Connell, "After one year in office, Trump's behind on staffing but making steady progress," *Brookings Report*, January 23, 2018, https://www.brookings.edu/research/after-one-year-in-office-trumps-behind-on-staffing-but-making-steady-progress/。

二是从联邦政府重要官员的流动情况看，相比小布什和奥巴马，特朗普任内的稳定性下降，对政策连贯性造成冲击。特朗普任内，包括对外决策在内的白宫幕僚团队流动性大、稳定度低。特朗普强调竞争性和忠诚度的管理风格导致重要决策幕僚如走马灯般更换。根据美国布鲁金斯学会高

① Aaron Gregg, "Capital Business Contractors see delays as Pentagon's high-level jobs go unfilled", https://www.washingtonpost.com/business/capitalbusiness/trump-says-the-military-will-be-the-strongest-ever-but-most-of-the-pentagons-high-level-jobs-havent-been-filled/2017/08/20/55257f0a-81e1-11e7-902a-2a9f2d808496_story.html?utm_term=.d38313a193eb.

级研究员凯瑟琳·滕帕斯的研究，特朗普执政首年，政府决策“A队”（A－Team）（除内阁部长以外的白宫高级幕僚，如国家安全委员会幕僚以及其他委员会高级别官员）的离职率达到34%，第二年达到31%，截止到2020年9月的离职率总和更是高达91%，而奥巴马执政首年官员离职率仅为9%，第二年为15%，离职率总和是71%；小布什执政首年官员离职率为6%，第二年为27%，离职率总和是63%。[①] 必须说明的是，在这一统计中，如果相同岗位连续数人离职（如特朗普任内的白宫通信主任），只有第一次离任会影响离职率的计算。特朗普任内一些重要岗位屡易其主，如已有4人担任过白宫办公厅主任一职，5人担任过白宫办公厅副主任一职，4人担任过总统国家安全事务助理，7人担任过总统国家安全事务副助理（其中维多利亚·科茨曾与马修·波廷杰共同担任这一职务，之后科茨于2020年2月成为能源部长高级顾问），3人担任过国内政策委员会主任等。如果再将内阁一些涉外部门纳入视野，人员流动同样频繁。国务卿从雷克斯·蒂勒森到迈克尔·蓬佩奥，国防部长从詹姆斯·马蒂斯到代理防长帕特里克·沙纳汉再到现在的马克·埃斯珀，蒂勒森还成为1945年之后唯一一位被解雇的国务卿。此外，离职的副部级以及司局级官员更是不胜枚举。

三是从联邦政府尤其是白宫的决策效率看，从小布什到特朗普，白宫的决策机制没有本质变化，但如果挑选美国国家安全委员会这一顶层协调机制加以考察，白宫的决策协调能力有所起伏。小布什任内，国安会未能发挥好应对危机的作用。比如在“9·11”恐怖袭击发生后的1个月内，小布什一度对于国安会决策机制十分倚重。在此期间，小布什召开了24次国安会会议。这些会议都不是走过场，而是深入探讨了美国面临的安全挑战。比如在9月12日的会议上，关于未来是否要军事干预伊拉克，各方进行了激烈的政策辩论。然而，在小布什正式决定对伊拉克动武之前，基本上没有经过任何正式的国安会决策流程。早在2001年11月，小布什就指示拉姆斯菲尔德准备对伊拉克开战的计划，但从未明确表态要真正付诸行

① Dunn Tenpas, “Tracking turnover in the Trump administration,” September 2020, https://www.brookings.edu/research/tracking－turnover－in－the－trump－administration/.

动。更遗憾的是，在如此重大的决策过程中，国安会机制和一些重要内阁官员几乎毫无参与，国务卿鲍威尔就是其中之一。①

奥巴马任内，国安会仍能发挥协调决策的关键作用，在历次重要决策中不可或缺，但最大特点或者最为遭人诟病的问题是过度依赖“小圈子”成员。同时，国安会会议形式大于内容，各部门在国安会配置的人员级别不够，无法推动政策落地，这成为奥巴马任内决策体系的主要问题。奥巴马依赖“小圈子”和国安会源自其个人理念、政治境遇和对外决策特点，即牢牢把握决策主导权。与肯尼迪、克林顿和两位布什相比，奥巴马政治根基较浅，在政界缺乏有力拥趸，因此需要忠于自己的“小圈子”。由于“小圈子”对奥巴马知根知底，属于“志同道合”的一批人，难以提出与奥巴马思想截然不同的突破性建议。

特朗普任内，国安会这一白宫决策“中枢神经”的作用相较以往大打折扣，陷入了成立70余年以来的“老年危机”。机制调整方面，白宫对外政策最高协调机制国安会并没有做到与时俱进，是导致特朗普任内美国对外决策遭到诟病的根本原因。相比前几任总统，政治素人出身、缺乏外交战略操盘手的特朗普显然更不具备根据国际形势发展调整国安会机制安排的意愿和能力。组织形式方面，特朗普易受非正式决策流程左右，削弱了正式政策协调机制应当发挥的作用。2019年9月，在秘密筹划与塔利班及阿富汗政府的戴维营秘密会晤前，特朗普直接绕过国安会正式决策机制，只邀请国务卿蓬佩奥、总统国家安全事务助理博尔顿等极少数幕僚参与前期商讨，最终导致对阿富汗政策出炉后遭到外界广泛批评。幕僚关系方面，奥布莱接任博尔顿后，美国对外决策的权力进一步向蓬佩奥集中，缺乏充分讨论与协调的政策也将更加极端。在袭杀苏莱曼尼的决策过程中，“小圈子”再次取代国安会正式决策流程，只有奥布莱恩、副总统彭斯、国务卿蓬佩奥、国防部长埃斯珀、参谋长联席会议主席马克·米利参与决策，这种“小圈子”模式让决策团队陷入集体迷思，难以吸取圈外人的

① Bob Woodward, “Plan of Attack,” New York: Simon & Schuster, 2004, pp. 269 – 274.

建议。①

4. **政府支出保持较快增长**

美国政府支出的变化能在一定程度上体现政府的财力，对政府政策的执行能力产生影响。从总量上看，美国联邦政府支出在20世纪80年代中期首次达到1.5万亿美元，然后在1991年的经济衰退年突破2万亿美元。20世纪90年代，美国的消费增长开始趋于平稳，1999年支出达到3万亿美元。但在21世纪头10年，随着对“9·11”事件的反应，政府开支开始增加，2004年达到4万亿美元，2008年达到5万亿美元。然后，2008年金融危机后，政府支出在2010年猛增至6万亿美元左右。此后，政府开支经历了一段较为平稳的增长期，从2011年的6.15万亿美元增长至2019年的7.67万亿美元。

从占GDP的比例看，近年来美国联邦政府支出一直保持稳定。在1985年，联邦政府开支占GDP的35%，此后该比例一直在下降。直到1990—1991年的经济衰退，该比例上升到37%以上。然后，在20世纪90年代的剩余时间里，政府开支占GDP的比例持续下降，到2000年下降到32.8%。但在2000—2001年的经济衰退和“9·11”事件后国防开支增加的影响下，2000—2001年的政府开支增加到了GDP的35%。在2008年的危机中，政府开支急剧增加，以救助银行和为经济提供“刺激”。2009年，政府开支占GDP的比重达到42.4%，但此后逐步下降，目前稳定在GDP的36%左右。②

二、经济制度保持稳定

该项下的指标数据主要来源于美国智库传统基金会“经济自由度指数”（Economic Freedom Index）、国际商会（International Chamber of Com-

① 孙成昊：《谁在左右特朗普政府的对外决策流程》，《世界知识》2020年第16期，第42—44页。

② “US Government Spending in Recent Decades,” September 28, 2020, https://www.usgovernmentspending.com/recent_spending.

merce）的“开放市场指数”（Open Market Index）、经济合作与发展组织（OECD）的“外资限制指数”（FDI Restrictiveness Index）等。其中，第一项指数较为全面，后两个指数作为补充，以考察美国的经济制度是否能够有效转化其经济实力。

1. 经济自由程度

该指数主要参考了传统基金会的“经济自由度指数”。[①] 该指数从1995年开始每年发布，覆盖面较为广泛，主要通过评估影响国家经济自由的四大政策领域（法治、政府规模、监管效率、市场开放）及其下属的12项指标（财产权、司法效能、政府诚信、租税负担、政府支出、财政健全、经商自由、劳动自由、货币自由、贸易自由、投资自由及金融自由）。该指数所使用的数据参考了世界银行、世界经济论坛、美联储、国际货币基金组织、经济合作与发展组织等相关报告。“经济自由度指数”满分为100分，并且根据分数高低划分了五档：80分以上是“自由”，70—80分为“近乎自由”，60—70分为“基本自由”，50—60分为“近乎不自由”，50分以下是“受压制”。2000年以来，美国的经济自由度较为稳定，略有上升后有所下降，多数时间处于“基本自由”一档，2000年为76.4分，2006年突破80分达到81.2分，2010年又跌破80分变为78.8分，之后长期徘徊于“近乎自由”一档，分别为2016年75.4分、2017年75.1分、2018年75.7分、2019年76.8分、2020年76.6分。

但在一些具体项目的指数上，美国的表现有所不同。在“商业自由度”这一项上，美国的得分自2000年以来就一直处于80分以上的“自由”档，2006年达到93.2分的最高点，随后基本呈下降态势，2016年为84.7分、2017年为84.4分、2018年为82.7分、2019年为83.8分、2020年为83.3分。在“货币自由度”这一项上，美国自2000年以来明显下降，从2000—2009年一直在80分以上的“自由”一档，但在2010年开始就基本处于80分以下的“近乎自由”一档，只在2017年达到80.1分，2018年又降至78.6分，2019年为76.6分、2020年为75.5分。在“贸易

① “2020 Index of Economic Freedom,” *Heritage*, https：//www.heritage.org/index/ranking.

自由度”这一项上，美国自2000年以来呈现一段时间的上升并保持稳定，从2000年的78.4分上升至2007年的86.6分，并保持了10余年的稳定，2019年的分数为86.6分，但在2020年下降为79.8分，跌入“近乎自由”一档。在“投资自由度”这一项上，美国基本稳定在“近乎自由”和“自由”两个档位，自2000年至2006年的分数均为70分，2007年至2009年上升至80分，此后又回落至70分至80分，2017年升至80分，2018年至2020年均为85分。在“金融自由度”这一项上，美国2000年后的表现基本呈现“U”字型，2001年至2006年均为90分的高分，2007年之后从90分滑落至80分，2010年至2017年继续下跌至70分，2018年开始出现反弹至80分，直到2020年都维持在这一分数。在“劳工自由度”这一项上只有2005年起的统计数字，美国一直处于80分以上的高分，最高分为2015年接近满分的98.5分，但在此后有所下降，2016年91.4分，2017年为91分，2018年为91.4分，2019年为89.4分，2020年为87.9分。

2. 市场开放程度

这一点主要参考国际商会的“开放市场指数”，该机构自2011年起每两年发布《国际商会开放市场指数报告》（ICC Open Markets Index），主要衡量世界75个国家和地区的经济和贸易开放程度。与其他研究不同的是，这一指数聚焦经济体是否放松对经济开放的限制，尤其是涉及壁垒和市场准入的政府政策，因此，该指数主要衡量两点：一是有没有限制私营商业的行为；二是有没有边境背后的措施（如补贴）。这一指数本身主要包含四大组成部分：观察到的贸易开放性、贸易政策、对资本流动的开放性以及促进贸易的基础设施。研究所关注的对象涵盖了具有代表性的发达国家和发展中国家，包括所有的G20成员、亚洲的6个新兴工业国家以及所有的欧盟国家等。2011年公布的报告对各国进行了打分排序和分档，第一档为最开放水平（5—6分），第二档为超越平均线的开放水平（4—4.99分），第三档为平均开放水平（3—3.99分），第四档为平均开放水平以下（2—2.99分），第五档为开放水平最弱（1—1.99分）。美国在2011年的分数为3.6分，落入平均开放水平的第三档，在所有国家中排第39名。在这一档中共有28个国家，包括英国、法国、西班牙、意大利等多数欧盟国家，还有加拿大、澳大利亚、日本等发达国家。具体而言，美国的贸易政策一项得分较高为 4.8 分，排第 7 名；促进贸易的基础设施一项得分为 4.9 分，排第 13 名。[①] 此后，美国在 2013 年的分数为 3.7 分，在所有国家中排第 38 名；[②] 2015 年的分数为 3.7 分，在所有国家中排第 42 名；[③] 2017 年的分数为 3.6 分，在所有国家中排第 40 名。[④] 由此可见，美国在市场开放程度上的表现较为稳定，总体处于全球平均开放水平这一档，排位也一直在全球 40 名左右。

3. 外资自由程度

这一点主要参考经济合作与发展组织发布的“外资限制指数”（FDI Restrictiveness Index）。该指数是衡量一国对外直接投资的政策法规限制程度，主要参考了四方面的限制因素：外资限制、歧视性审查和批准机制、针对关键外方人员的限制、运作方面的限制。该指数将外资限制的分数定位 0—1，0 代表“开放”，1 代表“封闭”，因此数值越小就意味着对外资的限制越少。从该数值看，美国在 2003 年时为 0.089，当时各国均值为 0.098，表明美国对外资的限制程度是低于平均值的。虽然美国 2003—2019 年期间均保持在 0.089，但各国平均值在 2006 年降至 0.082，2010 年降至 0.066，2011 年降至 0.065，2013 年及之后降至 0.064。[⑤] 这意味着在 2006 年之后，美国对外资的限制程度已经超过了各国的平均水平。

---

① International Chamber of Commerce, “Open Markets Index 2011,” https://iccwbo.org/content/uploads/sites/3/2016/11/2011-Open-Markets-Index-OMI.pdf.

② International Chamber of Commerce, “Open Markets Index 2013,” https://iccwbo.org/content/uploads/sites/3/2016/11/2013-Open-Markets-Index-OMI.pdf.

③ International Chamber of Commerce, “Open Markets Index 2015,” https://iccwbo.org/content/uploads/sites/3/2017/01/ICCs-OPEN-MARKETS-INDEX-3RD-EDITION-2015.pdf.

④ International Chamber of Commerce, “Open Markets Index 2017,” https://iccwbo.org/content/uploads/sites/3/2017/07/2017-ICC-OMI-OPEN-MARKETS-INDEX.pdf.

⑤ OECD, “FDI restrictiveness,” https://data.oecd.org/fdi/fdi-restrictiveness.htm#:~:text=FDI%20restrictiveness%20is%20an%20OECD, foreign%20personnel%20and%20operational%20restrictions.

三、社会矛盾渐趋激化

2000年以来，美国的社会形势每况愈下，主要体现在贫富差距不断拉大，包括不同收入群体或不同地区、代与代之间的矛盾与分歧集中爆发，为政治极化、两党恶斗、族裔冲突、社会撕裂等乱象的孕育提供了绝佳土壤。同时，贫富分化加大了族裔矛盾，在枪支暴力等具体问题久拖不决的情况下，社会矛盾在奥巴马执政以来集中爆发，在特朗普任内又达到新的高潮，美国的社会制度在缓和矛盾、凝聚人心上越发显得吃力。

1. 贫富差距

在当今美国社会的诸多问题中，贫富分化尤显突出，经济“不平等”甚至在某种程度上定义了2020年的美国总统大选。在新冠肺炎疫情和“弗洛伊德之死”的双重冲击下，贫富分化的结构性矛盾再次凸显，贫富差距所导致的医疗资源分配不公以及种族矛盾所导致的贫富阶级分化，都成为美国社会积重难返的深层问题。从各个角度看，美国都出现富人越富、穷人越穷的现象。根据皮尤研究中心的数据显示，2018年全美收入前⅕的家庭占据了美国家庭总收入的52%，超过剩余所有家庭收入的总和；在1968年，全美收入前⅕的家庭所占总收入的比例则为43%，因此这个比例在数10年间不断上升。根据经济合作与发展组织的数据显示，美国的贫富差距是所有七国集团中最突出的，在2017年，美国的基尼系数为0.434，而其他六国都比美国更低。

更能体现这一情况的是美国出现了中产阶级整体缩水的历史性变化。40多年来，美国一直是中产阶级发挥中流砥柱作用的“橄榄型社会”。但根据皮尤研究中心的一份研究报告显示，这一结构在2015年初跨过了“临界点”，属于中产阶级的人数约为1.208亿，而在之上或之下的人数总和已经达到1.213亿左右。也就是说，这颗“橄榄”已经变形，正朝着“水桶”甚至“小蛮腰”的方向奔去。客观地讲，这种变化并不意味着美国经济没有发展。不过值得注意的是，中产阶级萎缩，上下两头扩展，但上端的扩充大于下端，收入从中产阶级大量转向更上一层的人群，推动了

“富人越富、中产缩水、穷人更穷”的现象。

再进一步分析，美国在三个具体维度上的贫富差距极为凸显：一是地域上的贫富差距明显。美国大部分经济相对困难的人口集中在东北部和中西部。根据“经济创新集团”的报告，经济较为困难的人群只集中在美国80个城市，其中“锈带地区”的城市正承受人口、工作岗位、商业机会的多重流失。相反，美国多数繁荣城市集中在加利福尼亚州、得克萨斯州等地的一些科技中心和新兴城市。此外，地区之间的贫富差距或繁荣水平同样呈现差距拉大的情况。二是代际间的贫富差距不容忽视。尽管自20世纪70年代以来，美国中产阶级的发展就已陷入停滞，但有一个现象始终存在，那就是下一代的生活水平总能超越上一代。不过从收入上看，大致从2009年开始，也就是金融危机之后的奥巴马政府伊始，这一趋势开始发生翻天覆地的变化。现在，教育水平更高的年轻一代，其经济状况甚至不如自己的父辈，产生了“一代不如一代”的沮丧和不满之情。三是族裔间的贫富差距越拉越大。白人和非洲裔的家庭收入中位数差距从1970年的2.38万美元扩大到2018年的3.3万美元。①

美国贫富分化的根源仍然在于资本主义制度下的经济模式和社会政策。资本主导下的经济增长必然造成依靠资本收入和依靠劳动收入的美国人财富差距日益扩大。由于资本占有者处于支配地位，劳动者处于被支配地位，最终导致贫富分化的出现。同时，美国政府推行的新自由主义政策进一步加剧了贫富分化的程度，一味吹捧“市场万能论”忽略了政府在二次分配中应有的作用，其纠正市场分配失灵的能力相比欧洲等西方国家更为薄弱。此外，美国大选政治沦为金钱政治的现实让美国政客不再费尽心思为普通民众服务，而是心甘情愿成为资本的奴隶。2016年美国大选花费66亿美元，使得当年的大选成为美国历史上最烧钱的一次总统选举。天价竞选资金的背后是各个利益集团、企业财团试图通过政治捐款和献金影响大选结果，推选自己心仪的候选人。候选人成功执政后也会投桃报李，通

① Pew Research Center, “6 facts about economic inequality in the U. S. ,” February 7, 2020, https://www.pewresearch.org/fact-tank/2020/02/07/6-facts-about-economic-inequality-in-the-u-s/.

过出台利于相关利益集团或者行业的立法及政策回馈金主。因此，无论是谁当选美国总统，其服务的对象都绝非劳苦大众，而是已经处于美国社会金字塔顶端的精英与富人。政治选举的资金门槛也让居于底层的民众难以获得攀爬权力阶梯改变现状的机会，贫富差距、阶层分化在这样的体制下得到固化。

2. 族裔冲突

美国的暴力犯罪案件一直以来都层出不穷，对此联邦调查局专门统计了所谓的“仇恨犯罪”（hate crime），并对“仇恨犯罪”的原因进行了分类，包括基于族裔、宗教、性别的各类犯罪。根据这一数据统计显示，2001 年共有 11451 项“仇恨犯罪”案件，受害者为 12020 人。其中基于族裔歧视的受害者占比为46. 2%，达到5545 人。[①] 2005 年共有 12417 项“仇恨犯罪”案件，受害者为 8804 人，其中基于族裔歧视的受害者占比为 55. 7%，达到 4895 人；[②] 2010 年共有 6628 项“仇恨犯罪”案件，受害者为 8208 人，其中基于族裔歧视的受害者占比为 47. 3%，达到 3949 人；[③] 2015 年共有 5850 项“仇恨犯罪”案件，受害者为 7173 人，其中基于族裔歧视的受害者占比为 56. 9%，达到 4216 人；[④] 2018 年共有 7120 项“仇恨犯罪”案件，受害者为 8819 人，其中基于族裔歧视的受害者占比为 57. 5%，达到 5155 人。[⑤] 从这组数据可以看出，美国的仇恨犯罪从 2001 年至 2018 年经历了从下降到再上升的趋势，尤其是特朗普任内的 2018 年，出于族裔原因而遭受仇恨犯罪的人数占比上升，从一个侧面证明美国的族裔矛盾与冲突正日益恶化而不是缓和。

从各个层面看，美国族裔问题和因此产生的暴力冲突都将长期难解。从人口结构的长期趋势看，白人危机感愈发严重，对少数族裔的警惕和打

① FBI, “Hate Crime 2001,” https：//ucr. fbi. gov/hate – crime/2001.

② FBI, “Hate Crime 2005,” https：//ucr. fbi. gov/hate – crime/2005.

③ FBI, “Hate Crime 2010,” https：//ucr. fbi. gov/hate – crime/2010/narratives/hate – crime – 2010 – incidents – and – offenses.

④ FBI, “Hate Crime 2015,” https：//ucr. fbi. gov/hate – crime/2015/topic – pages/incidentsandoffenses_ final.

⑤ FBI, “Hate Crime 2018,” https：//ucr. fbi. gov/hate – crime/2018/topic – pages/incidents – and – offenses.

压只会愈发激化。有研究显示，白人到2050年可能失去美国“多数族裔”的地位，而在特朗普代表白人利益的政策指引下，这种对美国人“身份”的迷茫与危机进一步放大，加剧族裔冲突的烈度。从经济方面看，美国社会贫富差距进一步扩大，尤其是白人在工作岗位遭到其他族裔挤压后，产生一种“被剥夺感”，导致对奥巴马国内政策的不满在特朗普执政期间集中爆发，不少白人甚至把特朗普的“美国优先”政策解读为“白人优先”。在2020年大选中，特朗普迎合白人“铁杆”选民的言行进一步加深这批选民的种族主义优越感。

2020年新冠肺炎疫情和大选选情的双重影响下，美国的贫富差距问题更突出，社会政策的差异性结果更明显，不同族裔获得的医疗资源更不均衡，这种直接与生命安全挂钩的族裔差异只会把美国民众推向更加对立的状态。非洲裔美国人有更多与新冠病毒病死率相关的潜在疾病，比如心脏病、糖尿病、哮喘、肥胖症等，然而这并不是其面对病毒更脆弱的本质原因，最根本的还是非洲裔美国人的生活条件相比其他族裔仍较为落后。比如，数10年的种族隔离、歧视性住房政策使许多非洲裔美国人生活在人口密度更高的地区，在那里保持社交距离更困难，空气污染也更严重，导致这些人更容易患上哮喘和其他疾病。一些非洲裔美国人接受教育的程度往往也不如白人等其他族裔，面对疫情时更难接受必要防疫信息，陷入经济困境时也较难靠自身技能脱困。

3. 枪支暴力

美国已经成为枪支暴力的严重受害国之一。从数据上看，美国在2018年平均每天有109人死于枪支暴力，2014年至2018年间平均每天有103人死于枪支暴力。[①] 这些人既包括美国奥兰多枪击案、圣贝纳迪诺枪击案、拉斯维加斯枪击案等造成数10人死亡的惨剧，也包括在全美更常见的造成单人死亡的枪击案。从死亡人数（不含自杀或被击毙的枪手）看，最严重的是2017年10月1日拉斯维加斯枪击案，共有58人遇难；其次是2016

① The Educational Fund to Stop Gun Violence, “Gun Violence in America 2018 Data Brief,” January 2020, https://web.archive.org/web/20200216042531/http://efsgv.org/wp-content/uploads/2020/01/Gun-Violence-in-America-2018-Data-Brief_January-2020.pdf.

年4月16日在弗吉尼亚州奥兰多夜店的枪击案，共有49人遇难。不难看出，近几年美国大型枪击案的例子比较突出，对社会的负面影响极大，对社会民众的冲击极强。总体数据可参见表2-4。

表2-4 美国枪击死亡人数（2009—2018年）

年份	谋杀	自杀	非故意杀害	执法干预致死	意图不明	总死亡人数
2009	11493	18735	554	333	232	31347
2010	11078	19392	606	344	252	31672
2011	11068	19990	591	454	248	32351
2012	11622	20666	548	471	256	33563
2013	11208	21175	505	467	281	33636
2014	11008	21386	461	464	275	33594
2015	12979	22018	489	484	282	36252
2016	14415	22938	495	510	300	38658
2017	14542	23854	486	553	338	39773
2018	13958	24432	458	539	353	39740

资料来源："The Educational Fund to Stop Gun Violence," "Gun Violence in America 2018 Data Brief," January 2020, https://web.archive.org/web/20200216042531/http://efsgv.org/wp-content/uploads/2020/01/Gun-Violence-in-America-2018-Data-Brief_January-2020.pdf。

从上述数据不难看出，无论出于何种原因，全美因为枪支而死亡的人数多年来一直呈现总体上升趋势。控枪在美国步履维艰有其深刻的历史原因，但也折射出美国自身社会和政治制度的缺陷与弊病。控枪的正反两派往往会把辩论引向对宪法第二条修正案内容的理解，即"纪律优良的民兵部队对自由州的安全是必要的，因此，人民持有并携带武器的权利不可受侵害"这句话。反控枪的人强调，拥有枪支是每个人在宪法中被赋予的权利，而支持控枪的人则认为宪法修正案的原文意指人民通过民兵部队所具有的集体权力。在实践层面，持有枪支的人认为，个人拥有武器实际上赋予民众自卫和遏阻罪犯的能力。

美国政治中长年累月形成的“金钱政治”“游说体制”进一步阻遏了控枪的前进步伐。在控枪问题上，除美国社会缺乏共识外，还必须归咎于以美国全国步枪协会为代表的利益集团。在该协会带领下，持枪权利的拥护者形成强大的游说力量，为政客尤其是国会议员划出了一道需要足够勇气才能跨越的“红线”。与此同时，美国政治的两党制“互相牵制”让控枪问题成为双方激烈争斗的工具。由于两党分裂日益严重，政治极化不断加深，控枪成为体现党派分歧的核心议题之一。共和党上下几乎一致反对特别严格的控枪政策，在进入大选季、两党对立并把持国会两院的情况下，民主党议员或总统即使想有所作为推动控枪政策，也难施拳脚。

四、创新体制有所退化

美国的创新机制与体制在二战后长期保持优势，但在21世纪以来遭遇挑战。随着第二次世界大战和随后冷战期间所面临的苏联挑战，美国联邦政府构建了一套新的创新体系。二战期间，美国在武器和研发方面的巨额支出使其在航空航天、电子、机床等一系列先进产业中成为全球领导者，对苏联威胁的回应如在人造卫星上的努力帮助巩固了美国的科技领先地位。到20世纪60年代初，美国联邦政府在研发上的投资超过了其他所有外国政府和企业的总和。联邦政府对研究的资助帮助推动创新，让美国在软件、硬件、航空和生物技术等众多行业处于领先地位。这笔资金也促进了一系列关键技术的发展，包括喷气式飞机、互联网、GPS、LED照明、微波、雷达、联网计算机、无线通信等。[①] 冷战结束后，随着硅谷崛起以及互联网革命和苹果、思科、IBM、英特尔、微软和甲骨文等公司的发展，美国占住了科技创新的前沿位置。此后，虽然美国的大部分工业都在蓬勃发展，但美国的工业竞争力却没有。21世纪头10年，美国失去了超过⅓

① Alfred Chandler, “The Visible Hand,” Cambridge, MA: Harvard University Press, 1977, p. 38.

的制造业工作，其中大部分是因为国际竞争力下降，而不是优越的生产率。[①]

就美国的创新机制体制而言，美国信息技术与创新基金会主席罗伯特·阿特金森认为可以用三个要素去评估，包括商业环境、监管环境和创新政策环境。[②]

第一，商业环境，包括市场及公司结构与表现、商业融资体系以及相关的社会与文化因素。在市场及公司结构与表现之下又分为若干指标，如在管理人才方面，美国是世界领导者，这个因素在解释过去美国在创新方面的领导地位有一定作用。商业融资方面，美国的公司可以获得各种各样的融资来源，多数由私营部门提供。许多创新型初创企业都能通过首次公开募股募集资金。2019 年，企业通过首次公开募股融资约 390 亿美元，低于 20 世纪 90 年代末的繁荣期，但总体上高于 10 年前。[③]

第二，监管环境。在企业监管体系方面，在世界银行 2020 年发布的"创业便利度指数"中，美国排第 6 名，落后于丹麦、韩国、新西兰和新加坡等国，而美国在 2004 年曾排第 1 名。[④] 美国对创新的监管在 21 世纪初之后不断加码，直到 2016 年特朗普执政后才有所调整，把减少监管作为施政重点。然而，在农业生物技术、人工智能、隐私和其他领域，加强监管的压力继续增长。此外，多数监管机构的预算已被削减或限制，使得它们既难以实现技术和流程现代化，也难以扩大员工，更难迅速对寻求监管批准的公司做出回应。

第三，创新政策环境。创新政策是指专门为刺激技术创新而制定的政

① Robert D. Atkinson et al.,"Worse Than the Great Depression: What Experts are Missing About American Manufacturing Decline," March 2012, http://www2.itif.org/2012-american-manufacturing-decline.pdf.

② Robert D. Atkinson,"Understanding the U.S. National Innovation System, 2020," November 2, 2020, https://itif.org/publications/2020/11/02/understanding-us-national-innovation-system-2020.

③ Jay R. Ritter, "Initial Public Offerings: Updated Statistics," October 6, 2020, Warrington College of Business, University of Florida, https://site.warrington.ufl.edu/ritter/files/IPOs2019 Statistics.pdf.

④ The World Bank, "Ease of Doing Business rankings," https://www.doingbusiness.org/en/rankings.

策，与其他影响创新整体环境的政策不同。总的来说，美国的创新政策不如许多其他国家复杂多变，也不那么深思熟虑。在科研方面，美国支持科研的体系基于两个：一是主要向联邦实验室提供以任务为导向的研究支持；二是通过大学资金支持以兴趣为导向的基础研究。美国联邦政府在2018年为研发活动提供了大约1290亿美元的资金。① 美国联邦政府为80—100个政府研究实验室体系提供资金（有些是政府经营，有些是私人承包商经营），最大的实验室由国防部、能源部和卫生部资助。与许多国家相比，美国拥有更为成熟的产学研合作体系，诸如麻省理工学院、加州理工学院和斯坦福大学都参与其中。在技能培训方面，很大程度上这被视为私营部门的责任，因此，美国目前还没有针对雇主技能培训的国家体系。过去10年，私营部门在技能培训方面的投资占GDP的比重下降了约⅓。②

从综合数据评估上看，创新体制上的评价主要参考美国彭博社发布的全球最具创新能力经济体排行榜，该排行在2013年开始发布，是基于世界银行、国际货币基金组织、世界知识产权组织等公布的数据，彭博社经济学家根据经济体的制度质量、IT基础设施、商业景气度和人力资本等指标进行打分，每项最高分为3分、最低分为负3分。在2013年指数刚发布时，美国名列创新指数第一，但之后的名次不断下滑，2018年甚至跌出前10名，成为第11名，2019年回升至第8名，2020年的名次为第9名，但美国依然在高科技聚集程度和专利活跃度上位居世界前茅。③ 可见，美国的创新制度依然在全球保持领先地位，但相对优势有所弱化。

① Christopher Pece, "Federal R&D Obligations Increase 8.8% in FY 2018; Preliminary FY 2019 R&D Obligations Increase 9.3% Over FY 2018," National Science Foundation, January 2020, https://www.nsf.gov/statistics/2020/nsf20308/.

② Robert D. Atkinson, "Understanding the U.S. National Innovation System, 2020," November 2, 2020, https://itif.org/publications/2020/11/02/understanding-us-national-innovation-system-2020.

③ Michelle Jamrisko, "These Are the World's Most Innovative Countries," January 22, 2019, https://www.bloombergquint.com/global-economics/germany-nearly-catches-korea-as-innovation-champ-u-s-rebounds.

五、外部挑战有所增加

美国2000年后所面临的外部环境和安全挑战经历了一系列变化，可以通过考察美国历届政府出炉的《国家安全战略》报告加以分析。在小布什任内，美国对外部形势的判断和评估都很好地体现在其2002年和2006年发布的两份《国家安全战略》报告之中。2002年的报告是在“9·11”事件后发布的首份国安战略报告，从中可以明显感受到小布什对安全形势和任务的判断与竞选期间有所不同。一方面，美国仍然对自身实力和所处的国际地位充满自信，认为自由的力量已经取得了20世纪的胜利，只有选择“美国模式”才能在21世纪胜出，美国正拥有无可匹敌的军事实力以及强大的经济、政治影响力。2002年的《国家安全战略》报告开宗明义地阐释认为，20世纪大部分时间里，世界都被“理念之争”所分裂，但这一争斗已结束，美国现在更多受到“失败国家”威胁。换言之，美国的主要威胁不再是传统的坚船利炮，而是拥有灾难性科技的少数“抱怨之人”。对此，美国提出了对外战略的三大目标，即推动政治和经济自由、与其他国家保持和平关系、尊重人类尊严。为实现这些目标，小布什政府还提出了一些具体手段，包括鼓励更多人追求尊严、强化同盟体系以击败恐怖主义并防止恐怖袭击、与他国合作缓和地区冲突、防止敌人用大规模杀伤性武器相威胁、通过自由市场和自由贸易开启全球经济增长的新时代、推动社会开放和民主以谋求发展、与其他全球力量中心合作、促进美国国家安全机制转型以适应21世纪挑战与机遇。小布什进入第二任期后，基于对外部安全威胁的评估，美国政府继续结合军事力量与威尔逊式的理想主义企图强行推广“自由与民主”。2006年《国家安全战略》报告的第一句话就是继续渲染美国所面临的安全威胁、为美国民众敲响警钟：美国正处于战争，这是一份美国面对巨大挑战时所制定的国家安全战略。“9·11”事件后，美国面临恐怖主义的崛起，政府的职责就是保护美国民众安全。紧接着，报告提出美国为和平奠定基础同样面临前所未有的机遇，因为美国拥有能够催人奋进的理念——“自由”“民主”与“人类尊严”。在此基础上，小布什第二任期的国家安全战略建立在两大支柱之上：一是“推广自由、公正和人类尊严”，以此“终结暴政，推广有效民主”，通过自由、公平贸易及发展政策促进繁荣；二是引领不断壮大的“民主共同体”应对时代挑战和威胁，包括传染病、大规模杀伤性武器扩散、恐怖主义、贩卖人口、自然灾害等。总之，美国必须竭尽全力继续在全球发挥领导作用。

奥巴马政府在2010年和2015年分别出炉《国家安全战略》报告，对国际形势的认知基调较为平衡，认为国际形势既有发展与机遇，也有威胁与挑战。美国仍然保持世界领导地位，面对纷繁复杂的全球性挑战，应当选择与各国携手合作。2010年的报告明确提出，在冷战结束后20年来，美国面临变化所带来的机遇和挑战。世界出现一些重大变化，如和平的民主国家迅速增多、核战争的阴霾被扫除、大国和平共处、国际经济不断发展、商业让各国命运相连、越来越多的个人能够决定自己的命运等。报告也列举了美国面临的挑战，包括意识形态战争让位于宗教信仰、族裔和部落身份认同之争，核危险已经扩散，经济不平等和不稳定加剧，对环境、食品安全、公共健康的威胁与日俱增等。尽管奥巴马政府没有直言美国是世界唯一的超级大国，但依然强调美国在世界上的领导地位，认为美国这一持续数10年的领导力仍将持续，因为美国拥有坚固的盟友、无可比拟的军事实力、世界最强大的经济实力、强劲有力并不断演进的民主和活力十足的公民。美国在未来也将毫无疑问地继续“支撑全球安全”。不过，奥巴马政府也认识到美国实力的有限性，提出无论国家多么强大，都“无法独自应对全球挑战”，只有与其他国家合作，才能得到更好的结果。因此，美国的对外安全战略应聚焦于“更新”美国领导地位，以更有效实现美国在21世纪的利益。美国将在国内实力的基础上塑造能够应对这一时代挑战的国际秩序，而美国认为所有国家在这一秩序中都应有特定的权力和责任。①

2015年的报告对世界形势的判断与2010年一脉相承，报告在继续强调美国领导力的同时进一步提出美国将如何发挥领导作用：一是以目标领

---

① The White House, "National Security Strategy," May 2010, https://obamawhitehouse.archives.gov/sites/default/files/rss_viewer/national_security_strategy.pdf.

导。报告明确了美国发挥领导力将以国家利益为基础，包括美国国家、民众、盟友和伙伴的安全，在开放的国际经济体系中保持强大有力的美国经济繁荣，尊重国内和世界的普世价值，建立在美国领导下的以规则为基础的国际秩序等。二是以实力领导。美国战略基础依然强劲，但不能掉以轻心，仍需不断加强使用自身资源的创新和审慎。美国应当继续增强经济基础、推动国防现代化、捍卫美国的价值观、提升国土的防卫能力、提升国家安全工作人员队伍的能力与多样性等。三是以模范领导。尤其是美国要遵守希望他国也遵守的国际规范和标准，同时国内的两党团结有助于确保更强的国际领导力。四是以有能力的伙伴领导。美国缺席，任何全球性问题都无法解决，而单凭美国能够解决的全球性问题也寥寥无几。美国要加强与其他国家、非国家行为体以及国际组织的合作。五是以美国所有的实力工具领导。只有综合所有的战略优势，美国的影响力才会变得最大，而武力绝不是唯一的工具，也不是美国在海外事务的首要工具，更不是解决挑战的最有效工具。相反，美国应当首先考虑采取有原则的和清晰的外交手段。六是以长远视角领导。其一，美国必须认识到，国家间的实力分布更具动态性。G20 的重要性日益提升证明经济实力的变化，包括亚洲、拉美、非洲等地区的崛起。随着这些地区和国家的经济实力对比变化，其国际影响力也将随之而变。这种变化为合作带来机遇和挑战，尤其是中国、印度、俄罗斯的实力变化将影响未来大国关系走向。其二，实力的转移还不只在国家层面。次国家以及非国家行为体也在塑造治理和经济机遇。其三，全球经济的互相依赖和科技变化的日新月异把个人、组织、政府以前所未有的方式连接起来。这使得新型安全网络与合作方式得以建立，拓展了国际贸易和投资，也让各方具有同样的脆弱性，面对类似气候变化、网络攻击、流行病、跨国恐怖主义和犯罪等共同威胁。其四，中东和北非地区许多国家正发生权力斗争。其五，全球能源市场发生天翻地覆的变化。①

相比奥巴马，特朗普政府在 2017 年发布的《国家安全战略》报告仍然以护持霸权的角度对美国战略环境提出了自己的看法，认为和平与发展

① The White House, “National Security Strategy,” February 2015, https://obamawhitehouse.archives.gov/sites/default/files/docs/2015_ national_ security_ strategy_ 2.pdf.

不再是国际形势的主流，“竞争”取而代之成为当前战略环境的主要现实，美国应当在“美国优先”原则的引领下调整对外战略。报告在《序言》中就提出，美国正处于“竞争性的世界”（competitive world），必须应对世界上日益加剧的政治、经济和军事竞争。中国和俄罗斯正在“挑战美国实力，试图侵蚀美国安全与繁荣”，朝鲜和伊朗“破坏地区稳定、威胁美国及其盟友”；恐怖组织、跨国犯罪集团等跨国威胁集团试图危害美国。面对这些竞争，美国必须重新思考过去12年采取的政策，即反思过去与对手接触并希望将其融入国际体系以改变对方的政策，美国认为以接触求改变的前提假设失败了。报告认为，这些美国的对手正采用宣传手段和其他方式“诋毁美国民主”，传播“反西方言论和不实信息”，导致美国自身及盟友、伙伴之间出现分裂。报告还认为美国需要确保军事优势，与其他手段一起保卫国家安全。在对国际环境做出上述判断后，报告提出了应实施“美国优先”战略应对挑战，包括四大支柱：一是保护美国民众、国土和美国的生活方式；二是促进美国繁荣；三是以实力求和平；四是提升美国影响。[①]

第四节　新世纪以来美国“国力显示”小幅下降

国力显示是国力资源经转换而生产出的国家实力，是一种狭义的综合国力衡量指标。国力显示包含两大方面：即硬实力和软实力。以下分六个二级指标，具体反映美国强制、吸引或说服其他国家的能力。通过重点观察21世纪以来美国国力显示的变化，本节试图判断美国是否衰落了、相比于谁衰落了以及趋势是什么这三个问题。

① The White House, “National Security Strategy,” December 2017, https://www.whitehouse.gov/wp-content/uploads/2017/12/NSS-Final-12-18-2017-0905.pdf.

一、美国硬实力稳中略降

硬实力是强制他国的能力，主要包括经济实力、军事实力和科技实力等指标，是一国实力的有形载体。

1. 经济实力相对小幅下降

美国经济体量全球第一，但占世界比重有所下降。2000 年，美国国内生产总值首次突破 10 万亿美元，为 10.25 万亿美元，占全球比重 31%；2019 年美国国内生产总值实现翻番，增长至 21.42 万亿美元，依旧稳坐世界霸主的宝座，但其占全球的比重却下降至 24.4%。2020 年，新冠肺炎疫情更是极大消耗了美国的元气，其国内生产总值在上半年断崖式下跌，虽在第三季度大幅上扬，但仍低于疫情前水平（参见图 2 -5）。有人或许会据此认为，21 世纪以来的前 20 年似乎是美国“失去的 20 年”，实则不然，因为相较于除中国以外的其他主要经济体，美国的优势仍在持续扩大。

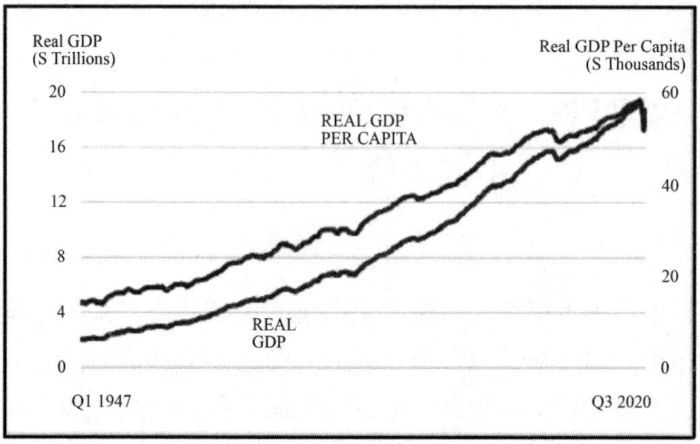

图 2 -5 美国 GDP 走势图

资料来源：“Introduction to the U. S. Economy：GDP and Economic Growth,” CRS，October 30，2020，https：//crsreports. congress. gov/product/pdf/IF/IF10408。

以中、美、俄三国比较为例。根据世界银行对 2000 年至 2018 年美国、中国和俄罗斯国内生产总值和国民总收入的计算，美国占据领先优势，但中国在几个关键指标上正在赶超美国，俄罗斯则远远落在后面。国内生产总值方面，按2010年不变的百万美元计算，采用市场汇率时，2000年至2018年国内生产总值最高的是美国，其次是中国，然后是俄罗斯，美中GDP稳步增长，而俄罗斯相对停滞；按购买力平价计算，以2011年至2018年的国际固定百万美元为基准，中国的国内生产总值最高，原因是最高的劳动力成本低廉并且工资使物价保持在较低水平，美国位居第二。[①] 国民总收入方面，2000—2018年，按2010年不变的百万美元计算，使用市场汇率时美国再一次拥有最高的国内生产和国外收入的国民产出，中国、俄罗斯分列第二和第三；使用世界银行阿特拉斯方法（Atlas）[②] 比较，美国排名第一，其次是中国，然后是俄罗斯；使用购买力平价计算，中国在国民总收入中排名第一，美国排名第二，俄罗斯排第三。[③] 三国的人均收入和财富水平方面，美国遥遥领先。按购买力平价计算，2000年美国人均国内生产总值为45661美元，2019年为65280美元，增长了近2万美元，2019年人均国民收入为56140美元；俄罗斯从2000年的6825美元上涨至29181美元，2019年人均国民收入为25036美元；中国由于人口基数大，人均国内生产总值涨幅稍小，从2000年的3690美元升至2019年的16784美元，2019年人均国民收入为16127美元。[④]

对经济实力的对比衡量还需考察其他关键因素，包括贸易量、制造业实力、外国投资、关键国际项目和关键国际基础设施发展等。美国进出口总额近年来有下降趋势，美国出口从2017年的1.46万亿美元增长到2018

① World Bank, "GDP percapita (constant 2010 US $)," https://data.worldbank.org/indicator/NY.GDP.PCAP.KD; World Bank, "GDP per capita, PPP (constant 2011 international $)," https://data.worldbank.org/indicator/NY.GDP.PCAP.PP.KD.

② 阿特拉斯方法（Atlas）方法使用多种变量将当地货币单位（LCU）转换为当前美元，以国民总收入为基础比较不同国家的经济规模。

③ World Bank, "GNI per capita (constant 2010 US $)," https://data.worldbank.org/indicator/NY.GDP.PCAP.KD; World Bank, "GNI per capita, Atlas method (current US $)," https://data.worldbank.org/indicator/NY.GNP.PCAP.CD; World Bank, "GNI per capita, PPP (constant 2011 international $)," https://data.worldbank.org/indicator/NY.GDP.PCAP.PP.KD.

④ "UN Human development Rankings," 2019, United Nations, http://hdr.undp.org/en/content/2019 - humandevelopment - index - ranking.

年的1.55万亿美元，中国出口从2016年的1.99万亿美元增长到2018年的2.49万亿美元；美国的进口总额从2016年的2.36万亿美元下降到2018年的2.21万亿美元，中国全球进口总额从2016年的1.501万亿美元增长到2018年的2.14万亿美元。[①] 全球贸易方面，世界贸易组织发布的《2020年世界贸易统计评论》显示，如果将服务和商品包括在内，美国仍是世界上最大的贸易国，集中于服务业方面；中国自2010年以来成为世界第二大贸易国，贸易额年均增长5.8%，且在商品贸易方面领先美国。[②]

以美元为基础的金融基础设施发达，金融机构竞争力强。美国拥有当今世界上最发达的金融市场，其在金融市场规模、结构、自由度、信用工具创新等方面都较其他国家更为成熟和完善，是名副其实的“全球金融霸主”。纽约清算所银行同业支付系统（CHIPS）和负责美国国内支付清算的联邦储备通信系统（Fedwire）是美国两大核心支付交易系统，前者主导跨国美元交易清算，后者主要负责国内美元结算。目前CHIPS已发展成为拥有12家会员银行，14家参加清算银行与众多的非参加清算银行组成的庞大国际清算支付网络，承担世界上95%以上的银行同业美元支付清算与90%以上的外汇交易清算。此外，运营世界级金融报文交换网络的环球银行间金融通信协会（SWIFT）尽管声称中立且总部位于比利时布鲁塞尔，但是该系统董事会成员均来自于美国的银行机构高管。目前全球绝大多数银行和其他金融机构均通过SWIFT与同业交换电文来完成金融交易。目前各国和地区均有平行于CHIPS的交易系统，如欧洲的泛欧实时全额自动清算系统（TARGET）、英国的伦敦银行自动清算支付系统（CHAPS）、中国的中国现代化支付系统（CNAPS）均可用于本币或多边货币清算，但是各国的交易系统仍严重依赖于SWIFT进行报文转换。一旦金融机构被CHIPS切断支付通道就无法进行跨境美元业务，而一旦被SWIFT切断报文转换通道，其不仅无法进行美元跨境清算，人民币、日元和欧元业务也无法

① CIA，World Factbook，https：//www. cia. gov/library/publications/the－world－factbook/，April，2020.

② World Trade Organization，“World Trade Statistical Review,” 2020，p. 15，p. 82，p. 85，https：//www. wto. org/english/res_ e/statis_ e/wts2020_ e/wts2020_ e. pdf.

进行。

金融机构方面，美国公司拥有全球性话语权且利润丰厚。国际评级机构中，标普、穆迪和四大会计事务所中的安永均为美国公司，其中标普和穆迪的全球市场占有率接近80%，分别拥有1430名和1921名分析师。而根据我国证券业协会披露信息，我国11家主要评级机构仅有1230名评级人员。根据英国《银行家》杂志发布的“2018年全球银行1000强”榜单，中国工商银行、建设银行、中国银行、农业银行虽位居前四，但四大行的海外收入占比远低于全球跨国银行。例如，美国摩根斯坦利海外收入占约10%、高盛集团更是高达39%，同期建设银行和交通银行的海外收入仅为3%和5%，招商银行海外收入占比更是低至2%。

近年来，比特币、以太坊、天秤币等数字货币的兴起进一步扩大了美元国际货币的影响力。由于美元是国际贸易、投资、储备中需求量最大的高信用等级货币，且实测数据表明美元在过去50年间通货膨胀的波动率是最低的，拥有最稳定的购买力，因此目前多数商业机构发行的数字货币实质上是在借用美元的购买力。若这些数字货币得到广泛使用，势必将挤压其他货币在国际上的流通空间。2019年6月18日，脸书正式发布天秤币Libra（后更名为Diem），锚定美元、日元、欧元和英镑等一揽子主流货币，解决了比特币波动大、难以充当一般等价物发挥交易媒介功能的困境。Diem主要面向转账、付款和汇款市场，可在脸书生态体系以及优步（Uber）、声田（Spotify）等实际应用场景中流通。伴随超主权货币Diem在全球范围的推广，美元国际货币地位或将进一步提升。

企业活力强，行业布局均衡。《财富》世界500强是世界公认的能反映一个国家经济实力的重要标准。2020年，自世界500强榜单诞生以来，美国首次在数量上退居全球第二位（参见图2－6），中国大陆（含香港）公司数量达到124家，历史上第一次超过美国121家，加上中国台湾地区企业，中国大陆共有133家公司上榜。但美国企业在盈利水平上远胜中国企业。美国公司沃尔玛连续第7年成为全球最大公司，上榜中国大陆企业124家平均利润不到36亿美元，约为美国企业（70亿美元）的一半，也低于全球500家大公司平均利润41亿美元；上榜中国大陆公司平均销售收益率为5.4%，低于美国企业的8.6%，平均净资产收益率为9.8%，低于美国企业的17%。2020年进入榜单的中国银行共有10家，这10家银行利润占全部上榜中国大陆企业利润总额的44%。相比往年占比50%以上，2020年上榜银行利润占比已经明显下降，但是比例仍然过高。而银行利润过高必然挤压非金融企业的利润。如果不计算银行所得利润，2019年中国大陆上榜的非银行企业114家平均利润只有近22亿美元。作为对比，113家美国非银行企业平均利润高达到63亿美元，接近中国大陆企业的3倍。①

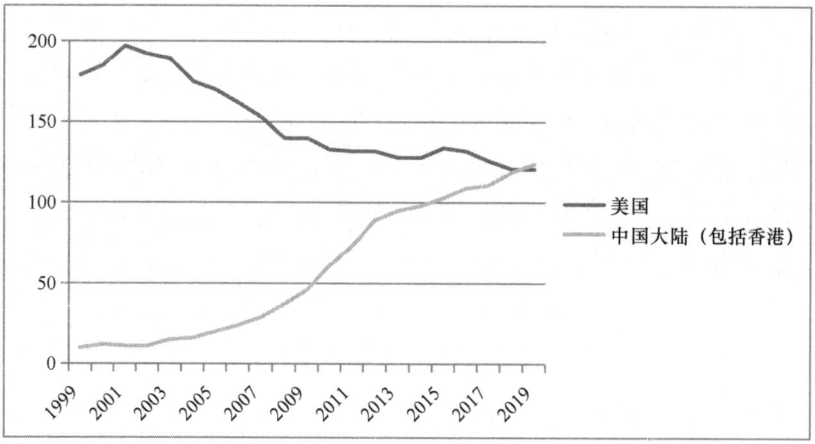

图2－6　2000—2020年《财富》世界500强中美企业上榜数量

资料来源：根据历年《财富》世界500强榜单整理。

聚焦到企业寿命层面，美国大企业平均寿命更长，约为中国大企业的5倍。中国大型企业平均寿命约为8年，中小企业平均寿命是2.9年，平均寿命约3.5年。反观美国，其大企业平均寿命约为40年，中小企业平均寿命约为8年，美国企业平均寿命12.5年，更能承受全球化市场下的优胜劣汰法则。

① 《2020年财富世界500强排行榜》，财富中文网，2020年8月10日，http：//www.fortunechina.com/fortune500/c/2020－08/10/content_372148.htm.

此外，企业活力还可从全球风险投资风向中窥探一二。风险投资是初创企业的重要融资渠道之一，风险投资的活跃程度可以侧面反映新经济的活力。风险投资可以分为三个阶段——种子期、早期与后期。根据 Pitch-Book 的统计，2016 年全球种子期风投规模中，美国达 33 亿美元、占比超过一半，排名第二和第三的欧盟（9 亿美元）和以色列（7 亿美元）与美国差距明显。美国种子轮风投投向的新兴领域中，机器人与无人机、人工智能、物联网、无人驾驶受到热捧。2016 年全球早期与后期风险投资规模中，美国达 650 亿美元，仍占一半份额，其次为中国（340 亿美元）以及欧盟（110 亿美元）。由此可见，美国是全世界新经济最具活力的国家。[①]

2. 军事实力保持领先

美国常年占据世界军力排行榜首位，其强大的军事实力和优异的军事能力主要表现在以下三方面：

战略上，布局全球。美国军事基地布局主要以本土基地为核心，以海外基地为前沿，具有点线结合的特点。目前，美国军事基地遍布全球，海外军事基地 374 个，分布在 140 多个国家和地区，驻军人数达 30 万人；本土基地 871 个，其中海军基地 242 个，空军基地 384 个。此外，美军已经建立了 11 个主要司令部在地域上和职能上做到全覆盖。其中欧洲司令部、印太司令部、中央司令部、非洲司令部、北方司令部和南方司令部等六个司令部注重地理区域，战略司令部、空间司令部、网络司令部、特种作战司令部和运输司令部五个职能司令部在六大司令部的支持下进行混合作战。[②]

军费上，开支庞大。军事力量涉及人员、装备、指挥、科技以及技术储备、动员潜力等多方面，不过一言以蔽之，军事实力一般和军费投入正相关。美国军费开支高居世界第一，且超过第二名至第九名的军费开支之和。据斯德哥尔摩国际和平研究所（SIPRI）估计，2019 年美国军费总额

① “PitchBook VC Valuations Report 2016 Annual,” https：//pitchbook. com/news/reports/2016 – annual – vc – valuations – report.

② Anthony H. Cordesman，“U. S. Competition with China and Russia：the Crisis – Driven Need to Change U. S. Strategy,” CSIS，August 2020，p. 54.

（以当前美元计算）为 7317.51 亿美元。相比之下，2000 年为 3200.86 亿美元，2010 年为 7380.05 亿美元。冷战结束后，美国的支出确实大幅下降，后来又因海湾和阿富汗战争再次上升，现在又因与中国和俄罗斯的竞争而上升。不过，专家学者在评估美国国防开支的质量和效率方面，仍存疑虑。比如，美国陆军在未来作战系统努力中的失败，美国海军的成本上升和造船延误，美国空军在 F－22 战斗机和 F－35 战斗机上的问题，海军陆战队现代化关键领域长期以来的拖延，运营、维护和承包成本以及军事保健和退伍军人项目等专业领域的主要增长，以及国防部每年都宣称它正在重组以降低成本，但随后又要求国防开支再次增加等等。

军备上，傲视各国。根据斯德哥尔摩国际和平研究所（SIPRI）对全球核力量的评估，截至 2020 年 1 月，美国处于部署状态的核弹头为 1750 件（总库存为 5800 件），分布在美国本土 11 个州和 5 个欧洲国家的 24 个地点，俄罗斯 1750 件（总库存为 6375 件）。[①] 其他战略武器装备可从 2020 年 3 月 1 日美国国务院报告的《新削减战略武器条约》所允许的美俄战略核力量的平衡情况得知：美国部署的洲际弹道导弹、潜射导弹和重型轰炸机为 655 件，俄罗斯为 485 件；美国部署的洲际弹道导弹、潜射导弹以及重型轰炸机的核弹头为 1372 件，俄罗斯为 1326 件；美国部署和未部署的洲际弹道导弹发射器、弹道导弹发射器以及重型轰炸机为 800 件，俄罗斯为 754 件。[②] 军队能力方面，美国智库对此有清晰而客观的描述：美陆军已经完全致力于为大国竞争而实现军队现代化，虽然规模不大，但战备状态方面显著增强，2020 年其战备状态已达到“极强”；美海军在 2020 年继续专注于提高战备能力，与其竞争对手之间的技术差距正在缩小，但亟须解决舰船数量无法完成过多工作量的问题；美空军在能力和规模方面都有显著提升，但存在飞行员和飞行时间不足的问题，必须增加对飞行员高质量的训练并积极采用第五代武器系统；海军陆战队正积极重新部署其作战力量，但由于设备陈旧以及资金问题，迫使其不得不优先进行战备能力的

① “SIPRI Year Book 2020，” www.sipriyearbook.org.

② “New START Treaty，” United States Department of State，https：//www.state.gov/new－start.

部署而暂时舍弃对其他方面能力的加强。①

3. 科技实力略有下降

为保持科技实力始终大幅领先他国，美国自21世纪以来不断增加研发支出，加强世界级人才的引进，鼓励商业投资和建设数字基础设施。中国迅猛发展的科技水平给美国带来不小压力，虽在部分技术领域已达到甚至超过美国，但在许多关键领域及核心技术方面，美国依旧拥有难以取代的实力和地位。

研发支出远超各国，但中国有赶超之势。2018年，美国在研发上的国内总支出为5810亿美元，是发达经济体中最高的，比2000年的3610亿美元有大幅增加。为缩小与美国的差距，其他国家已经加大了对研发的投资。以中国为例，从2000年到2017年，中国的研发支出年均增长17.3%，而同期美国的研发支出年均增长4.3%。美国研发支出占国内生产总值的百分比从2000年的2.6%上升到2018年的2.8%，与20世纪60年代大致持平。在此期间，中国在研发的支出从占国内生产总值的0.9%增加到2.2%，增长了1倍多。因此，美国在全球研发融资中的份额从2000年的37%下降到2017年的25%。② 如果目前的趋势保持不变，中国有望成为整个研发领域最大的消费国，并在未来10年内超过美国。③ 但科技实力的对比不能简单以“量”来衡量，一方面科研投入不一定必然转化为科研实力，另一方面不同技术的战略价值有巨大差异。中国目前的研发活动主要侧重于试验发展阶段，2015年占比达到84%，在基础研究和应用研究投入比例合计仅16%。而美国在基础研究和应用研究领域投入了更多资源，合计占比达到36%。基于此，部分机构评估认为，中美科技实力差

① Dakota L. Wood, ed., “2021 Index of U.S. Military Strength, the Heritage Foundation,” November 2020, https://www.heritage.org/2021-index-us-military-strength/assessment-us-military-power/conclusion-us-military-power.

② Beethika Khan, Carol Robbins, and Abigail Okrent, “The State of Science and Engineering 2020 (Alexandria, VA: National Science Foundation Science & Engineering Indicators, January 2020),” https://ncses.nsf.gov/pubs/nsb20201/global-r-d.

③ Matthew P. Goodman and Dylan Gerstel, “Sharpening America's Innovative Edge,” CSIS, October 2020, p.5, https://csis-website-prod.s3.amazonaws.com/s3fs-public/publication/201015_GoodmanGerstel_AmericasInnovativeEdge_Report%20%28002%29.pdf.

距在 2020 年实则有略微扩大之势。①

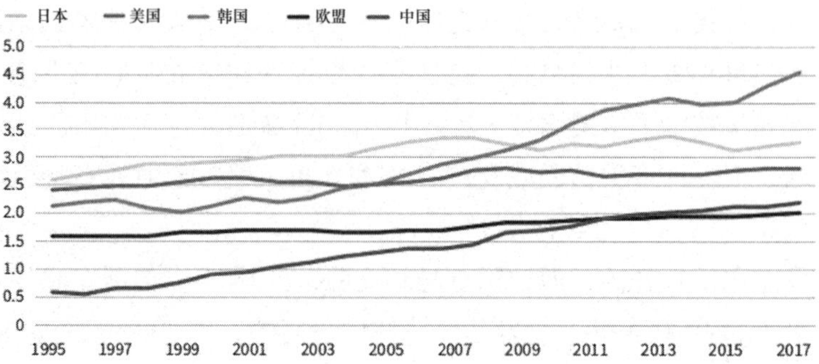

图 2 -7　各国研发支出占国内生产总值的百分比

资料来源："Main Science and Technology Indicators: Gross Domestic Expenditure on R&D," Organisation for Economic Co - operation, https://stats.oecd.org/Index.aspx? DataSetCode = MSTI_ PUB。

美国在信息技术领域的地位难以撼动。信息技术是第三次工业革命的核心能动与重要引擎，对于国家安全与军事实力至关重要，因此被认为是综合国力的重要衡量标志。站在细分领域的角度，集成电路、软件和计算机服务、通信这三类技术已成为各国竞争发展的关键高地。美国是半导体集成电路、软件互联网云计算和高端智能手机市场的绝对霸主。根据美国半导体行业协会（SIA）的统计，按照半导体企业总部所在地分类，目前美国公司占全球半导体市场份额的 46%，其次为韩国、日本，中国目前的市场份额仅为 5% 左右。半导体中集成电路占比最高，占 2016 年全球半导体销售金额的 81.6%。芯片设计领域，2016 年全球前 10 大厂商中，美国公司占据 7 席，合计市场份额达到 56%，是芯片设计领域的绝对王者。智能手机领域，美国高通是全球手机应用处理器的市场巨头，市场占有率在 2018 年高达 45%，相比之下，华为海思市场占比仅为 9%；手机基带处理器同样是一个高度垄断的市场，全球主要玩家只有高通、联发科、三星 LSI、海思、展讯和英特尔。2018 年第一季度，高通市场份额达到 52%，

① Herve Lemahieu and Alyssa Leng, "Asia Power Index Key Findings 2020," Iowy Institute, 2020, p. 10.

其次为三星 LSI（14%）、联发科（13%）、海思（10%）。软件领域，根据普华永道思略特发布的“2017 全球创新企业 1000 强榜单”，其中软件与互联网服务公司按照研发投入排名的创新 10 强榜单中，中国的阿里、腾讯和百度三大互联网巨头公司占据第 7、第 8 及第 10 名，前 5 名清一色为美国企业——亚马逊、谷歌、微软、甲骨文、脸书。美国前 3 强软件与互联网服务公司亚马逊、谷歌、微软的研发支出均超过百亿美元，相比之下，中国排名最高的阿里巴巴也仅达到 25 亿美元。[①] 只有在通信领域，当前全球四大通信设备巨头华为、爱立信、诺基亚、中兴，中国占据其二。华为 2017 年销售额达 925.5 亿美元，研发投入达 137.9 亿美元，大幅超越传统通信设备巨头爱立信与诺基亚。与美国无线通信巨头高通相比，华为的收入与研发投入体量同样领先。在下一代通信技术 5G 的标准制定上，高通主导的 LDPC 码成为数字信道编码方案，而华为主导的 Polar 码成为 eMBB 场景下控制信道编码最终方案，提升了中国在全球通信领域话语权。

通信基础设施，中美平分秋色。5G 通信基础设施是信息互联网时代的“高速公路”，为数字经济提供基础设施底层支撑，是世界各国发展高科技和保障战略安全的必争之地。1G 到 4G 曾是欧美主导的时代，2010 年美国率先开启 4G 商用，随后带动了一批移动互联网应用的快速发展，4G 的领先地位累计为美国带动 1 万亿美元的产出、每年为美国 GDP 增长贡献 4750 亿美元，为美国巩固科技霸主地位贡献巨大。但到了 5G 时代，中国奋起直追，成为与美国并列的第一梯队成员，日、韩、欧紧随其后；中美在频谱可用性、5G 部署进度、政府相关政策扶持与财政支持、行业企业投入情况、市场空间等多方面处于领先地位。中国 5G 使用的各方面准备较为充分，美国由于缺乏丰富的 Sub－6 频段，在频谱资源可用性上较落后。2018 年 9 月，美国联邦通信委员会（FCC）发布“5G 加速计划”，作为一个全面的 5G 发展战略，该计划包含三大重要内容：一是采取措施为 5G 服务提供更多频谱，向市场投放近 5000MHz 的 5G 高频频谱，并在中低频段以及免许可频段为 5G 进行有针对性的改变；二是加快对小型蜂窝设施的各级

---

① “Global Innovation 1000,” PWC, https://www.strategyand.pwc.com/gx/en/insights/innovation1000.html.（上网时间：2021 年 2 月 21 日）

政府审查，鼓励私营部门投资5G网络；三是更新5G相关法规，鼓励投资和创新，并确保美国5G通信供应链的完整和安全。[①] 美国5G发展主要依靠私营企业投入、研发和推动，在迅速推进5G建设的同时关注网络安全，以期在5G网络竞赛中获得主导权。

航空航天领域，美国优势独树一帜。航空航天是高端综合性工程技术、理论学科和实际应用的结合，其中航天科技可以分为空间技术、空间科学和空间应用。空间科学方面，着眼理论基础与研究手段两方面，美国在与航天相关性强的天文学与天体物理、物理学等基础研究上遥遥领先。根据中国科学院科技战略咨询研究院《2016研究前沿》显示，从基本科学指标数据库（ESI）内上万个研究前沿挑选出的共180个重点热点前沿为基础，来分析10大学科中各国与所在国相关科研机构对重点热点前沿产出论文数量和论文影响力，在物理学的20个热点前沿领域美国引领数达到11个，中国仅2个；在天文学与天体物理的12个热点前沿领域，美国引领数达到10个，中国尚无斩获。[②] 空间技术上，美国掌握关键核心技术，技术能力发展迅速、成效显著。空间技术囊括从火箭与航天器制造、航天器发射至航天器能稳定运行中涉及到的各项技术。最有代表性的为重型火箭技术、载人航天技术、空间站技术与深空探测技术，从全球视野来看，虽有部分国家实施了登月计划、载人航天计划、天空站计划等，但美国在这方面总体效率与质量领先优势大，掌握多项核心技术。如F-135军用大推力涡扇发动机、民用大型运载飞机大涵道比涡扇发动机、Xilinx、Altera、Lattice等公司垄断的航天级FPGA核心芯片等。从航空航天技术最基础的重型运载火箭来看，美国拥有目前世界运载能力和运载系数最高的“重型猎鹰”火箭，以及推力和性能最强的F-1和梅林1D发动机。空间应用上，据美国半导体行业协会（SIA）的2018年全球卫星市场报告显示，美国在卫星行业的收入占比超40%持续多年，但近年来增速放缓、占

① “The FCC's 5G FAST Plan,” Federal Communications Commission, https://www.fcc.gov/5G.

② 冷伏海、赵庆峰、周秋菊著：《中美科研实力比较研究：基于〈2016研究前沿〉的分析》，中国科学基金，2017年。

比有所下降；与此同时，中国则以每年超20%的收入增速发展。卫星制造与卫星发射上，全球参与公司和政府部门约为30个，其中，欧美六大制造商占80%以上的市场份额。以同步轨道商业通信卫星制造订单为例，美国波音公司、劳拉空间系统公司、轨道ATK公司与洛克希德·马丁公司占62%，垄断过半市场。卫星发射方面，美国无论在发射数量还是发射收入上都遥遥领先。2016年全球共计发射90次约350颗航天器，其中美国以27%的发射数量和64%的发射收入居首，而中国发射数量与产值约占5%，排名第三。[①] 相比航天，美国在航空领域的优势更为明显。军用飞机方面，从数量来看，美国现役军用飞机数量排名全球第一；从飞机种类来看，美国拥有包块战略指挥机在内最齐全的军用机种，值得注意的是，美国以全球为目标安排布局，所以跨航运输能力强的加油机与运输机是美国航空称霸全球的资本之一。以运输机为例，美国运输机22个系列共998架，中国5个系列约100架，总量仅为美国的1/10。民用飞机方面，我国现役共5593架飞机，约为美国的1/20。

二、美国软实力较大幅下降

软实力是吸引、说服或规制他国的能力，主要包括文化感召力、意识形态吸引力和国际制度运用能力等指标，是一国实力的无形延伸。

1. 文化吸引力小幅下降

为直观、量化地反映美国文化感召力的变化，本部分仅考察美国人力资本和文化输出两大要素在近20年中的趋势。

作为世界上吸引最优秀人才的高地，美国的人才流入量持续处于高位。截至2016年，美国授予的科学和工程博士学位是所有国家中最多的。然而，就像科研支出一样，其他国家也在迎头赶上。相较于2000年不足8000个，2015年中国授予了3.4万个科学和工程博士学位，美国约4万个，自2017年以来，中国每年授予的科学和工程博士学位超过了美国。[②]

① SpaceTrak，Seradata，https：//www.seradata.com/products/spacetrak/.

② Khan，Robbins and Okrent，“The State of Science and Engineering 2020”.

然而，外国留学生在美国攻读科学和工程学位的比例很高，2017 年授予的美国科学和工程博士学位中，约有⅓授予了临时签证持有者。故而从吸引力角度看，美国聚集了高技能的国际学生、科学家和企业家，对外国留学生受教育后离开该国的担忧被夸大了。截至 2017 年，大约⅔持有临时签证的美国科学和工程博士获得者在毕业后至少在美国停留了 5 年，其中包括 90% 的中国学生。[①] 此外，根据马可波罗智库 2020 年 6 月发布的一份报告显示，59% 的世界顶级人工智能研究人员在美国工作，但其中只有⅓在美国获得本科学位。[②] 第一代和第二代移民帮助创办了 60% 最有价值的美国科技公司，2018 年 10 月的一项研究发现，在价值超过 10 亿美元的 91 家美国“独角兽”科技初创公司中，有 50 家公司的创始人至少有一名移民。[③] 吸引和留住世界级人力资本对于一国的技术领先至关重要，但是目前美国的移民制度对此设置了大量壁垒，使人才难以留下，这或许将导致今后美国在人才竞争中处于劣势。例如，2019 年在 10.5 万份 H－1B 签证申请中有 8.5 万份超过了法定限制，在 2020 年前两个季度，H－1B 签证的初始拒签率达到 29%。[④] 同样，美国大学的外国研究生在获得全职工作授权方面也面临障碍。2015 年的一项研究发现，90% 从事非学术职业的外国籍科学和工程博士获得者希望留在美国工作，但只有 50% 的人能够做到。[⑤]

---

① Khan, Robbins, and Okrent, “The State of Science and Engineering 2020”.

② Ishan Banerjee and Matt Sheehan, “America’s Got AI Talent: US’ Big Lead in AI Research Is Built on Importing Researchers,” Macro Polo, June 9, 2020, https://macropolo.org/americas-got-ai-talent-us-big-lead-in-ai-research-is-built-on-importing-researchers/.

③ Johana Bhuiyan, “Half of the Most Highly Valued Tech Companies in the U. S. were Founded by Immigrants,” Vox, May 31, 2017, https://www.vox.com/2017/5/31/15720198/immigrants-tech-innovation-good-for-america; Stuart Anderson, “Immigrants and Billion-Dollar Companies,” National Foundation for American Policy, October 2018, https://nfap.com/wp-content/uploads/2019/03/2018-BILLION-DOLLAR-STARTUPS.NFAP-Policy-Brief.2018.pdf.

④ “H-1B Denial Rates Through the Second Quarter of FY 2020,” National Foundation for American Policy, August 2020, https://nfap.com/wp-content/uploads/2020/08/H-1B-Denial-Rates-Analysis-Through-The-Second-Quarter-Of-FY-2020.NFAP-Policy-Brief.August-2020.pdf.

⑤ Xueying Han, Galen Stocking, Matthew A. Gebbie, and Richard P. Appelbaum, “Will They Stay or Will They Go? International Graduate Students and Their Decisions to Stay or Leave the U. S. upon Graduation,” *PLoS ONE* 10, No. 3 (March 11, 2015), https://journals.plos.org/plosone/article?id=10.1371/journal.pone.0118183#abstract0.

与此同时，其他国家也在努力吸引外国人才，从2013年到2015年，加拿大和澳大利亚通过高技能签证项目接纳的移民占总人口的比例分别是美国的9倍和11倍，但由于前者基数小，尚不能对美国人才资本的稳固形成有力挑战。①

美国强劲的人才资本吸引力离不开其领先的教育和科技水平。先看中美高等教育水平，中国排在世界前100名大学中数量较少，2018年泰晤士高等教育发布的世界大学排名前100强榜单显示，中国仅有6所（分别为北京大学、清华大学、香港大学、香港科技大学、香港中文大学、中国科学技术大学），北京大学、清华大学和中国科学技术大学分别位列22、31和93名；美国共41所大学进入前100强。另一方面，中国对留学生的吸引力低于美国，在华留学生人数仅为美国的⅕。教育部统计数据和《2020年美国门户开放报告》显示，全球485万留学生总数中，在华留学有49万人，其中，“一带一路”沿线国家留学生为31.72万人，占总人数的64.85%；赴美留学的人数高达107.5万，且中国生源最多，为37.25万人，其次是印度、韩国和沙特。②

美国文化输出率高，世界各国对美国文化了解程度高。美国博物馆和公共图书馆数量是中国的5.3倍。据国家统计局统计，2017年我国博物馆达到4721个，公共图书馆有3166个，每17.6万人拥有1个博物馆和图书馆。据美国图书馆协会统计，美国现有33100个博物馆，全美公共图书馆119487个，其中公共图书馆9057个，占比7.6%，这意味着平均每8000人就有1个博物馆和公共图书馆。中国国民综合阅读率（含电子媒介）略高于美国，但图书阅读率、人均阅读量不及美国。据中国新闻出版社调查，2016年中国成年国民各媒介综合阅读率为79.9%，图书阅读率为

① “Innovation Nation: An American Innovation Agenda for 2020,” Business Roundtable, January 2019, https: //s3. amazonaws. com/brt. org/BRT – InnovationNationReport. pdf; and Daniel Griswold, “Reforming the US Immigration System to Promote Growth,” Mercatus Center, October 31, 2017, https: //www. mercatus. org/publications/trade – and – immigration/reforming – us – immigration – system – promote – growth.

② “Open Doors 2020: Report on International Educational Exchange,” Institute of International Education and U. S. Department of States, November 16, 2020.

58.8%，成年国民人均图书阅读量为7.86本；美国综合阅读率为76%，图书阅读率为65%，人均图书阅读量为15本。进入21世纪，电影成为了文化和价值观传播的最佳载体。2000年至2018年，美国和加拿大电影总发行量持续走高，从371部翻倍至873部（参见图2－8），尽管2019年美国发行的电影数量低于2018年，但年度总票房收入相差无几，2020年因疫情影响数量跌落至329部。美国通过一系列有世界影响力的大片持续向全世界输出流行文化和美国价值观，可谓美国当下主流思想的晴雨表，而世界各国则通过引进好莱坞电影在无声无息中逐渐接受了“美国梦”和美式生活方式。

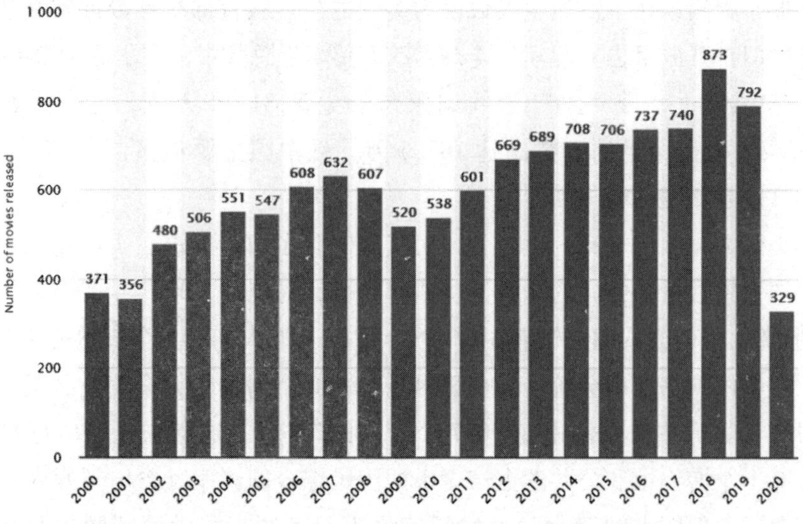

图2－8　2000年至2020年美国和加拿大电影发行量（部）

资料来源：Julia Stoll, “Movie releases in North America from 2000－2020,” Statista, Jan 18, 2021, https://www.statista.com/statistics/187122/movie－releases－in－north－america－since－2001/。（上网时间：2021年2月24日）

2. 意识形态吸引力大幅下降

意识形态吸引力上，着重考察美国外交政策实施力、美国对国际舆论的把控力和引导力以及外国民众对美式民主的认同和信心三方面。通过分析可知，自21世纪以来，美国外交政策上取得的重大成就滑坡严重，而且不论近年来美国如何通过掌控媒体操纵和塑造对其有利的舆论环境，美国正逐渐成为他国民众心中不受欢迎的国家，外国民众对美国的好感和信心不断下降。

在过去20年中，美国在国际上取得的成就急剧减少，可以说21世纪是美国外交政策挫折多于进展的时代。在追求政策目标时，实力会转化为影响力，而影响力在追求国家政策目标的过程中又影响其他国家和社会的行为能力。兰德公司在其2020年的一份报告中，详细考察了美国自二战后崛起为全球大国以来其外交政策每年取得的成就。被纳入成就范畴的是符合下列条件的行动：通过塑造全球规范、建立国际机制、阻止侵略、减少核冲突风险、推动全球舆论和促进广泛经济增长，为营造一个更和平、更繁荣的世界做出持久贡献。报告得出结论认为，杜鲁门和艾森豪威尔各取得11项重大的外交政策成就，肯尼迪和约翰逊总共有8项，尼克松和福特共6项，卡特有6项，里根和老布什各有7项，克林顿有8项。相比之下，21世纪的三位总统，小布什、奥巴马和特朗普总共只取得5项重大成就。[①]由此可见，1945年至2000年，美国外交政策重大成就的年均增长率大约是每年一项，而自2001年以来，这一数字已降至每四年一项。虽然学界对美国外交政策影响力减弱原因各执一词，如国内分歧加剧、公众对美国积极参与国际事务的支持减弱、21世纪的美国外交政策过度依赖武力、追求不切实际的目标、缺乏战略一致性、美国影响力受到越来越多的外部限制等，但仍有统一共识，即多重任务使美国不堪重负，以至于无法完成一项令人满意的外交政策。[②]

国际舆论领域，美国牢牢把控传统媒体和新兴社交媒体舆论。美国背

① James Dobbins, Gabrielle Tarini and Ali Wyne, "The Lost Generation in American Foreign Policy: How American Influence Has Declined, and What Can Be Done About It," RAND Corporation, September 2020.

② Robert Kagan, "The Cost of American Retreat," *Wall Street Journal*, September 7, 2018; Walter Russell Mead, "A Debate on America's Role – 25 Years Late," *Wall Street Journal*, May 22, 2017; Kenneth A. Schultz, "Perils of Polarization for U. S. Foreign Policy," Washington Quarterly, Vol. 40, No. 4, Winter 2018.

景的大型传媒已基本实现了对西方世界舆论的垄断，把控全球大部分英文媒体。1996 年美国通过《通信法案》修订案放开对大型传媒集团的限制后，传媒行业集中度迅速提高。2020 年，全球前 10 大传媒集团中，以奈非（Netflix）、华特迪士尼、康卡斯特（Comcast Corp）为代表的美国公司占据 9 家，业务范围涵盖广告、广播网络、新闻、印刷出版、数字、录像和电影等各领域，其结果是全球英文媒体的论调逐步统一。① 此外，由于传媒集团背后的实际控制人从属不同利益集团，因此舆论通常在内部层面就已经形成了导向，所谓主流媒体已成为利益与政治博弈的宣传工具。在此背景下，美国传媒集团的垄断给予美国塑造和控制世界各国舆论环境的能力，主流媒体在报导时经常选择性偏向美国利益。

美国强大的舆论监管和塑造能力还体现在新兴社交媒体方面，通过推特、脸书等发布内容均受到严格管控。2019 年 6 月，中国香港部分激进势力和乱港分子在外部势力的推动下，借和平游行集会之名，进行各种激进抗议活动，新兴社交媒体上大量出现抹黑香港警察、歪曲内地和香港关系，以及大量由反华势力炮制的妖魔化中国的谣言。在此背景下，不少网友挺身而出理性辟谣。然而 2019 年 8 月美国社交媒体推特公司删除 936 个中国账户、封停 20 万个中国用户账号，理由是所谓的“散播假新闻，诋毁香港示威活动”，脸书也以同样理由，宣布关闭 7 个页面、3 个群组和 5 个账号。但妖魔化中国的谣言信息、极端分裂分子的账户依然在推特和脸书上大行其道。

然而，手握舆论重器的美国却失了人心。过去几十年的民调数据显示，外国公众对美国的尊重度和信心显著下降，尤其是在那些华盛顿长期指望能效仿美国模式的国家。首先，在大多数国家，人们对美国的好感和信心在小布什执政期间急剧下降，虽在奥巴马时期有所改善，但特普朗任内再次下挫。比如，自 2017 年以来，全球有越来越多的人认为，美国对该国安全构成的威胁比中国或俄罗斯更大。从数值来看，2013 年，23 个国家

① Shobhit Seth, “The World’s Top Media Companies,” Investopedia, October 7, 2020, https://www.investopedia.com/stock-analysis/021815/worlds-top-ten-media-companies-dis-cmcsa-fox.aspx.（上网时间：2021 年 2 月 24 日）

中只有¼将美国视为对本国的威胁，2017 年，这一数字大幅跃升至 38%，2018 年升至 45%。[①] 皮尤研究中心调查显示，2017 年和 2018 年，相较于中国和俄罗斯，更多的人认为美国是本国面临的威胁。此外，在德国、法国、意大利和英国开展的民调显示，人们对美国信心的下降一直持续到 2020 年。具体而言，对于华盛顿和北京哪个是更重要的合作伙伴，德国有 37% 的人选择美国，36% 选择中国；对于哪些国家最适合应对未来几十年的挑战，只有 3% 的法国人选择了美国；36% 的意大利人认为，意大利应该重点发展与中国的密切关系，而选择美国的人数低了 6 个百分点，为 30%。[②]

3. 国际制度运用能力较大幅下降

美国在国际组织中的影响力和盟友凝聚力上交出的答卷分数表现糟糕，好在其制定国际规则的能力属加分项，部分抵消了美国在国际制度运用能力上的低迷表现。

过去 20 年，基于规则的国际体系发展速度放缓，甚至开始出现倒退。小布什撤回了克林顿对建立国际刑事法庭的《罗马规约》的签署、废除了《反弹道导弹条约》、退出了《京都议定书》。特朗普上台后，美国"退群"的脚步更是越走越快，战后秩序不断被削弱。究其原因是特朗普认为，在美国忙于支撑国际体系、保卫全球公众的同时，美国的伙伴和对手却在"搭便车"并伺机渗入美国市场。为此，2017 年，因所谓节省资金、敦促改革、抗议反以色列偏见，美国宣布退出联合国教科文组织；因认为多边贸易协定不符合美国最佳利益，有碍于美国政府"美国优先"政策，美国宣布正式退出《跨太平洋伙伴关系协定》（TPP）；因认定《巴黎协定》阻碍美国经济发展，美国政府称全球气候变化为"伪命题"，宣布退出《巴黎协定》；因所谓"美国的移民政策必须始终由且仅由美国人决定"，美国宣布退出联合国《全球性难民和移民协议》；2018 年，在国际

---

① James Dobbins，Gabrielle Tarini and Ali Wyne，"The Lost Generation in American Foreign Policy：How American Influence Has Declined，and What Can Be Done About It，" RAND Corporation，September 2020.

② Research Center，Global Indicators Database，Database，April 9，2020，https：//www. pewresearch. org/global/database/about.

原子能机构（IAEA）证实伊朗履行了在伊核问题全面协议中做出的承诺，且美国没有任何证据表明伊朗违反协议的情况下，美国坚持宣布退出经联合国安理会认可的全面协议，对伊朗实施单边制裁，并通过所谓“长臂管辖”极力阻挠其他国家履行协议；因所谓联合国人权理事会无法有效保护人权，美国宣布退出联合国人权理事会；作为对巴勒斯坦因美国搬迁驻以色列大使馆至耶路撒冷一事将美国告上国际法院的回应，美国宣布退出涉及国际法院管辖问题的《维也纳外交关系公约关于强制解决争端之任择议定书》；2019 年，为不受束缚地发展先进武器装备，美国宣布退出《中导条约》；以《巴黎协定》“对美国不公平”“让美国失去了数百万的工作岗位”为由，打破协定规定的 2019 年 11 月 4 日以后才能正式宣布相关退出意向，提前宣布退出协定；2020 年，美国不顾盟友反对，宣布自 5 月 22 日启动退出《开放天空条约》程序，并表示将在 6 个月后完成；美国政府为本国抗疫不力寻找“替罪羊”，宣布退出世界卫生组织，并仍拖欠超过 2 亿美元的会费。

盟友方面，美国对盟友的总体控制力下降，尤其是对欧洲的控制力不断松动。2020 年 7 月 27 日，美国盖洛普公司网站发布年度调查报告，表示“美国的领导力在世界继续不受欢迎”。美国眼中的“自由世界”国家尤其不认可美国的领导力。其欧洲传统盟友对美国领导地位的支持率最低。其中，61% 的受访者不满意美国的表现，仅有 24% 的人满意；在英国，不认可美国的比例达 65%，法国的数据类似；在德国，美国的领导地位支持率甚至更糟，高达 78% 的人不认可美国的表现。在外交政策唯美国“马首是瞻”的澳大利亚，民众对美国的领导地位也深表怀疑，67% 的受访者不认可美国的表现。① 尽管如此，特朗普政府却并未将精力放在维护与传统盟友的关系上，而是尽一切可能挤压中国生存空间，为此美国急忙组建了一系列新的联盟。例如，意在通信网络领域排除中国企业的“清洁网络计划”，在蓬佩奥的积极走访和施压下，虽有近 50 个国家、180 家电信公司和数 10 家高科技公司加入该计划，但真正效果却不甚理想，美国在

① “US Leadership Remains Unpopular in the World, Gallup,” July 27, 2020, https://news.gallup.com/poll/316133/leadership-remains-unpopular-worldwide.aspx.

亚洲的传统盟友日本、韩国早已向美方传达了暂不参与该倡议的方针政策。①

古语曰："百足之虫，死而不僵。"特朗普领导下的美国虽在上述两方面的表现连续滑坡，但值得深思的是，其制定国际规则的能力却有所增强，尤其是美国将国内法运用成国际法实施"长臂管辖"国际事务方面值得高度警惕。"长臂管辖"源于美国民事诉讼中的概念，最初用于处理美国跨州的管辖权问题，之后扩展至跨国管辖，即美国将国内法的法律效力从美国企业扩张至在美国有经营活动或有分支机构的企业，甚至是使用美国芯片和设备的企业，几乎覆盖全球80%以上的跨国企业。冷战初期至20世纪70年代，美国"长臂管辖"的海外针对对象为西方盟国，主要目的是防止盟国对社会主义阵营国家出口高科技。但进入21世纪后，特别是2008年至今，美国"长臂管辖"范围全面扩张，管制手段呈复合化态势，管辖领域扩大至涉毒、涉恐洗钱等10余个方面。随着中国经济快速崛起，我国企业受制裁数量显著增加，根据美国万律（Westlaw）等法律数据库，涉及中国的"长臂管辖"案例自2010年起大幅增加，尤其是2018年中美贸易摩擦加剧以来，美国使用"长臂管辖"着重打击中国出口重点产业的核心企业、高科技行业、5G核心竞争领域等。美国"长臂管辖"的实现机制由国内立法、司法、执法的严密配合和海外同盟扩展法律法规适用范围两部分组成。在寻求海外同盟增加"长臂管辖"的范围和强度的同时，美国还在全球拉拢同盟以推动"长臂管辖"公约化和合理化，强加其"长臂管辖"能力。一方面，美国会和总统积极游说其他国家政府，推动美国"长臂管辖"法律出口，促使他国接受美国的"长臂管辖"相关法律或制定类似法律。如《海外反腐败法案》出台后，美国积极推广法案的全球适用。在其游说下，1997年12月，经合组织33个成员国共同签署《关于打击国际商业交易中行贿外国公职人员行为的公约》并承诺将公约内容转化为各国国内立法。另一方面，跨国合作扩张美国"长臂管辖"范围和强

① 中华人民共和国外交部：《2021年1月6日外交部发言人华春莹主持例行记者会》，2021年1月6日，http://new.fmprc.gov.cn/web/fyrbt_673021/t1844754.shtml。（上网日期：2021年2月19日）

度。目前，美国已与超过100个国家和地区签订引渡协议，美国司法部犯罪司在多国设立法律顾问，联邦调查局和联邦缉毒局在多国设立海外办公室。

伴随“长臂管辖”而来的是美国多样化的制裁手段，凸显出其综合国力的运用能力。具体包括：

第一，经济制裁。以违反出口管制规定为名，美国的经济制裁以贸易制裁居多，基于《出口管理条例》等法规，限制外国企业或个人与被制裁主体贸易途经美国、限制转销来自美国成分或技术超出一定比例的产品。《出口管制法》和基于此法案的《出口管理条例》《出口管制改革法案》共同确立了部分敏感技术和产品出口的原则和范围，对于违反规定的实体将予以处罚或制裁。美国出口管制规则的义务主体是美国企业，但外国企业若触及法案禁止条款也可能基于“最低限度联系”原则被纳入“长臂管辖”的范围。中兴通讯事件中，中兴因出口美国电子产品给受美国制裁的主体伊朗，进而受到次级制裁，交纳高额罚金后才得以解除。2016年3月，美国商务部工业与安全局认定中兴通讯违反美国出口管制政策，未经许可向伊朗转出口受管制的美国电子产品，将中兴及其三家关联企业纳入“实体清单”，要求美国企业向中兴通讯出口产品时必须获得该局的特殊许可，一年后双方和解，中兴支付罚金8.9亿美元以消除出口禁令。2018年4月，美国商务部指控中兴通讯对涉及历史出口管制违规行为的某些员工未及时处罚、违反和解协议，再次启动出口禁令，中兴通讯缴纳14亿美元巨额罚款及保证金后出口禁令获得解除。

第二，金融制裁。全球金融体系以美国和美元为中心，美国以此迫使非美国实体遵循美国的制裁规定、接受违规惩罚。美国利用其在全球金融体系的中心地位为基础，实施一系列金融制裁：一是冻结或封锁受制裁实体在美资产、减少或停止对受制裁实体的信贷支持、限制其在美投资等；二是禁止与受制裁实体进行过重大金融交易的非美国金融机构进入美国金融系统；三是切断受制裁对象的美元获取能力和使用美元的渠道，禁止其使用美国的支付清算系统，而目前全球金融机构尚不能脱离美国支付清算体系，尤其是环球同业银行金融电信协会（SWIFT）、联邦储备通信系统

(Fed Wire)、纽约清算所银行同业支付系统（CHIPS）等，因此金融机构往往屈服于美国的处罚以谋求和解。2010 年，英国阿拉伯商业银行次级金融制裁案中，阿拉伯商业银行因与受美国制裁的苏丹客户汇款途经纽约的分行而遭受“长臂管辖”，并被处以 2. 2884 亿美元罚款。

第三，施压盟友共同制裁。中美贸易摩擦以来，美国为打击中国经济和科技实力、保护本国竞争力，不仅以常用借口威胁美国国家安全、违反美国制裁规定等发难，通过巨额罚金、限制中国企业在美发展、技术封锁等方式实现对中国科技领域发展的遏制，还联合盟友对中国的 5G 技术应用进行全面封锁。美国政府一方面通过劝说、警告、威胁使英国、德国、日本、意大利等盟友停止使用华为设备，另一方面邀请“五眼联盟”国家共享情报、协同行动，2018 年 7 月后成员国陆续开始排斥华为产品和技术。2019 年 5 月，特朗普签署《保障信息通信技术与服务供应链安全》的行政令，宣布进入国家紧急状态，禁止美国使用“国外对手”提供的电信网络设备和服务，矛头直指华为，多数西方盟国在美国的大力施压下，经过多方的利益衡量后，最终选择了放弃华为设备，建设当地的 5G 网络，同时要求当地运营商在一段时间内不再购买新的华为设备。

小结

2002 年《财富》杂志在发榜全球 500 强企业时，曾写了这么一段话：“到目前为止，从《财富》全球 500 强排行榜中我们至少可以得到这样一个信息，那就是《财富》杂志创刊者亨利·卢斯（Henry Luce）所称的‘美国的世纪’现象已经延续到了新的千年。当然，正如过去八年的经验所显示的那样，一切都可以迅速改变。”[①] 新千年开启时，“美国治下的世界”这类标语似乎还历历在目，但仅仅过去 20 年，人们却直观感受到了其衰落的速度。从硬实力来看，近 20 年来，美国的经济、科技和军事实力继续保持世界第一地位，但由于中国等新兴国家的追赶，美国的经济、科

① 《2002 年全球最大的公司》，《财富》，2002 年 10 月 1 日，http：//www. fortunechina. com/rankings/c/2002 –10/01/content_ 9915. htm？ source = wx。

技相对优势地位略有下降。过去 20 年，美国的软实力，即维持他人信任、激发喜爱之情和鼓励他人效仿的能力，却明显下降，致使其在国力显示方面成为一高一低的“跛脚鸭”。甚至美国国内不少民众也认为，实现和维持和平的最佳方法是着眼于国内需求和美国民主的健康。[①] 美国的软实力很难再回归其鼎盛时期的状态，因为美国单极时刻的结束和大国竞争的回归改变了美国承诺的成本收益结构，进一步凸显出美国实力的局限性。

① 《外媒评析：美国需要一种新的外交政策》，《参考资料》，2020 年 11 月 4 日，第 5 页。

第三章　新世纪以来的美国社会

社会是一个开放的、不断演化的复杂网络系统，每个社会都因其历史、地理、政治、经济、文化等而具有各自的特点。社会领域的问题并非相互绝缘，而是相互交织、互相影响又相互适应。围绕2020年大选的各种博弈是美国社会长期以来各种结构性矛盾的集中体现。21世纪以来、特别是2007年国际金融危机爆发以来，从意识形态、种族、阶层、职业、地区、年龄、宗教、受教育程度等多个维度来观察美国社会，都不同程度处于撕裂或冲突之中。

这些社会问题植根于美国历史，因为美国自殖民地时期就充满了种族之间和宗教之间的不宽容和歧视，在强制性推动对机会平等信条等的认同并以此为基础形成美利坚民族的同时，也在撕裂着原住民、非洲奴隶和异质性种族移民所具有的旧群体和固有文化特质。

社会问题也与20世纪80年代开始的这一轮经济全球化和美国经济结构向金融化转型密不可分。全球资本市场和劳动力市场的形成与发展过程中，美国经济的产业空心化和新兴国家廉价劳动力市场的冲击，使美国国内劳动力市场状况逐年恶化、中产阶级规模逐渐萎缩、东西海岸与内陆的地区差异日趋扩大。与经济全球化、美国自身经济金融化和推动垄断金融资本全球布局同时存在的是，美国必须不断加强其军事霸权地位、支配所有地区的安全结构与秩序等以维护垄断资本进行全球扩张的安全。推行经济全球化所带来的好处大都被美国精英阶层吞没了，与此相反，普通民众承受了美国霸权的代价，却难以享受霸权的成果。

因此，美国的社会不平等性日益凸显：与贫富阶级之间的机会不平等同时存在的是，非常明显的族群之间的不平等。上述不平等就使得对相当比例的底层人群、特别是底层黑人和拉美裔族群以及部分白人工人阶级而言，贫困不再是暂时现象，而是长期性，普遍性现象。机会平等性和社会流动性二者所受到的严重冲击使美国社会模式的正确性遭遇质疑，也导致美国社会趋向分裂。因此，今天的美国不仅有种族区隔、而且各种族内部的阶级差距在扩大，表面的文化或种族冲突已经不能掩盖美国内部多重社会撕裂，美国这个“想象的共同体”正在失去其共同信仰与梦想。

本研究从多个维度的变化对21世纪以来的美国社会进行回顾、梳理和分析，以加强对当前美国社会矛盾的复杂性和多元性的理解。

第一节　贫富悬殊与阶层固化

社会平等不局限于财富与收入（物质层面）的平等性，还包括一个社会的成员是否有能力进行全面的社会参与（精神层面）的平等性。

2017年2月28日，美国总统特朗普首度赴国会发表演说，在谈及贸易问题时，他陈述了美国人民的悲惨现状，“我们必须首先诚实地面对我们接手的现状：9400万美国人没有在工作，超过4300万人处于贫困之中，超过4300万人依靠食品救济度日。超过⅕的人劳动能力丰沛却没有工作……”[①] 特朗普的上述表述与奥巴马政府最后一次发布的《2017年美国总统经济报告》（简称《经济报告》）的观点在一定程度上相互印证，该报告以“减少不平等、医改、高等教育投资、加强金融系统和气候变化”等作为奥巴马政府的主要政绩，但同时承认“劳动生产率增长乏力、收入不平等、劳动参与率偏低和经济可持续性脆弱”等仍是建设一个更强大、更包容和更可持续发展的美国的主要挑战所在。[②]

① https://www.thepaper.cn/newsDetail_forward_1629909.

② United States Government Printing Office: *Economic Report of the President* 2017.

21 世纪以来，由于经济全球化带来的产业空心化、资本流动和人口流动的交互影响，新技术革命带来的生产自动化和智能化，美国采用重资本收益轻劳动所得的新自由主义经济和社会政策调整等，中下阶层遭遇严峻的经济与就业冲击，贫富两极分化、阶层固化等状况持续恶化，并在 2008 年金融危机之后迅速加剧，导致“精英—草根”“全球化—本土主义”等的矛盾激化。并且，从收入、财富、机会等多个方面判断，美国的社会分层和阶级固化等问题不断凸显，构成了美国社会分裂问题日益严重的基础性原因。

一、经济结构与劳动力市场的转型

早在 2008 年金融危机爆发之前就业已存在的美国经济结构的深刻变化：从工业资本主义向金融资本主义的转型，使得机器替代工人、资本全球流动带走工作机会以及越来越严重的财富与收入的贫富悬殊等，不但导致美国工人陷入困境，而且致使美国中产阶级失去安全感、哪怕他们在经济复苏过程中找到了工作。而这种经济结构的变化导致美国的劳动力市场也发生了结构性变化。

1. 经济结构的变化

21 世纪以来，高科技与金融资本的结合，使得美国的产业空心化日趋严重。尽管自奥巴马时期开始就试图推动制造业回流，但并未取得成效。其结果是，美国的劳资失衡状况日趋严重，大部分美国工人通过努力工作获得优厚报酬的可能性大为降低。而 2008 年以来的经济复苏政策有利于资产所有者、金融业和高科技技术人员的收入增长，不利于中低阶层青少年、传统产业工人、教育程度较低及长期失业人士，经济复苏成果并未平等覆盖各类人群，反而是穷者越穷、富者越富。

按行业分类，美国 2019 年国内生产总值（GDP）的增加值统计数据显示，GDP 占比最高的是金融、保险、房地产、租赁业（21%），其次是专业及商业服务业（12.8%），再次是政府部门（12.3%），第四位才是制造业（11%）。更容易获取高利润的由金融、保险和房地产部门构成的“泛金融部门”主导着美国经济，但能够吸纳的就业岗位有限；制造业的GDP占比创下1947年以来的新低，吸纳的就业仅占美国劳动力就业的8%左右；美国的就业岗位主要集中于休闲和酒店业、健康护理以及零售业等薪资水平较低的服务业。①

经济结构的变化淘汰了大量学历低、靠体力劳动维持生计的传统工人，技术工人和低层次工人之间的收入不平等程度加大。深受经济危机带来的经济社会不安全感和“中产向下流动”的恐惧感所困，部分中产阶级已经下沉为底层收入者并遭受社会排斥。

美联储的数据显示，近年来美国全行业产能利用率基本处于1967年以来的历史最低点，大约在75%左右徘徊，远低于1972—2015年期间全行业产能利用率大致为80%的平均水平。这说明美国的大企业经营生产在恢复，销售业绩资本支出都持续增加，但在这次资本转移的过程中，持续有工厂和工作离开了美国本土。即使在美国本土的工厂也在通过加速生产自动化、也就是以机器取代人和降低人员使用来提升生产效率，这对于靠普通制造业生活的一般技能工人的就业形成根本性打击。因此，美国大企业依靠宽松的信贷环境、全球化的资源配置和工业自动化技术的应用得到了生产力以及效益的提高，但是美国中产阶级中相当一部分劳动者永远失去了竞争力。

2. 劳动力市场的转型

美国现有的经济结构决定了美国就业市场所能够提供的工作岗位、特别是来自实体经济的工作机会在日渐萎缩，工人阶级崩溃、有组织的劳工力量的衰弱和收入分配严重向资本倾斜等导致实际家庭收入中位数与该中位数的历史最高值存在相当差距，考虑到通货膨胀等因素，中低收入人群的实际收入水平在下降。

（1）劳动参与率走低。2010年以来，美国劳动参与率长期在63%左右波动，远低于2000年的67.3%的最高水平，参见图3－1和图3－2。

---

① Bureau of Labor Statistics, “The Employment Situation: December 2019,” https://www.bls.gov/news.release/archives/empsit_01102020.htm.

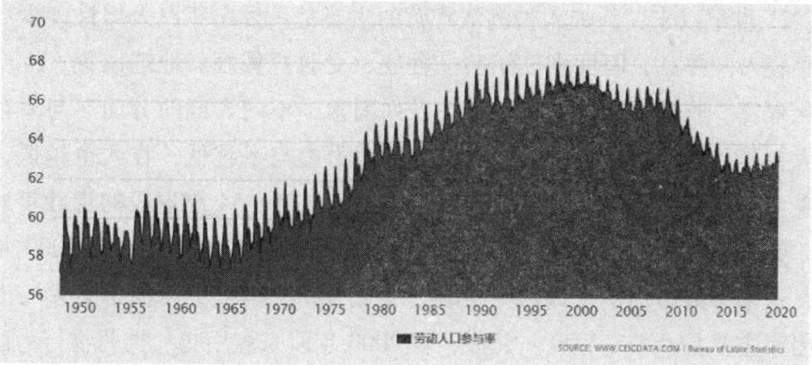

图 3－1　1948 年以来的美国劳动参与率

数据来源：https：//www. ceicdata. com/zh－hans/indicator/united－states/labour－force－participation－rate。

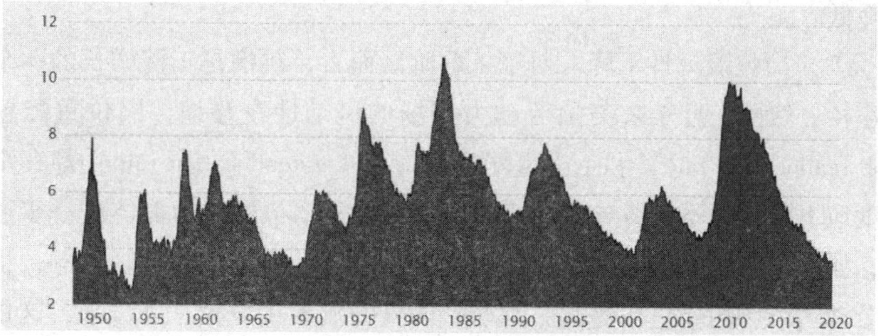

图 3－2　1948 年以来美国失业率

数据来源：https：//www. ceicdata. com/zh－hans/indicator/united－states/labour－force－participation－rate。

从图 3－1 和图 3－2 可知，美国的产业空心化导致大量学历低、靠体力劳动维持生计的传统工人，因为在技术与能力等方面无法满足雇主需求，已经被劳动力市场淘汰。并且，美国在自 2008 年以来的经济和劳动力市场的复苏过程中，就业人口占总人口比重的反弹远没有 1954 年以来历次复苏强劲，就业比率上升的同时、劳动参与率却大幅下降；换而言之，失业率的改善很大程度上是因为大量失业人群退出了劳动力市场。

21世纪以来，新加入被淘汰阵营的主要是一批中年白人男性和少数族裔年轻人。并且，因性别、年龄、种族、受教育程度、地理位置、生产自动化程度、监禁率和药物成瘾等一系列因素，不同人群的劳动参与率存在巨大差异。例如，受教育程度越低，劳动力参与率越低、收入也越低，而拉美裔和非洲裔美国人受教育程度整体偏低。25—54周岁段的青壮年妇女中，劳动参与率的下降集中于没有接受过大学教育的女性，自2000年以来，这个年龄组的单亲妈妈劳动参与率上升，影响其劳动参与意愿与能力的因素主要是受教育程度。又如，自2000年以来滥用鸦片类药物行为已导致药物引起的死亡率急剧上升，成为一场危机，并且是25—54周岁段的欧洲裔白人男性青壮年劳动参与率持续下滑的重要原因。再如，55周岁以上的老年人的劳动参与率在2000—2009年间呈上升趋势，此后急剧下降，表明“婴儿潮”一代的陆续退休和人口老龄化的加重等导致整体劳动参与率的降低。

（2）岗位流动性下降。对于工薪阶层而言，跳槽是工资增长的一个重要途径。然而，近年来美国劳动力市场的流动性在萎缩，岗位重配置率（job reallocation rate）和工人重配置率（worker reallocation rate）都在不同程度地下降。这不仅将导致在劳动力市场处于弱势地位的群体进一步边缘化，如那些非技术工人、长期失业的人和缺乏社会资本的年轻人等，也表明劳动力市场的壁垒在提升、劳动力调整的成本在增大。反过来，这也是为何自2010年以来美国经济复苏表现良好，但美国工薪阶层工资收入增长幅度远远低于过去美国经济复苏时期的主要原因之一。[①]

二、贫富悬殊的持续扩大

世界收入不平等数据库的数据显示，美国是世界上贫富差距最大的西方国家。从收入、财富和代际三个维度来分析，21世纪的美国都处于贫富

① Maury Gittleman, “Declining labor turnover in the United States: evidence and implications from the Panel Study of Income Dynamics,” *Monthly Labor Review*, U. S. Bureau of Labor Statistics, January 2019, https://doi.org/10.21916/mlr.2019.1.

悬殊持续扩大的进程之中。2019 年美联储的研究报告显示，财富和收入处于后 50% 的美国家庭正被日益严重的财富与收入不平等所压垮。尽管自 1989 年以来，美国家庭的名义净资产总额增长了 3 倍多，但这种增长显然更多地体现在了顶层，而非底层。

2018 年美国整体基尼系数为 0.486，收入最高的 5% 群体获得的现金收入占总收入的 23.1%，最高的 20% 群体获得的现金收入占总收入的 52%。其中欧洲裔白人为 0.474、拉美裔为 0.468、亚裔为 0.481、非洲裔为 0.491。以上两个方面都说明，各族裔内部的贫富分化也相当严重，这是 2020 年“弗洛伊德事件”引爆的反对种族歧视大规模抗议骚乱的参与者表现出多族裔性并产生巨大政治与文化震荡的重要原因之一。

1. 收入不平等性

个人的收入来源主要可以分为三类：财产收入（资本收益）、劳动收入和转移支付收入（社会保障）。近 20 年来，美国劳动力市场的特征一直是工资不平等加剧和绝大多数工人时薪增长缓慢。《2018 年世界不平均报告》发现，自 2000 年以来劳动收入占美国总收入的比重显著下滑，资本收入在美国高收入人群总收入中所占份额迅速上升、而美国的所得税累进性却大幅下降，导致美国个人收入差距水平扩大。也就是说，当前资本收益率远高于劳动收益率，这就进一步恶化了财富层面的不平等性。自 2000 年以来，美国的高收入者继续与其他人群拉开距离，具体可参见图 3－3。

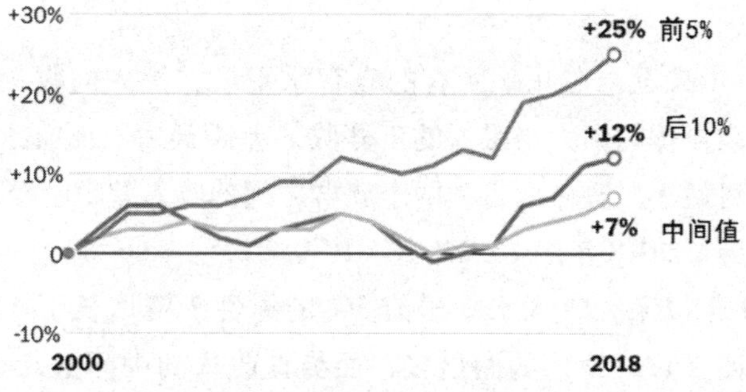

图 3－3　美国不同收入阶层的收入增长速度比较（2000—2018 年）

数据来源：Elise Gould，“Wage inequality marches on—and is even threatening data reliability，” State of Working America：Wages 2018，Economic Policy Institute，Feb. 2019。

从图3－3可以看出，这些数据只统计了工薪阶层的收入状况，并未统计财富受益情况。并且美国普查局的统计方法仅针对家庭的货币收入，包括工资、利息、社会保障收入等各种现金收入，排除了在国民收入中实际比重不断上升的资本收益。对此，有批评认为，美国最富裕的家庭的投资获益很大，而美国普查局没有将资本收益统计在内，这说明美国的实际收入不平等情况比官方数据要严重得多。

2000年以来，美国收入水平前5%群体的收入增长速度最快，收入最低的10%群体的收入增长速度其次，反而是中间阶层的收入增长最慢。这说明，过去近20年来，美国中产阶级的收入趋于萎缩。基于财富来判断，美国社会的贫富差距有可能更大。

根据“世界顶级收入数据库”的统计数据分析，美国收入顶端1%人群占总收入的比重在1970年代和其他G7国家差不多；但是自1987年开始该比重迅速增长，由1970年的8%上升到了2015年的18.39%，包括资本收益的收入占总收入的比重更是高达22.03%。此外，以2015年为例，收入顶端1%人群所得到的包括资本收益的平均收入为136.3977万美元，而收入顶端0.01%人群所得到的包括资本收益的平均收入高达3161.6431万美元。对比2015年美国公布的联邦贫困线标准为2个人的家庭收入须在15930美元以下，可见美国在收入层面的贫富悬殊已经非常巨大。

此外，因种族、教育程度等因素产生的工资差距持续存在甚至加剧。具体可参见图3－4。

从图3－4来看，在几乎所有的教育水平上，黑人的收入一直低于白人。收入最高群体的白人与黑人的工薪收入差距最大，而收入最低群体的收入差距相对最小。整体而言，两个族群之间的收入差距已经从2000年的10.2%上升到了2018年的16.2%。

自2000年以来，收入水平居前5%的男性工资增长了42.0%，是前10%男性群体（17.1%）的两倍多，而男性收入的中间值几乎没有变化，在整个18年期间仅增长了0.8%，说明中低收入阶层男性的收入实际上在下降。与男性相比，女性的收入差距相对较小。

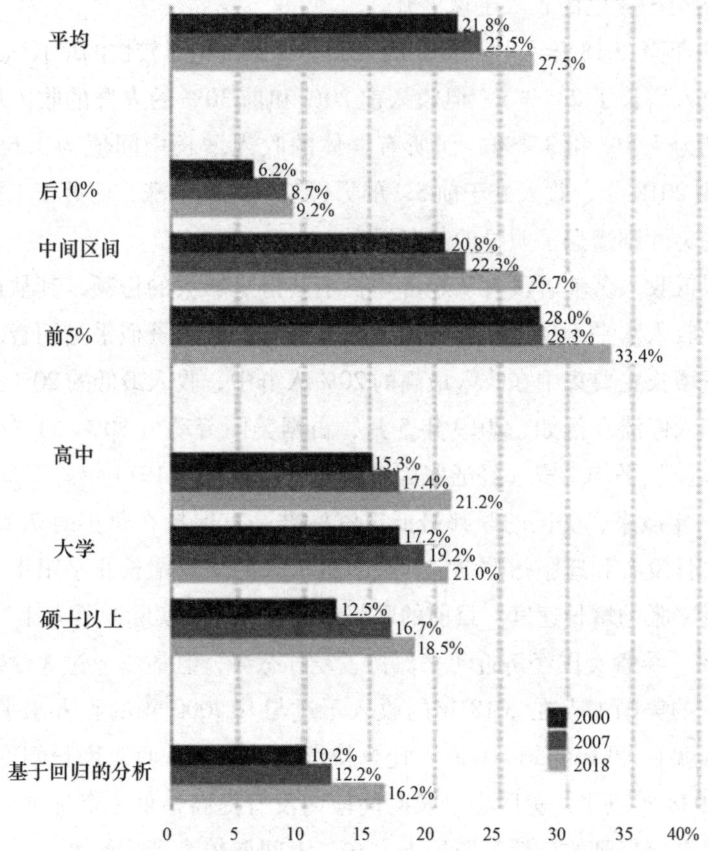

图 3-4　美国 16 岁以上白人与黑人工薪收入的差距

(2000 年、2007 年和 2018 年)

数据来源：Elise Gould，“Stark black - white divide in wages is widening further,” Working Economics Blog of Economic Policy Institute，Feb. 2019。

美国联邦储备系统在 2014 年 9 月至 10 月间发布了一系列有关美国收入差距的公告和文章。其数据显示，2010—2013 年间，美国人的平均收入上升了 4%，但是实际家庭收入中位值下降了 5%，也就是相当部分美国人的收入被平均了。收入最底层的美国人的实际收入在持续下降，处于

40%—90%之间的美国中产阶层的收入上涨幅度微乎其微，而只有最上层的10%的美国家庭的收入迅速上升。

2017年至2018年，收入最高的人群继续保持相对较快的增长（前5%群体的收入增长了2.7%），但收入前20%和前30%的人群的收入增长最快，分别为4.8%和3.7%，而所有群体的收入增长中间值为1.6%。从2017年到2018年，收入处于前5%的男性工资大幅上涨，而处于工资分配中低端的男性则遭遇了明显的工资损失。

如果低收入劳动者没有从经济增长中获得足够大的份额，其从市场获得的劳动收入水平不足以摆脱贫困，那么提高最低工资似乎是明智的。然而，工资增长主要集中在收入最高的20%人群中，收入最低的20%人群实际工资陷入停滞。例如，2019年5月，占据美国劳动力80%的“生产和非管理人员”平均工资（经通胀因素调整后）水平与1974年差不多。

2009年以来，美国的联邦最低工资标准一直保持在每小时7.25美元的水平，且没有和通胀指数绑定，大多数工人的工资增长几乎跟不上生活成本通货膨胀的增长速度，目前的联邦最低工资标准实际购买力比1968年低了25%。尽管美国经济近年来保持了复苏态势，但是“上过大学却未获得学位”的美国工人在2018年的收入不过与其2000年的收入水平持平。并且，半就业人口（part - time）比重持续走高和工资收入增长幅度偏低。这是自1938年以来，美国在最长时间段内没有提高最低工资标准。当然，各州可以设定自己的最低工资标准，在二者间取较高者为标准。另外，有些地方的免税或减税政策使得实际收入水平更高。

2. 财富不平等性

21世纪以来，美国的财富迅速集中到前5%的富人手中，中产阶级规模在萎缩，美国内部出现大量的“铁锈州”和新式失业人口群体（中老年白人男性，俗称“老白男”）。直到2020年新冠肺炎疫情危机暴发，尽管各种乐观的官方数据表明美国经济运行良好，自2009年7月以来美国经济一直处于增长状态，这是19世纪中期以来持续时间最长的经济复苏。但是，和20世纪90年代不同，21世纪的这一轮经济扩张并没有提升美国社会的乐观情绪，因为美国普通民众的住房自有率并没有得到很大提升，其家庭财富也未实现很快增长。相反，贫富悬殊和财富向少数巨富群体集中的程度在加剧。

美国的财富不平等和财富集中的情况日趋恶化。按照家庭财富排序，最富有的前 10% 家庭的财富占美国家庭总财富的比重从 1989 年的 60% 上升为 2018 年的 70%；最富有的前 1% 家庭的财富占美国家庭总财富的比重从 1989 年的 23% 跃升至 2018 年的 32%。并且在 2018 年大约有 10% 的家庭净资产为负数，这意味着中下阶层美国人向上流动的空间迅速萎缩。这些巨富阶层的财富份额的增长是以家庭财富后 50% 的人在过去 30 年里的财富净增长基本为零为代价的，这使得后者原本就很微薄的财富占总财富的比例从 4% 降至 1%。

并且，高收入区段内部继续“再分化”。2018 年，在收入前 1% 的富人群体中，收入前 0.01% 和前 0.1% 的巨富阶层的财富增长速度遥遥领先。以排名后 90% 人口的收入为参照系，收入前 10% 者的收入是其 9 倍，前 1% 者是其 39 倍，而前 0.1% 的富豪阶层则是其 196 倍以上。[①] 高收入区段的精致分层一方面揭示了富人对财富蛋糕的激烈瓜分进一步压缩了中产和贫困人口的财富增长空间；另一方面也意味着对社会起到正向促进和激励作用的分层已然不复存在，由财产、权利和名望确定的社会地位体系越来越难以被撬动。

收入分配的不平等和相关税收制度等向资本倾斜等必然导致作为收入积累的财富分布的不平等性恶化。收入不平等在财富分配方面体现出“雪球效应”：工人工资在 GDP 中的比重在波动中呈下降趋势，目前已是历史新低；而同期的公司利润在 GDP 中的比重则不断上升。广大中产阶级的主要收入都来自于工资，而资本家的收入则主要来自于公司利润（股票），这种剪刀差造成的贫富差距进一步扩大。并且，大部分收入被最高收入群体所赚取，这些人将收入所得进行投资或储蓄继而获得更大的资本收益，反过来进一步加剧财富集中。

---

① U. S. Census Bureau, *Current Population Survey basic monthly microdata* (U. S. Census Bureau CPS basic). Various years. Survey conducted by the Bureau of the Census for the Bureau of Labor Statistics, https://thedataweb. rm. census. gov/ftp/cps_ ftp. html.

根据美联储的系列报告，2010—2013年间，美国只有处于财富顶层的前3%的人群保持财富增长，剩下来的97%的人群的财富都在缩水，其中财富底层的90%的人群自2004年以来一直呈财富缩水态势，财富顶层3%—10%之间的人群自2010年以来呈财富缩水态势。最富有的3%的美国人所拥有的财富在2010年占据财富总量的61%，而到2013年已经攀升到63%。奥巴马时期通过强制提高最富有阶层的税率，维持收入差距不至于大幅恶化，但并未在根本上改变收入差距和财富分配差距持续恶化的趋势。

最贫困的20%人口的财富总额，从2009年初的3.8万亿美元缩水至2019年年中的2.9万亿美元，可以说除养老金外，所有资产类别的价值都在下降。近半数美国家庭仍面临基本支出困难，23.1%的人无力满足食品开支，17.8%的人受财力所限被迫脱保，另有9.3%的人难以负担住房相关费用。并且，28%的美国成年人没有应急储蓄，仅25%的人自备“雨天基金”（Rainy Day Fund），但不足以支付3个月的生活费。因此，意外损失、家庭成员疾病、缺乏医疗保险以及高住房成本，均令他们雪上加霜。①

3. 代际不平等性

从代际不平等的角度看，65—75周岁的家庭财富中位数在1989年是15.5万美元，到2016年增长为22.8万美元；25—35周岁的家庭财富中位数在1989年是2万美元，2016年反而下降到了1.8万美元。在劳动力市场寻找工作的18周岁以下的青少年，主要是未接受高等教育甚至高中教育的非洲裔和拉美裔，这也是种族因素与年龄因素等相互作用的结果，说明美国社会的代际不平等在加剧。这也能够解释为何新冠肺炎疫情暴发后，一些怀着仇老心态的美国年轻人将新型冠状病毒称为“婴儿潮”一代消灭者，并把老年人渲染为社会累赘；也能解释为何1995年后出生的“Z世代”在“弗洛伊德事件”引爆的大规模示威活动中成为主角。

美国的教育、医疗和养老等基本公共资源相对充足，但是，在新自由

① “Wealth in America: Inequality Persists in Household Wealth,” U. S. News, Nov. 14, 2019, https: //www. usnews. com/news/elections/articles/2019 - 11 - 14/wealth - in - america - inequality - persists - in - household - wealth.

主义经济社会政策主导之下，这些公共资源日益成为“稀缺化”的市场资源，进一步加剧了代际不平等。

例如，从2008年到2017年，美国年轻人中获得高中学位的比例从86%上升到89%，提高了3个百分点；获得本科以上学位的比例从29.4%上升到34.2%。这说明到达了合法劳动年龄后，选择延迟3年甚至6年再进入劳动力市场的人更多了。

然而，由金融资本主导的市场力量推动着美国高等教育的大众化和产业化。无论公立大学还是私立大学，都在不同程度上成为营利性主体，大学学费上涨幅度更是远远超过通货膨胀率，自1980年以来已经上涨了213%。其结果是美国学生贷款数额激增，2019年已经达到1.51万亿美元，成为仅次于住房债务和信用卡债务的最大债务之一。很多低收入家庭的学生就读于质量较差、以利润为导向的低水平大学，他们中很多人在毕业时拿不到学位，却又因读大学而背负上了沉重的助学贷款债务。高等教育制度和助学贷款体系被批评为“加剧了美国的社会经济不平等”，这也是促使“千禧一代”和“Z世代”走上街头进行抗议的重要原因。①

根据2020年的《全球社会流动性报告》，美国的社会流动性排名第27位，在“公平的工作机会”“获得技术支持”等指标上得分较高，但“工资公平”一项却低于地区平均水平。更糟糕的是，目前大约44%的美国人属低薪劳动者之列，而与之相关的低教育水平、低就业潜力、缺乏社会关系和贫困等挑战，往往会持续影响后代。随着社会不平等加剧，“了不起的盖茨比曲线”（The Great Gatsby Curve）成为了美国代际收入弹性的缩影，“美国梦”的褪色已成定局。②

斯坦福大学贫困与不平等问题研究中心（Stanford Center on Poverty and Inequality）2019年发布的一项报告显示，“千禧一代”中，仅44%的人从事了社会经济地位高于父母的工作，而49%的人尚未达到父母的职业地

① Suzanne Mettler, *Degrees of Inequality*: *How the Politics of Higher Education Sabotaged the American Dream*, Basic Books, March 2014.

② World Economic Forum, “Global Social Mobility Report,” Jan. 2020, http: //www3. weforum. org/docs/Global_ Social_ Mobility_ Report. pdf.

位。抛开社会结构僵化对财产继承和教育发展类的投资的现实阻碍不谈，美国民众对社会流动性的悲观预期进一步放大了此类先赋性、结构性障碍。纽约大学的一项研究表明，尽管美国社会的确存在流动性差距，但民众对贫穷与富裕家庭的孩子经济收入鸿沟大小的认知是实际大小的两倍。对发展机会均等的悲观预期远超过现实，不单强化了美国阶层固化和特权暴力的刻板印象，更削弱了中产阶级对社会稳定和进步的潜在信心。

三、社会分化和阶层固化的恶化

美国精神具有浓厚的自由主义传统，以个人主义为核心，鼓励追求个人自由和物质财富。在强调自由权的同时，美国社会也强调平等性。然而，美国传统上的平等是指机会平等，强调法律面前的平等，赋予“机会平等”以绝对的道德至上性与政治正确性，突出“勤奋劳动”对形成贫富差距和阶层差异的决定性意义，而不注重结果的平等和社会成员之间相互责任的平等。因此，美国社会本质上是一个工作社会。同时，美国也强调经济和社会的向上流动性，通过众多类似富兰克林这样的“平民到富翁到政治家”的成功范例，将较高的社会流动性作为美国社会正确性的重要基础，以此证明精英地位的来源正当性。因此，机会平等性和社会流动性二者共同构成理想的美国社会模式所具有的意义、正确性和信心的基石。

联邦人口普查局指出，美国的基尼系数从1967年的0.397%攀至2018年的0.486%，已达50年来峰值。2018年，美国家庭收入中位数同比增长0.9%，但是，考虑到通货膨胀因素，该增长几近为零。与贫富两极分化同时存在的是日益加重的阶层固化，不仅在美国产生深刻复杂的“经济—社会—政治”结构性矛盾，而且是当前反全球化力量从主要来自发展中国家转变为来自以美国为代表的西方发达资本主义国家、世界格局与国际政治经济关系处于重大转折期的重要原因之一。

1. 机会不平等性

按照传统的西方经济学竞争理论，根据个人的竞争力或技能价值差异性而在竞争性市场经济下形成的不平等一定程度上有利于促进竞争，一定程度的贫富悬殊能够促进对资源的高效利用和提高整体社会生活水平。然而，21 世纪以来的美国，该理论正在受到新技术革命、产业空心化导致的“工作机会的极化”等多种因素的冲击，诸多情况下形成的贫富悬殊与个人的努力无关，而是植根于机会不平等性，这就对经济增长和社会公平都造成损害。并且，不断恶化的收入不平等和财富不平等共同造成了机会不平等现象的加剧。

美国存在相当比例的被劳动力市场所排斥的低技能、低教育程度的劳动力人口，对他们而言，失业（或被排斥）不再是周期性的、而是结构性的。机会不公平性的增强与社会流动性的降低是密切相关的，具体表现为工人在劳动力市场的流动性自 21 世纪初开始趋于下降，在更换雇主、变更职位和行业等方面的频率和能力都在萎缩；新企业进入率整体趋向萎缩，工作跳槽所能获得的受益幅度在下降；职业注册率在上升，导致需注册职位的人员跨州流动受到制度性阻碍……上述现象表明，劳动力市场所能够提供的流动性下降导致通过个人努力工作改变命运的机率下降。

此外，工人的工会参与率和最低工资标准的下降等导致工人的集体谈判能力在下降，反过来增强了企业的市场势力，其所诱发的各种“寻租行为”对整体经济发展产生负面影响，体现了利润与生产环节之间新的脱节，反映了非充分竞争市场中垄断性支配地位的价值。也就是说，劳动力市场所能够提供的流动性下降导致通过个人努力工作改变命运的机率下降、机会不公平性在增强。

并且，种族、阶级和性别等从不同程度上塑造人生机遇，由于社会分化、阶级隔离、种族冲突等多种原因，共同利益和集体责任等不同程度上在这些国家都呈萎缩趋势，导致个人越来越彼此疏离和原子化，转而越来越依赖个人关系网，即父母的社会资本，这导致贫穷的孩子因为缺乏家庭和社区的保护而越来越脆弱化，进而越来越难于通过个人奋斗改变命运。美国中低层少数族裔陷入贫穷和种族歧视互为因果的恶性循环，中低阶层欧洲裔白人愤怒于自己的“被边缘化”，使美国社会的身份认同陷入分裂之中，以种族冲突、文化冲突和警民冲突等多种形式表现出来，并且这些冲突都在掩盖事实上的经济社会不平等之下的社会分化与阶层固化。

21 世纪美国的阶层固化和社会流动性的下降使美国自建国以来对机会平等的追求失去现实土壤。

2. **制度性的社会不平等**

美国社会各族群的中低阶层都面临着机会不平等性的恶化，中上阶层采用各种形式的“囤积机遇”导致社会流动性差，而地区差异、职业差异、城乡差异、产业差异等都在加剧机会不平等和固化社会分层。一项跨国社会调查显示，美国社会更具有精英管理社会的特点，无论向上流动还是向下流动的可能性都低于其他西方发达国家。从这一调查结果来看，父亲收入（家庭收入）处在全美收入最低的⅕的孩子，比家庭排在全美收入最高的⅕的孩子以较好成绩从高中毕业的机会更低，并且更有可能在就学年龄阶段就成为未婚父母或者因犯罪被监禁。[①] 美国国家卫生统计中心公布数据表明，近年来美国的未婚生育率仍然较高，这就使传统家庭结构面临分崩离析危险的同时，越来越多的儿童因为处于单身家庭而处于贫困状态，直接进一步导致儿童前途的两极分化。

大量美国人，特别是拉美裔和黑人等，由于其所处环境而束缚了其创造力和劳动参与能力：例如美国的教育存在诸多不平等，父母的社会经济地位对子女获得成功的机会具有很大影响；又如美国的司法和执法领域存在严重的种族歧视，1984 年美国各州和联邦的囚犯主要是白人，而到了 2014 年 65% 的被宣判的囚犯都是少数族裔，以罚款、保释等形式为代表的财产性处罚的广泛使用更使得罪犯所在家庭的社会经济地位对其接受何种刑罚方式具有关键性意义[②]；再如妇女在劳动力市场遭遇就业、工资等种种歧视。这些制度性的不平等加剧了阶层固化问题。

资本主义天然产生经济不平等，导致财富向少数人聚集，因此有赖于税收制度等实现收入与财富的再分配。然而，以税法复杂著称的美国，依

---

① Siwei Cheng and Fangqi Wen, “Americans Overestimate the Intergenerational Persistence in Income Ranks,” *Proceedings of the National Academy of Sciences*, Vol. 116, No. 28, 2019, p. 13909.

② http://www.prisonpolicy.org/profiles/SC.html.

靠工资收入的中产阶级都是税收的主要承担者。富人充分使用其可以变现、转换的流动资产来实现资本收益之后，通过利用慈善捐赠避税、利用税式支出享受减免税或抵税、聘请专业审计人员来合法避税等可以逃避缴税或少缴税。此外，经济全球化让跨国资本获得全球流动的极大自由，这些资本主义国家不得不为争取流动资本展开竞争，例如采取有利于资本收益的税收政策等，不但使个人所得税率高于公司所得税率，而且使高收入阶层和处于财富顶端的个人与公司等越来越有空间和能力在不同国家之间转移资产和将收入藏匿海外以实现避税甚至逃税，从而进一步从制度层面固化甚至扩大其财富占有。

3. 公共资源的匮乏

虽然美国经济在增长、美国的净私人财富在上升，1984 年第三季度美国的私人财富总额为 20.43 万亿美元，到 2020 年第一季度这个数字上升为 104.3 万亿美元。与此同时，美国的国债从 1989 年的 2.86 万亿美元上升到 2019 年的 22.03 万亿美元，财政赤字从 1989 年的 1530 亿美元上升到 2019 年的 9840 亿美元。说明公共债务增长的速度快、美国各级政府的公共财富都在不断缩水，政府缺乏调控社会经济不平等性的能力和资源，美国中产阶级的萎缩和最贫困人群所赖以生存的公共资源正在变得紧张，难以弥合各种维度的分裂与冲突。①

尽管美国不是一个欧洲式的福利资本主义社会，但是美国联邦、州和地方各级政府在公共项目下的社会福利开支占国内生产总值（GDP）的比重持续走高，如果将私人社会福利开支和以税收优惠等形式体现的间接福利转移支付等考虑进来则更为惊人。如此高昂的福利转移支付并未实质性改善收入不平等问题，也未有效减缓中产阶级萎缩趋势。

据 2015 年美国皮尤研究中心统计，中产阶级、高收入阶层以及低收入阶层的比例分别为 50%、29% 及 21%，这组数字在 1971 年为 61%、25% 及 14%。贫富分化和机会不平等性等共同导致了中产阶级的萎缩、不同阶层与种族之间的话语权不平等，而且加剧了政治不平等性和代际之间的不

---

① Kevin Kelleher, "Gilded Age 2.0: U.S. Income Inequality Increases to Pre – Great Depression Levels," https://fortune.com/2019/02/13/us – income – inequality – bad – great – depression/.

平等性。中产阶级空心化所体现出来的不平等现象加剧，既摧毁了人们对于实现任何合理程度的机会均等的希望，也固化了经济和社会权力上的不平等性。

理论上，资本主义民主政治的正当性建立在公民授权机制之上，而这种授权的有效性依赖于相对的社会平等。社会财富和资源越来越集中在一小部分高收入阶层，代际间的社会流动就越来越困难。并且，通过各种游说组织和代理人阶层影响民主政治机制，有利于既得利益集团的各种政策得以顺利通过，有利于巨富阶层将其经济权力转换为政治权力和影响立法进程，使得形式上的“一人一票”机制被实质上的金钱政治所空洞化，不同阶层之间的政治话语权和政治参与能力、意愿之间的差异性不断扩大，反过来加剧公共资源的匮乏性。

随着社会脆弱性和不安全感的增强，普通民众社会幸福感的降低远远超出常规 GDP 标准所体现的程度，不仅导致美国面临社会分裂的日益加剧，还导致因事实上的政治平等性的瓦解而产生的民主政治正当性基础的弱化。这就是作为社会大多数的中产阶级与低收入阶层产生了强烈“被剥夺感”和“草根—精英”对立情绪的原因，也能够解释为何一部分民众选择具有强化国内再分配意义上的平民主义，另一部分民众倒向以反对移民、逆全球化等为主要特征的本土主义。所以，这种“赢者通吃”格局不仅威胁着当代西方资本主义国家经济与社会的可持续发展，而且导致政治不稳定的发生。

第二节　人口结构与宗教问题

美利坚民族是一个由异质性人口所构成、规模庞大、实现了工业化和城市化的民族。美国人口从 2000 年的 2.817 亿增长为 2020 年的 3.318 亿，是世界上人口第三大国，相当于世界总人口的 4.25%。2019 年美国的人口增长了 0.6%，而 2020 年增长了 0.59%，这是美国一个世纪以来的最低生育率，其原因是出生的总人数有所下降，加上第二次世界大战后“婴儿潮”时期出生的人越来越老，死亡人数增加，美国人口结构面临老龄化问题。

21世纪以来，美国前所未有地引进大量移民，加上各族群生育率差异导致的族群多样性变化等，美国的传统主体族群——欧洲裔白人的生育率低于少数族裔，美国正在经历一个从欧洲裔白人占据人口绝对多数向没有哪个族群超过半数的方向发展，也就是处于从几乎是白色婴儿潮文化到全球化多民族国家的转型进程之中。这对于一个由欧洲裔白人首先建立政府、经历持续种族斗争、尤其近年还频繁爆发种族冲突和激烈的限制移民争论的国家来说，美国人口结构的这种不可逆的革命性变化是引发欧洲裔白人深重的危机感和引爆文化认同冲突的里程碑事件。

并且，与美国人口结构变化相应的是美国宗教结构的日益多元化，给以福音派为代表的宗教保守力量极大的危机感。人口和族群结构的演变与美国的政党政治、宗教活动、社会运动和文化认同等复杂地结合在一起，形成一个动态的互相影响过程。

一、人口结构的变化

根据世界实时统计数据（Worldometers）网站统计，2020年美国人平均年龄为38.3岁，美国的城市人口占82.8%（2020年为2.739亿人）。尽管近年来美国人口增长率有所下降，但预计人口仍将持续增长。自2014年到2060年期间的美国人口变化呈现低生育率、老龄化和族群多样性变化三个要素相结合的特点。此外，美国单亲家庭比例的急剧上升、宗教人口构成变化，以及东西海岸地区的人口较之于内陆地区更具有种族和族裔多元性等因素正在深刻地改变美国的人口社会结构。

1. 低生育率导致的“土生人口”增长缓慢

世界银行的统计数据显示，21世纪以来的美国人口保持了持续增长，参见图3－5。

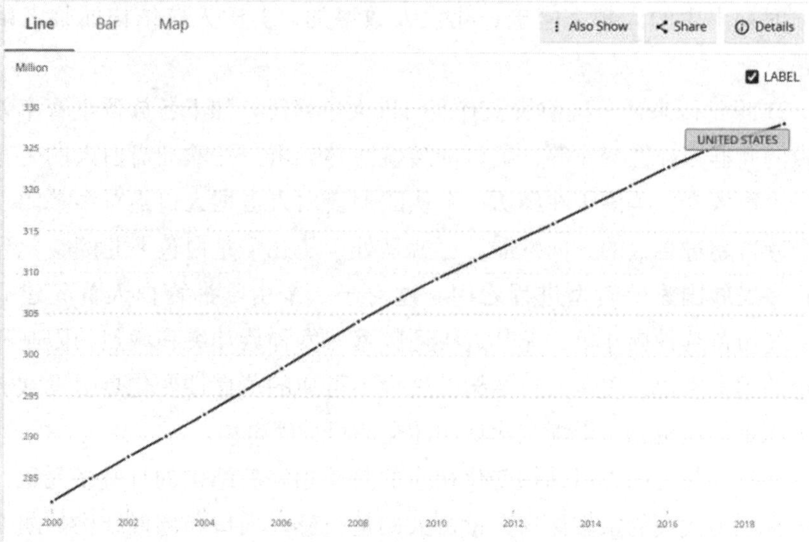

图3-5　美国人口增长情况（2000—2019年）

数据来源：世界银行官方网站。

从图3-5可以看出，美国人口总数在21世纪保持了持续增长。根据World Population Review网站的统计，2000年到2020年间，美国人口平均每年增长0.9%左右，但从2016年开始下降到0.7%以下并持续下降。尽管美国的生育率与其他发达国家相比不算太低，但据OECD的统计数据显示，从2000年平均每个妇女生育2.1个孩子、逐年下降为2018年的1.7个孩子，美国生育率已经低于生育率2.1的世代更替水平，并且各年龄组的育龄妇女的生育率都在呈下降趋势。

由于美国的传统主体族群——欧洲裔白人的生育率低于少数族裔，导致美国“土生人口”（native born）出生率持续下降。从中长期看，约束经济增速的主要威胁来自人口的缓慢增长，“土生人口”出生率的下降不利于美国经济迅速复苏，因此为了解决人口萎缩的问题，需要“外国出生人口”的持续增长，也即需要有新移民进入才能保证美国总人口的基本稳定增长。加上美国向经济金融化的转型，资本输出代替商品输出成为这一轮经济全球化的主要形式，经济全球化、经济金融化、产业空心化、高科技产业和生产自动化等致力于促进资金、信息、商品、货物和劳动力本身的自由流动和自由组合。为了保证劳动人口规模不萎缩需要引入移民，到2060年将有18.8%的美国人是“外国出生人口”（foreign born）。

根据2015年发布的《当前人口报告：2014年》（简称《人口报告》）预测，2014年到2060年期间美国新出生人口的母亲，按照其出生地进行区分，20.3%为“外国出生人口”，79.7%为“土生人口”。[①]

2. “婴儿潮”一代退休导致的人口老龄化

美国65周岁以上人口占比自2008年金融危机以来急剧上升，第二次世界大战后“婴儿潮”一代开始步入老年阶段。随着他们到达退休年龄，到2030年20%左右的美国人口将是65周岁以上的老人，这个数字在2060年将达到24%，65周岁以上的老年人将从4600万翻番为9800万。

18周岁以下年龄组占人口总数的比重在持续下降，2014至2060年间，美国18周岁以下的人群占人口总比将从23%下降到20%，劳动年龄人口占比将从62%下降到57%。尽管没有西欧和日本严重，美国亦将迎来人口老龄化问题，并且与“土生人口”相比，这一问题在“外国出生人口”群体中更为突出。

更重要的是，虽然“婴儿潮”一代已经步入老年，但65周岁以上老人的劳动参与率在过去20年翻了一番，与此形成对比的是将近10%的16—24岁青年人口退出了劳动力市场。参见图3-6。

从图3-6可以看出，16—64周岁适龄工作人口比重的下降会拉低社会总劳动参与率，到2060年美国劳动参与率将降低至56.7%左右。也就意味着不再需要创造那么多就业岗位，劳动力的自然减少本身就能对冲部分失业率。

美国的未来40年里的人口出生率将会持续缓慢下降，而移民的增长也因种种因素陷入相对停滞。无论是从产出要素、还是从需求方面来说，人口赡养比的上升和劳动年龄人口数的下降都会对美国经济增长构成消极影

① Sandra L. Colby & Jennifer M. Ortman, “Projections of the Size and Composition of the U. S. Population: 2014 to 2060,” *Current Population Reports*, 2015.

响，也不利于增强美国的社会活力。此外，“外国出生人口”老龄化程度比“土生人口”更严重的问题，成为特朗普政府着力反对链式移民的主要依据，认为占据美国移民绝对主体的链式移民不但消耗联邦财政资源，还有半数以上移民家庭依赖联邦和各地福利项目。

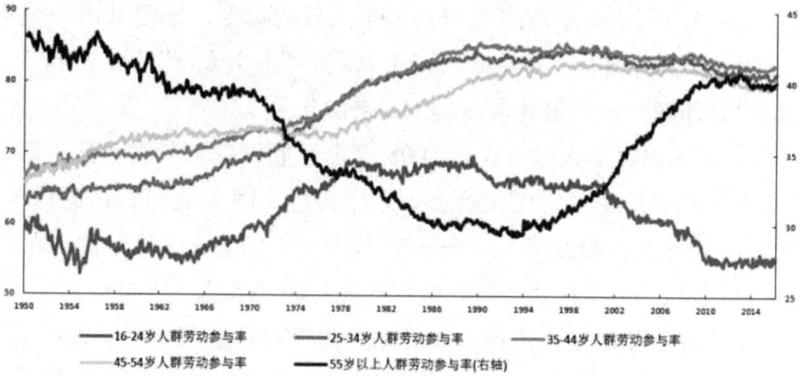

图3-6　1950—2015年各年龄组劳动参与率变化

数据来源：Jason Furman，Three Challenges in the U. S. Labor Market：Participation，Inequality，and Fluidity，Jan. 2016。

3. 各族群生育率差异导致的族群多样性变化

美国人口的种族与族裔多样性处于进一步多元进程之中：通过对美国2000年和2010年两次人口普查结果可以发现，在这10年里，欧洲裔白人的人口净增长仅为200万人左右，增长率接近1.2%；而同期少数族裔人口净增长2500万人口，其中拉美裔白人（主要是墨西哥人）增长了1520万人左右，增长率达43%；亚裔增长了440万人，增长率达43.3%；而黑人增长了12.3%。欧洲裔白人占全国人口比重持续下降，2010年少数族裔人口已经占全国人口的36.3%，而2000年少数族裔人口仅占30.9%。

根据2011—2015年美国社会调查，名列前五的血统有：德国裔（14.7%）、非洲裔（12.3%）、墨西哥裔（10.9%）、爱尔兰裔（10.6%）和英国裔（7.8%），即欧洲裔白人仍占据人口多数。

然而从单一族群的对比来看，18周岁以下年轻一代美国人生于一个

“多数变少数”和“少数变多数”互为因果的年代，欧洲裔白人在这一年龄组的现有比例（52%）和未来趋势（2060年为35.6%）都很低，在这一年龄组，美国的欧洲裔白人孩子已经接近成为“主要的少数族群”。尽管欧洲裔白人目前仍占据美国总人口的半数，但到了2060年其所占人口比重将仅占35.6%，并将于2044年从多数族群变为“主要的少数族群”。未来人口增长最快的三个族群分别为：多族裔、亚裔和拉美裔，其中拉美裔到2060年将占据美国总人口的¼。①

美国人口的族群结构演变使得美国的“社会分层”呈现如下特点：一方面，种族不平等痼疾难改，既有以“黑命贵”等为代表的反种族歧视社会运动，也有白人面对族群结构变化和多元文化主义占据“政治正确”等所产生的危机感；另一方面，阶层分化持续扩大，无论肤色、宗教和性别的差异如何，美国人都必须服从于资本收益最大化原则而“被平等化”地面对日益激烈的就业竞争，各族群内部因工作、收入、财富和社会资本等的阶层区隔不断扩大。

即使排除移民因素，美国“土生人口”的各族群生育率差异导致欧洲裔白人在未来的人口结构中将不占主体族群优势。这说明，尽管欧洲裔白人仍将是最大的单一族群，但美国将处于没有任一族群超过总人口半数的多元人口结构之中。与具有悠久历史的民族文化国家不同的是，美国是一个典型的没有“土生文化”而是以移民文化为主的国家，其文化基础很大程度受到文化背景不同的移民及其所形成的不同种族构成和族群人口规模的影响。

与族群结构多样化同时存在的是美国文化多元主义者把持着“政治正确”话语权，西班牙语等日益成为美国的常用语言，数百万非法移民被特赦，拉美裔美国人在大选和地方性选举中的重要性也日益凸显……从不同侧面似乎在佐证美国“语言和精神上的分裂”。在亨廷顿看来，哪怕将来盎格鲁—撒克逊新教徒的后裔在美国人口中的比重很小，只要绝大部分美国人认同盎格鲁—新教文化，美国就能够长久地保持其为美国。而一旦这

① http://www.census.gov/content/dam/Census/library/publications/2015/demo/pp.25-1143.pdf.

种认同不复存在，如他所担心的，“美国将有两种文化（盎格鲁和拉美）和两种语言（英语和西班牙语）……难于保持文化和政治上的完整。”但是在美国人口结构的变化和社会不平等性加剧二者相结合的作用之下，这种文化和政治上的完整性正在受到冲击，社会处于各种冲突与分裂之中。

4. 传统家庭比重萎缩导致的家庭形态多元化

根据劳工部的劳动参与率统计，1960 年代初妇女大都在结婚后生育孩子，21 世纪以来大约有四成的妇女选择单身或与同居者生活期间生育，不但导致妇女劳动参与率的持续上升和妇女成为家庭主要经济来源，而且导致美国家庭形式日益多元化和复杂化。

而近年来的美国社会调查显示，美国传统的双亲家庭的比重由于离婚率、再婚率和同居率的上升而持续下降，已经从 1960 年的占比为 73% 降至 2014 年的 46%。与美国亚裔妇女长期保持低生育率和欧洲裔白人妇女的生育率自“婴儿潮”之后迅速萎缩相反的是，近 20 年涌入美国的拉美裔移民妇女保持了高生育率。美国单亲母亲的比重从 1960 年代的 5% 左右迅速攀升、在 2007 年前后达到最高值（51. 8%），2016 年降至 39. 7% 的水平，但黑人单亲母亲占比为 69. 7%、拉美裔为 52. 5%、欧洲裔白人为 28. 4%、亚裔为 12%。近年来的新特点是，生育非婚生子女的主体不再是单亲母亲、而是处于同居状态的母亲。并且，受教育程度较高（获得学士学位）的父母保持传统双亲家庭的比重越高，对子女的教育重视程度越高。

美国家庭形态的变化使得当今美国社会不再有主导性的家庭结构模式，而单亲家庭比重的居高不下及其背后存在的族群和阶层差异等，导致美国存在严重的儿童贫困率问题，大约有 1500 万美国儿童（占儿童总人数的 21%）生活在联邦贫困线以下的穷困家庭之中，甚至根据《美国教育发展现状报告 2017》显示，2014—2015 年公立小学和中学仍有 2. 5% 的学生无家可归。

美国的单亲家庭和贫困儿童的比例居高不下，其结果是通过卫生保健、住房、营养和儿童保健等所提供的非现金援助以及税收优惠等提供的现金援助越来越成为“刚性”需求；而为了保持美国的长期竞争力，需要用教育和培训来帮助单亲父母和年轻人更加自给自足、帮助儿童获得必要的教育等，也增强了美国各级政府教育支出的“刚性”。

然而，针对日益“刚性”的社会福利开支，美国社会的对立情绪在加重：一方面，大量少数族裔和移民要求保持甚至增加社会福利与放宽移民政策；另一方面，如霍克希尔德所发现的，“路易斯安纳州的工人们辛勤工作，却面临随着年龄增长、收入不断下降的窘境……而且他们越来越被排除在就业市场之外的同时，其他人却在‘插队’：例如女性、黑人、新移民、难民等等。”①

与长期以来依赖政府救助或慈善救济而生存的黑人与拉美裔不同，这些遭遇排斥和插队的美国传统白人工人阶级是盎格鲁—新教文化的支持群体，他们视因失业或贫穷不得不依赖政府救济为耻辱。由于其长期以来基于主体族裔的优势地位受到冲击，他们对大量少数族裔依赖福利而生存的现状表示强烈不满，不但加剧了不同种族和族群之间的对立，而且激化了白人社会内部的分裂情绪。

5. 各族群分布变化所形成的地区差异性

美国人口最多的两个州是加利福尼亚州（3950 万）和得克萨斯州（2870 万）。美国最大、人口最密集的城市是纽约市（840 万），比美国第二和第三大人口最多的城市洛杉矶（400 万）和芝加哥（270 万）加起来还要多。显然，东西海岸和大都市区集中了美国大部分人口，也集中了大部分经济产量。

自 20 世纪末开始，美国的种族和族裔多元化不再局限于大都市和东西海岸地区，而是通过美国国内少数族裔的迁徙和国际移民的大量进入逐渐向广大乡村地区延伸，将曾经是欧洲裔白人占据绝对主导的地方逐渐改变为多元群体混居区域。其结果是，大约有 1000 多个城镇、100 多个县、4 个州（加利福尼亚州、得克萨斯州、新墨西哥州和夏威夷州）和哥伦比亚特区成为没有主体族群的地区；而缅因州、佛蒙特州、西弗吉尼亚州和新罕布什尔州是多元化程度最低的四个州。

---

① Arlie Russell Hochschild，“Strangers in Their Own Land：Anger and Mourning on the American Right，” New Press，2016，pp. 131 – 141.

与上述种族和族裔多元化程度差异性同时存在的是美国地区差距的日益扩大，以 2015 年度的各地区贫困率为例，密西西比州的贫困率高达 22%，亚拉巴马州、阿肯色州、肯塔基州等贫困率居高不下，呈现东西两侧海岸线地区整体富裕、内陆和北部地区偏贫穷，金融业和高科技产业地区整体富裕、传统工业区和农业区偏贫穷的格局。

虽然种族和族裔的多元性不再局限于大城市和东西海岸地区，美国族群分布和经济发展的地区差距与 2016 年美国大选所体现的红州（共和党领先）和蓝州（民主党领先）的分布有着密切关联性。并且，2016 年和 2020 年两次美国总统大选出现了“乡村白人”和“城市少数族裔”相对立的格局，即种族和族裔更多元的都市人口更倾向于希拉里和拜登，而白人聚居区和乡村地区人口更倾向于特朗普，内陆和北部地区以红州为主、东西两侧海岸线地区以蓝州为主，构成了美国两党政治的区域性分隔基础。

上述“土生人口”与“外国出生人口”的不同发展趋势、人口老龄化、欧洲裔白人主体地位的逐渐丧失、族群结构失去主体族群的趋势、家庭结构变化和族群地区分布差异性等因素彼此融合，导致了美国人口特征的结构性变化，对美国的经济、政治生活及其身份认同感都具有广泛而深刻的影响。

二、宗教多元化与福音派的危机感

在美国，政治与宗教信仰难于分离。尽管科学技术高度发达，宗教因素渗透到美国社会政治生活的诸多方面，“（美国的）民主政治与基督教福音派之间存在着密切联系……从一开始，美国社会就是一个宗教观念很强的社会。”但是，美国人口结构的变化加深了美国宗教人口结构的变化，宗教多元化的提升和以福音派为代表的基督徒的危机感成为 21 世纪美国宗教的主要特点。

1. 美国宗教人口结构的变化

信仰基督教的欧洲裔白人曾经是美国占据绝对主导地位的宗教群体，

但是，随着移民的大量进入和美国人口结构的日益多元化，美国的宗教人口构成在过去20多年里发生了很大变化，白人基督徒已经只在不到半数的州占据人口多数，且普遍存在基督徒老龄化问题。

美国公共宗教研究所发布的《变化中的美国宗教身份》报告显示，2016年信仰基督教的欧洲裔白人已经仅占总人口数的43%，其中信仰新教的仅占30%，而福音派新教徒比重已经降至17%、圣公会教徒比重降至13%、天主教教徒比重降至11%；非基督教（犹太教、伊斯兰教、佛教、印度教等）的信众比重有上升（人数仍低于10%），但伊斯兰教（42%）、印度教（36%）和佛教（35%）的信众为30岁以下的年轻人；大约⅓的自称没有宗教归属的美国人是30岁以下的年轻人，与此相反的是美国老年人中信仰基督教的比例更高；52%的30岁以下天主教教徒为拉美裔白人，而信仰天主教的欧洲裔白人比重从25年前的87%降至55%；有20个州的人口以没有宗教归属的美国人为主体，而接近半数的同性恋、跨性别（LGBTQ）美国人属于没有宗教归属的美国人；仅有29%的美国民主党人是基督教欧洲裔白人，而福音派新教徒仍是美国共和党的主导性宗教力量（35%的共和党人自称为福音派新教徒、而73%的共和党人加入了基督教白人宗教群体）。①

综上可知，美国宗教人口构成变化既深受美国人口结构多元化的影响，也是自20世纪六七十年代以来多元文化影响的结果。美国共和党和民主党两党各自宗教色彩的差异性正在扩大，共和党仍以基督教白人宗教群体为政治基本盘，而民主党力图以文化来扩大其对多元宗教群体和多元族裔的影响力，这就进一步使得两党意识形态分歧和政治极化呈加剧趋势。

更重要的是，根据2016年的人口统计，“千禧一代”（18—35岁）的人口数为7980万人，已经远远超过“婴儿潮”一代（52—70岁）的人口规模（7410万人），而2016年美国宗教信仰情况调查显示，以盎格鲁—新教文化为核心的传统价值观对“千禧一代”的影响力式微，他们更倾向于自由主义和多元文化主义，这意味着共和党有“失去未来”之虞，极大影

---

① Daniel Cox & Robert P. Jones，“America's Changing Religious Identity，” Sept. 6，2017，https：//www. prri. org/research/american - religious - landscape - christian - religiously - unaffiliated/.

响着未来的美国政治版图。此外，目前占人口多数的美国基督徒的宗教影响力正呈下降趋势，民主党把持着“政治正确”标准对美国传统价值观人群形成了强烈冲击，美国基督徒们认为这不仅破坏了美国的传统家庭价值观、还是对基督教教义的挑战。

2. 基督教福音派的危机感

美国总统选举政治与美国宗教的关系密切，有分析认为，宗教因素将对2020年美国大选近一半的选民产生影响。基督教福音派是美国的主流宗派和最大的基督教组织，时至今日，¼的美国成年人认为自己是基督徒福音派。而美国的欧洲裔白人福音派基督徒则是特朗普的核心支持力量。

福音派是强烈信奉耶稣基督福音、将《圣经》作为唯一的信仰基础、积极从事传教活动的基督教派别。美国的基督教福音派具有强烈的神权政治倾向和广泛介入美国现实政治的传统，影响政治议程的制定、大众政治理念形成和总统选举的过程。自20世纪80年代支持里根当选总统以来，欧洲裔白人福音派基督徒是美国共和党最大也是最忠诚的依靠力量。但是，基督教福音派又独立于国家和政党、倡导个人权利，它没有上下垂直分工的组织形式，而是一个有着多种内部派别、多种政治取向、以欧洲裔白人为主的多种族复杂群体。他们对特朗普的支持被视为基督教民族主义的产物，基督教民族主义则被批评为白人身份政治（白人至上主义）的同义词。特朗普上任以来的多种言行代表了基督教民族主义的政治立场和文化立场。

2018年的一项民意调查显示，福音派基督徒最优先考虑的公共议题依次为：医疗保健、经济、国家安全、堕胎、种族分裂。也就是说，物质层面的议题仍是包括基督教福音派教众在内的美国社会最大关切。

但是，美国从工业资本主义向金融资本主义的转型，美国经济增长主要依赖高科技产业、金融与经济全球化，处于经济全球化中心的美国前所未有地需要引进大量移民进入美国，英语和西班牙语都已经是美国的通用语言，多元文化主义越来越赢得民主党、没有宗教信仰的美国人和年轻一代的支持……美国的基督教福音派所赖以存在的经济基础和社会空间在萎缩，而且美国的文化认同越来越朝不利于福音派的方向发展。例如1954年最高法院“布朗诉教育委员会案”下令废除学校的种族隔离，1973年的“罗伊诉韦德案”让堕胎合法化，2015年美国联邦最高法院裁定同性婚姻正式在美国全面合法化……让基督教福音派等宗教保守力量极为愤怒，因为他们将要因为坚守其对基督教的信仰而违反联邦的法律规定，可他们坚定地认为美利坚合众国本身是在两个世纪前由欧洲裔白人基于基督教信仰而建立的。

3. 基督教福音派与特朗普的政治联盟

这些不安全感、愤怒和风险等，让处于危机中的欧洲裔白人基督徒福音派接受特朗普竞选团队将2016年大选渲染为基督教复兴的“最后一次选举”的说辞。他们在2016年大选的投票率高达85%，并且以4：1的选票支持特朗普。2020年大选，根据美联社的投票民意调查显示，特朗普在白人福音派教徒和再生基督徒（born – again Christians）中赢得了78%的选票。

有研究发现，“美国是一个受到世俗势力攻击的基督教国家”这一看法，是决定一个美国人在2016年投票给特朗普的最重要心理因素，其作用高于种族、移民或经济地位等其他任何因素。[①] 这种将投票给特朗普等同于捍卫美国基督教传统的做法，被视为源自于基督教民族主义意识形态。

什么是基督教民族主义？基督教民族主义者认为他们提倡三个“C”：基督教（Christianity）、文化（Culture）和资本主义（Capitalism）。学界认为，基督教民族主义是一种文化框架，即一种神话、传统、象征、叙事和价值体系的理想化的集合体，提倡基督教与美国公民生活的融合……基督教民族主义的“基督教”还包括本土主义、“白人至上”、父权制和异性恋等，以及对独裁控制和军国主义的神授制裁。它既是宗教的，也是种族的和政治的。

综上可知，基督教民族主义的诉求具有鲜明的福音派色彩，和“白人至上”主义有着密切关联，也往往将文化纯洁性等同于种族或族裔排斥。

---

① Andrew L. Whitehead, Samuel L. Perry & Joseph O. Baker, “Make America Christian Again: Christian Nationalism and Voting for Donald Trump in the 2016 Presidential Election,” *Sociology of Religion: A Quarterly Review*, 2018, Vol. 79, No. 2, pp. 147 – 171.

并且，欧洲裔白人福音派基督徒是基督教民族主义福音派色彩的主要代表群体。因为从2016年大选情况来看，非白人福音派基督徒反对特朗普的比例高达80%以上。

回顾福格尔对美国基督教福音派四次大觉醒的分析，欧洲裔白人这一种族特征是不可忽略的。所谓“上帝的选民”等政治神学使命，在基督教民族主义看来，属于欧洲裔白人。在美国，“白人至上”意味着欧洲裔白人福音派基督徒享有非白人社区、非白人福音派基督徒和其他教众所没有的特权和安全。“让美国再次伟大”这一口号，按照欧洲裔白人福音派基督徒的理解，就是要回到过去的恪守基督教传统的正义状态，因为美国放弃了与基督教的盟约、所以现在处于道德和军事力量的衰退之中。

特朗普政府的基督教福音派底色与“白人至上”主义纠缠在一起，被批评为“在特朗普的美国，‘基督教’不再是一种宗教信仰，而是白人身份政治”。但是，与这种白人身份政治紧密相关的盎格鲁—新教（基督教）文化曾经是并且今天仍被相当比例的美国人视为主流社会文化，主张应当重新确立基督教在美国政治、社会和文化中的主导地位。

例如，美国公共宗教研究所（PRRI）在2017年的一项调查显示，65%的白人工人阶级认为，自20世纪50年代以来，美国的文化和生活方式已经趋于恶化；68%的白人工人阶级以及55%的普通公众认为美国正处于失去其文化和身份认同的危险之中，其中79%的福音派白人工人阶级表达了这种担忧；52%的白人工人阶级认为，对欧洲裔白人的歧视已经成为一个与对非洲裔和其他少数族裔的歧视同等严重的问题……该调查认为，不是经济因素，而是对美国陷入文化错乱的恐惧感，才是白人工人阶级支持特朗普的最重要原因。

无论是2016年还是2020年大选，特朗普都从不同角度来阐述其基督教民族主义言论，炒作一种特殊的“美国末世论”，即美国这个曾经伟大的国家将在民主党、恐怖主义、非法移民和外敌等的影响下迅速解体。这种言论既进一步放大了欧洲裔白人福音派基督徒的危机感和白人工人阶级对文化错乱的恐惧感，也将基督教福音派的教义与经济焦虑、性别歧视、种族主义、仇外心理和伊斯兰恐惧症等议题巧妙地链接在一起。

因此，特朗普的上台和特朗普执政都具有鲜明的基督教福音派底色：

首先，赢得白人福音派基督徒的绝对选票支持。不是基于其信仰，而是通过表达基督教右翼在法律、社会、宗教和文化方面的不满，特朗普与基督教福音派建立起联系。在 2016 年大选前，特朗普以提名保守派大法官、在国家祷告日致辞、将大使馆迁往耶路撒冷等承诺，以福音派基督徒彭斯为竞选副手等，证明他将履行美国的政治神学使命和重建一个基督教美国，因而赢得了欧洲裔白人福音派基督徒对他的绝对支持。

其次，特朗普政府构成的福音派存在。特朗普当选总统后签署行政命令促进宗教团体参与政治活动，成立了一个神秘的"白宫圣经学习小组"。特朗普政府的主要成员，副总统彭斯、国务卿蓬佩奥、国务院国际宗教自由无任所大使萨姆·布朗巴克等都是福音派基督徒。而且，特朗普将竞选期间成立的"福音派咨询委员会"（Evangelical Advisory Board）带入白宫，该委员会由保罗·怀特等福音派团体领袖和巨型教会牧师组成，对特朗普政府的内政外交发挥着重要作用。

再其次，特朗普政府内政行为的福音派色彩。2017 年 5 月特朗普签署《促进言论自由和宗教自由的总统行政命令》，要求行政机关制定政策时一定要保障美国公民的宗教自由与言论自由不受联邦政府的不当干预。特朗普的目标在于废除"约翰逊修正案"，以便于宗教组织和团体参与政治活动。2017 年 7 月，特朗普宣布美国政府将禁止变性人"以任何形式"在军队中服役。2018 年 5 月，特朗普任命约翰尼·摩尔（Johnnie Moore）等基督教福音派领袖人物为美国国际宗教自由委员会委员。特朗普的"边境墙"计划和"禁穆令"等都得到福音派支持。

此外，特朗普任命了两名最高法院法官，尼尔·戈萨奇（Neil Gorsuch）和布雷特·卡瓦诺（Brett Kavanaugh），这两人都被视为符合基督教福音派利益，将最高法院由自由派控制转变为一个具有保守派倾向的法院。2019 年 5 月，阿拉巴马州参议院通过了限制堕胎法案，除了"孕妇面临严重健康威胁"的情况，包括"遭遇强暴及乱伦"等绝大多数堕胎理由都被该法案禁止，被视为对多元文化主义的成功反击。

最后，特朗普政府外交行为的福音派色彩。很多美国福音派基督徒持亲以色列立场，例如犹太人和基督教福音派都相信，神所赋予犹太人最伟大的使命之一就是在耶路撒冷的山巅重建圣殿。因此，特朗普得以用“犹太教—基督教（Judeo – Christian）文明”来统合基督教福音派和犹太人对其的支持。2017 年 12 月，特朗普宣布承认耶路撒冷为以色列首都、并把美驻特拉维夫大使馆迁至耶路撒冷，两年后，他宣布此举是为了福音派。

综上所述，特朗普政府善于操作宗教议题、积极推动基督教福音派议程，以期进一步加强福音派对其支持。2020 年皮尤研究中心的一项调查显示，82% 的欧洲裔白人福音派基督徒表示，他们将投票支持特朗普。①

特朗普政府的表现，一定程度上体现出基督教福音派的第四次大觉醒对美国政治的影响力达到一个新高度。但是，特朗普上任以来，并没有如福格尔所期待的那样解决精神（或非物质）上的不平等问题，反而一方面加剧了美国的物质不平等性，另一方面使美国的文化战争越演越烈，特别是 2020 年新冠肺炎疫情和美国大选复杂地纠缠在一起，美国的社会分裂和国家意识形态斗争都到了前所未有的严重程度。

基于对媒体、科学和政府等根深蒂固的不信任，相当比例的欧洲裔白人福音派基督徒们坚持相信特朗普对媒体的“假新闻”判定、相信深层政府（deep state）要颠覆特朗普、相信新冠病毒源自中国等。在这样的认识之下，2020 年美国大选、新冠肺炎疫情和“弗洛伊德事件”引爆的长达数月的抗议骚乱所凸显的宗教和文化冲突必然进一步恶化。

在福音派看来，这是一场确定美国民族特性以及价值体系的斗争；在多元文化主义者看来，又何尝不是抗拒反种族主义和多元文化主义（宗教多元化）努力的倒退呢？或许，为了让平等主义理想能够继续发挥美利坚民族的黏合剂的作用，美国的基督教福音派亟待再一次大觉醒运动，才能更好地解决社会稀缺资源的分配问题，因为“所有的冲突和危机都意味着对稀缺资源的争夺”，才能让平等主义重回一种民族道德准则和全民族信条。

---

① Pew Research Center, “Trump's white evangelical approval slips, but 82% still likely to vote for him,” July 1, 2020, https: //www. pewresearch. org/fact – tank/2020/07/01/white – evangelical – approval – of – trump – slips – but – eight – in – ten – say – they – would – vote – for – him/.

第三节 移民问题、种族矛盾与地区差异

移民被称为美国经济与社会的“活化剂”、有利于推动美国经济繁荣，但其占人口比重变化和构成变化等，将不可避免地给美国本土文化和心理带来冲击，使得移民问题成为美国社会与政治的核心议题之一。21 世纪以来移民问题日益成为“撕裂”美国政治的一个导火索。

美国长期以来用种族不平等来掩盖、缓解或转移阶级不平等，并以种族骚乱等形式来释放因社会不平等产生的社会压力。21 世纪以来，经济全球化、贫富悬殊、阶层分化、人口结构变化等多重因素综合作用之下，与种族相关的冲突再度成为美国社会难题，将种族矛盾和极端民族主义推到了前台。

21 世纪以来，以更多受益于经济全球化的东西海岸与中部地区的对立、大都会地区和乡村地区的对立等为代表的美国社会的地区撕裂已经逐步成型，并且集中体现于 2016 年和 2020 年两次大选选情之中。

一、移民问题

美国是世界上最典型的移民国家，可以说没有移民就没有美国和美利坚民族。而欧洲移民、特别是英裔美国人，共同构成了美国民族性的来源，并且建立起美国的基本制度等。图 3 -7 是美国移民政策研究所（Migration Policy Institute）统计的移民占美国人口的比重变化情况。

21 世纪以来，随着经济全球化的膨胀、来自世界各地的移民不断涌入美国，美国的人口结构和社会生活都发生了重大而深远的变化，移民逐渐成为美国政治治理的一个“问题”。移民从美利坚民族的“源流”逐渐变为有“合法”与“非法”之区隔的政策决策对象，并且，有关移民问题的决策过程的变化也反映了美国政治治理和国内种族矛盾的变化，美国移民

政策呈现“开放—收缩—开放”的波浪曲折式的变化特征。

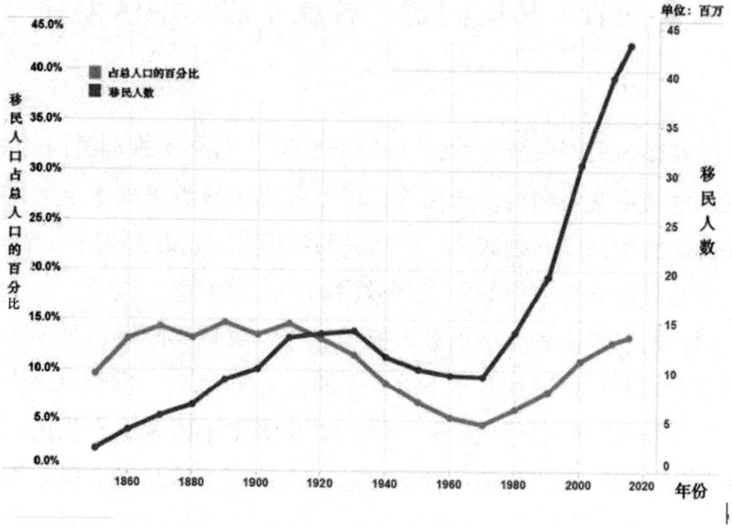

图 3 – 7　移民人数与占美国人口综述的百分比（1850—2015 年）

数据来源：Migration Policy Institute。

1. 小布什时期

克林顿即将卸任之际，通过了《21 世纪美国竞争力法》（*American Competitiveness in the 21st Century Act*，简称 AC21，2000 年），其核心就是要吸纳世界各国的优秀科技人才，主要内容是重新调整关于 H – 1B 签证的上限数量和便利性，切实提高有效的签证数量并让持有 H – 1B 签证的工作者能够更加便捷容易地更换工作。

小布什执政的第二年发生了“9 · 11”事件。“9 · 11”事件的制造者是通过留学生签证进入美国的中东人，使得美国对于移民的接受程度迅速呈现全国性收缩，从民众到政府、从联邦到州、从总统到国会的意见空前一致。在以反对恐怖主义、维护国家安全为目的驱动下，小布什政府对移民政策迅速进行了非常严厉的限制性和紧缩性调整，对美国的签证制度、非法移民控制和边境安全进行了一系列的改革，还进行了移民局的改革与重组以及创建了国土安全部等。例如，《美国爱国者法案》（2001 年 10

月）是针对恐怖主义袭击并与移民相关的重要法律，引起了一部分美国公民和移民权益团体的非议；《加强边境安全和签证入境改革法案》（2002年）不仅确定了边境安全的框架，还要求政府部门之间共享情报和对外国人签发签证的文件，建立完整的“内部数据共享系统”和“出入境数据系统”，更严格地对学生或访问学者签证持有者进行跟踪和监控。

不过这种调整是有限的和暂时的。在经济全球化大势之下，美国经济发展向产业链的高端集聚，对于高学历、高素质及高技能的科技型、管理型人才的需求愈显迫切。为了缓解国内经济发展与就业形势的压力，到其执政后期，小布什总统试图放松引进劳动力的签证制度并试图赦免非法移民以满足社会对于低廉工种劳动力的需求。但由于国会被共和党控制，对于移民政策的改革未能通过，也体现出总统与国会在移民政策上的博弈过程。

小布什时期针对移民制度与非法移民问题的改革法案包括：

“临时工人计划”（2004 年），允许那些愿意来美国工作的外国人从事美国人不愿意做的工作，但是，美国各界对“临时工人计划”的反应不一，在此后国会参众议员提出的各个版本的移民改革法案中，他们都在一定程度上考虑了小布什的立法建议。

《2005 年边境保护、反恐与非法移民控制法案》（*Border Protection, Antiterrorism, and Illegal Immigration Control Act of* 2005），主张严厉打击非法移民，被视为“布什移民政策的挫折”。

《真实身份法》（2005 年），目的在于防止各州发放驾照给非法移民和恐怖分子。其具体做法是，要求各州车辆管理所对申请驾照者必须核对其身份和文件真伪，并将相关信息储存 20 年；按照新的标准，更换新的驾照；不执行此项法律的各州，其驾照将不能作为身份证件用于乘坐飞机等。

《安全围墙法》（2005 年），根据该法律，美国将耗资 12 亿美元在美墨边境修建一道长达 700 英里（约 1126 千米）的新隔离墙，以阻止非法移民毫无阻拦地越境进入美国。

《全面移民改革法》（2006 年），允许在美国居住 5 年及以上的非法移民继续停留和工作，最终可申请成为美国公民。由于众议院两党议员一直在边境安全和非法移民问题上纠缠不清，该法案没有在众议院获得通过。

2. 奥巴马时期

奥巴马是美国第一任黑人总统，也是信奉自由主义和作为新时代“美国梦”标志性人物的民主党人，他强调移民是美国发展的“根本”，全面推动移民政策改革是他在竞选时期和执政时期的重要内容。

奥巴马移民政策的改革主要是针对美国社会最为尖锐的移民问题——非法移民问题，争论的主要焦点在于给予非法移民合法身份的问题、非法移民对于美国社会的贡献问题以及边境安全的问题。美国非法移民的人数从1990年的350万上升到2007年的1250万，联邦政府每年用于遣返非法移民的费用高达数10亿美元。美国政治极化日趋严重，而人口结构变化的趋势整体对于民主党更为有利，其政治版图逐渐扩大，民主党对非法移民的态度更包容。共和党的主要支持者们对于移民改革尤其是非法移民问题上保持强硬立场，在处理移民问题上比较保守。

由于国会对于奥巴马移民政策改革并不支持、州政府对此也持消极态度，奥巴马只能通过强硬的行政命令颁布新移民法。这一举措引起了国会和州议会的更大反弹，改革真正落实之路举步维艰。

《梦想法案》(2010年)，旨在为年轻的非法移民提供获得公民资格的途径，但是没有在国会获得通过。在该法案被参议院否决后，奥巴马运用行政权力，在2012年6月宣布名为“童年入境暂缓遣返程序”（Deferred Action for Childhood Arrivals）的延迟遣返计划实施遣返延期项目，用行政命令的方式暂缓递解部分非法移民。这一移民新政对美国移民政策做了数十年来最大的调整，就内容而言，这实际上是被国会搁置多年的《梦想法案》的一部分。为他赢得了以拉美裔为主的少数族裔的支持，66%的拉美裔在2012年总统选举中支持奥巴马。

2011年，奥巴马政府正式实施区别遣返非法移民的政策，调整政策行使“执法自由裁量权”，将查处非法移民的重点转移到对美国国家和社区安全构成威胁的非法移民。

2014年，奥巴马绕过国会、运用行政权修改移民法，宣布颁布总统行政命令，实施他酝酿已久的、被视为“大赦”的移民改革计划。这份行政命令包含了十项奥巴马政府对移民政策进行的修改，主要内容包括对移民执法政策的修改、对符合标准的无身份移民暂缓递解行动以及对现有合法移民制度的修改。其中受关注度最高的是第二项与暂缓递解相关的 DAPA 和 DACA 两项计划。DAPA 计划对父母的暂缓递解行动（Deferred Action for Parents of Americans）针对的是子女是美国公民的无身份移民，DACA 计划针对的是在童年就来到美国的无身份移民。这两项计划将帮助 500 万名处于这种情况的无身份移民获得新合法身份，从而使得他们得以延期驱逐，并获得工作许可。

奥巴马在非法移民问题上的单边行动不仅没有解决问题，反而进一步激化了在移民问题上的对立和冲突。2016 年 3 月，美国国会众议院通过决议案支持 26 个州对奥巴马总统移民改革行政命令提出法律挑战。2016 年 6 月，美国最高法院对奥巴马“暂缓递解无身份移民行政令”作出裁决，8 位大法官们以 4∶4 的票数维持下级法院有关“奥巴马总统逾越自身职权”的裁定，因而奥巴马的移民行政命令在他任期的剩余时间被冻结。

3. 特朗普时期

特朗普从竞选总统期间就表现出了反移民的强烈态度，上任以后，特朗普政府认为，美国必须采用符合美国国家利益的移民制度：第一，为了确保美国边境安全和严格移民法治，不仅要修建美墨边境的围墙，还要确保迅速清除非法移民；第二，为了保护美国工人的利益，要削减链式合法移民（即占合法移民最大比例的亲属移民）、取消多元签证抽签计划，并将美国的移民制度改变为以择优制（以个人能力为主导的积分制）为基础以阻止低技能合法移民大量进入美国；第三，移民改革必须促进所有美国公民的安全和幸福，也有利于新移居到美国的公民能够尽快融入并实现个人发展。

（1）修建边境墙。特朗普在 2016 年刚上任的时候就承诺，要修建美墨边境墙以阻挡非法移民。但边境墙耗资太大，因特朗普的美墨边境“修墙”预算产生的两党角力，导致自 2018 年 12 月 22 日开始的特朗普任期内的第三次政府停摆持续 35 天之久，使美国在历史上联邦政府最长

“停摆”中迎来2019年。2019年，围绕美墨边境墙预算的问题可谓一波三折，引发了一系列政治风波和法律挑战：首先，特朗普总统与国会之间展开持续的拉锯战；其次，法律风波此起彼伏；最后，联邦与州的冲突加剧。[①]

（2）打击非法移民。“边境逮捕量”持续走高，关押非法移民的拘留所人满为患，饮食和卫生条件堪忧，儿童无法得到基本的照顾。并且，这些非法越境的移民主要是带着孩子的移民家庭，他们中的许多人主动自首以寻求法律上的庇护。特朗普宣布成立“移民暴力活动受害者办公室”协助因非法移民犯罪而受害的人们进行维权，且公开表示准备建立“在美穆斯林数据库”，严加防范该群体可能带来的安全威胁。

（3）限制合法移民。在美国的移民签证系统中，签证分配的一个原则是基于家庭关系，另一个就是依据工作岗位。链式移民是美国合法移民的主体，特朗普政府认为，链式移民不以技术或美德为基础，而是以家庭团聚为基础。其结果是引入大量低技术移民，不但消耗联邦财政资源，还有半数以上移民家庭依赖联邦和各地福利项目。对此，特朗普政府在2017年8月宣布将大量削减绿卡发放数量，提出将采用“择优”（merit – based system）制度进行积分移民的动议，根据其动议，基于家庭关系进行的移民将只允许美国公民和合法永久居民来为配偶及18岁以下的孩子申请。此外，每财年为来自特定国家的有限数量的移民提供的多元移民签证抽签也将不复存在。特朗普缩紧合法移民政策的目标就是要“把工作带回美国”，因此提出了采取系列措施的动议，包括建立新绿卡发放制度、限制向美国公民和永久居民配偶和未成年子女发放绿卡、建立积分制移民制度等。由于上述种种收紧合法移民的政策，美国接受合法移民的人数已经从之前的每年超过100万下降到2019年的不足100万。[②]

---

① “Remarks by President Trump on the National Security and Humanitarian Crisis on our Southern Border,” https://www.whitehouse.gov/briefings – statements/remarks – president – trump – national – security – humanitarian – crisis – southern – border/.

② Zolan Kanno – Youngs, “As Trump Barricades the Border, Legal Immigration IsBeginning to Plunge,” *New York Times*, Feb. 24, 2020, https://www.nytimes.com/2020/02/24/us/politics/trump – border – legal – immigration.html.

（4）减少签证发放。导致愈来愈多的留学生、打工者在找不到岗位、申请不到工作签证的情形下离开美国。

二、种族矛盾

20世纪，美国在消除种族歧视方面取得了进步。但是自21世纪以来，美国社会曾经历过多起严重的种族主义事件，2000年前后围绕邦联旗的存废南方多州出现易帜或降旗运动、2012年非洲裔青年特雷沃恩·马丁（Trayvon Martin）之死和2014年非洲裔青年迈克·布朗（Michael Brown）遇害引起社会强烈的不满、2014年弗格森枪击案之后“黑人的命也是命”成为蔓延到全美各地的社会运动、2015年“伊曼纽尔教堂”血案所引发的“降旗运动”、2015年非洲裔青年格雷死亡的巴尔的摩事件、2016年非洲裔军人打死数名白人警察的达拉斯案、2018年的夏洛茨维尔冲突引爆的“文化内战”、2020年“弗洛伊德事件”引爆的蔓延数月的全美抗议骚乱……种族矛盾再度成为美国社会矛盾的焦点。

1. 种族间的差异

21世纪以来，美国各族群之间和族群内部获得教育、健康和居住等基本资源的机会不平等性持续扩大。

从种族因素的视角来比较，亚裔和欧洲裔白人在就业市场的竞争力、个人或家庭收入等都较之拉美裔和非洲裔要高。不同种族群体的失业率差异仍然较大：以2019年12月为例，欧洲裔白人的失业率为3.2%、非洲裔为5.9%、亚洲裔为2.5%、拉美裔为4.2%。2018年美国非洲裔的贫困率接近21%，而欧洲裔白人的贫困率则约为8%。

在相同的教育背景和资历的情况下，不同族群之间的劳工薪资差距也较明显，拉美裔和非洲裔的平均收入大幅低于欧洲裔白人与亚裔。从贫困率进行比较，拉美裔和非洲裔都远高于欧洲裔白人和亚裔，2018年美国非洲裔的贫困率接近21%，而欧洲裔白人的贫困率则约为8%，凸显出族群不平等所造成的集中贫困问题的严重性。该年度美国家庭的收入中位数为6.3179万美元，其中非洲裔美国家庭的收入中位数为4.1361万美元、欧洲裔白人家庭的收入中位数为7.0642万美元、亚洲裔家庭的收入中位数为8.7194万美元、拉美裔家庭的收入中位数为5.145万美元。①

2013年欧洲裔白人家庭财富中位数是非洲裔家庭财富中位数的13倍，是拉美裔家庭财富中位数的10倍，而在2008年分别为8倍与9倍，表明不同族群之间的家庭财富的差距在2008年金融危机引发的经济大衰退之后迅速扩大。并且，过去20年里，欧洲裔白人家庭的财富增长速度是拉美裔家庭的1.2倍左右，是非洲裔家庭的3倍左右。

对少数族裔的中低阶层而言，贫穷和种族歧视可以说是互为因果，形成一个难于破解的恶性循环。这些恶性循环和所产生的愤怒情绪使得各种暴力冲突乃至恐怖事件频发，反过来进一步恶化了这些少数族群的被歧视、被排斥和（事实上的）被隔离。2018年美国的监狱人口高达230万人，位居世界第一。相比于其总人口3.27亿人，监禁率高达0.7%，也位居世界第一。并且，虽然非洲裔只占美国总人口的13%，但是40%的被监禁人口是非洲裔。据统计，20世纪70年代末之后出生的非洲裔男性中的¼的人在35岁之前都曾经入狱过，而70%的高中及以下学历的非洲裔男性曾经入狱。说明美国社会的种族不平等仍在持续，大量非洲裔和拉美裔依然被经济鸿沟和监禁率等阻隔在美国主流社会之外，非洲裔成为暴力执法受害者的概率也远高于其他族群。这也是“弗洛伊德事件”点燃反对种族歧视大规模抗议骚乱的基础。

2. 种族内部的阶层差异

长期以来，美国历史和政治叙述中的核心矛盾是种族矛盾，曾经欧洲裔白人在美国享有相对于有色人种的特权，种族问题实质上是以种族为区隔标签的社会分层问题。21世纪以来，与美国族群结构演变同时发生的是，以收入、财富和社会资本等衡量的社会分层区隔标签的作用在凸显，同一社会层次内的族群差距在相对缩小，而同一族群内的社会层次差距却在绝对扩大，例如，自20世纪70年代起美国普遍性的社会不平等开始加

① Jessica Semega, Melissa Kollar, John Creamer, Abinash Mohanty, “Income and Poverty in the United States: 2018,” *Current Population Reports*, Sept. 2019, https://census.gov/library/publications/2019/demo/p60-266.html.

剧，但不同族群陷入社会固化和下行社会流动等陷阱的时间段不同。例如，早在20世纪80年代初，较大比例的非洲裔工人阶级就因产业空心化等遭受劳动力市场排斥，而欧洲裔白人工人阶级迟至21世纪初才从曾经“比较容易地上升到较高的社会阶梯”变成了和非洲裔、拉美裔和中低层移民一样深受阶层固化之苦。随着白人工人阶级日益成为社会问题的制造者，2000年后黑人入狱率开始下降，白人的入狱率却在继续增长。

2017年9月公布的《美国收入和贫穷报告：2016年》（简称《收入报告》）显示，各族群内部的阶层差距在持续扩大，被经济全球化逐渐“拉平”的是各族群中底层民众的就业机会、收入水平与财富状况。也就是说，同一族群内部贫富两极分化在加剧，具体表现为欧洲裔白人、亚裔、拉美裔和非洲裔富人越来越有钱，而同族群穷人却每况愈下。①

根据该《收入报告》，2016年度美国的贫困率为12.7%，仍比2000年高出1.4个百分点。其中欧洲裔白人的贫困率为8.8%，尽管欧洲裔白人的贫困率是各单一族群中最低的，但其一方面处于族群人口数量下降的趋势之中，另一方面相对于最高峰值、其实际家庭收入中位数仍处于下降趋势之中。此外，由于其人口基础大，有1730万欧洲裔白人处于贫困线以下，这批贫困人口主要是美国传统白人工人阶级，并且主要分布在传统工业区，也就是现在被称为“铁锈带”的俄亥俄州、路易斯安纳州等地。

亚裔的贫困率为10.1%，有190万亚裔处于贫困线以下。亚裔在该年度的家庭收入中位数是各族群中最高的（81500美元），高于欧洲裔白人（65041美元），但是亚裔的贫困率却高于欧洲裔白人，说明亚裔内部的贫富悬殊程度高于欧洲裔白人。拉美裔美国人家庭收入中位数为47675美元、贫困率是19.4%，有1110万拉美裔处于贫困线以下；而非洲裔家庭收入中位数为39490美元、贫困率为22%，有920万非洲裔处于贫困线以下。从上述数据分析可知，拉美裔美国人与非洲裔的家庭收入水平显著低于亚裔与欧洲裔白人：实际家庭收入中位数不仅最高峰值显著低于后者，而且还远低于所有族群的平均值；并且贫困率高达亚裔与欧洲裔白人的两倍，

① Jessica L. Semega，Kayla R. Fontenot & Melissa A. Kollar，“Income and Poverty in the United States：2016，” *Current Population Reports*，Washington D. C.：U. S. Census Bureau，September 2017.

导致拉美裔与非洲裔对种族不平等的不满情绪上升。

3. 族群结构多样化所形成的“反移民”思潮

一些反移民主义者担心，20 世纪末以来大量进入的新移民将造成未来美国“在语言和精神上的分裂”，进而对以盎格鲁—新教文化为核心的美国传统文化认同产生冲击。更为重要的是，由于“土生”美国人因种族和族群不同而生育率存在巨大差异，在低生育率惯性的推动下欧洲裔白人占人口多数的主导地位将在 21 世纪中叶消失。反过来，这种分裂的可能性引发了美国保守社会力量的“反移民”思潮，其背后的深层次问题是如何界定特朗普在 2016 年大选中强调的“真正的美国人”的范畴——不仅是“反移民”，而且是“反多元文化主义”，构成了右翼保守主义和左翼多元文化主义之间冲突的社会基础。

基于现状和未来的双重危机所产生的“文化不安全感”使美国传统价值观人群的包容性和吸引力趋于衰减，将愤怒情绪转换为行动的能量迅速聚集，因此以白人种族主义为代表的一批极右翼力量近年来从边缘走向中心，爆发了与“黑命贵”等左翼社会力量之间的冲突，2017 年的弗吉尼亚骚乱就是其力证。两党和一些社会团体出于政治利益所需，还会有意鼓吹甚至挑拨种族矛盾来赢得选票或资源，这将进一步恶化两党之间的对立。

4. 种族矛盾痼疾再度恶化

广义上的种族歧视并没有消失，因种族问题导致的集中贫困问题在不断恶化却被主流媒体选择性忽视，种族歧视被视为“政治不正确”，但无法掩盖事实上的歧视和社会分化所导致的一系列问题。21 世纪以来、特别是奥巴马时期的多项平权措施激发了相当比例的白人和部分亚裔的不满情绪：根据 2012 年由独立研究组织芝加哥大学全国民意研究中心（NORC）进行的社会综合调查发现，85% 的美国白人反对工作场所的平权行动，60% 的人士表示美国白人受到过这种政策的伤害，被视为对他们的“反向歧视”。

2007 年爆发的经济大衰退加剧了美国的资源稀缺性和分配不公正性，仅仅依靠种族平等的“政治正确性”共识已经不足以阻止美国种族冲突再度激化，这种激化本质上是阶层隔离与种族隔离交替而生的产物，体现为种族主义和排外主义的回潮。具体表现为：

首先，美国警察执法过程中的种族矛盾和执法过度问题凸显，导致非裔美国人和白人的种族矛盾因警察执法暴力而恶化，且这种冲突和对抗由个体层面扩散至族际层面。其次，极端种族主义情绪在美国普通民众中重新抬头，例如2015年美国白人青年迪兰·鲁夫在南卡莱罗纳州查尔斯顿市伊曼纽尔非洲裔卫理圣公会教堂枪杀九名非洲裔美国人，美国反穆斯林移民的仇恨性犯罪数量快速上升等。再次，移民问题政治化过程中的种族歧视和偏见色彩明显，基于种族歧视和偏见的反移民运动和排外主义浪潮席卷美国。2017年，在夏洛茨维尔市的种族暴力和文化冲突相交织的骚乱，主角由少数族裔变成了白人，但不变的是美国社会种族关系紧张这一长期现实。

特朗普在2016年总统选举和2018年中期选举中围绕“种族”和“移民”等议题所进行的各种炒作，实际上凸显和变相强化了美国现有的种族冲突。例如，2018年是美国的仇恨团体快速增长的一年，非洲裔和白人民族主义团体数量激增，创下历史新高。美国联邦调查局2018年11月发布的数据显示，2017年度美国共发生7175起仇恨犯罪案件，同比增加约17%，其中约60%的犯罪涉种族歧视，近50%的受害者是非洲裔。

三、地区差异

2016年和2020年两次总统大选都凸显了美国内部的地区差异问题：在联邦制之下，美国各州的主导产业不同，经济发展情况也不同，早已形成民主党主政的“蓝州”和共和党主政的“红州”之间的区隔，一方面是部分摇摆州决定了大选的走向，另一方面是两党获胜选区几乎各自完全连片，说明美国内部从地域上出现无形的两党分界线，这种分裂与美国内部的沿海—内陆、城—乡等维度的地区差异在21世纪以来逐渐扩大密不可分。美国政府没能通过足够有效的政府手段，比如财富再分配或地区扶持等弥补这种地区差异。

1. 沿海—内陆经济差距拉大

在美国去工业化，全球化的冲击下，21 世纪的美国区域间经济发展水平差距加大，拥有大学学历的工作人群高度集中相较密度较低的地区更有优势，与经济全球化结合更紧密的地区更有竞争优势，呈现东西两侧海岸线地区整体富裕、内陆和北部地区偏贫穷，金融业和高科技产业地区整体富裕、传统工业区和农业区偏贫穷的格局。美国的内陆人口稀疏地区，特别是那些依赖资源输出或者第一第二传统产业的地区，经济发展远远落后于沿海、人口稠密和依赖第三产业的地区。

美国经济有明显的地域集中性，东西两岸成了美国在全球化浪潮当中受益最大的地区，加利福尼亚州给美国的 GDP 贡献最大，东部各州的贡献度也远超中部。富裕社区主要集中于东西两岸纽约或洛杉矶这样的超级城市附近。中部地区，特别是美国东北部的五大湖地区，从过去的重工业中心变为所谓的“铁锈地带”，以失业率高、犯罪水平高、工资水平低著称。就像家庭背景以及教育程度一样，一个美国人所居住的地方可以对他们未来的机遇产生巨大影响。生活在这些相对比较贫穷地区的美国人面临一系列挑战：就业市场疲软，投资有限，企业家不足等。迁入纽约为代表的大都会高价城市的流入人口往往比迁出该城市的人口有更高的收入和教育程度，而在物价水平低的大城市人口流动却相反。这样导致了大都会城市和二三线城市居民收入差距进一步加大，也进一步抬高了大城市的物价和房价。

2018 年美国东北部地区的家庭收入中位数为 7.0113 万美元，中西部地区的家庭收入中位数为 6.4069 万美元，南部地区的家庭收入中位数为 5.7296 万美元，西部地区的家庭收入中位数为 6.9520 万美元。以 2015 年度的各地区贫困率为例，密西西比州的贫困率高达 22%，亚拉巴马州、阿肯色州、肯塔基州等贫困率居高不下。如果这些落后地区持续落后，其结果不但使这些地区居民的发展机会受到限制，也会令美国社会日益分裂。①

---

① Jessica Semega, Melissa Kollar, John Creamer and Abinash Mohanty, “Income and Poverty in the United States: 2018,” *Current Population Reports*, Sept. 2019, https://census.gov/library/publications/2019/demo/p60-266.html.

通常而言，美国内陆州经济发展相对缓慢，但工资不平等程度也较低。然而，根据2018年的“美国社区调查”，不平等程度恶化的不仅包括那些财富高度集聚的沿海州（如加利福尼亚州、得克萨斯州和弗吉尼亚州），还涉及到位于中心地带的亚拉巴马州、阿肯色州、堪萨斯州、内布拉斯加州、新罕布什尔州和新墨西哥州。由此可知，美国的“中部塌陷”在经济文化落后和贫富差距拉大的双重压力下愈加显著。

2. 城区、郊区和农村之间的差距拉大

2017年，美国大都会区的人均收入接近5.4万美元，而非大都会地区的人均收入不足4万美元。在大都市区域内的家庭收入中位数为6.6164万美元，其中生活在主要城市中心的家庭收入中位数为5.9358万美元，生活在主要城市周边郊区的家庭收入中位数为7.0928万美元；而不在大都市区域内生活的家庭收入中位数为4.9867万美元。上述数据从不同角度说明了美国的地区差异和大都市圈内外差异，反映了城市中心的贫困等问题。2018年，大都市区的人均收入增长了5.7%，而非大都会区的人均收入只增长了4.8%，显然这个地区差距还在扩大。

美国农业部经济研究服务部（Economic Research Service）2019年的报告指出，广大农村地区面临着最严峻的经济形势：人口数量下降，就业增长缓慢和贫困率远高于城市地区。尽管自2013年以来，全国绝大部分社区的贫困情况都有所改善，但较偏远的地区和农村的贫困率降幅很小。这表明这些地区与其他非大都市地区之间的贫困差距确实存在，城市地区与非城市地区的收入鸿沟难以弥合。①

3. 族群分布的地区差异明显

在加利福尼亚州，欧洲裔白人选民已经居于少数，少数族裔和多族裔人口占总人口的62%，拉美裔和欧洲裔白人各占38%。得克萨斯州、新墨西哥州和亚利桑那州等3个南部州的拉美裔和欧洲裔白人之间的人口差距正快速缩小。

自20世纪末开始，美国的种族和族裔多元化不再局限于大都市和东西

① John Pender, et al.,“Rural America at a Glance, 2019 Edition,” Economic Information Bulletin, Nov. 2019, https://www.ers.usda.gov/publications/pub-details/?pubid=95340.

海岸地区，而是通过美国国内少数族裔的迁徙和国际移民的大量进入逐渐向广大乡村地区延伸，将曾经是欧洲裔白人占据绝对主导的地方逐渐改变为多元群体混居区域。其结果是，大约有1000多个城镇、100多个县、4个州（加利福尼亚州、得克萨斯州、新墨西哥州和夏威夷州）和哥伦比亚特区成为没有主体族群的地区；而缅因州、佛蒙特州、西弗吉尼亚州和新罕布什尔州是多元化程度最低的4个州。

但是，从族群构成方面来看，许多最贫困地区也是非裔较集中生活的区域。长期的种族隔离、教育不平等以及过高犯罪率和监禁率都是加剧这些贫富不均地理差异的原因。此外，还有美国南部针对黑人社区的有组织犯罪，以及对黑人社区贷款方面的不利政策和行动等。

4. “红—蓝”地区分布日益板结化

各族群分布的地区性差异对美国政治“红蓝”格局产生影响。虽然种族和族裔的多元性不再局限于大城市和东西海岸地区，美国族群分布和经济发展的地区差距与美国的“红州”（共和党领先）和“蓝州”（民主党领先）的分布有着密切关联性。“蓝州”主要依赖第三产业（金融科技等），“红州”依赖资源输出型的产业（农矿牧等），所以在过去几十年全球化以及科技的发展中两者被拉开了巨大差距。并且，如果深入到各州内部，由于绝大多数族群都相互掺杂生活，可以看到无论是“红州”还是“蓝州”，都有红有蓝。同一个州里，每个县、每个镇，可能政治倾向都不一样。近年来的美国选举出现了“乡村白人”和“城市少数族裔”相对立的格局，即种族和族裔更多元的都市人口更倾向于民主党，而白人聚居区和乡村地区人口更倾向于共和党，内陆和北部地区以“红州”为主、东西两侧海岸线地区以“蓝州”为主，人口越稠密的地方越蓝、人口越稀疏的地方越红，构成了美国两党政治的区域性分隔基础。

布鲁金斯学会的一项研究显示，2020年大选中，特朗普赢得了全美2497个县的选票，这些县加起来为美国经济贡献了29%的份额；而拜登赢得了477个县的选票，这些县加起来创造了美国70%的GDP。上述两组数据充分说明了美国当前从经济发展水平、人口集聚程度到意识形态分布的地区撕裂，这些地区撕裂如果持续或恶化，可能导致美国两党之间僵局的持续恶化。[①]

第四节　医疗改革、社会安全网与福利支出

市场提供福利的基本理念和个人责任原则的结合，使就业成为决定美国人健康、社会保障等内容与水平的关键性因素。就业与失业的区别形成“局内人—局外人”的二元就业市场结构，与此相应的是“局内人—局外人”的二元工作福利制度结构的形成与发展。

尽管美国通常被归类为自由主义福利国家，甚至被认为具有太强的资本主义性质而在严格意义上不属于福利国家；但美国拥有一个庞大、复杂、高度碎片化的社会福利制度体系，包括政府公共支出、免税补贴和私人部门的社会支出等多种形式，是剩余性福利模式（residual welfare）和制度性福利模式（institutional welfare）的混合，而前者的比重在21 世纪以来不断上升。美国的福利转移支付的本质是，非穷人纳税并得到大部分利益返还，而不是大规模的跨阶层界限的再分配。

2008 年以来针对资本主义经济周期的各种“补缺”或“刺激”措施，并未有效促使美国经济走出衰退。相反，10 年来的美国经济和社会发展情况表明，美国已经陷入结构性经济危机所带来的经济结构失衡、经济全球化所带来的产业空心化、生产自动化所带来的“机器吃人”等困境之中，也就是经济结构的变化产生福利转移支付的失灵。

一、医疗改革

21 世纪初，美国是西方发达资本主义国家里唯一没有全民医疗体系的

① Thomas Franck，“Democratic Ccounties Rrepresent 70% of U. S. GDP，2020 Eelection Sshows，” Nov. 10，2020，https：//www. cnbc. com/2020/11/10/election – 2020 – democrats – republicans – economy. html.

国家。除了针对老人和穷人的医疗照顾制度（Medicare）、医疗救助制度（Medicaid）和少数族裔免费医疗制度（针对印第安人和阿拉斯加部分少数族裔），大部分美国人依赖由私人或社会组织举办的商业医疗保险。因而，美国有数千万人得不到医疗保险的覆盖。

美国是全球公认的医疗费用最为昂贵的国家之一，其医疗开支占GDP比重20%左右，人均医疗开支居于世界前列，大量个人破产申请与医疗费用有关。自21世纪初以来，美国收入后50%人口的税后收入增长幅度很小，其中基于健康的转移支付——即医疗保险和医疗补助占了大部分。然而，这些支付的相当部分只是用于购买价格不断上涨的健康服务，而没有有效地增加健康服务的数量与质量。因为美国医疗卫生事业尽管拥有技术先进、医生素质高和服务选择多样化等优势，但有两大“顽疾”：一是效率低、浪费大；二是公平性较差、分配不合理。

相较于欧洲国家，美国缺少社会主义传统，资本力量对政治的影响力很强。所以，21世纪以来，特别是奥巴马时期，建立全民医疗保健系统是经济社会改革的重要组成部分。但是，无论是奥巴马医改的一波三折，还是特朗普医改的进展不顺，背后都有大药企和保险公司等利益集团的各种阻碍和干预。同时，医保问题是两党政治角力的对象，两党对于医保的分歧日益扩大。

1. 小布什时期

小布什上台之后，由于医疗费用支出失控，医疗保障实际覆盖面有所收缩，美国医疗保障的改革压力越来越大。美国国会参议院于2003年11月通过了一项医改法案《医疗照顾计划处方药改革法案》。该法案涉及内容较多，是自1965年美国医疗保障方案实施以来最大的一次改革。但是，从其改革的对象和范围来看，目的不是为了将医保覆盖面扩展到全民，而是为了提升老年人群享受医疗的可及性，在一定程度上有助于刹住医疗费用上涨的势头，同时努力降低联邦政府的医疗负担。主要内容包括：施行正式的处方药优惠制度，引入竞争机制将医疗照顾计划推向与私人健康计划进行直接竞争，健康储蓄账户、鼓励雇主向雇员提供涵盖药品优惠的补充医疗保险、发展乡村地区的医疗照顾计划等。

然而，该法案在推进全民医保方面比克林顿时期反而后退了，导致了美国社会的不满。

2. **奥巴马医改**

美国民众的卫生服务可及性在很大程度上取决于是否拥有医疗保险，因为在美国看病的费用相当高。2010 年，在奥巴马的力推下，美国国会艰难通过了“患者保护与平价医疗法案”，也称“奥巴马医改法案”。

该法案要求所有美国公民都必须购买医疗保险，将覆盖就业人口的商业医疗保险制度扩大到没有任何医保的数千万美国人，并采取完全的市场处罚方式予以强行推进。因此，要对医疗保险的目标人群进行区分：对负担不起医疗保险的人群，通过再分配政策改变医疗保险的可及性；对能够负担医疗保险的人群，通过强制购买的政策扩大医疗保险的覆盖率。

为了根据可承受的医保法案获得高品质可承受的医保，具体的购买方案可以登陆 HealthCare. gov 网站自己选择，在那里可以找到一个菜单，其中有一系列不同的险种，包括每个险种覆盖什么和保费是多少等，美国人根据自己家庭的需要和预算在其中选择一个：在美国，多数人通过工作参加单位的集体医疗保险，老年人参加医疗照顾保险，低收入者有医疗救助保险，以及政府雇员的医疗保险等。如果不能通过这些途径获得医疗保险，那么可以在保险市场上申请个人或家庭医疗保险。

对已有医疗保险的人可以保留原来的保险；对于那些没有医保的人，政府将创建一个新的保险市场，让个人和小企业能够以有竞争力的价格购买医疗保险，保险费用根据年龄、居住的地方、是否吸烟和选择的保健种类等来决定，而且不会因为失业或换工作而失去保险。

扩大医疗补助。对负担不起现有最低价格保险的个人和家庭，政府将提供补助：收入水平在联邦贫困线以上 33% 的 65 岁以下成年人纳入医疗救助计划；只有单人工作的家庭可以收到政府的补贴来支付他们的保险费用；26 岁及以下的成年人如果无法通过自己的雇主获得保险，可继续参加父母的保险计划。对小公司实行税收减免政策。通过减免税收可提高公司为雇员购买保险的能力，扩大经由雇佣关系所获得的保险覆盖率等。

从 2014 年 1 月 1 日起，由美国总统奥巴马倾力推动的医疗改革进入全面实施阶段。根据奥巴马签署的医疗保险改革法案，美国居民购买的新医保方案开始生效，3 月 31 日之前，美国居民要么拥有医保，要么面临罚款。《2014 年美国经济报告》显示，截止到 2014 年第 2 季度，大约有 1000 万美国人从无到有地获得了医疗保险。但是，批评者认为，奥巴马医改使少数“无保族”受益，但增加了多数人的负担，对当下美国医疗体系而言最棘手的问题，即浪费严重、成本过高、运转低效带来的医疗费用上涨，它却不是有效的“药方”。美国普通中产阶层医保费用上涨 15%—20%，而受益程度却没有明显扩围，这意味着医改的原本设计意图虽然是好的，却没有起到积极的效果，尤其是给美国社会中产阶层带来了极大的不满。

共和党通过 2014 年的中期选举控制了参议院和众议院，奥巴马主推的医疗改革，虽然已经立法通过，但一再遭到共和党控制的国会通过司法诉讼以及行政执行手段修正甚至阻碍该计划的实施，包括“两次推迟实施”医改法案中关于雇主必须为雇员购买医疗保险的条款，以及违规使用联邦账户资金向保险公司支付 1750 亿美元等。

3. 特朗普时期

废除奥巴马医改法案是 2016 年特朗普竞选承诺的核心内容之一，其理由是奥巴马医改法案造成的价格飞涨正在损害美国家庭、农民和中小企业的利益，飙升的免赔额和共付医疗费已经使得所谓的《平价医疗法案》不可继续使用，并且全国范围内美国公民的医疗保险选择变少，越来越多的公民只有一个选择，冲击了市场配置资源的自由机制等。

2017 年 1 月，特朗普入主白宫后签署的首个行政令就是冻结奥巴马的医疗改革计划，并以消除政府对个人自由和消费者健康选择的限制为由，不遗余力地推进医保再改革，提出新的替代方案。但是，共和党和民主党的极化、共和党内部裂痕扩大以及特朗普自己的出尔反尔等都使得特朗普医改在 2017 年医改中屡战屡败。并且，特朗普的核心支持群体——“铁锈带”蓝领工人和中南部居民——对医保的关注度远低于反对非法移民和“把工作带回美国”，而更受益于奥巴马医改法案的非洲裔和拉美裔低收入群体不是特朗普的政治基本盘。由于共和党各个派系背后的利益集团或者选民阶层的诉求难以调和，这就决定了特朗普在推动医改方面不如推动税改和移民改革等态度积极坚决。

特朗普政府在推动特朗普医改的同时，重点关注在“铁锈带”等地肆虐的阿片类药物成瘾危机。此外，在健康领域重点趋向于提高医药价格透明度和竞争透明度等。

2018年12月，美国联邦上诉法院推翻了要求美国人购买健康险否则就要罚款的《平价医疗法案》中的强制医保部分。虽然该法院并没有废除这项法律的其余部分，但不购买健康保险所面临的罚款被降至0美元，这使奥巴马医改的命运充满不确定性。2019年，《平价医疗法案》是多起法庭诉讼案件的对象，美国的司法部也多次表示支持完全取消该法案等。2019年12月，位于新奥尔良的美国第五巡回上诉法院裁定，奥巴马医改要求每个人都必须拥有医疗保险是违宪的，并且要求下级法院重新考虑《平价医疗法案》是否应该保持不变。对此，特朗普表示法院此裁决不会改变当前的医疗体系。其背后原因是，目前美国医保系统已经深受奥巴马医改的影响，特朗普政府并未提出一整套替代方案，贸然推翻奥巴马医改相关法律体系将会在医疗系统和法律界造成巨大的混乱。

21世纪以来的20年里，围绕着医改所进行的政治博弈表明，美国政坛的两极化，不可避免地激化美国社会的分裂；美国经济与社会状况的两极分化，也在不断激化美国社会的分裂。民主政治本应旨在弥合社会分裂，服务于社会的共同利益。在美国实际政党政治的运行过程中，却陷入了政治极化的陷阱，使得这一功能丧失殆尽。

二、社会安全网

在美国，最富有的1%男性和最贫穷的1%男性之间存在14年的预期寿命差距，而且这一差距自2001年以来一直在扩大。健康状况不佳与较低收入者能力下降、收入较低与流动性机会减少、社会安全网与获得社会福利的工作要求提升等相互作用，加剧了更大范围的社会不平等，也导致底层美国民众的税前收入增长越来越少。

社会安全网问题也是美国两党争取选民的焦点之一。从小布什政府时期于2001年提出的引入个人账户制度的社会保障基金私有化改革方案、社会保险资金不断被借用于弥补联邦财政开支漏洞，到奥巴马时期金融危机和经济衰退难题以推进医改为主、在第二个任期不惜缩减社会福利项目规模，再到特朗普时期重视“自给自足”理念和加强工作要求等限制社会安全网项目，21世纪美国社会安全网的状况与国家财政力量健康状况每况愈下紧密相关。

1. 社会安全网的构成

美国的社会安全网的构成相当复杂，分为不同层级和不同项目：

从纵向来看，美国的社会安全网分为联邦、州和地方政府几个层面，各州对于各自的社会安全网项目有很大的自主权，各州经济状况、地理位置和意识形态等因素导致美国内部各州之间的社会安全网的水平和范围等差异很大。

从横向来看，美国的社会安全网是由一系列复杂而又相互独立的项目组成的，这些项目针对贫困的某个方面，如食物或租金等。这些项目可以归纳为两大体系：社会安全保障体系（社会保险）和社会救助体系（社会福利）。前者涉及社会安全保障（退休保障和残障福利）、联邦医疗保险和失业保险等，属于纵向转移支付；后者主要针对无工作能力的贫困人群和有工作能力的贫困群体，针对不同群体分别设立不同的基于家计调查（means - tested）的救助项目，属于横向转移支付。在联邦层面，社会安全网各个组成项目都有各自的规则、目标和受益群体，并且都由人数众多甚至多达数千名联邦雇员的大型政府机构进行管理。

21世纪以来，无论哪个党派主政，社会安全网都时常处于被削减对象，“福利陷阱”等说法不绝于耳。例如，特朗普政府对社会安全网持消极态度。2020财政年度的联邦预算提案计划在未来10年内持续削减医疗保险、食品券和住房援助方面的支出，包括削减“补充营养援助计划”（*Supplemental Nutrition Assistance Program*，*SNAP*）2200亿美元，以及削减社会保障支出250亿美元等。但随着民主党成为众议院多数党，特朗普政府这种挤压社会安全网的努力难以成功，于是美国行政管理和预算局

（Office of Management and Budget，OMB）2019 年 5 月的监管备案中表示，可能会改变“官方贫困指标”中沿用了 50 多年的通货膨胀计算方式，重新定义美国人的“贫困水平”。[①] 此前，美国的社保支出与通胀指标直接挂钩，而今美国行政管理和预算局拟采用链式消费者物价指数（CPI）替代传统的通胀指标。这意味着，社保支出将会大幅降低。普通 CPI 衡量的是物价增长，而“链式 CPI”衡量的是居民生活成本的增长。在个别商品价格大幅上涨时，消费者会选择较便宜的商品作为替代，所以“链式 CPI”的增长往往低于普通 CPI 的增长。获得社会福利的工作要求等来试图降低社会安全网支出，但实际效果只不过是让越来越多的贫穷家庭失去获得社会福利的资格。

2. 社会保障

社会保障对美国的社会安全网至关重要，是大多数美国老年人的主要收入来源：在 65 岁及以上的人群中，近 90% 的老年人享受社会保障福利；社会保障所提供的福利约占老年人收入的 33%；在老年社会保障受益人中，48% 的已婚夫妇和 69% 的未婚人士一半以上的收入来自社会保障。社会保障不仅仅提供退休保障：退休工人及其家属占已支付社会保障金总额的 72%；残疾工人及其家属占已支付社会保障金总额的 13%。2018 年，大约 6300 万美国人获得大约 1 万亿美元的社会保障福利。全美大约有 1.75 亿人加入了社会保障，其中一半左右的私营企业从业人员没有购买私人养老金，36% 加入社会保障人员本人及其（或者）其配偶没有积累任何退休储蓄。

美国的社会保障在很大程度上是一个现收现支的项目。从今天的社保缴纳者那里征收的大部分工资税，都是用来向社会保障受益人支付社会保障福利的。以 2017 年为例，养老保险、遗属保险、伤残保险信托基金收入共 9966 亿美元。其中 87.7% 来自工资税缴款和财政部一般基金的偿还，3.8% 来自社会保障福利的所得税。信托基金持有的政府债券的利息提供了剩余收入的 8.5%。

① Federal Register/Vol. 84，No. 88/Tuesday，May 7，2019/Notices，https：//www. fws. gov/policy/library/2019/2019 – 09356. pdf.

目前美国的社会保障财政基本平衡。但是，这种平衡性会随着美国人口老龄化问题的加剧而改变。随着第二次世界大战后“婴儿潮”时期的退休人数继续增加，退休者的数量将迅速增长，预计在50年内将翻一番。人们的寿命也越来越长，出生率也很低。到2035年，65岁及以上的美国人将从现在的约4900万增加到7900多万。目前2.8名在职社保缴纳者对应1名社会保障受益人，到2035年将是2.2名在职社保缴纳者对应1名社会保障受益人。社会保障信托基金估计，到2034年，老年人，鳏寡人和残疾人的社会保险（Old Age，Survivors，and Disability Insurance，简称OASDI）信托基金储备将会耗尽。届时，工资税和其他收入将流入该基金，但只够支付约79%的项目成本。

适龄工作人口的劳动参与率在下滑。美国的工业基础已经大大丧失，留下的是老旧的基础设施，被贫困和老无所依所困的工人阶层，雪上加霜的是，大量工厂为了降低成本，使用机器替代人，新技术的发展和所谓实体经济的回归并未给扩大或者保持中产阶级规模提供更多可能。如奥巴马2016年所分析的，“1953年，25到54岁的男性中只有3%找不到工作；如今，这一比例是12%。1999年，23%的青壮年女性处于失业状态；现在，这一比例是26%。”[①] 非自愿失业危害生活满意度、自尊心、健康和道德，也直接危及到社会保障财政的可持续性。

3. **社会福利**

社会福利是穷人所享受到的福利转移支付的最主要来源，用于健康保障的医疗保险救济计划（Medicaid）是其最大的支出类别，其后的支出类别按照占比依次递减为收入保障、营养补助、住房补助等，主要是针对满足生存的基本需要的支出，而不是以教育、就业等发展人力资本形式的支出。

根据美国人口普查局在2019年公布的研究报告，2018年美国的贫困率为11.8%，较之于2017年下降了0.5%，这是美国连续第4年贫困率持续下降，也是近11年来贫困率首次下降到2007年的水平，但仍处于贫困

① Barack Obama，“The way ahead，” *the Economist*，Oct. 8，2016，http：//www.economist.com/news/briefing/21708216 – americas – president – writes – us – about – four – crucial – areas – unfinished – business – economic.

程度较高的阶段。2018 年美国仍有 3810 万人处于贫困线以下，其中各组别中，只有 25 周岁以上没有高中学历的成年人的贫困率在上升。2019 年，美国年总收入低于 1.249 万美元的一人家庭、低于 2.575 万美元的四口之家被认为是贫困人口。这些人可以享受相应的联邦和州福利，包括食品券和医疗补助计划。

符合低收入标准的美国公民或永久居民可以向政府申请食品券，每个家庭每月最高可获得食品券的金额随人口增加而相应增加。加上类似食物银行（food bank）等公益机构在饮食上也会对穷人提供帮助，所以低收入者的生存问题基本可以得到保障。

此外，政府花费巨资修建了“廉租房”供低收入者申请，一旦申请成功，他们只需缴纳不超过家庭收入 30% 的租金。对于租金与市价的差额部分，低收入者可以凭“住房券”向政府兑换现金来补足。医疗方面，穷人可向政府申请医疗补助，还可向医院申请“打折”和“分期付款”。

尽管基于人道主义和社会公正等为贫困者提供社会福利，但是，基于严格资格审查的各种社会福利项目并未能有效发展人力资本；相反，针对穷人的权利性转移支付越来越被压缩，美国贫困人口比重仍居高不下。根据美国有线电视新闻网（CNN）2016 年 10 月 13 日的报道，有 66% 的底特律人无法偿付其债务，而在美国 35% 的美国人处于被追债的困境中，这意味着这些债务至少已经逾期了 180 天。

4. 联邦财务的恶化

21 世纪以来，美国联邦债务问题的恶化与自 20 世纪 80 年代以来美国社会逐步转型为一个“支出—借贷”社会具有紧密关联性：美国经济以消费为驱动，个人消费开支约占美国经济总量的 70%，是美国经济增长的主要动力；公共开支明确列出的社会福利转移支付大都也是以促进直接消费为目的，例如食品券和房租补贴等。

“消费社会”的理念已经渗透到美国各种制度设计之中。美国国家经济分析局所提供的经济数据显示，截止到 2016 年 11 月，个人储蓄存款总额占个人可支配收入的比例为 5.5%，比 2008 年金融危机之前的最低点、2005 年的 1.5% 有明显提升，但仍显著低于里根主义占据主导之前大约

10%左右的比例。

在美国这样一个庞大的“支出—借贷”社会中，消费是绝大部分美国人出于自愿或者被各种制度设计（例如各种以促进消费为目的的社会福利项目）所囿而不得不实施的行为。然而，财富不是收入、支出和消费，而是资产储蓄、投资和积累；换而言之，收入只能维持支出和消费，消费往往促进资产储蓄、投资和积累，资产积累却越来越向少数（大）资产所有者倾斜，21世纪的美国中产阶级一直呈萎缩态势，有支付能力的消费群体规模也相应趋于萎缩。

与英国、加拿大、芬兰、法国、意大利等发达经济体国家进行横向比较，美国的中产阶级占总人口数的比重是最小的。除了经济全球化带来的产业空心化和技术进步带来的生产自动化加速等共同原因导致中产阶级岗位萎缩之外，各国经济和社会政策的区别是这些发达经济体国家中产阶级规模存在差异的重要原因。

2020财年财政预算数据显示，2019财政年度4.53万亿美元的联邦财政支出超过了3.44万亿美元的联邦财政收入（估测），造成了1.09万亿美元的联邦财政赤字。财政赤字膨胀的原因主要有三，包括：军费和反恐开支持续上升；减税导致财政收入减少；刚性社会福利开支居高不下。前两项是特朗普政府的核心政策，不会改变，所以重点在于如何减少第三项开支——尽管它对美国穷人而言至关重要。

上述现象其实都指向了一个问题——资本话语权大于社会话语权，资本有能力影响政府的议程设置和法律规范的走向，甚至可以塑造社会舆论，让人们觉得药物成瘾并不是个问题，福利陷阱是政府负担和“懒人福利”，减税是为了保护中产阶级利益。

三、福利转移支付

美国公共财政支出通常可以划分为六个部分，包括：医疗保险、医疗补助、社会保险、军事开支、其他政府项目开支以及债务利息。前三个部分属于强制性开支，一般的美国公民都有权利享受这些福利。这些社会福利转移支付制度大都关注对中低收入阶层的收入保护，以确保其基本的消费与生存能力，但实践证明既难于降低贫困率，也未能缩小阶层与种族的差别。但是，美国的福利转移支付制度并不限于来自于公共开支的用于直接消费目的的社会福利转移支付。

1. 直接福利转移支付与间接福利转移支付

就公共可见度而言，美国事实上存在着三种福利转移支付，即用于直接消费目的的社会福利转移支付、采用税收减免和信贷补贴等间接方式来进行资助的促进资产积累的福利转移支付和私人福利转移支付。不同层次的福利转移支付的具体结构如表 3－1 所示。

表 3－1　联邦财政支持的福利转移支付结构

<table>
<tr><td rowspan="7">联邦财政支持的福利转移支付</td><td rowspan="5">直接转支</td><td rowspan="2">低层次</td><td>现金形式，例如补充收入保障计划（SSI）</td></tr>
<tr><td>实物发放或服务形式，例如未成年人托育援助</td></tr>
<tr><td rowspan="3">高层次</td><td>社会保障（social security）</td></tr>
<tr><td>医疗照顾计划（Medicare）</td></tr>
<tr><td>失业保险计划等</td></tr>
<tr><td rowspan="2">间接转支</td><td>免税</td><td>社会保险中个人缴纳部分、慈善捐助等</td></tr>
<tr><td>退税</td><td>所得税抵免等</td></tr>
</table>

资料来源：Christopher Howard，"The Hidden Welfare State：Tax Expenditures and Social Policy in the United States，" Princeton University Press，1999。

常常被贴上"救助穷人"标签的直接福利转支，可以被分为两个层次：第一个是低层次的项目，具有指定性、家计调查性（means－test）、非缴费性等特点，这些项目的对象是没有获得足够劳动收入的"穷人"或符合一定资格条件的老人、妇女、儿童和残障人士等，也就是通俗意义上"劫富济贫"的社会救助，属于横向转移支付，从联邦政府实际进行的福利转移支付的金额来分析，直接公共转支的低层次部分所占比重实际上很低。第二个是高层次的项目，具有普遍性、非家计调查性、缴费性等特点，主要包括各种社会保险和其他权利性项目，通常与缴纳个人收入所得税的工作岗位联系在一起，也就大都是源自于工作福利的社会保险，基本属于纵向转移支付。以 2015—2016 财政年度为例，医疗救助是直接公共转支的低层次部分中唯一列入主要财政支出内容的项目，2016 年该项目的支出为 3670 亿美元，远低于隶属于高层次部分的社会保障（social security）所支出的 9240 亿美元和医疗照顾保险计划所支出的 5400 亿美元。

间接福利转支主要指因减免税或退税等税收优惠而造成的联邦财政收入减少，受益群体主要是中高收入阶层和拥有财富最多的群体。主要是指以减少税收为代价的税式支出（tax expenditures）中与教育、就业、社会服务、健康保障、收入保障和住房等相关的部分，在现行税制结构不变的条件下，联邦政府对于某些纳税人（个人与企业）的上述行为实行照顾或激励性的区别对待，给予不同的税收减免等优惠待遇而形成的支出或放弃的收入，属于财政补贴性支出。

由于美国的税收主要来源是个人所得税，个人税式支出也占据税式支出的主体，2016—2020 财政年度，税式支出将超过 17 万亿美元，其中大约 15.1 万亿美元属于个人税式支出，约 2 万亿美元属于企业税式支出。

2. 财政福利、职业福利和社会福利

每个人都是不同形式福利转移支付的受益者，而收入较高的阶层从联邦财政福利转移支付的实际受益度更高。具体结构如图 3－8。

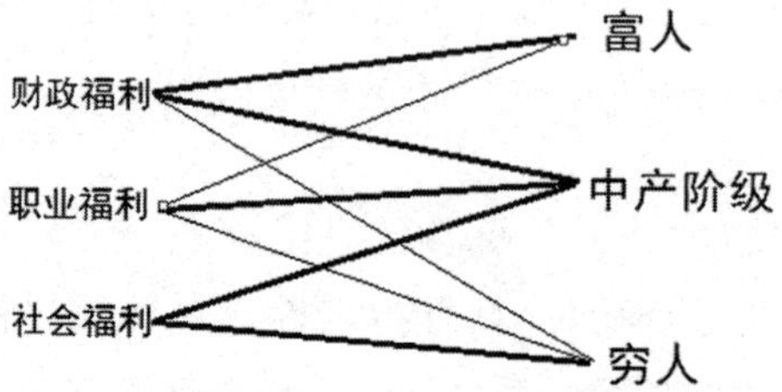

图 3－8　美国三重福利转移支付和受益人群结构图

以 2015 年的联邦财政为例来分析不同阶层的美国人口从福利转移支付的受益程度。

首先，该年度财政预算的 24% 用于社会保障，社会保障属于职业福利的范畴。2015 年 12 月，社会保障系统为 4000 万退休者提供了人均 1342 美元的退休金，还为230万退休者的配偶和未成年孩子、610万退休者的遗属和未成年孩子、1080万残疾工人和他们符合有关资格要求的被抚养者(或被赡养者)。

其次，该年度财政预算的25%用于健康支出，由医疗照顾保险计划、医疗保险救济计划、儿童健康保险（CHIP）和《平价医疗法案》补贴四个部分组成。医疗照顾保险计划属于职业福利的范畴，这一个项目的支出占整个健康支出的⅔。医疗保险救济计划和儿童健康保险（CHIP）属于社会福利的范畴，平均每月为7200万低收入儿童、父母、老人和残障人士提供健康救助或长期照料救助。该年度使用网上医保交易平台（health insurance exchanges）的1100万人中的800万人获得了平价医疗法案的补贴，总额度大致为280亿美元。

再其次，其他为困难人群或家庭提供救助的项目约占该年度财政预算的10%。包括的项目有：收入所得税抵减和儿童福利优惠（帮助中低收入工作人群），属于财政福利的范畴；为困难个人或家庭提供现金救助的项目，例如为老人或残疾穷人所提供的补充保障收入（SSI，属于社会福利的范畴）和失业保险金（属于工作福利的范畴）；针对低收入人群的其他救助项目，例如食品券、校餐、保障住房救助、儿童保育救助服务等，属于社会福利的范畴；以及各种针对特定人群的救助项目，例如被遗弃儿童救助项目、被虐待儿童救助项目等，也属于社会福利的范畴。

最后，税式支出共计减少征收1.2万亿联邦所得税，该数额远高于联邦财政支出中最大的项目——社会保障，具体如图3-9所示。

近半的个人税式支出属于财政福利，采取间接福利转移支付的形式。并且，随着家庭收入的增高，税式支出的比例也越高，所能够享受的减免税或抵税的额度越高。其结果是，税式支出所补贴的主要对象是富人和中高收入群体，尽管高收入群体的经济行为并不需要税式支出所进行的财政刺激，例如购买房屋、送孩子上大学、退休储蓄等。而对上述补贴有现实需求的中低收入家庭，所得到的税式支出收益却远远低于高收入群体。[1]

---

① Center on Budget and Policy Priorities, "Policy Basics: Federal Tax Expenditures," http://www.cbpp.org/research/federal-tax/policy-basics-federal-tax-expenditures.

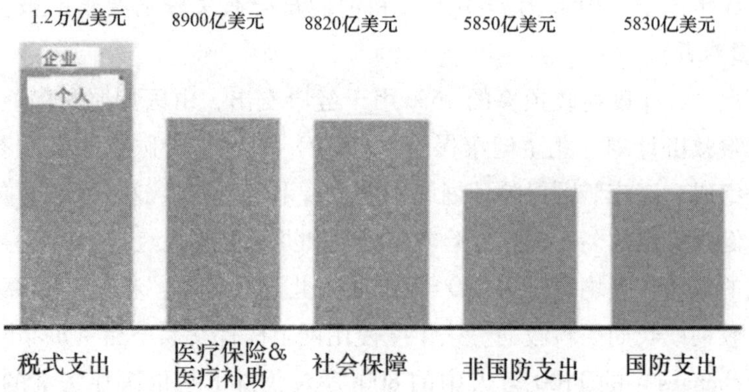

图3－9　2015财政年度联邦政府税式支出与主要财政支出项目比较图

综上所述，联邦财政的直接和间接福利转移支付中，社会福利所占比重最低，其次是财政福利，最高是职业福利。绝大部分财政福利是以资产为基础，因而除了极少比重的财政福利的受益者是穷人，其他都以中高收入群体为对象。但是，尽管收入越高的群体受益的额度越高，由于中产阶级迄今仍占据美国总人口的近半数，以针对中产阶级退休金所有者和房产所有者等进行的税收支出占比很高，因此财政福利带给中产阶级的利益从整体规模上仍大于给富人和公司的利益。

尽管美国是一个吝于给穷人提供福利的国家，基于自决高于保障的传统，美国持传统价值观的民众不信任政府提供大量公共服务和支配大量公共资源，但是，事实上联邦政府作为收入转移支付转换平台的功能变得很大并且日益增强。相反，联邦政府作为投资者的功能趋于萎缩，利用其所能采用的经济和社会政策手段已经无力根本性改变经济增速放缓甚至持续衰退的现状，在没有类似20世纪90年代互联网经济的革命性经济增长点带动新一轮经济繁荣之前，美国经济难于走出其结构性困境，也无力解决公共资源匮乏、国债膨胀的窘境。

第五节　社会思潮、社会运动与工会组织

21 世纪的美国在经济不平等危机、政府合法性危机和身份认同危机的合力作用下，各种政治经济社会焦点议题引发的多重利益分化和竞逐只是社会矛盾不断蓄积的部分表象，与之相伴随的还有各类社会思潮及运动的再度泛起乃至转向。

美国社会深受传统自由经济和小政府思想的影响，这种思想传统和现实社会问题之间的冲突，就直接体现为 2009 年开始兴起的“茶党”运动和 2011 年开始的“占领华尔街”运动的对立。无论“茶党”还是“占领华尔街”运动都宣称“与草根阶层站到一起”，两场运动的对立势必进一步加剧美国民主、共和两党之间的分裂，最终体现为美国社会不同利益群体之间的分裂和对立的加剧。

一、社会思潮

美国民族特性长期以来被“3M 因素”所塑造，即运动（Movement）、移民（Migration）和流动（Mobility）。但是，21 世纪以来，精英与草根的高度脱节继续推动民粹主义浪潮迭起。以伯尼·桑德斯（Bernie Sanders）为代表的左翼民粹主义侧重回应“经济不安全感”，以特朗普为代表的右翼民粹主义则强调“文化不安全感”。与此同时，现代自由主义与新一轮保守主义加速分裂的直接结果是派生出大量“身份政治”衍生物，性别、种族、民族乃至职业的差异性与不平等成为争论的聚焦点，推动社会思潮的两极分化。

1. 右翼民粹主义思潮主导保守主义

21 世纪伊始，极右主义政客、政党与思想主张已经逐渐从社会边缘走向了政治主流。保守主义运动和右翼民粹主义社会思潮的发展结合在一

起，形成更加极端化、民粹化的“新保守主义”力量，影响共和党的意识形态，使之在政策取向上日渐保守化。2016 年，在茶党和另类右翼的助力之下，特朗普成为2016 年总统选举中的一匹黑马，入主白宫。此后，新保守主义政治力量的话语权和决策权日渐增强。例如，曾任极右派媒体布赖特巴特新闻网执行主编的斯蒂芬·班农被任命为白宫首席战略官和资深顾问，极右主义者斯蒂芬·米勒则不仅是特朗普的“元老级”幕僚，还是总统高级顾问和演讲撰稿人。

传统右翼的基本主张在于坚持自由资本主义制度，要求保证个体自由，限制政府的权力，强调美国的传统价值观。极端右翼指代存在于主流保守主义之外且比主流保守主义更加激进的右翼政治、社会和宗教运动。极右社会思潮呈现出内容庞杂、形式多样但特征显著的特点。从内容上来看，极右主义社会思潮包括了传统白人至上主义、宗教白人至上主义、反建制主义、反堕胎主义、反移民主义、反穆斯林主义、非自愿独身主义（Incel）、另类右翼（Alt－right）等。虽然成分复杂，但综合来看，极右主义带有单一民族排外主义（ethno－nationalist xenophobia）和反建制民粹主义（anti－establishment populism）的意识形态内核，并与强调法律、秩序和家庭价值的社会文化威权主义（sociocultural authoritarianism）嵌合在一起。换言之，当前美国的极右主义思潮呈现出本土主义（nativism）、权威主义（authoritarianism）和民粹主义（populism）特点。

其中，“白人至上”主义已是当下美国最为典型的极右社会思潮。它是一种强调白人人种与文化优越性的种族主义信仰，要求保持社会的“唯白人性”，带有本土主义和权威主义的色彩，强调白人在美国社会的主导地位，并希望能够用严明的法律来维护这种“社会秩序”。这种精神内核决定了其信仰者容易将白人经济与社会地位的降低归咎于外来移民，从而发展出民族主义的叙事逻辑。美国人口结构的变化让欧洲裔白人产生被“反主为客”的危机感。加上左派政客推崇的“身份政治”和推行的“纠偏运动”，原本占据美国社会主体地位的欧洲裔白人开始产生情绪上的反弹，并且日益把自身的经济窘境和社会地位下降归咎于“他者”——“抢走”其工作的少数族裔和外来移民。

美国极右主义思潮主要吸引的还是白人男性群体。这一社会思潮与运动的内部并非铁板一块，但“白人至上”主义者和反政府主义者占据了绝对优势，也开始逐渐影响甚至同化持其他极右主义思想的人群。此外，如果说过去的极右主义分子多是某些极端主义组织（例如“三K”党）的成员，当前的极右主义分子则更多是以个体的形式存在。

2. 激进左翼思潮改造自由主义

2008年金融危机以来，美国社会各阶层之间的贫富差距日渐扩大，社会矛盾和分化愈加严重，引发了一场反对华尔街金融资本和精英政治的左翼民粹主义运动。在“占领华尔街”运动、“桑德斯现象”和“民主社会主义”的发展浪潮中，新一代激进主义者在美国迅速崛起，对中间派和进步派民主党都产生了一定影响，使民主党的政治主张在整体上都朝着更加激进的方向发展。

在美国，左翼建制派强调性别、种族、族群与阶层之间的平等，主张运用政府力量，对少数族裔、弱势群体与低收入群体进行福利倾斜，主张推行更为宽松的对移民的边界开放政策，属于平权主义与福利主义。而激进左派的内涵较为宽泛：既包括了反对资本主义、强调阶级政治的社会主义左派（例如社会主义者、马克思主义者、托洛茨基主义者及共产主义者），也包括了以桑德斯为代表、强调社会公平与环境保护问题的新一代激进主义者。鉴于激进左派在国内代表的是底层大众与弱势群体——特别是遭遇经济困境的蓝领工人的利益。在中美贸易问题方面，他们的态度更加强硬，并经常以改善中国的人权情况和劳工权益为发展中美正常经贸关系的条件。

21世纪，美国民主社会主义运动异军突起，其社会理念和政策主张赢得美国普通民众，特别是年轻一代人的广泛支持和赞同。“社会主义”一词在美国政治话语里经常被给予负面含义。不采用革命或暴力，民主社会主义寻求通过民主途径走向社会主义，即在不消灭私有制的情况下，通过有限的国有化、计划性和自治管理，对美国的经济和政治体制进行渐进性地结构改良，最终过渡成“美国式”的福利社会。

2015年桑德斯把民主社会主义话题引入全国性的美国政治辩论中，2016年自称为“民主社会主义者”的奥卡西奥—科尔特斯当选为联邦众议员和2019年桑德斯宣布再次参加总统竞选等，让民主社会主义成为美国日益重要的一股思潮。特别是美国政坛出现的“奥卡西奥—科尔特斯现象”，说明民主社会主义已经在美国赢得了相当的社会民众基础，也成功地使民主社会主义者从其社会边缘踏入美国政治的主流。但是，民主党人的建制派不认为“社会主义”才是出路，因此与桑德斯和“奥卡西奥—科尔特斯”的民主社会主义主张保持一定的距离，2016年和2020年两次大选都由建制派代表人物希拉里和拜登代表民主党参加总统大选。

特朗普把美国社会主义同被妖魔化的苏联社会主义和动荡的委内瑞拉社会主义相提并论，在美国舆论及普通民众中间制造恐惧和焦虑情绪。为了赢得总统连任，特朗普把“反社会主义”作为打击民主党的工具，声称采用社会主义政策将把美国变成一个独裁和贫困的国家。

3. 极端思潮的社会影响

从极右思潮的社会影响来看，美国极右主义暴力袭击事件对社会公共安全造成了严重的危害。根据ADL极端主义研究中心收集的数据，自1993年到2017年的25年间，极右主义者制造了150起恐怖袭击及恐怖袭击计划，致使255人丧生，600多人受伤。同时，在过去的10年中，极右主义恐怖袭击事件在数量上要远超过其他类型的恐怖袭击事件。自2009年到2018年，美国的国内恐怖袭击事件共有346起，其中极右主义恐怖袭击事件有160起，占比46.2%；伊斯兰主义恐怖袭击事件有46起，占比13.3%；极左主义恐怖袭击事件有21起，仅占6.1%；其他及动机不明的恐怖袭击事件有119起，占比34.4%。详情参见图3－10和图3－11。

从图3－10、图3－11可以看出，极右主义者在绝对数量上并不属于多数，却是各类极端主义者中数量比例最高的群体。自2012年起，美国的极右主义恐怖袭击事件就开始逐年递增，并在2017年和2018年迅速攀升，达到高点。2017年和2018年美国的境内恐怖袭击事件共有133起，其中极左主义恐怖袭击事件分别仅为4起和1起，伊斯兰主义恐怖袭击事件分别为5起和2起，而极右主义恐怖袭击事件则高达40起和37起，占总数近60%。同时，根据ADL极端主义研究中心在2020年2月发布的报告，2019年美国的极端主义造成42人死亡，其中90%的死亡都与极右主义相关。可见，极右主义已经成为美国国内恐怖主义的一个主要来源，是美国社会公共安全的重要威胁。

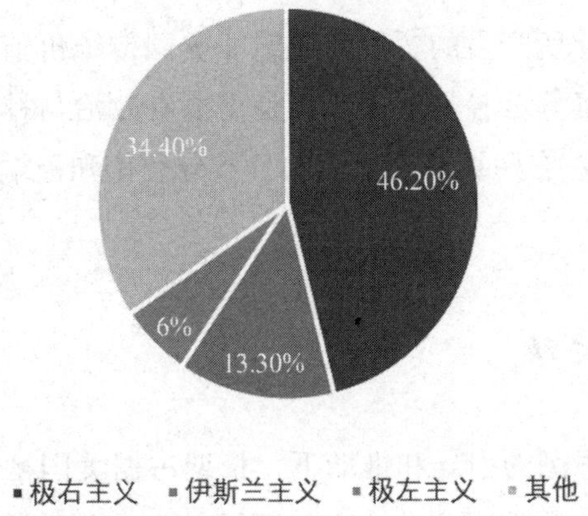

图 3－10　美国境内恐怖袭击类型分布（2009—2018 年）

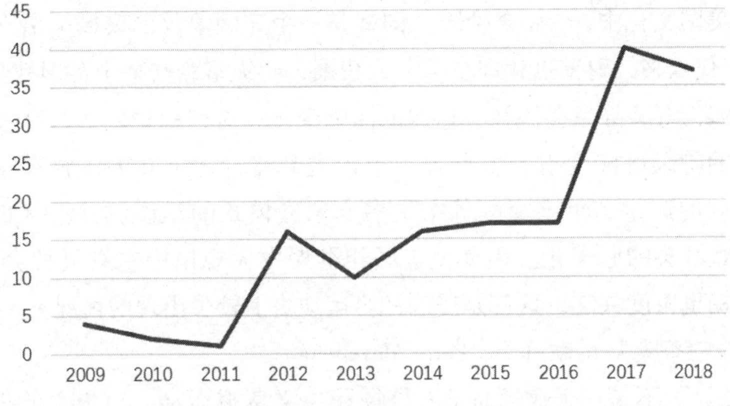

图 3－11　极右主义恐怖袭击事件增长趋势（2009—2018 年）

数据来源：ADL 极端主义研究中心。

极右主义者中基本人口的特点为白人（或高加索人）男性，许多极端右翼分子的攻击行为是出于个人意愿的“孤狼”行动。在近 25 年来发生的极右主义恐怖袭击中，约有一半是出于极端主义者个人意愿的“孤狼”行动，而非有组织的极端主义团体所为。这些犯罪者或多或少与右翼极端组织有一定联系，但右翼极端组织在很大程度上只承担了“煽动教育”这些犯罪者的作用。

美国社会分化所产生的各种问题绝非美国传统价值观回归、抗拒全球化、逆转政治正确等可轻易解决，而是需要有政治与社会共识的再建。而21世纪以来美国左右两翼社会思潮的日益分裂化和极端化，显然不利于这种共识的再建。

二、社会运动

在上述社会思潮的引导和推动下，长期占据美国社会文化体系主导地位的“机会平等”和多元文化主义等不足以弥合美国社会内部的多重撕裂和冲突，各种社会运动沿阶层、种族和性别三条既定路径蓬勃发展。

1. 与阶层相关的社会运动

在美国文化中，“社会阶级”向来是一个充满争议的模糊词语。20世纪80年代以来，财富迅速向少部分人积聚，超级富豪与整个美国社会之家的收入鸿沟等，导致美国社会结构的深刻变化。这种趋势之下，21世纪美国社会的阶级区隔变得日益凸显，个人主义盛行之下新的“两阶家庭结构”模式的产生、单亲家庭等杂乱多变家庭模式的泛滥、社区互助衰减等，导致社会的原子化。因此，美国相继爆发大规模的左右翼社会运动、劳工运动也再度兴起，这都是美国社会运动史上较少出现的情况。

（1）“茶党”运动（Tea Party Movement）

“茶党”不是一个政党而是右翼民粹主义草根运动。历史上的美国茶党，发端于1773年的波士顿倾茶事件，自此“茶党”就成了革命的代名词。

美国广播公司电视主持人桑特利在节目中表示反对奥巴马政府的房屋救济贷款政策，并呼吁“茶党”再现。2009年4月15日，美国纳税日，新生的“茶党”发动了全国性的游行示威活动，反对奥巴马政府的高税收和医疗改革，高举“税收已经够多了”（Tax Enough Already，TEA）的横幅，主张政府要减小规模、缩减开支、降低税收、弱化监管等。该运动秉承传统右翼的基本观点，但同时带有民粹主义的特点，其支持者主体是中下层中产阶级，既憎恶“大政府”和官僚，又反对大企业和金融精英阶层，尤其反对官僚与大资本的勾结。

当然，“茶党运动”是得到共和党右翼和保守派游说组织资助和指导的草根运动，也得到了福克斯新闻的全方位支持报道。有分析认为，“茶党”表明民主党和工会运动都不能为工人阶级争取利益，工人阶级的愤怒部分地通过“茶党运动”的种族主义和自卫报复行为进行了宣泄。

“茶党”的兴起有效地阻击了自由主义的快速回潮，阻止了保守主义可能出现的溃散。虽然在运动初期，“茶党”还只是一个边缘化团体，但美国国家广播公司（NBC）和《华尔街日报》2010 年 1 月的一项联合民意调查显示，41% 的美国人认可“茶党”，同时仅 35% 的人认可民主党、28% 的人认可共和党。到了 2011 年夏，美国境内已经有不少茶党组织，全国性组织有 5 个，其中以“茶党爱国者”影响最大，其成员数量高达 16 万至 20 万人。

在 2010 年美国国会中期选举中，“茶党”对美国政治的影响力更是达到了高潮。最终，“茶党”支持的候选人赢得了 63 个众议院席位和 6 个参议院席位，与此同时，共和党获得 680 个州政府的立法席位，达到 1928 年以来选举结果的最好成绩。“茶党”已经成为一支新的政治力量，不仅反对民主党，而且也在改造共和党，2013 年，在“茶党”等压力之下，民主党和共和党无法就联邦政府拨款法案达成一致，导致联邦政府的非核心部门关门 16 天。在 2014 年中期选举的众议员预选中，茶党人士大卫·布拉特击败共和党建制派大佬埃里克·坎托，迫使其辞去众议院多数党领袖一职。而特朗普 2016 年赢得大选被媒体分析认为是“茶党的胜利”。

（2）“占领华尔街”运动（Occupy Wall Street Movement）

“占领华尔街”运动是与“茶党”相对应的左翼民粹主义草根运动。2011 年 9 月 17 日，上千名示威者聚集在美国纽约曼哈顿，试图占领华尔街，表达对金融制度偏袒权贵和富人的不满。10 月 8 日，“占领华尔街”

抗议活动呈现升级趋势，千余名示威者在首都华盛顿游行，并逐渐发展成为席卷全美的群众性社会运动。纽约警方11月15日凌晨发起行动，对占领华尔街抗议者在祖科蒂公园搭建的营地实施强制清场。美国奥克兰警方于10月25日向示威人群使用警棍清场，事件演变为流血冲突。

与“茶党运动”不同的是，“占领华尔街”运动得到了奥巴马的同情，却没有得到传统政治同盟——民主党的有效呼应，而是被其利用来转嫁自己的责任。因此，该运动缺乏核心领袖和线下组织的支持，工会也未能发挥实质性核心领导作用。与“茶党运动”同福克斯新闻的紧密结合不同的是，“占领华尔街”运动完全依赖社交网络的动员并取得成功，被称为美国史上第一个充斥着智能手机的大规模社会运动，并借此成功引起了传统媒体的重视，将美国社会的关注议题从“茶党运动”的“小政府”口号转移到经济不平等问题上。

“占领华尔街”运动的根本缺憾之一是缺乏核心诉求，延续了20世纪70年代以来左翼社会运动的多元化和碎片化特征：反对1%与99%之间的贫富差距、反对华尔街、反对削减社会福利、反对金钱政治、要求对富人加税，另外还有反战、抗议气候变暖、同性恋婚姻合法化、妇女平等……导致很多美国民众既不清楚该运动的目标，也不了解其抗议方式。因此，“占领华尔街”运动没有提出能够与“茶党运动”相抗衡的政治议程，只是唤醒了美国社会对经济不平等问题的普遍关注，却没有提出有效的解决办法。

上述两重因素也决定了美国官方下令镇压“占领华尔街”运动之后，依赖网络草根动员、缺乏现实生活中的政党媒体和组织等支撑的这场运动很快受挫，早期通过网络虚拟社会关系建立起来的集体身份认同也迅速溃散。值得一提的是，虽然只有部分社运组织以团体的名义直接参与了“占领华尔街”运动，但运动在事后促成了整个组织场域的合作。

（3）劳工运动

美国劳工统计局公布的数据显示，在2010年至2019年间，共有154次大规模罢工，平均每年15次。有关劳工运动的数据参见图3－12。

如图3－12所示，2018年以来，美国大规模罢工事件频发。而2019

年共发生了25次1000名以上工人参与的大规模罢工，也就是说在美国各项经济数据向好的同时，以美国汽车行业罢工和各地教师罢工为代表的劳工运动，也达到了20世纪80年代以来的最高点。①

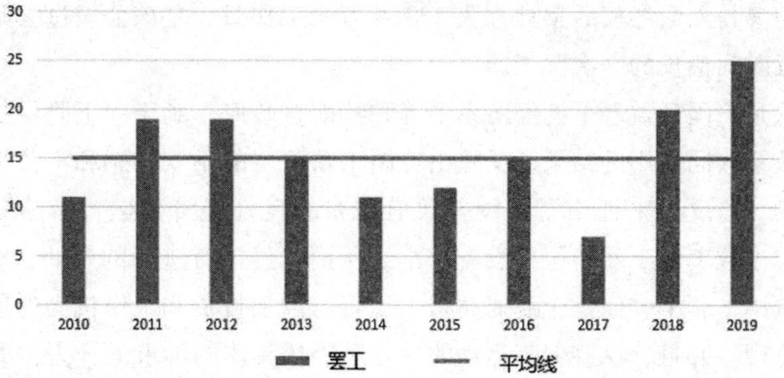

图3－12　美国大规模罢工事件数（2010—2019年）

数据来源：美国劳工统计局。

2019年，有组织的劳工运动在交通行业、汽车制造业、教育服务业此起彼伏。9月，联合汽车工会带领通用汽车工人展开了美国16年来规模最大的罢工行动，将劳资矛盾推向新高潮。但从行业来看，罢工者中半数以上为教师，这与教育拨款连年缩水后以政府财政资助为主要经费来源的公立学校入不敷出密切相关。2020年新冠肺炎疫情的暴发进一步刺激了这股“全民参与型”罢工浪潮。为了争取必要的防护措施、风险补助以及带薪病假，处于低薪服务行业的快递员、司机、仓库工人、厨师，以及处在“抗疫前线”的护士等纷纷自发组织抗议和罢工活动。由此可推断，短期内劳动者会继续作为一种重要的政治和经济力量，对当前美国资本利益长期置于劳工利益之上的局面发挥不可或缺的矫正作用。

2019年，共有42.55万名工人参与了大规模罢工，其中大多集中于教育服务行业，芝加哥、洛杉矶、弗吉尼亚、丹佛等地的教师都相继举行了

① Bureau of Labor Statistics, “Major Work Stoppages in 2019,” https://www.bls.gov/opub/ted/2020/25－major－work－stoppages－in－2019－involving－425500－workers.htm.

罢工。此外，汽车工人、护士、飞行员、旅馆工人等多个行业也都举行了罢工。但是，通用汽车和全美汽车工人联合会（United Automobile Workers，UAW）之间的劳资纠纷是造成工作日损失最多的停工劳工运动，共有4.6万名工人参与其中。停工从2019年9月16日开始，共持续29个工作日，与参与人数加权后累计损失133.4万个工作日，是该公司过去几十年来持续时间最长的一次罢工。①

这是美国日益严重的经济不平等和特朗普政府不利于中下阶层的经济社会政策共同作用的结果，反映出美国工薪阶层的不安全感和不公平感都在加剧。这反过来证明了特朗普政府公布的良好经济数据背后的残酷现实：大多数美国工薪阶层并没有分享到所谓“经济奇迹”的好处，富人和企业从中牟利了，但是企业提高工人工资、增加投资和工作机会的承诺却没有兑现。并且，这些劳工运动的口号已经从具体的诉求上升为“共同的福利”等口号。

2. 与种族相关的社会运动

美利坚这块土地自殖民地时期就充满了种族之间和宗教之间的不宽容和歧视。在21世纪的美国，对某个种族的歧视属于绝对的政治不正确，但对穷人的歧视算不上政治不正确，政治不正确的种族歧视掩盖了社会分化的贫富差别导致的一系列问题，也使得阶级隔离往往被种族隔离的外衣所掩盖。这种阶层隔离和阶层歧视与美国批判“贫穷文化”传统是一致的，因为美国梦赋予“机会平等”以绝对的道德至上性与政治正确性，强调“勤奋劳动”对形成贫富差距和阶层差异所具有的决定性意义。反过来，美国梦对于穷人的定性是：如果你贫穷，那是因为你没有辛勤工作，所以对自己的不幸应当自行承担责任，并以此证明精英地位的正当性。

一方面，2008年奥巴马成为首位黑人总统、2018年中期选举出现84名非白人女性候选人、马萨诸塞州女参议员沃伦为竞争民主党内总统提名特意做DNA测试以证明自己的印第安血统、加州国会参议员哈里斯（Kamala Harris）成为2020大选首位非裔女性参选人等一系列事件表明，白人

① Bureau of Labor Statistics, “Major Work Stoppages in 2019,” https://www.bls.gov/opub/ted/2020/25-major-work-stoppages-in-2019-involving-425500-workers.htm.

与非白人之间泾渭分明的中心—边缘关系正在被改写。

另一方面，对于贫穷的有色人种而言，贫穷和种族歧视可以说是互为因果，形成一个难以破解的恶性循环；对于贫穷的白人而言，他们因自视越来越被边缘化而愤怒，也正在用他们的方式寻求“变革”。这些恶性循环和愤怒情绪导致曾经的社会黏合剂——机会平等的根基在流失，社会流动看起来注定要陷入停顿，社会断裂正在持续恶化，因此种族矛盾爆发的同时，以“白人至上”主义和“黑人的命也是命”等为代表的与种族问题相关的社会运动兴起。

根据反诽谤联盟（Anti Defamation League，ADL）2019年的数据显示，一方面纽约、洛杉矶和芝加哥三大城市的反犹太活动直逼18年来的峰值，白人至上主义旨在散布仇根、招募新成员的宣传活动发生频率增加了120%；另一方面，非洲裔等有色群体则以暴力等形式予以回应。该年度各类仇根团体中，黑人分离主义团体数量最多（255个）。“另类右翼”运动和“黑人的命也是命”两种社会运动成为典型代表，并且互相刺激对方：

（1）“另类右翼”运动

“另类右翼”（the Alternative Right Movement，一般简称Alt - right）是美国保守主义力量的一种极右翼选择，长期存在于美国政治和社会生活之中。21世纪以来、特别是特朗普赢得2016年总统大选前后，“另类右翼”运动成为美国社会运动的重要一支，对美国政治生活产生了较大影响。

由于美国人口结构变化导致没有任何族裔能够占据多数地位，白人将成为美国最大的“少数族裔”，社会宗教和文化日益朝多元化发展，以盎格鲁—新教为中心的美国传统价值观及与之相联系的政治和社会秩序等都受到冲击。经济全球化赋予了资本极大的自由，却又前所未有地削弱了美国中低层劳动者们就业机会、收入水平与财富状况等的族裔差别，包括欧洲裔白人在内的各族群内部贫富两极分化在加剧，白人工人阶级从曾经的中产阶级陷入困顿之中。上述两个方面相结合，反向催生了“另类右翼”运动的社会土壤。与此同时，被压抑已久的美国社会保守主义力量“逆向身份政治”话语和大学校园里兴起的反对“政治正确”（political correctness）思潮为“另类右翼”运动提供了思想基础。

“另类右翼”运动由一套极右的意识形态以及持这些意识形态的团体和个人所组成，其核心信念是“白人身份”正受到多元文化力量的攻击、多元文化力量正在利用“政治正确”和“社会正义”来破坏白人和“他们的”文明。该运动把白人种族—民族主义作为它的基本价值观，强调坚持盎格鲁—撒克逊新教文化和传统，强烈反对平均主义和普世主义，拒绝多元文化主义或任何形式的多元主义（例如女权主义）。其目标在于寻求将白人身份政治正常化，使美国保持为一个白人占多数的国家，因此被视为白人民族主义运动，也一定程度上被视为推进白人男性总体利益的运动。

“另类右翼”运动旨在取代美国主流保守主义，把持对美国右翼力量的主导权。该运动建立了有力的口号：保守主义才是新的朋克（New Punk）。“另类”一词“alternative”，是取代和替代的意思。根据霍利的《理解“另类右翼”》一书，“另类右翼”运动所要取代的是主流保守主义和共和党的建制派力量，并且试图彻底取而代之。这种“取代”主张与美国民众、特别是美国白人对主流保守主义派的不满情绪紧密相关。因为奥巴马时期，主流保守派在堕胎、同性婚姻、大麻合法化等文化价值观和移民问题上节节败退，被“另类右翼”群体视为对传统保守主义价值观缺乏真正的政治代表性。因而，保守主义力量的内部撕裂为“另类右翼”运动的崛起提供了“温床”。

“另类右翼”运动的思想主张本质上是一个长期存在的激进右翼政治传统的最新版本，主要深受如下几种意识形态的影响：古典自由主义（又称自由意志主义，libertarianism）、旧保守主义（paleoconservatism）、新反动主义（neoreaction）和“男性权利运动”（men's rights movement，MRM）等。[①]

该运动所持思想的主要特点是强调身份政治、反建制和白人民族主义。“另类右翼”群体以对白人盎格鲁—撒克逊新教（White Anglo - Saxon Protestant，WASP）文化认同的自豪感和身份认同作为链接文化纽带；以带有阴谋论色彩的不信任现存政治体制（建制）、反全球化、反主流精英、

① George Hawley，“The Alt - Right：What Everyone Needs to Know，” New York：Oxford University Press，Dec 2018.

反传统左翼的言论吸引支持者，将自己视为美国真正的人民的代表者，以此主张打破华盛顿的建制派和既得利益群体的统治；希望建立一个文化上由盎格鲁—撒克逊新教徒主导的美利坚合众国，认为最主要的危机来自美国内部，特别是美国人口结构的变化。

尽管以白人身份认同为中心，“另类右翼”运动包含一系列不同的意识形态，例如有的“另类右翼”群体从白人至上主义视角出发主张保留传统基督教价值观，有的自称为白人民族主义者因而强烈反对移民，有的自称为新反动主义者拒绝与启蒙运动相关的自由民主思想……正因为其极右意识形态的多样性，该运动内部存在对于犹太人的意见分歧，例如是否应该将盎格鲁—撒克逊新教文化的困境归咎于犹太人——几十年来，这种反犹主义信仰巩固了白人民族主义。尽管相当比重的“另类右翼”运动领导人无疑是反犹太主义者，但其他一些人却把犹太人视为白人。①

“另类右翼”运动主张的白人民族主义应当区别于白人至上主义。白人至上主义（White Supremacy）指的是，白人在多种族共存的美国社会应当占据主导地位，本质上是信奉白人种族比其他种族都优越；白人民族主义（White Nationalist）指的是，认为白人如今是受到威胁的种族，从女权主义者到左翼政治家，再到穆斯林、犹太人、移民、难民和黑人等，都在通过各种手段密谋破坏和摧毁欧洲裔白人种族。“另类右翼”运动把种族问题重新引入到公共政治视野当中，主要针对20世纪70年代以来形成的由“政治正确”主导的美国社会话语体系，部分白人认为“政治正确”使其失去了美国建国以来的种族优势，还在逐渐丧失其对美国社会各领域的主导权，事实上构成了对欧洲裔白人的所谓“逆向歧视”。基于上述差别，“另类右翼”群体使用“文化”等词来替代“种族”等更具分裂性的词，并宣扬“西方文明”作为白人文化或身份的代名词。

“另类右翼”运动是一个极其松散的社会运动，由不同派别的个人和松散团体组成。以理查德·斯宾塞（Richard Spencer）等为代表的主要领军人物试图通过强调白人的成就和所谓的知识和文化优势来吸引受过高等

① https：//www. splcenter. org/fighting - hate/extremist - files/ideology/alt - right.

教育的年轻白人，特别是年轻白人男性加入到运动中来。他们经营着一些小的白人民族主义企业，包括组织、在线出版物和出版社。“另类右翼”群体大多数是盎格鲁—撒克逊白人“千禧一代”（80后和90后），这些年轻人认为主流保守主义对于解决移民和难民等带来的问题“毫无用处”。这些年轻人以互联网和社交媒体为主战场，有很多活跃在匿名发帖的各种讨论版网站，包括4Chan、8Chan（现已停用）和Reddit等。但并未形成一个严密的政治性组织。

“另类右翼”运动主要依托的网络平台和领军人物有：第一，布赖特巴特新闻网（Breitbart News），由《赫芬顿邮报》的创始编辑之一安德鲁·布莱巴特（Andrew Breitbart）于2007年创建，史蒂夫·班农曾任其执行董事，该极右翼保守新闻及评论网站是美国访问量最高的新闻网站之一；第二，《美国复兴》（*American Renaissance*）杂志，由“另类右翼”运动领袖之一贾里德·泰勒（Jared Taylor）作为其21世纪基金会（New Century Foundation）的一部分于1990年创立，该杂志和相关活动欢迎犹太人的加入；第三，《基数杂志》（*Radix Journal*），由理查德·斯宾塞于2012年创办，是斯宾塞担任主席的美国国家政策研究所（National Policy Institute）的出版物；第四，每日风暴（*The Daily Stormer*），由公开承认自己是新纳粹分子的安德鲁·安格林（Andrew Anglin）于2013年创办，因其幽默、网络爆红、尖刻评论等而受年轻人喜欢；第五，VDARE网站，以第一位在北美出生的白人（Virginia Dare）的名字命名，由自称为旧保守主义者彼得·布里梅洛（Peter Brimelow）于1999年创立，被众多美国民权组织定性为“反移民仇恨网站”；第六，The Right Stuff网站，由反犹主义者麦克·以诺（Mike Enoch）运营的反犹太博客，是“另类右翼”群体经常互动的平台。

“另类右翼”群体也非常活跃地在推特、脸书等社交媒体和自媒体上发表言论、组织行动，例如大量匿名推特用户使用“Alt Right”标签来传播他们的想法，有时还成功地将其推入政治主流。此外，“另类右翼”运动拥有出版社和智库组织等，例如美国国家政策研究所，这家位于华盛顿的白人民族主义智库是“另类右翼”运动进入主流政治的中心。

“另类右翼”运动从以互联网为主战场的边缘社会思潮到美国社会运动的重要一支，其发展历程主要分为如下三个阶段：

第一阶段，以互联网为主战场的边缘社会思潮。“另类右翼”运动最初由一群被边缘化、无组织的互联网活跃者和宣传者群体发展起来，与美国政治极化、互联网政治极化、社会分裂和主流媒体信誉的滑坡等因素有着千丝万缕的关联，不仅标志着美国极右翼政治积极利用粉丝亚文化和黑客文化，而且说明美国互联网政治的日益部落化。

2008 年 11 月，保守主义政治哲学家保罗·戈特弗拉德（Paul Edward Gottfried）在门肯俱乐部（H. L. Mencken Club）演说中首次使用了“另类右翼”这一术语，用来界定一种“独立的、存在于建制保守主义运动之外”的政治现象。但是，美国学界普遍认为，“另类右翼”一词是由白人民族主义领军人物理查德·斯宾塞发明的，他曾担任过美国保守派杂志和达奇杂志的编辑。通过创办另类右翼网络平台、组织各种会议等，斯宾塞致力于完善“另类右翼”运动的意识形态原则。在斯宾塞的经营下，多个“另类右翼”组织和网站聚集了多个反对建制派政治的边缘群体。

第二阶段，2016 年大选和“另类右翼”运动的崛起。直到 2016 年大选前，无论是作为一种极右翼保守主义运动，还是作为一种意识形态和社会思潮，“另类右翼”运动一直处于边缘地位，被排除在政党政治之外，甚至被贴上“种族主义”标签，并没有引起社会广泛的关注。

唐纳德·特朗普 2016 年美国大选的竞选活动和后来当选，得到了“另类右翼”运动的大力支持，也反过来为该运动注入了活力。因为“另类右翼”运动之前在公众意识中基本不存在，却成为 2016 年总统大选的主要新闻故事之一。值得注意的是，特朗普并不被视为“另类右翼”群体成员，甚至特朗普本人宣称他不认为班农属于“另类右翼”。但是特朗普对于“另类右翼”运动的崛起厥功甚伟，因为他终结了保守主义在右翼政治中的垄断地位，而且成功地突破了“政治正确”性的底线，为“另类右翼”群体在美国政治生态中获得一席之地扫清了障碍。

“另类右翼”运动对特朗普政府的内政外交施加了一定影响力，植根于特朗普时期的主要政策方向，例如，“美国优先”、反移民、反建制等，与该运动的主张契合。2017 年夏洛茨维尔骚乱中，“另类右翼”群体和少数族裔、自由派、民权人士、文化多元主义者等之间开展了一场“文化战争”。此后，“另类右翼”运动迅速进入公众意识。

“另类右翼”运动不仅成为美国内外政治讨论的一个常规部分，而且逐渐向有组织的政治运动发展。该运动与“黑人的命也是命”运动相对峙，例如，2020 年夏天组织对明尼阿波利斯第三区的围攻，那次围攻促成了乔治·弗洛伊德起义军（George Floyd Rebellion）激进的反警察基调的形成。又如采用“蓝衣的生命同样重要”（Blue Lives Matter）、“一切生命都很重要”（All Lives Matter）、“警察的命也是命”（Police Lives Matter）等口号进行反击等。并且，“骄傲男孩”式的街头暴力与美国民兵运动结合在一起，在伯克利、波特兰和其他城市形成了街头斗争文化，卷入各种关于美国文化、国家认同和民族认同等的争议和社会冲突之中。

第三阶段，2020 年大选和“另类右翼”运动的走向。理查德·斯宾塞曾经毫不讳言地指出：“我不认为选举是改变世界的方式。你是通过重大的文化变化来改变世界的。”也就是说，大选只是手段，“另类右翼”运动的真正目的是改变美国的公共政治文化。

“另类右翼”运动在 2020 年大选中极力支持特朗普，特朗普的选举集会和各种形式的街头斗争把“另类右翼”群体从互联网上带到了街头，并且该运动是 2021 年 1 月围攻国会大厦事件的积极组织力量。“国会山”事件可能标志着“另类右翼”运动新阶段的开始，因为建制派对其的打压会反过来强化其反建制特点，甚至有可能向更极端的方向发展。

（2）“黑人的命也是命”运动

“黑人的命也是命”运动（Black Lives Matter，BLM），也被俗称为“黑命贵”运动，是一场抗议针对黑人的暴力和系统性歧视的国际维权运动。同时，这场运动反对如种族归纳（racial profiling）、美国刑事司法系统中的种族不平等、暴力执法等更为广泛的问题。该运动 2013 年起源于非裔美国人社区，耗时 7 年时间，从一个“脸书”的话题标签发展成为 2020 年“弗洛伊德事件”后的全美流行标语，并进而发展成为席卷加拿大、英国、澳大利亚、法国、德国、韩国、日本、墨西哥、丹麦、波兰、西班牙、巴西、叙利亚、意大利、荷兰等国的全球性社会运动，催生了围绕警察对黑人的暴力行为、奴隶制的长期影响以及系统性种族主义引发的经济和公共健康风险等议题的全球性讨论和抗议行为。

“黑人的命也是命”运动声称要继承马丁·路德·金的黑人解放事业。并且，该运动在其网站声明，要超越以往狭隘的黑人民族主义，建立一个集结所有黑人力量（包括以往被边缘化的妇女、残疾人、性少数群体等）的组织，追求真正的平权和自由，并解决黑人社会内部的诸多问题。该运动主张其使命是与两党的民选官员进行持续较量以消除白人至上主义；在被排除政治进程之外的黑人社区建立基层权力，通过把握地方性权力来拓展黑人的生存与发展空间。当国家机器和警察对黑人社区施加暴力时，该组织宣称其将对此进行干预，通过打击和反击针对黑人的暴力，汇聚黑人的幸福快乐，为黑人的想象和创新创造空间，以此迅速改善黑人群体的生活。与此同时，该运动推广“性革命”世界观，宣称他们“肯定黑人同性恋者和跨性别者、残疾人、非法移民、有前科的人、妇女及所有不同性取向的黑人的生活”，并且要将那些在黑人解放运动中被边缘化的人组织起来。

从该运动声称的宗旨来看，这个组织不仅试图反抗黑人外部面临的压迫，还看到了黑人内部的不平等。外部压迫植根于贯穿美国历史的错综复杂的种族关系，种族矛盾是美国社会的痼疾。美国黑人虽然建立了自己的社会组织和制度网络，但他们并没有对非洲文化的认同感、没有自己独立的宗教而大都是信仰新教。所以“黑—白”二元社会结构是美国白人主体族裔的社会偏见和社会歧视等所构建出来的、而不是由美国黑人基于自己独特的族群文化认同所主动推动的，因此，直到20世纪末美国黑人的奋斗史本质上是主张融入到美国主流社会（向白人看齐）的斗争史。

20世纪60年代以来，削减种族歧视和宗教歧视等都属于“政治正确”的范畴。不同族裔在形式上实现了平等，但实质性的以居住区隔离等为代表的广义上的种族隔离并没有消失，种族歧视仍然根深蒂固地存在于美国社会。各族裔之间和族群内部获得教育、健康和居住等基本资源的机会不平等性仍然突出，不同族裔工作机会的数量和质量差异明显，在相同的教育背景和资历的情况下，不同种族的劳工薪资差距持续恶化。以2018年为例，该年度美国黑人的贫困率接近21%，而欧洲裔白人的贫困率则约为8%；美国家庭的收入中位数为6.3179万美元，其中美国非洲裔家庭的收入中位数为4.1361万美元、欧洲裔白人家庭的收入中位数为7.0642万美元。该年度美国的监狱人口高达230万人、监禁率高达0.7%，均位居世界第一，然而40%的被监禁人口是非洲裔，虽然非洲裔只占美国总人口的13%。警察对非洲裔使用武力的可能性几乎是欧洲裔白人的4倍——说明美国社会的种族不平等仍在持续，大量非洲裔和拉美裔依然被经济鸿沟和监禁率等阻隔在美国主流社会之外，除刑事司法系统外，种族歧视渗透到美国生活的方方面面，包括教育、就业、住房和医疗等。

2008年奥巴马当选为美国第56届总统，成为美国历史上第一位黑人总统。但是，经济不景气、非白人移民人数上升及奥巴马第一任期实施了一系列带有浓厚的自由主义色彩的公共政策等，都刺激了“白人至上”主义和白人民族主义情绪的高涨，例如，带有白人至上色彩的仇恨组织数量快速增长，警察暴力执法等问题日益凸显，美国黑人的境况并未因奥巴马担任总统而有实质性改善，因而美国的种族矛盾再度激化。

2012年枪杀17岁非洲裔美国人特拉伊冯·马丁（Trayvon Martin）的拉丁美洲、非洲混血裔社区自卫巡逻员男子乔治·齐默曼（George Zimmerman）被宣判无罪，引发愤怒，社交网络上发起了“Black Lives Matter”的话题，“黑人的命也是命”这句口号很快广为流传，但也因其对警察的尖锐敌意受到批评，“黑人的命也是命”运动应运而生。

2014年弗格森骚乱中的迈克尔·布朗（Michael Brown）和纽约市的埃里克·加纳（Eric Garner）丧生，这两起非裔美国人的死亡引发大规模街头游行，使得“黑人的命也是命”运动获得了全美关注。2015年非裔青年弗雷迪·格雷（Freddie Gray）案引爆的巴尔的摩骚乱、2015年非裔男子沃尔特·斯科特（Walter Scott）被警察开枪8次击毙、路易斯安那州非裔男子奥尔顿·斯特灵（Alton Sterling）和明尼苏达州黑人菲兰多·卡斯蒂利亚（Philando Castile）被警察射杀引爆的大规模抗议，在美国多地同时掀起了“黑人的命也是命”游行……“黑人的命也是命”运动多次组织各地参与者举行游行示威，抗议数名非裔美国人在警方行动或警方拘留中死亡。

2014 年至 2016 年，“Black Lives Matter”话题标签的发起人和社会运动的召集人主要是 3 位非洲裔妇女，艾丽西亚·加尔萨（Alicia Garza）、帕特希·库拉斯（Patrisse Cullors）和欧帕尔·托米提（Opal Tomet）。她们将其项目拓展到了全美 30 多个地方分部，并逐步在世界多国建立起活动网络。

2017 年，“黑人的命也是命”全球网络基金会（Black Lives Matter Global Network Foundation）成立，这是一个活跃于美国、加拿大和英国的非营利性民权组织。该基金会之下的各地方分会是“半自治”的，可以自行组织和领导其社会运动的各种活动和项目，例如芝加哥分会更多地关注警察问责、洛杉矶分会致力于通过“人民预算”（People's Budget）的提案削减洛杉矶警察局预算、波士顿分会围绕互助开展了大量活动等，因而，“黑人的命也是命”迄今仍是一场权力下放的草根运动或者是一个有指导原则但没有层级架构的网络组织体，也不像老一代美国民权运动那样拥有马丁·路德·金这样的魅力型领导人。

值得注意的是，并非所有的针对种族歧视或警察暴力执法等的抗议或示威都属于“黑人的命也是命”网络（Black Lives Matter network）的一部分，并非每个参加相关抗议活动的人都是当地“黑人的命也是命”分会的成员有些可能只是由人们简单地使用该运动的名字组织起来。

2015 年夏天，“黑人的命也是命”运动参与到了 2016 年美国总统选举中，大力支持希拉里，并被认为属于相对激进的左翼运动。在这一过程中，该运动逐步演变为与民主党结盟的黑人民权组织，甚至沦为其用种族矛盾巧妙替代阶级矛盾的舆论宣传工具。该运动的斗争焦点逐步集中于种族矛盾和警民冲突，特别是将黑人境况归咎于白人种族主义，将运动斗争目标集中于抗议警务腐败、减少对黑人暴力、关注警务改革等；而不是追求不同种族之间和黑人内部的平等，例如改善黑人社区的基础教育设施、提升黑人父母重视家庭教育等，以帮助黑人走出“缺乏良好教育—遭遇就业排斥—沦为犯罪分子”的怪圈。

但是，特朗普赢得了2016年大选。他更加重视底层白人群体、相对忽视包括黑人在内的少数族裔的困难，此后“黑人的命也是命”运动与“另类右翼”运动之间的冲突不断爆发，加剧了美国的种族对立。黑人遭警察暴力执法的事件也不断被炒作为各种抗议骚乱的焦点。并且，该运动领军人物宣称她们遭遇了坦克、橡皮子弹、被迫入狱和判刑、被监视、撒谎、被称为恐怖分子、被联邦调查局贴上虚假的标签，甚至有一些人失去了生命等。值得注意的是，2017年，一名来自新泽西州的高中生齐亚德·艾哈迈德（Ziad Ahmed）在申请斯坦福大学的个人申请信中写了100遍“黑人的命也是命”后被录取，一定程度上说明该运动已经进一步成为民主党的舆论宣传工具。

在2020年“弗洛伊德事件”爆发之前，这一由美国黑人领导的草根组织号称数年来只筹集了10万美元，用来支付“基本的组织费用”和为那些因警察暴行而失去亲人的黑人家庭提供有限的支持。但“弗洛伊德事件”爆发之际，正值新冠肺炎疫情暴发和美国大选选情焦灼期，“黑人的命也是命”运动在美国民主党、主流媒体等的支持下迅速发展成为一项影响力急剧膨胀的政治社会运动，美国社会对这一运动的认可程度显著增加。众多认同该运动的个人或组织加入其中，宣布与之结盟。在佩罗西等民主党政客的公开支持之下，众多政客和企业，以各种形式明确表明立场支持“黑人的命也是命”运动，大量捐赠迅速涌向该组织。例如，星巴克允许美国和加拿大连锁店员工穿戴支持“黑人的命也重要”的衬衫和配饰；众多NBA球员加入“黑人的命也是命”等社会活动。2020年6月，该运动抗议者占领了华盛顿州的西雅图市的6个街区，成立了首都山自治区（Capitol Hill Autonomous Zone）；西雅图市长民主党人珍妮·德坎（Jenny Durkan）公开表示支持这些抗议者，并将他们的行为称为“爱国行为”。美国首都华盛顿哥伦比亚特区民主党市长鲍泽下令把白宫附近一条街道改名为“黑人的命也重要广场”，在道路中央用亮黄色油漆书写硕大的“黑人的生命也重要”字样。美国联邦层面及许多州和地方政府着手警察改革等。

尽管左翼社会力量对“黑人的命也是命”运动大为增强，但是以特朗普为代表的保守主义力量对此持批评态度。特朗普本人认为“他们是真的在伤害黑人群体”“不想让美国好”等，多数共和党人及坚决支持特朗普的美国警察工会等坚持对其的批评态度，一些保守派人士继续给这一运动贴上“仇恨组织”甚至“邪教”标签，指控其煽动“种族战争”等。

即使在美国黑人内部对该运动也不只是有一种声音，例如，黑人保守派律师拉里·埃尔德（Larry Elder）和《黑色谎言重要》（*Black Lies Matter*）的作者黑人知识分子塔里·斯塔克斯（Taleeb Starkes）等，他们认为“黑人的命也是命”运动并不代表全体黑人的利益，支持“黑人的命也是命”运动并不意味着反压迫等。

尽管“黑人的命也是命”运动对于推动拜登赢得2020年大选发挥了积极作用，但其政治主张和社会政策议程与民主党建制派之间存在不少差异，与民主党内部的进步派更加契合，加上保守主义力量对美国政治和社会的影响力仍然很大，该运动的前景存在诸多变数。随着“黑人的命也是命”运动在全球范围内的发展壮大，来自种族主义、法律和秩序等不同角度的批评日渐增多，这种批评力度如果不断加大，“黑人的命也是命”运动的全球势头可能会减弱，也充分体现出21世纪黑人民权运动的迷茫与畸变。

3. **女权运动**

21世纪美国女权主义运动的再度兴起和政治紧密地结合在一起：

（1）2017年女权主义运动在美国再度兴起

2017年10月，《纽约时报》和《纽约客》刊发文章指控韦恩斯坦公司创始人、好莱坞电影巨头哈维·韦恩斯坦涉嫌性骚扰。此后，美国影视圈又被曝光多个性骚扰事件。社会活动家、服务弱势女性的纽约社区组织者塔拉纳·伯克在网上提出“Me Too（我也是受害者）”的口号。该口号被女星艾丽莎·米兰诺在推特上转发，并附上文字：“如果你曾受到性侵犯或性骚扰，请用‘我也是’（Me Too）来回复这条推文。”随后，推特、脸书和照片墙等网络社交媒体迅速流行开来，例如推特通过在旗下策划故事的平台时刻（Moments）上的推广支持了“Me Too”这一话题，不但触发了一次关于性别雇佣歧视的广泛讨论，而且形成一场具有强大声势的网上与现实相结合的社会运动。与女性相关的话题是2017年美国报刊、电视和社交媒体上的大热门，尤其是性丑闻话题。

2017年11月，好莱坞发起“还我职场游行”，抗议职场内的性骚扰。“Me Too”宣言还引发了政界、学术界、文化界、商界、传媒界等各个领域内与性骚扰、性侵犯事件相关的广泛讨论，并且有大量首席执行官被解雇、一些行业重要人物声名扫地，还有人因此被起诉。这场网络风潮所引发的社会运动对美国政坛产生了强烈的冲击，共和党和民主党都有重要政治人物因此受损，例如，肯塔基州共和党众议员丹·约翰逊（Dan Johnson）在2017年12月13日因性侵指控而自杀。同月，在六成以上选民是共和党支持者的深红州——亚拉巴马州，被指控曾经性骚扰或性侵多名未成年少女是该州共和党参议员候选人摩尔输给民主党候选人琼斯的重要原因之一。该选举结果使联邦参议院共和党与民主党的议员数之比由52：48变成51：49，仅剩下2票优势。

2017年12月美国《时代》周刊“年度人物”评选揭晓，揭露性骚扰的艾丽莎·米兰诺等5位“打破沉默者”一起登上了《时代》的风云人物封面专题。以“Me Too”运动为代表的女权运动的再度兴起虽然引发美国社会对女性地位的热议、激励更多有政治抱负的女性参政等，但是吸引的大众注意力更多聚焦于美国精英职场及高阶层受害者，对不同种族和不同阶层，特别是弱势女性的关注度和影响力仍然较低。

（2）2018年女权主义运动与政治相结合

女权主义运动在2018年与美国政治紧密结合起来，“Me Too”和“Times Up”运动等是其中重要的内容。2018年美国女权运动主要有：麦当劳快餐业工人罢工要求终止性骚扰，捍卫女性生育权和反对关闭诊所，反对提名布雷特·卡瓦诺（Brett Kavanaugh）为美国最高法院大法官的群众性动员等。在教育界、酒店业和照顾护理行业的罢工，都强调女性和有色人种在左翼运动和工人阶级社会抗议等方面的领导角色。

女性议题及运动席卷全美，除了与社会主义思潮和左翼组织关系密切，美国的女权运动也是中期选举中民主党的有力竞选武器：不仅女性选民在2018年中期选举中的登记人数超过了男性选民，而且参选的女性候选人亦从2016年的183人上升至260人，也就是说，候选人有超过¼为女性，包括84名非白人女性——相较于2年前，增长达42%。这些女性竞选的主题主要包括女性、少数群体代表、同工同酬、医疗、教育和就业等，对于枪支管制、税收改革、国家安全和移民问题尽管存在不同立场，但都表示愿意推动合作。中期选举的结果是，有87名女性赢得众院席位，其中75人为民主党，并且有2名来自民主党的穆斯林女性和2名来自民主党的美国印地安原住民女性当选国会议员。因此，2018年被称为美国政治的“女性之年”。

(3) 2019年女权主义运动的宣传深入推广

女权主义运动，旨在提高女性权益的各类妇女运动在街头和社交媒体同时进行。2019年1月，以“99%的女权主义”为口号的“女性大游行”再度举办。虽然囿于资金短缺和组织者内部分歧，此次游行的声势、规模有所减弱，但与前2年相比，2019年的妇女运动进一步凸显平等底色，挖掘议题的“交叉维度”，关注数百万普通劳动女性，从而矫正以往运动中的精英化及白人中心主义倾向。更重要的是优化宣传策略，把不利于持续制造热点的街头集聚抗议逐步分散、转变为精细化深度运作，促进线上线下的双渠道融合，同时积极声援在各级政府竞选公职的女性候选人，通过加强该群体的政治代表性来切实改善女性的社会境遇。

三、工会组织

与欧洲相比，美国的工会组织，特别是私营部门的工会作用有限。在美国就业人口持续上升的前提下，美国工会成员的数量从1973年的1808.8万下降到了2018年的1474万人，带薪工人的工会成员比例已经从1973年的24%持续下降到2018年的10.5%。21世纪美国工会的主要作用是代表工人就工资、福利和工会成员的工作条件等问题进行集体谈判，并在管理方违反合同条款时，代表工会成员处理争端。其中一些规模较大的工会也会参与到政治游说活动中。

1. 工会覆盖率的公私部门差异

21世纪以来，美国公私部门的工会覆盖率的差异在持续扩大，参见图

3－13。

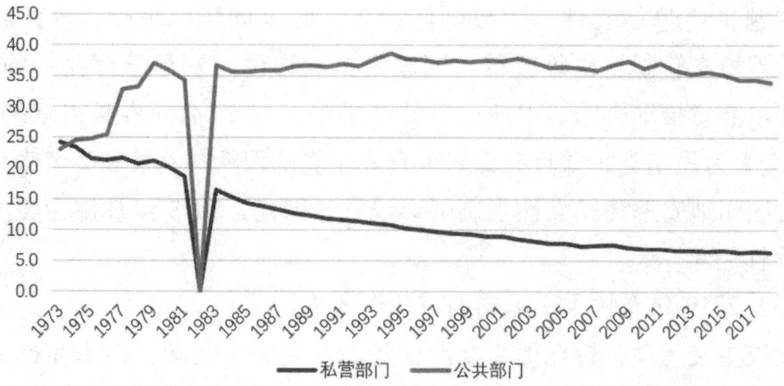

图 3－13　美国公共部门和私营部门工会覆盖率对比（1973—2018 年）

数据来源：美国劳工统计局。

从图 3－13 可知，美国公共部门的工会覆盖率比较稳定，私营部门的工会成员下降率明显。从 2015—2018 年的数据来看，公共部门的工会覆盖率均在 33.9% 以上，与 20 世纪 70 年代相比增长了近 10 个百分点。其中，基层政府的工会成员率最高，高达 41.3%。教师、警察和消防员等职业的工会成员率也都比较高。但是，同期美国私营部门的工会覆盖率均低于 7%，与 20 世纪 70 年代相比，工会成员数少了近一半，工会成员比例减少了 17 个百分点。①

2. 主要工会联盟组织

美国大多数的工会都加入了美国最大的两大工会联盟组织：美国劳工联合会—产业工会联合会（AFL－CIO）和变革谋胜利工会联合会（Change－to－win Federation）。

它们是美国当前最大的工会组织，其成员有 1250 万人，由 55 个全国性和国际性工会自愿组成。由于其前身是美国劳联，尽管存在劳联和产联

① Megan Dunn and James Walker，"Union Membership in the United States，" September 2016，p. 4，available at https：//www. bls. gov/spotlight/2016/union－membership－in－the－united－states/pdf/union－membership－in－the－united－states. pdf.

不同诉求的张力，AFL－CIO 长期坚持着“简单工会主义”，即通过遵守既有的政治规则、参与政治游戏来帮助工人获得较好的物质生活条件，而不是打破现有的政治规则，改革政治议程。但是针对21世纪美国的社会经济矛盾日益恶化，充满官僚主义和内部纷争不断的 AFL－CIO 没有能力也没有可能组织工人起来进行斗争。

为了“在私营行业进行创造性的活动来保证每个工人都有能供保证生计的工资、福利来支撑其家庭和退休后的体面生活”，变革谋胜利工会联合会（Change To Win，CTW）在2005年从 AFL－CIO 中独立出来。其工作重点在于组织基层工会，通过吸纳更多的工人入会来巩固和扩大产业工会力量。但是其成员人数自2006年来逐年下降，财政力量也在不断减弱。从2006年的535.6万名会员下降为2015年的371.8万名，减少了近164万名。

自成立以来，CTW 组织的劳工运动主要有：“为港口卡车司机声张正义”运动（Justice for Port Truck Drivers）、“美好工作国度”（Good Job Nation）、“为15美元而战”（Fight for ＄15）和“争取尼桑工人的权利联盟”（Coalition for Rights at Nissan）等。

3. 工会在选举政治中的角色

罗斯福新政之后，美国工会长年与民主党关系紧密，成为民主党坚定的票仓。但是，21世纪以来，随着民主党与“科技—金融”资本的捆绑日益密切，工会与两党的关系发生了微妙的变化。例如，2016年 AFL－CIO 在联邦层面的选举中给民主党捐赠了7219万多美元，给共和党捐赠了547.8万美元；在各州层面的政治活动中，AFL－CIO 给民主党捐了2351.8万美元，给共和党捐了157万美元。而2016年特朗普的当选在很大程度上就得益于“铁锈地带”美国蓝领工人及其工会组织的支持。

此外，美国的大型工会和工会联盟通过捐赠政治献金、进行游说和政治动员等方式影响国内及国外政策。例如通过各种游说来改变国会议员和政府官员的想法，或者与政府配合对外进行贸易战等。工会邀请政府官员和议员参加自己举办的集会或参与政府官员举办的听证会等，表达自己的主张或意见，并说服他们支持自己的主张。此外，工会也可以通过动员选民来间接影响政策制定。例如，劳联开展了“劳工2004”，当时参加的志愿者数量有22万多人。这些志愿者们拨打了100多万个电话，发放传单宣传工会。

第六节　认同冲突与文化霸权危机

2020年的美国大选是一场美国社会围绕个人价值观或者说是国家认同而展开的根本性斗争，而这些价值观的差异因为新冠肺炎疫情被放大。2020年大选，美国社会以是否支持特朗普形成了意识形态的撕裂，无论是拜登还是特朗普当选，如美国《纽约客》杂志所说，美国这个超级大国已在内部分裂出另一个不再信任民主制度的国家。

这种文化认同和意识形态的撕裂意味着美国已经是并且将长期是一个功能失调加剧的国家，美国政府的任何决策都会使某一方感到愤怒，也将加剧美国业已深重的两极分裂，使两党合作的可能性下降，社会冲突更多地向暴力化方向发展。这种撕裂还从美国社会自身和国际社会两个层面对美国的文化霸权产生了重大冲击。

一、认同冲突

自20世纪70年代以来，“政治正确”成为左派政治思想体系中最具开放性和可操作性的核心元素。标榜自由平等权利的身份政治者擅长用“政治正确”的话语来绑架美国社会、公众和政党，简单地用身份差异为由去归咎他人、强调多元文化主义，导致身份政治与美国传统价值观之间的矛盾在美国社会长期发酵。

经济复苏而贫富差距拉大，美国的社会正处于历史空前的分裂程度，不仅在经济收入、政治参与和阶层、种族隔阂等方面加深，而且在文化认同与社会参与等方面加剧。其结果是，21世纪以来的美国身份对立的逐步扩大和美国文化认同的内部撕裂，这既是经济全球化冲击和美国内部发展失衡的结果，反过来又导致美国社会进一步分化。

1. 经济全球化与认同冲突

21 世纪以来，美国内部因失业、教育资源不平等、就业市场竞争激烈等多种因素，出现大量陷入固化境地的底层阶级，其中包括长期底层化的非洲裔、拉美裔群体，更重要的是逐渐出现自认为是社会主体族裔却被底层化了的白人工人阶级群体。

经济全球化浪潮冲击下，涌入美国的移民来源地主要是拉丁美洲和亚洲。20 世纪 80 年代以来，以前所未有速度大量涌入美国的新移民与为平等权利长期抗争的非洲裔相区别的是，前者拥有并相当程度上保留了各自的价值体系或者民族文化传统，例如语言、文字和宗教等；与传统欧洲移民相区别的是，这些来自亚洲与非洲等地的新移民与美国的主流文化相差甚远。所以，这些移民尽管大都缺乏形成文化冲击的主观意愿，但客观上大大增强了“根本没有定型的美国社会”的文化多元性和社会不确定性。一些坚持传统文化认同的美国人对此担心，20 世纪末以来大量进入的新移民将造成未来美国“在语言和精神上的分裂”。

然而，跨国资本力量主观上有意愿推动美国的文化多元性，因为它们需要将美国的市场“变平”以满足不同种族移民的需求，尽可能促进包括劳动力在内的各种生产要素自由进出美国、在美国落地后迅速投入运营等来帮助其实现利益最大化。所以，21 世纪以来，美国的公共服务越来越使用多国语言，英语和西班牙语等已经被普遍同时使用，数百万非法移民被特赦，拉美裔美国人在大选和地方性选举中的重要性也日益凸显……

经济全球化赋予了资本极大的自由，却又前所未有地削弱了美国中低层劳动者们就业机会、收入水平与财富状况等的族裔差别。因为在资本谋求“最低的成本、最少的监管和最高的利润”的利益诉求面前，无论肤色、宗教和性别的差异如何，都必须服从于资本收益最大化原则而“被平等化”地面对日益激烈的就业竞争。包括欧洲裔白人在内的各族群内部贫富两极分化在加剧，白人工人阶级从曾经的中产阶级陷入困顿之中。

这些白人工人阶级要么因长期失业被排除在就业市场之外，要么即使有工作但低收入不足以支撑家庭运行。当付出努力却因为失去了基本的机会公平、没有可能向上的时候，从曾经“比较容易地上升到较高的社会阶梯”变成了和中低层移民一样深受阶层固化之苦。

这种不公平感让信奉盎格鲁—新教文化的白人工人阶级的愤怒日益膨胀，他们受勤劳致富、歧视穷人的新教文化传统影响，视因失业或贫穷而依赖社会福利为耻辱。尽管1990年以来美国富裕阶层的中年人死亡率持续下滑，但是学历为高中或者更低的欧洲裔白人中年男性因自杀、药物过量和酒精中毒等而非正常死亡的比率经历了持续的增长：从1999年非正常死亡率比非洲裔低30%，迅速增长为2015年比非洲裔高30%。

这种白人工人阶级普遍存在着的“白人的愤怒”源自社会不平等，但并不主要基于阶级（阶层）认同，而更多是基于文化认同，即传统欧洲裔白人的主体族裔优势地位受到了冲击。美国人口结构、文化认同和各族裔底层“合流”等系列不可逆的革命性变化是引发欧洲裔白人深重的危机感和引爆文化认同冲突的里程碑事件。

2. 多元文化主义和传统文化认同的冲突

多元文化主义强调“族裔平等”“文化多元”“自由市场”等，一定程度上掩盖了事实上日益不平等的“资本—劳动关系”。如法国经济学家皮凯蒂的《21世纪资本论》所分析的，美国已经进入世袭资本主义时代，“赢者通吃”规则已经垄断了美国的政治、经济、社会和文化等多个领域。

21世纪以来的平权措施的目标不再是如何促进少数族裔融入以盎格鲁—新教文化为锚的美国主流文化，而是如何实现不同族裔的权利平等。例如，为了降低各种族之间的经济和社会等层面的不平等，美国很多大学在录取时采用平权措施，以学生的种族背景作为入学考虑来促进种族多样性。这些措施旨在促进文化多元主义，但并不完全被少数族裔所接受，有一些少数族裔人士认为，平权措施令他们容易遭受“软性的低期待偏见”。

这些措施反过来激发了相当比例的欧洲裔白人和部分亚裔的不满情绪：根据2012年由独立研究组织芝加哥大学全国民意研究中心（NORC）进行的社会综合调查发现，85%的欧洲裔白人反对工作场所的平权行动，60%的受访人士表示美国欧洲裔白人受到过这种政策的伤害，被视为对他们的“反向歧视”。“反向歧视”进一步刺激了信奉盎格鲁—新教文化的保守主义群体，盎格鲁—新教文化主张“在机会平等之下，人人皆可通过自我奋斗而获得成功”，而这些“刻意偏袒有色人种”的措施在他们看来违背了盎格鲁—新教文化的个人责任原则。

于是，美国种族矛盾的焦点静悄悄地发生了变化，不仅聚焦于白人与有色人种之间的权利不平等问题，而且悄悄地关注文化多元主义是否正在反向歧视白人和部分亚裔、是否违背了美国以盎格鲁—新教文化为核心的文化认同等。种族不平等的老问题没有得到有效解决，反向种族歧视的新问题已经涌现出来，美国种族关系因为社会撕裂和文化认同的内部撕裂而更加复杂与恶化：主张恪守盎格鲁—新教文化所信奉的个人责任原则的保守派人群，被批评为白人至上主义；关注边缘群体和主张各种平权措施的多元文化主义者，被批评为违背了美国传统价值观，让“美国不能成为自己”。

以盎格鲁—新教文化为核心的美国传统价值观对“千禧一代”的影响力式微，他们更倾向于自由主义和文化多元主义，进一步加剧了保守力量的危机感。并且，美国的两党政治对文化战争也发挥了推波助澜的作用。两党各自宗教色彩的差异性正在扩大，共和党仍以基督教白人宗教群体为政治基本盘，而民主党力图以文化多元主义来扩大其对多元宗教群体和多元族裔的影响力，这就进一步使得两党意识形态分歧和政治极化呈加剧趋势。

右翼保守主义者主张国家遵循民主而非资本的逻辑对抗权势阶层，保证人民对社会资源的平等享有，纠正过往保障“特殊群体”利益所带来的政策失衡，呼吁抵抗各类亚文化对盎格鲁—美利坚新教文明的锈蚀，重塑拥有强大身份归属的公民政治。

“反文化多元主义”构成了右翼保守主义和左翼文化多元主义之间的冲突焦点。以同性恋婚姻合法化问题为例，美国宗教和社会保守力量认为它不仅破坏了美国的传统家庭价值观，还是对新教教义的挑战，而文化多元主义者则认为它实现了真正的宗教平等与婚姻自由。2015 年美国联邦最高法院裁定同性婚姻正式在美国全面合法化，被保守力量视为他们输掉了一场文化战争，因为他们将要因为坚守其对新教的信仰而违反联邦的法律规定，可美利坚合众国本身却是在两个世纪前基于新教信仰而建立的。2019 年 5 月 14 日，亚拉巴马州参议院通过了限制堕胎法案，除了“孕妇面临严重健康威胁”的情况，包括“遭遇强暴及乱伦”等绝大多数堕胎理由都被该法案禁止，被视为保守力量对文化多元主义的成功反击。

这种文化冲突在 2016 年总统大选的时候已经初露峥嵘，以“另类右翼”为代表的白人民粹主义力量崛起。并且，特朗普赢得 2016 年大选与炒作文化冲突不无关系：例如，特朗普在 2016 年共和党全国代表大会的演讲就强调，“政治正确，我们再也承受不起!”又如特朗普宣扬自己是真正美国人的代表，有关非法移民、墨西哥人和穆斯林等刺耳的本土主义观点能够大行其道。还如特朗普在竞选时承诺当选后将呼吁人们使用“圣诞快乐”而不用“节日快乐”，因为“节日快乐”与美国追求多元性的“政治正确”有关，淡化了基督教节日的庆祝氛围；而 2017 年 11 月 30 日出席国家圣诞树亮灯仪式前，特朗普对着记者说“圣诞快乐”，兑现其竞选承诺的同时又引发美国国内的舆论争议等。

二、文化霸权危机

文化领导权（霸权）可以使个人改变对自己和对他人的认知方式，是美国霸权体系的重要组成部分，垄断话语权、对包括中国在内的“他者”进行同化，或者使其被动地模仿自己是美国文化霸权的根本利益所在。美国成功打造了一个民主灯塔、自由象征的国家形象，以“普世价值”等形式在世界各国以学术形态、文艺作品形态、生活方式形态、国际贸易活动、外交形态等形式传播其价值观、实现其文化领导权，传播主体以官方输出与民间推销相协同，具有多样性与隐蔽性等特点。21 世纪以来，美国因文化认同冲突而相继爆发的各类文化内战，不仅在美国社会内部产生认同撕裂，而且也从国际层面产生了美国文化霸权的危机。

1. 美国文化霸权的内涵

21 世纪以来，随着经济全球化席卷世界上大部分国家和地区，美国影视作品、文学作品，甚至是流行音乐中随处可见的政治理念和价值观念，例如个人英雄主义、享乐主义、宗教信仰等；以及美国的生活方式，例如时尚、饮食，甚至穿着习惯等，使世界各地的思维模式、价值观念和生活方式等方面都有了不同程度的“美国化”，崇拜美国的强大、认同美式道德标准，潜移默化地接受了美国的文化霸权。

美国文化霸权本质上是一种对话语权的垄断，美国一直大力推广自由、民主和人权等“普世价值”，将意识形态对外输出作为维护美国安全、增进自身利益的重要方式，例如美国政府通常在总统演说、国情咨文、政府文件、外交照会等文件中就美国的文化战略进行相关说明和论证。基于“话语—权力”理论，当他国精英接受美国的话语体系后，就会自觉或不自觉地按照美国的价值取向和思维模式思考、讨论和处理内外事务。

2. 美国文化霸权面临的挑战

21 世纪，特别是 2008 年国际金融危机爆发以来，美国的文化霸权面临以下多重挑战：

（1）美国的“软实力”在下降。软实力包括三种力量：一是对他国产生的文化吸引力；二是本国的政治价值观；三是具有合法性的和道德威信的外交政策。

美国的文化吸引力有所下降。近年来盎格鲁—新教文化与文化多元主义之间的矛盾激化、各种形式的文化冲突频发。文化冲突恶化表明美国各种族融合度并不高，需要依靠自由民主等意识形态来维持国家的团结；为了维持美国人对自由民主等意识形态的认同，需要提高人民的生活水平，并且把生活水平提高的原因归结到自由民主；而美国深陷贫富悬殊、阶层固化和产业空心化等问题却提不出解决这些社会经济问题的系统性解决方案，使得越来越多美国人的生活水平难于提升甚至下降，其结果是种族主义和排外主义回潮、美国文化的包容性和吸引力都在萎缩。

政治极化的持续恶化使美国政治价值观的吸引力下降。近年来，保证美国国内政治平稳运行的各种政治规范正在不断被突破，2020 年美国大选表明美国内部存在越来越激化的美国优先路线还是全球主义路线二者之间的博弈，背后是复杂的美国宗教、种族、身份认同、资本、政党利益、既得利益集团等的相互作用。并且，近年来，特别是2020年新冠肺炎疫情在美国暴发以来，疫情、经济衰退、大选和党争等交织在一起，导致“主权在民”美式民主神话和“人人平等”美式人权神话破灭。

“美国优先”路线和以邻为壑的外交政策让美国的全球领导力下降。21世纪以来，以中东变局等为代表的，美国通过软实力兵不血刃颠覆其他国家政权的多个案例让世界多国的反美情绪上升。特朗普上任以来，充满了保守主义、孤立主义和单边主义色彩的系列“退群”、与欧盟国家关系走低、与世界多国开展贸易战……破坏了由美国自身设计和主导的国际经济政治体系，也使得美国曾经享有的代表道德威信的国际形象被严重破坏。

（2）国际大环境变化。西方与非西方世界的实力对比正在发生革命性的变化，发达经济体国家的竞争优势已经在持续减退，美国和欧洲的产业结构，无论是制造业还是金融业都具有高度竞争性。未能实现产业协同互补关系之前，这些国家难于内部协调一致地遏制或打击新兴经济体国家。

2008年国际金融危机是一场从“中心”区域向“边缘”蔓延的20世纪大萧条以来的最严重国际金融危机。“形势比人强”，2009年G20替代G7成为国际经济合作与协调的首要全球性论坛。G7 2019年GDP全球占比仅为45.77%，与1992年的全球占比为68%相比已经相差甚远。加上亚太经济合作组织（APEC）、金砖五国（BRICS）、亚洲基础设施投资银行（AIIB）等新区域合作、区域组织、全球性非西方集团的兴起，显然，世界体系正在从“中心—边缘”结构慢慢向网络状结构发展。

美国实施文化霸权战略是建立在其强大的经济、科技及军事等物质条件基础上的。尽管当今世界多极化趋势日益明显，但是仍然没有任何一个国家能够单独与美国相抗衡，这使得美国拥有推动文化霸权战略的物质基础。但是，2019年波音公司危机已经证明美国工业神话濒于破产，新冠肺炎疫情则充分暴露了美国去工业化的恶果和医疗健康业的“一切以利润为先”的本质，冲击了世界各国对美国硬实力绝对优先的迷信。

所以，当前的国际大环境正在发生深刻广泛的变化，越来越多的非西方世界（新兴经济体＋其他发展中国家）试图走出西方中心论和美国中心论，要求有不同文明与文化之间的平等对话与互补合作。

第七节　控枪、犯罪与阿片危机

美国的高犯罪率、高监禁率和枪支暴力等是21世纪美国社会舆论的焦点，阿片危机则是特朗普2017年上任以来在社会领域的关注重点。

一、枪支暴力恶化与控枪

持枪自由和枪支暴力问题是美国社会由来已久的一个公共议题。枪支问题在美国已被严重政治化，多年来控枪法案一直是美国民主、共和两党争斗的焦点之一，两党在控枪问题上长期持截然不同的立场，共和党基本上都捍卫美国宪法规定的持枪权利。

美国是全世界私人拥有枪支最多的国家，2000年美国私人拥枪数量为2.59亿支。但是，枪支泛滥必然带来枪支暴力，美国也是世界上发生枪支暴力最严重的国家。高犯罪率、高监禁率的重要原因之一，是美国的高持枪率所导致的枪击案频发。枪支泛滥导致美国谋杀案和校园枪击案大量发生，严重破坏美国民众的安全感。

根据1791年通过的美国宪法第二修正案，美国公民持有及携带枪械武器的权利不可侵犯。因此，在美国个人拥有及携带枪支成为传统及生活方式的重要组成部分，不是一个简单的社会问题，而是关乎历史文化、宪政传统，以及关乎以全美步枪协会为代表的巨大商业利益集团、政治势力利益的敏感问题，因而支持控枪的声音不足以改变拥护“持枪自由”的民意基础。即便持枪自由造成了一次又一次校园枪击惨案等，但仍有一半左右的美国人对严格管控枪支持坚定的反对立场。

1. 小布什时期

成立于1871年的美国全国步枪协会是美国最大的枪械拥有者组织，也是对美国政治有着巨大影响力的一股力量。历史上，美国有8位总统是该协会的会员，他们是：麦金莱、塔夫脱、艾森豪威尔、肯尼迪、尼克松、里根、老布什、小布什。有资料显示，2000年民主党候选人戈尔在其出生的田纳西州、肯塔基州、西弗吉尼亚州等败选就是因为其所持的枪支管理立场。共和党候选人小布什是步枪协会的终身会员，该协会被认为是支持小布什胜选的重要力量。因此，小布什时期对于控枪持消极态度。例如，在1994年至2004年间，美国有一项联邦攻击性武器禁令，根据该禁令，制造民用半自动武器是被禁止的。然而，该法有一个日落条款，使其已经在小布什的任期内失效。后来，民主党占多数的众议院曾试图重新授权该法，却从未成功。

2. 奥巴马时期

奥巴马一方面多次表态支持控枪，另一方面在2008年和2012年两次总统选举中基本上没触及控枪议题，甚至接受美国全国步枪协会的政治捐金。但是，奥巴马时期的枪击案问题已经较为严重，2012年丹佛附近奥罗拉市的"影院枪击案"发生后，奥巴马总统发表讲话谴责这一事件，但没有提及有关禁枪的话题。在奥巴马连任后，2012年12月发生在康涅狄格州桑迪胡克小学的枪击案是美国历史上最骇人听闻的校园枪击案，该枪击案引起了美国社会的强烈共鸣，两党国会议员经4个月协调后提出了控枪法案。2013年，在多年来美国国会最有可能通过控枪法案的时机中，该法案最终还是被参议院投票否决。从2011年到2016年间，美国国会表决逾100件控枪法案，没有一件得以通过。2013年伊始，奥巴马绕过国会签署23项总统控枪令，被认为是美国历史上最全面、最严格的控枪令，却由于总统行政令不是正式的联邦立法，使之仅有非常有限的约束力。2013年4月，参议院否决了总统提出的控枪议案，奥巴马的控枪举措再遭重创、成效甚微。对此，奥巴马认为无力推动美国控枪制度改革是其任期内的"最大挫折"。

3. 特朗普时期

特朗普在控枪问题上态度一直消极，使得枪支泛滥和警民冲突问题进一步恶化。

（1）枪支泛滥。美国“枪支暴力档案”网站 2018 年发布的统计数据显示，2018 年美国发生超过 57119 起枪击案，造成超过 14723 人死亡，28179 人受伤。死伤者中包括近 667 名 11 岁及以下的儿童和 2841 名 12—17 岁青少年。这些数据显示，美国枪击案数量、枪击致死人数及枪击致青少年死伤人数等仍然非常严重。2019 年，美国有 39052 人死于枪击，平均每天多达 100 余人；其中死亡 4 人以上的大规模枪击事件共发生 415 起，创下了历史新高，5 月的弗吉尼亚海滩枪击案、8 月的埃尔帕索枪击案和代顿枪击案，就属于这类枪击案。

在美国控枪辩论中，精神疾病始终是个难以回避的问题。2016 年 12 月奥巴马政府曾出台政策加强对精神疾病患者的枪支背景调查，这一法规在 2017 年 2 月被特朗普取消，意味着美国的精神患者或可以拥有持枪的可能。2019 年 2 月 27 日，美国众议院通过一项新的控枪法案，要求对所有枪支的销售和转让进行背景调查，但是该法案被共和党控制的参议院束之高阁，未获通过。

（2）警民冲突。美国是世界上私人枪支持有量最多的国家，枪击案件的泛滥使得警察成为美国最危险的职业之一，美国警察相对粗暴的执法方式也使警民矛盾不断升级，二者互相影响陷入恶性循环。特朗普上台以来出台多项措施，包括为警察获取军事设备“松绑”等，并认为这是加大打击暴力犯罪力度的方式。枪支泛滥同美国警察过度使用枪支现象有相当关系。据统计，2017 年美国警察枪杀的 987 人中，有很多是无辜者。

尽管拉斯维加斯赌城枪击案与恐怖主义没有联系，也与特朗普一向针对的“极端伊斯兰主义”等没有联系，但是，值得警惕的是，除了枪支泛滥、警民关系紧张等老问题，2017 年以来日益激化的社会和族群对立情绪，特别是日益针锋相对的极右翼团体、白人至上主义群体、左翼“反法西斯”群体等，形成了新的安全威胁。

4. 最高法院的角色

在枪支管控问题上扮演着决定性作用的另一个角色是美国联邦最高法院。在枪支管控问题上，最高法院 21 世纪以来做出过两次判决，即 2008 年 6 月的“哥伦比亚特区诉赫勒案”（*District of Columbia v. Heller*）和 2010

年6月的“麦克唐纳诉芝加哥案”（*McDonald v. Chicago*）。美国最高法院先在2008年赫勒案中判决，“公民只要基于合法目的，就享有第二修正案规定的‘携带和持有武器’的权利”，又在2010年的麦克唐纳案中判决“将赫勒案对第二修正案的解释运用于各州”。无疑，这两个判决再度确认了宪法第二修正案中保护个人拥有枪支的权利，并再次重申这项权利是天赋的，联邦与州政府均不得以立法的形式予以剥夺，对美国联邦及各州既有的枪支管理法案有着极大的限制作用。美国联邦最高法院的这两个裁决彻底消除了通过释宪禁枪的可能性。

目前，在美国50个州中，有43个州即86%的州都还保留着保护持枪权的法律规定，也就是说，在绝大多数的州控枪是没有法律依据的。修宪在美国门槛很高，且过程复杂、漫长。在美国持枪文化深厚、持枪人口众多和枪支利益集团势力强大的情况下，试图通过修宪禁枪成功的可能性非常小。

所以，从21世纪以来历任总统任职期间对于控枪问题的态度变化可以看出，在控枪问题上，共和党与民主党以党派划线的观点极度分化，甚至民众对不断增加的枪击案死亡数字也越来越麻木，这都意味着美国两党对彻底根除枪支暴力顽疾束手无策。枪支利益集团通过金钱捐赠获得政治影响力，阻止政府控枪；候选人为了争取拥护持枪权的选民的选票、迎合枪支利益集团和支持自由持枪民众的诉求；加上最高法院的相关判决等的作用，枪支暴力将是美国一个长久持续的社会问题。

二、犯罪问题

美国是当今全球公民违法犯罪率极高的国家，尤其是它的城市犯罪。根据2019年全球和平指数（Global Peace Index），美国在163个国家中排名为第128名，属于和平指数偏低的国家，而与其毗邻的加拿大排名为第6名。21世纪以来，犯罪控制和公民权利之间的冲突矛盾日益凸显，而犯罪问题当中最突出和危害最大的是枪支暴力和大麻（毒品）泛滥。

1. 高犯罪率

美国是一个暴力犯罪率很高的国家，其中美国非洲裔是该国犯罪率最高的族群。该族群的犯罪率分别是美国拉美裔的 3 倍，欧洲裔的 7 倍。以 2019 年的情况为例，根据联邦调查局公布的数据，该年美国暴力犯罪估计为每 10 万居民 366. 7 起，财产犯罪估计为每 10 万居民 2109. 9 起。估计有 1203808 起暴力犯罪，全美执法机构逮捕了 1010 万人（不包括违反交通规则的人）。暴力犯罪的逮捕率为每 10 万居民 156. 3 人，财产犯罪的逮捕率为每 10 万居民 343. 3 人。在暴力犯罪方面，谋杀和非过失杀人罪的逮捕率为每 10 万居民 3. 4 人、强奸 7. 4 人、抢劫 24. 7 人，而恶意攻击的逮捕率为每 10 万居民中有 120. 8 人。2019 年美国逮捕的总人数估计为 10085210 人，其中白人为 7014550 人、非洲裔为 2667010 人、印第安人为 244200 人、亚裔为 159450 人。根据 2019 年对犯罪受害者的调查，向警方报案的暴力受害者中，白人占 37%，低于非洲裔（49%）或拉美裔（49%）。

美国联邦调查局在 2019 年 11 月公布的美国 2018 年仇恨犯罪统计数据显示，2018 年仇恨犯罪数量为 7120 起，并且，这种仇恨犯罪的对象越来越不是针对财产，而是针对某类人群，其中 60% 的仇恨犯罪的受害者是因为种族问题而遭受袭击。据报道，这一数字在 2017 年为 7175 起，2016 年为 6121 起，除 2018 年较之 2017 年有非常微小的下降外，仇恨犯罪的数字一直显著高于 2008 年前。①

2. 高监禁率

与犯罪率居高不下并存的是，美国人口不到世界人口的 5%，但世界上 20% 的被监禁的人集中于美国。根据统计，2018 年美国的监狱人口高达 230 万人，位居世界第一；相比于其总人口 3. 27 亿人，监禁率高达 0. 7%，其中成年人被监禁率为 0. 88%，处于工作年龄的成年人被监禁率为 1. 07%，也位居世界第一；并且，虽然非洲裔只占美国总人口的 13%，但是 40% 的被监禁人是非洲裔，体现出明显的种族差异。

2018 年至 2019 年，州或联邦管辖下的囚犯数量减少了 33600 人（减

① FBI, "2018 Hate Crime Statistics," Nov. 12, 2019, https://www.fbi.gov/news/stories/2018-hate-crime-statistics-released-111219.

少2%)[①]，自美国囚犯数量达到峰值的2009年以来，减少了184700人(减少11%)。2019年，入狱率连续第11年下降，达到1995年以来的最低点。从2018年到2019年，入狱率下降了3%，从2009年到2019年下降了17%。从2009年到2019年，非洲裔居民的总入狱率下降了29%，拉美裔居民下降了24%，白人居民下降了12%。

美国刑事司法系统在1719个州监狱、109个联邦监狱、1772个少年管教所、3163个地方监狱、80个印度国家监狱以及军事监狱、移民拘留设施、民事承诺中心、州立精神病院和美国境内的监狱关押着近230万人。监狱的流动率特别高，因为监狱里的大多数人都没有被定罪。一些人刚刚被逮捕，将在数小时或数天内获得保释，而其他许多人由于太穷而无法获得保释，只能在狱中待到审判。只有一小部分人（每天少于15万人）被判有罪，并且通常在1年以下的时间里被判轻罪。

滥用毒品、使用私人监狱，以及低薪或无薪监狱劳工……这都是高监禁率的原因。其中，私立监狱是大规模监禁的腐败中心。事实上，在所有被监禁的人中，只有不到8%的人被关押在私人监狱，其中绝大多数都在公立监狱和拘留所。当然，有些州的私立监狱比其他州的囚犯要多，而且监狱行业游说维持高水平的监禁，但私立监狱本质上是庞大的公有系统的寄生虫，而不是它的根源。

然而，一些私营企业甚至一些公共机构继续从大规模监禁中获利。许多城市和县监狱向其他机构出租空间，包括州立监狱系统、美国法警局和移民与海关执法局（ICE）。私营公司经常被授予经营监狱食品和保健服务的合同（往往糟糕到导致重大诉讼），监狱的电信和供应功能催生了价值数10亿美元的私营产业。通过将电话、医疗和物资供应等服务私有化，监狱正在将监禁成本转嫁给被监禁的人及其家人，以不合理的社会成本削减他们的预算。

并且，枪支暴力案与美国的社会、司法体制的演变有关，里根政府以来为消灭美国社会的毒品等严重犯罪所采用的“严打监禁”导致每10

① Wendy Sawyer and Peter Wagner，“Mass Incarceration：The Whole Pie 2019，” https：//www.prisonpolicy.org/reports/pie2019.html.

万美国人被监禁的人数从1980年以来急剧飙升，其结果是美国监狱存在人满为患的问题，而被监禁的以非洲裔和拉美裔青年男性美国人为主，种族歧视和阶层歧视共同作用之下导致很多少数族裔青年甚至出现“从学校到监狱”的恶性循环，这就给社会治安和警民冲突等都埋下了重大隐患。

3. 大麻合法化

1996年加利福尼亚州政府在全美率先颁布了“医用大麻合法化”（The Legalization of Medical Marijuana）立法，这是一个重要的里程碑事件。21世纪以来，美国很多州都立法将大麻使用合法化，截至2020年1月，在加州、华盛顿州等11个州，21岁以上成年人可以合法以休闲为目的使用大麻，另外30多个州允许以药用目的使用大麻。2020年11月，两个州将娱乐性大麻合法化。更为激进的俄勒冈州，甚至通过了将“硬性毒品”去罪化的两项法案。这意味着⅓的美国人在购买和吸食大麻上，就如同买烟吸烟一样方便、合法。

盖洛普民调显示，已有68%的美国人支持合法获取大麻，有83%的民主党人支持大麻完全合法化，有49%的共和党人支持大麻完全合法化。大麻合法化支持者从20世纪末的青少年为主变为21世纪的中青年支持者的比例持续上升，支持者人群从20世纪末的主要由非洲裔、墨西哥裔美国人等部分少数族裔构成变为21世纪的白人比例迅速上升，社会影响面明显扩大。

美国立法支持大麻合法化的那些州提出的理由主要有：第一，美国使用大麻的人数众多，有相当的群众基础；第二，对使用大麻者定罪量刑已经造成监狱人满为患，加大了监狱的财政负担；第三，大麻具有一定医疗与娱乐作用，成瘾性与危害性并不严重；第四，能够更有效解决毒品问题；第五，能够增加税收。同时，大麻合法化与自由主义思潮密不可分，因为主张大麻合法化、同性恋婚姻和废除死刑等组成了自由派核心的政治和社会诉求。

另外值得注意的是，疫情之下，美国毒品滥用的情况变得越发严重，2019年美国一共有7.2万人死于毒品摄取过量，2020年美国死于滥用毒品的人数将超过去年的总和，创下新的历史纪录。

社会文化、官僚体系、党派斗争、利益集团都在试图塑造美国对各类毒品的态度和政策，美国所面临的毒品泛滥和药物滥用问题已经变成了一个复杂的社会性问题。单纯通过法律手段禁止毒品流通将会让整个产业转向地下，进而让毒品交易更加暴力，并且提高执法成本。然而，合法化却又不可避免地让药物滥用和毒品泛滥问题更加难以根除。

三、阿片类药物滥用危机

作为布鲁金斯学会《美国经济活动蓝皮书》的一部分，《21世纪的死亡率和发病率》一文解释了1990年以来，美国富裕阶层的中年人死亡率持续下滑，然而学历为高中或者更低的非拉美裔中年白人因自杀、药物过量和酒精中毒等而非正常死亡的比率经历了持续的增长：从1999年非正常死亡率比黑人低30%迅速增长为2015年比黑人高30%。

其中，阿片类药物滥用危机是非拉美裔白人非正常死亡率飙升的重要原因。阿片类药物是止痛效果最好的一类药物，包括可卡因、美沙酮、吗啡等。但由于其唯一来源是罂粟，对该类药物的反复使用可以引起机体耐受成瘾。美国对毒品或致瘾药物管理宽松，越来越多的州通过娱乐目的让吸大麻合法化，由于大麻合法化涉及选民意愿、联邦和各州政府权限，特朗普难于通过联邦法律直接干预，但是对阿片类药物上瘾所形成的“间接吸毒”是特朗普政府可以有所作为的。

1. 阿片类药物滥用基本情况

美国疾病控制和预防中心数据显示，美国因阿片类药物滥用导致死亡的人数连年上升，2015年达到3.3万人，是1999年的4倍；经济成本为5040亿美元，占当年美国GDP的2.8%。具体情况见图3-14和图3-15。

如图3-14和图3-15所示，据美国疾病控制和预防中心（U. S. Centers for Disease Control and Prevention）统计显示，2018年超过3.1万人因服用芬太尼类物质丧生，该数字不仅刷新了美国现代历史上成瘾物质致死人数的记录，且因立法、监管机制尚未全面跟进、国际管控步调不一而加速了新精神活性物质不断扩张和取代传统毒品的进程。

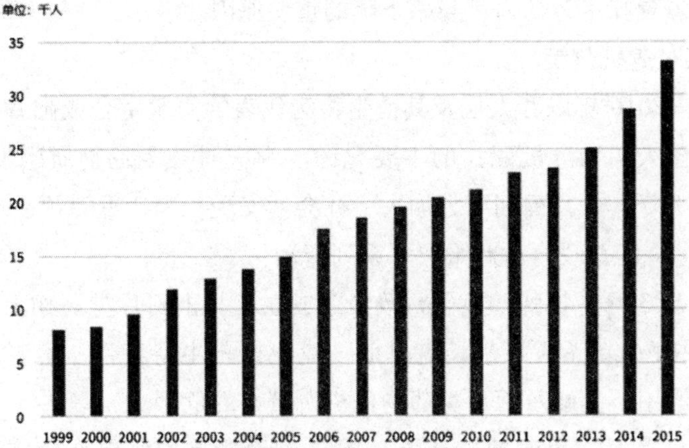

图3－14　美国因阿片类药物滥用导致死亡的人数

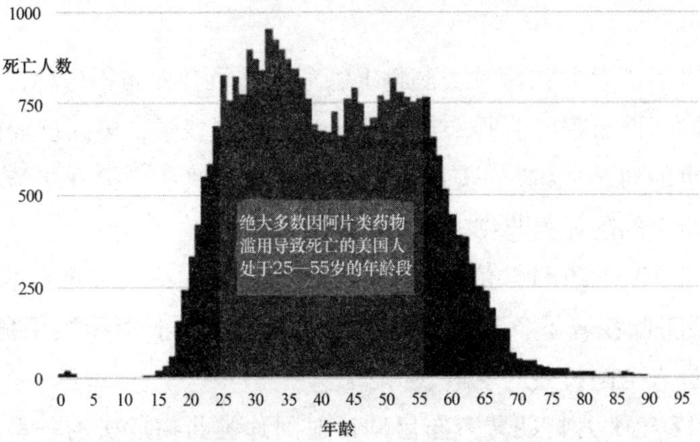

图3－15　美国因阿片类药物滥用导致死亡的人口年龄段统计

数据来源：The Council of Economic Advisers, “The Underestimated Cost of the Opioid Crisis,” Nov. 2017。

阿片类药物滥用造成的损失除医疗保健花费和刑事司法支出外，还应当包括过量死亡带来的经济损失。从低技能工人的需求疲软到残疾率上升等都和阿片类药物滥用危机重叠，因为有相当比例的就业申请人可能没有通过甚至不敢参加雇主的毒品测试，使得他们停留在劳动力队伍之外，这构成了美国青壮年劳动力参与率下降的重要原因。

2. 应对危机政策

2015—2016 年以芬太尼及其衍生物为代表的实验室合成阿片类药物开始成为美国人药物过量死亡的主要元凶。为应对芬太尼物质引发的死亡、人口体质下降、公共福利压力加大、社会治安受扰等严重问题，自 2017 年 3 月开始，特朗普政府对此采取了系列行动：

2017 年 3 月，特朗普签署行政命令成立“打击阿片类药物上瘾危机委员会”，并任命新泽西州州长克里斯·克里斯蒂主持工作，负责调研如何应对药物滥用、上瘾及阿片类药物危机所带来的危害。

2017 年 7 月，司法部破获了美国史上最严重的医保诈骗案，共有医生、护士、药剂师等 412 人卷入其中，涉案金额高达 13 亿美元，其中有 120 人涉嫌滥开和散播阿片类药物，本案也是全美历史上最大宗的鸦片医疗欺诈案件。

2017 年 8 月，打击阿片类药物上瘾危机委员会发布报告称，阿片类药物泛滥美国，严重程度前所未有。对此，特朗普表示，美国已经陷入“历史上最严重的药物危机”，美国政府将通过加强执法、提升边境管控，以遏制肆虐全美的阿片类药物上瘾和滥用危机。

2017 年 10 月 26 日，依据《公共卫生服务法》或《灾难救助和紧急援助法》，特朗普签署了备忘录，宣布因阿片类药物上瘾和滥用危机严重，美国正式进入全国公共卫生紧急状态。

从 2017 年 1 月特朗普宣布启动针对阿片类药物危机的一系列行动到 2019 年 2 月，市场数据显示，处方阿片类药物月均总量下降了 34%。对经历严重疼痛的患者，管理部门在认可适当使用阿片类药物的同时，支持使用和开发非阿片类药物治疗。从 2017 年 1 月到 2019 年 2 月，美国的纳洛酮处方增长了 484%；服用丁丙诺啡的患者增加了 23%；服用纳曲酮的患者增加了 42%。

2019 年 9 月，美国卫生与公共服务部宣布向各州提供超过 18 亿美元资金，通过扩大治疗范围和支持有关药物过量危机的实时更新数据，继续推行特朗普政府抗击阿片类药物危机的行动。自特朗普政府执政以来到2019年底，美国卫生与公共服务部向各州和地方社区提供了超过90亿美元的拨款，以帮助阿片类药物危机受害者增加获得治疗和预防服务的机会。

2020年1月，美国卫生与公共服务部长亚历克斯·阿扎尔（Alex Azar）宣布，美国2018年死于药物过量的人数较之于2017年有所减少，这是过去20多年来第一次出现的情况。并且，美国人的预期寿命也上升了，改变了过去4年来的下滑态势。他将其视为特朗普政府致力于克服阿片类药物危机的成果。

3. 与制药公司的博弈

尽管特朗普政府将应对阿片药物危机作为健康领域的重点，每天仍有130名左右的美国人死于阿片类药物过量。如果不与大型制药公司达成某种全国性的解决方案，美国的基层社区无法在短期内获得足够的资金来帮助应对该危机。因此，美国社会普遍认为需要通过法律程序明确大型制药公司在致命的阿片类药物流行中所承担的责任，以防它们受利益驱动，通过从事欺骗性的营销活动，在阿片类药物成瘾的危机中推波助澜。

2019年，美国对制药行业发起的阿片类药物有关的诉讼数量增长到近3000起，但实际情况是，关于谁将为清理毒瘾危机买单的法律之争变成了一片混乱和明争暗斗，因为制药公司的游说能力很强，解决该危机的关键一步始终未能迈出，医生滥开药和患者滥服药尚未得到有效的控制。

率先进入审判阶段的俄克拉荷马州赢得了对强生公司的诉讼，后者被罚款4.65亿美元。对此，俄克拉荷马州检察长迈克·亨特（Mike Hunter）表示，强生公司及其制药子公司杨森公司（Janssen）从20世纪90年代起就积极营销阿片类药物，低估并淡化其成瘾风险，使得阿片类药物滥用成为“美国史上人为造成的最大公共健康危机”。俄亥俄州的两个县进行的第一次联邦审判则在开庭陈述前达成和解，大型制药公司逃过了美国联邦法院针对阿片类药物成瘾问题的审讯。

值得注意的是，阿片类药物滥用危机是一场公共卫生事件，更反映了美国的经济和社会危机。滥用阿片类药物者多来自中下阶层特别是低技能劳动工人，这些人群因为技能低下导致失业率高，然后失去生活信心转向毒品寻求失去的尊严，结果由于过度用药而被就业市场排斥，形成恶性循环并成为社会顽疾——这是美国经济和社会发展不平等的产物。

小结

不断加剧的经济社会不平等有可能形成不断恶化的政治回应上的不平等，后者的不平等就会产生越来越不利于中下阶层民众利益的公共政策，接下来这些公共政策会造成更严重的经济社会不平等——这就形成了美国经济社会不平等与政治回应不平等之间的恶性循环，并很有可能使得美国目前机会平等基础丧失的趋势变得根深蒂固和不可逆，导致美国社会问题的不断沉淀，因而不断损害美国政治体制自身的“造血”机能和自我修复能力。

美国社会的多重撕裂将持续并深刻影响美国政治，本研究所体现的多重结构性矛盾已经使拜登很难实现对美国自身的强有力领导。除非美国出现革命性的技术进步，实现生产力的迅猛发展以缓解美国现有的经济、政治、社会制度的结构性矛盾，否则美国国内矛盾仍可能进一步激化，美国会深陷高度的不确定性之中。

第四章　新世纪以来的美国政治发展

21 世纪的前 20 年对于美国而言极有可能是具有转折性意义的阶段。先是在世纪之初发生了“9·11”事件，预示着美国在对外政策与国际角色上陷入重大危机，而2008 年金融危机则引发了美国在经济治理与阶层矛盾上的重大危机。在国内外危机与矛盾持续积累的前提下，2016 年特朗普出乎很多人意料的当选及其随后的4 年执政直接引爆了美国政治本身的重大危机。党争极化持续加剧，身份政治突出，进一步加剧了党争极化的“部落化”发展态势。经济全球化背景下，两党关键群体呈现出重组态势，不仅表现为区域意义上的两党归属变动，也反映为两党在重大内外政策议题上的立场错位与交换，逐渐形成的政党重组态势，酝酿形成美国政治的新周期。社交媒体等个性化网络传播方式直接解构了传统政治权威与传统政治行为模式，刺激了“反建制派”政治人物及其极端立场的得势，并进一步为党争“部落化”以及政党重组提供了动力。必须看到，这些逐渐反映出的美国政治难题与困境虽然集中体现在特朗普的任期之内，2020 年大选以特朗普的连任失败落幕，但这也并不意味着美国政治中不断显现出的新问题与新困境会得到任何程度的化解，反而会持续走向无解之中。

第一节　从小布什到奥巴马的美国政治

2001 年之后的 16 年，美国连续经历了两位连任却不同政党的总统，即共和党总统小布什和民主党总统奥巴马。两任总统的 16 年，也是美国面对重大乃至空前外部与内部挑战的时间段。可以说，外部与内部的两场危机，塑造了这段时间的美国政治及其内外政策。“9·11”事件的发生不但导致了美国对外战略调整的失焦，其后续引发的反恐战争也成为贯穿小布什执政的关键党争议题，进而两党极化政治呈现出持续加剧、扩展到对外政策与国际角色领域的恶化态势。2008年金融危机则再次将美国政治的焦点从外部转回了国内，促使奥巴马及其民主党政府的上台并开始推进大幅度扩张政府角色的改革政策，进一步激化了美国在政党、阶层、族裔等维度上的深层次矛盾。这16年完全可以说是两场与国内政治存在距离的重大危机塑造了美国国内政治发展，并为2016年特朗普当选及其4年执政给美国政治带来的危机埋下了伏笔。

一、小布什时期：反恐战争与“富有同情心的保守主义”

2000年大选是一次颇有争议的选举，由于佛罗里达州计票争议，最终导致了联邦最高法院直接介入并变相影响了选举结果。最终，当年12月12日联邦最高法院判定佛罗里达州停止重新计票，小布什以537张选民票的优势在所谓“胜者全得”的原则下赢得了佛罗里达州全部25张选举人团票，从而当选美国总统。

在选票争议背景下上台的小布什就任之后并未有效进入状态，他所面对的第107届国会虽然有共和党占据多数的国会众议院，但又是罕见的两党持平（50席比50席）的国会参议院。这也意味着，小布什政府在国会推动立法时基本需要跨党支持，推动议程的成本较高、难度较大。2001年6月，来自佛蒙特州的共和党国会参议员吉姆·杰弗兹（Jim Jeffords）宣布退出共和党，转而以独立人士身份与民主党结盟，导致民主党成为了国会参议院的多数党，而小布什陷入所谓的“跛脚”状态。但“9·11”事件的发生却彻底改变了小布什在府会制衡下的困境，后续发动的阿富汗战争（2001）和伊拉克战争（2003）都不同程度地得到了跨党支持，小布什自身也由于成功地营造出所谓的“战时总统”的“聚旗效应”而维持并巩固了高且稳定的党内支持。

可以说，“9·11”事件之后，美国很快开启针对恐怖主义组织的“全政府”模式，白宫及其办公机构、行政部门各部、军方、国会等相关力量要素同步参与其中，呈现出军事行动、外交协调、经济制裁以及国会立法授权等手段在内的“全政府”响应。从国会两院快速通过授予总统使用“所有必要和适当的军事力量来对抗那些其认为正在计划、图谋或者帮助袭击美国的国家、组织和个人”的《授权使用军事力量联合决议案》（*Authorization for Use of Military Force Joint Resolution*）的事实看，反恐战争的开启得到了民主、共和两党的跨党一致支持。[①] 在“全政府”模式的协调机构上，总统显然首当其冲地被赋予了主导权力。

虽然美国反恐相应地也体现了“全”且“协调”，却并未持续很长时间。一方面，“9·11”事件之后的反恐战争在具体目标和实施手段上都存在着相对模糊的缺陷。阿富汗战争和伊拉克战争在打击恐怖主义组织目标上的意义相对不明确，甚至从一开始小布什政府内部就存在着不同声音。[②] 更为重要的是，通过在别国挑起大规模军事行动，开启耗时数年的战争的方式能否最终实现反恐目标，其本身就颇具争议，随后也引发了美国舆论的长期争论。[③] 另一方面，反恐的“全政府”模式并未相应地实现在较长时间内固化的“全社会”状态。与当年美国民众对苏联认知空白进而留下了极大塑造空间相比，美国民众不但对恐怖主义袭击及其威胁具有切肤之痛，而且很快对反恐战争形成了明确的分歧性立场。民调显示，“9·11”事件之后，美国民众中对于恐怖主义表示极度担忧者从4%上升到23%，担忧和极度担忧者的总和从24%上升到58%；但在一年之后这两个数字分别下降到8%和38%。随后，虽然美国国内或国外恐袭事件接连出现，但美国民众的关切从未回到“9·11”事件之后的高位。[④] 关键的变化发生在

---

① “Authorization for Use of Military Force Joint Resolution,” U. S. Congress, September 18, 2001, https://www.congress.gov/107/plaws/publ40/PLAW－107publ40.pdf.

② Bob Woodward, “Bush at War,” New York: Simon & Schuster, 2002, p. 130.

③ Katherine Zimmerman, “The Never－Ending War on Terror: Why the U. S. Keeps Fighting the Wrong Battle,” *Foreign Affairs*, May 11, 2018, https://www.foreignaffairs.com/articles/2018－05－11/never－ending－war－terror.

④ “Terrorism,” *Gallup*, https://news.gallup.com/poll/4909/terrorism－united－states.aspx.

美国民众对反恐战争的态度上：2001 年 11 月民调显示，89% 的美国民众认为阿富汗战争不是错误，只有 9% 认为这场战争是个错误；2004 年时 25% 的美国民众反对阿富汗战争，2010 年时增至 43%。[①] 同样，2003 年 3 月，75% 的美国民众支持刚刚打响的伊拉克战争，只有 23% 认为这是个错误；而仅仅在 1 年多之后的 2004 年 6 月认为伊拉克战争是错误决策的比例（54%）就首次超过了支持者（44%）。[②] 甚至，随后两党关于反恐战争的态度泾渭分明，共和党支持者相对捍卫小布什政府的决定，而民主党选民则持有强烈反对立场，呈现出党争极化趋势。

事实上，从阿富汗战争到 2008 年金融危机之间的一段时间中，反恐战争等对外议题而非国内议题成为两党争夺的主要战场。甚至，在 2004 年民主党提名挑战小布什的人选约翰·克里（John Kerry）也是以越战老兵形象出现，承诺“在国内更强大，在国际更受到尊重”，反对小布什的反恐战争。长期以来，美国政治中有所谓“党争不过海”的说法，即两党的分歧不会超过在国际关系中的国家利益。在二战以来，美国外交政策的确出现了很多党争因素，但在重大核心原则上还是保持了一致。冷战结束之后，两党在外交政策上的分歧加大，特别是对于那些与国内政治与利益有关的对外政策领域。[③] 在小布什时期，面对两场战争的压力，两党展开了激烈的矛盾与对抗，极大地导致了两党在国家角色乃至国家利益的界定上出现了明显的分歧。也正是这段所谓“党争过海”的激烈对抗进一步将 1990 年持续加剧的党争极化推到更高更严峻的局面。

在反恐战争引发极大党争的背景下，小布什及其共和党在国内事务上也在持续推动所谓“新保守主义”议程。其主要表现为在财政议题上的减税立法、在社会议题上的宗教化与保守化。与此同时，小布什的保守主义

---

① RJ Reinhart, “U. S. Views Mixed on War in Afghanistan,” *Gallup*, https://news.gallup.com/poll/266546/views-mixed-war-afghanistan.aspx.

② Frank Newport, “Seventy-Two Percent of Americans Support War Against Iraq,” *Gallup*, available at: https://news.gallup.com/poll/8038/seventytwo-percent-americans-support-war-against-iraq.aspx; “Iraq”, *Gallup*, https://news.gallup.com/poll/1633/iraq.aspx.

③ Kenneth A. Schultz, “Perils of Polarization for U. S. Foreign Policy,” *The Washington Quarterly*, Winter, 2018, pp. 7-28.

影响反映出某些转向，特别是针对中下层群体的政策倾斜，即所谓的“富有同情心的保守主义”。其表现为：在教育改革上推动“不让一个孩子掉队”（No Child Left Behind）计划；在福利政策上将部分处方药纳入医疗保险（Medicare）的D部分；在移民政策上强化边境管控的同时又允许给予一定规模在美非法移民合法身份。这些做法本身也帮助共和党扩大了其在蓝领群体、中下层群体乃至拉美裔群体中的支持度。或者可以这样说，小布什执政期间在国内议题上两党反而可以呈现出相对而言较多的合作态势，具有分歧聚焦于对外政策。而2008年金融危机，则再次将两党分歧与争夺带回了国内，呈现出国内外议题同步极化的趋势。

二、奥巴马时期：“平衡”与失衡

2008年大选乃至民主党总统候选人巴拉克·奥巴马的当选都是以全球金融危机为关键背景的。以当时民意对小布什时期对金融机构监管不力、在危机爆发后救市不力的不满为背景，宣称“可以相信的变革”的奥巴马异军突起当选美国总统，并成为美国历史上首位非洲裔总统。而其面对的国会两院也保持了民主党的多数地位，从而为奥巴马提供了较好的立法环境与条件。面对国内外的双重挑战，奥巴马开始大刀阔斧地推进民主党议程，谋求国内与国外、“反恐”与“反衰落”乃至中东与亚太地缘的各层次“平衡”，而且最终导致共和党以及保守派实力的反扑，是白人群体的焦虑，更是一个加剧失衡的美国。

所谓“百年不遇”的全球性金融危机重创了美国经济。在其后二三年中，美国的失业率为9%左右的水平上居高不下，经济有长期陷入低迷徘徊期的危险。为了重振国家，奥巴马上台之后，借助府会皆由民主党主导国会两院的政治优势，快速通过了涉及7870亿美元的经济刺激计划，即“新政”以来最大规模政府干预的经济刺激计划。虽然奥氏“救市猛药”因扩大政府支出而饱受非议，但初步稳住了美国经济的阵脚，遏制住了更为严重的长期衰退的恶化趋势。然而，“授人以鱼”毕竟不如“授人以渔”，奥巴马政府的经济刺激属于“政府驱动”的复苏，只能解决燃眉之急，真正要提振经济、甚至推进其长期发展，则必须有内生性的动力，即要为美国经济寻找或创造出一个类似于20世纪90年代克林顿时代以信息产业带动的新经济的全新增长点。

关于新产业与新增长的战略构想，奥巴马在上台之初就曾做出明确的规划，即大力发展新能源产业与基础建设。新能源政策堪称是奥巴马的“绿色新政”，期待实现刺激经济、减少温室气体排放以及提高能源安全等三个重要目标。然而，关于新能源的系列政策在实施过程中却遭遇了技术研发、技术转化、利益角力、国际争议等多重阻力，导致其步履艰难、备受争议。同样遭遇挫折的是奥巴马政府在基础设施建设方面的努力。原本，奥巴马政府希望效仿“新政”的做法，通过增加基础设施建设投入在提升国家硬件竞争力的同时带动各地的就业与投资。这一思维的突出表现就是美国的高铁发展计划。按照该计划，到2034年，美国高速铁路将延伸到十大铁路走廊，服务80%的美国人口，仅启动资金就可达约80亿美元。[①] 不过，这一贯穿美国的宏大计划一经提出就遭遇了从国会到部分州和地方政府的一致反对，共和党阵营对此大做文章，百般阻挠，最终民主党政府并未成功地借力该项目重振经济。

在新增长点难以落实的同时，由于联邦财政状况堪忧，美国联邦政府的宏观经济调控能力本身也面临着巨大的挑战。在债台高筑的情况下，奥巴马上台伊始，不但无力有效地终止减税计划，还凭借政治影响力和国会民主党的支持批准了全民医疗改革计划，抬升了联邦财政支出。联邦财政赤字的扩大化与常在化都极大地限制了政府刺激、引导经济发展的驱动能力，也压缩了政府对经济与市场的宏观控制空间。

根据美国广播公司（ABC）和《华盛顿邮报》联合进行的一项民调显示，自2010年初以来认为经济并无好转的民众始终多于乐观者。2012年1月的一项调查结果更显示出扩大的悲观情绪，即认为经济向好的方向发展的民众比例为45%，认为无好转者为54%。而美国哥伦比亚广播公司

① Michael A. Fletcher, “Plans for high - speed rail are slowing down,” *The Washington Post*, January 16, 2012, http: //www. washingtonpost. com/business/ economy/plans - for - high - speed - rail - are - slowing - down/2012/01/13/gIQAngYc1P_ story. html.

（CBS）和《纽约时报》在2012年2月中旬完成的一项民调的结果也耐人寻味：将经济与就业认定为当今美国选举中最为关键议题的民众为44%，远远高于其他任何政策议题。可见，美国广大选民对国家的经济与就业前景并不乐观，且急切期盼政治人物能采取有效措施尽快将国家带出经济低迷的阴霾。

奥巴马的扩张型“大政府”财政政策不但分裂了选民，也激起了共和党保守势力的激烈反弹。2012年2月的民调显示，仍有55%的受访者不支持联邦政府向汽车业等陷入财政困境的大公司提供财政援助，支持者仅为36%。同时，奥巴马全民医疗改革法案自2010年3月签署生效后，在相关机构的民调中其支持者与反对者始终处于“四四开”的胶着极化态势，约两成左右民众表示不了解或拒绝表态。美国政坛上呈现出的“府会分立”下的政党缠斗牵绊着政府制定及推行更为有助于经济复苏的政策与计划。两党在财经议题上争执不下，甚至分别因为预算分歧和债务上限分歧而形成僵局、联邦政府部分机构险些停摆。面对高居不下的失业率和来自共和党的压力，国会两院民主党人甚至以联邦支出过度为由，选择性地搁置了奥巴马提出的就业刺激计划。在经济情势岌岌可危的紧要关头，华盛顿政策决策圈却呈现出以“驴象党争”为中心的碎片化的低效和无为，令民众失望到了极点。正是在如此混乱的政经背景下，2011年8月份传出的就业岗位零增长的负面消息，直接引发了一场轰轰烈烈的“占领华尔街”的草根抗议运动。这场运动开始以纽约市为中心，迅速蔓延到全美各大城市。数以百计的抗议者们以持续占领纽约市金融中心区的华尔街为手段，表达对联邦政府经济政策失望，提出了反对大财团对政治的控制与垄断、反对政治与金钱之间的沆瀣交易、反对极少数人成为社会权贵的不公平的分配制度等口号。他们还明确要求奥巴马“组建一个总统委员会，以结束金钱对国会议员的影响。”“占领华尔街”运动的口号之一就是“我们是99%”，意在表达对美国社会中仅有1%的人积累着巨额财富的现况的极度不满。[①]

“占领华尔街”运动虽然本质上不是一场有组织的“革命”，但可被视

① Phil Izzo, “What Percent Are You?,” *The Wall Street Journal*, October 19, 2011, http://blogs.wsj.com/economics/2011/10/19/what-percent-are-you/.

为是导致美国社会分裂的新型劳资抗争：一方面大公司、大资本通过金钱控制政治，推进全球化与去国家化；另一方面是主张平等权利的社会群体，特别是受到全球化冲击的失业群体，呼吁将资本利益留在国内。“占领华尔街”运动虽然并没有反映出明显的政党倾向，但显然为两党斗法增加了几分不确定。与此同时，“占领华尔街”运动的愈演愈烈加重了公众与政治人物对就业与经济复苏议题的关注度，如果该运动能够被控制在不对社会安定制造过大负面影响的范围内，反而有可能推进美国相关政经制度与政策安排上改良式的调整与创新。

三、“茶党运动”的崛起与共和党的“反建制”趋势

2009 年奥巴马上台之后推进经济刺激与全民医疗改革计划，一股具有保守主义色彩的“茶党”力量在美国社会中迅速崛起。仅 2009 年，全美就爆发了数千次规模不一的“茶党”抗议集会，波及全部 50 个联邦州以及哥伦比亚特区。[①] 正如其名称源于 1773 年反对课税的“波士顿倾茶事件”，“茶党运动”最初的核心思想围绕财政议题展开，包括反对“进步主义”政府观、反对依靠“大政府”、坚持维护美国联邦宪法赋予的个人权利等。正是因此，“茶党”的政策立场集中表现为减少联邦开支与税收、削减国家债务与联邦预算赤字、反对奥巴马医疗改革以及反对碳减排等气候变化等内容。[②]

2010 年 1 月，“茶党运动”支持的共和党候选人斯考特·布朗（Scott Brown）在马萨诸塞州国会参议员补选中的意外获胜，被视为是“茶党”从社会运动发展为政治势力的重要拐点，是“茶党”作为共和党内部的一个势力或派别在政治与政策过程中实现更大影响的明确标志。在同年 11 月的中期选举中，共和党借助“茶党运动”之势一举夺回了国会众议院多数

① 赵可金、林鹏飞：《美国新茶党运动及其政治动因》，载黄平、倪峰主编：《美国问题研究报告（2013）》，北京：社会科学文献出版社，2013 年版，第 263—264 页。

② 赵敏：《美国“茶党”运动初探》，《现代国际关系》2010 年第 10 期，第 31—35 页。

席位。[1] 在其后的第112届国会众议院内，具有“茶党”倾向的共和党籍议员组建了“茶党连线”（Tea Party Caucus），其成员最多时可达66人，占据了全部共和党众议员的27.3%，在预算拨款、债务上限等重大议题上所扮演的角色不可小觑。[2] 在2012年国会选举周期中，与“茶党”联系密切的政治人物在坚守传统财经议题外，呈现出社会议题上的极端保守化倾向：多位颇具竞争力的候选人因在堕胎、妇女权益等议题上的过激表态而断送了竞选。[3] 即便是在“茶党”参政整体受挫的前提下，第113届国会众议院“茶党连线”仍旧保持了49位仪员的规模，占全部共和党籍众议员的21.1%，基本延续了较强的政策影响力。特别是在2014财年拨款法案的审议过程中，正是由于“茶党”势力提出修正案将奥巴马医改议题与拨款挂钩，导致两院无法如期通过临时延续拨款决议案，最终造成了联邦政府部分机构关门的窘况。[4]

2009年以来“茶党”势力的迅速崛起，引起了美国学术界的广泛关注。最具代表性的研究当属哈佛大学教授西达·斯考切波（Theda Skocpol）等人从社会运动视角出发对“茶党运动”进行的阐释。关于“茶党”的民意基础，他们认同相关民调给出的分析：根据哥伦比亚广播公司和《纽约时报》在2010年4月公布的联合调查显示，“茶党”支持者中大概有55%到60%为男性、80%到89%为白人、70%到75%为年龄45岁以上者；而盖洛普的同期民调结果则指出，“茶党”支持者中有62%认同自己的政治主张属于共和党保守派。这样判断来看，“茶党”支持者的主体部分基本

---

① 徐步、张征：《美国中期选举及“茶党”兴起的影响》，《南开学报（哲学社会科学版）》2011年第1期，第45—52页。

② “Tea Party Caucus,” *Wikipedia*, http://en.wikipedia.org/wiki/Tea_Party_Caucus.（上网时间：2019年5月10日）。

③ 最具代表性的当属代表共和党分别竞选印第安纳州国会参议员的“茶党”人士理查德·默多克（Richard Mourdock）和竞选密苏里州国会参议员的“茶党”人士托德·埃金（Todd Akin）。两人在竞选初期的民调中均大幅领先，但皆因在堕胎与妇女权益议题上的过激言论触犯众怒，最终导致竞选惨败。

④ “United States federal government shutdown of 2013,” *Wikipedia*, http://en.wikipedia.org/wiki/United_States_federal_government_shutdown_of_2013.（上网时间：2014年10月22日）。

上是持有保守立场的家庭经济来源的主要负担者。① 因为背负着“养家糊口”的重担，他们自然关注经济与就业议题，并且对民主党所谓“大政府”的政策素有不满。

斯考切波等人的研究指出，“茶党”势力作为社会运动具有某些意识形态上的共性。一般而言，“茶党”支持者极为看重工作或劳动的正当性（deservingness），严格区分“劳动者”与“不劳而获者”，进而反对联邦政府的税收改革和社会福利项目，反对将财政等社会资源再分配。由于社会福利项目等联邦支出多惠及少数裔，因而“茶党”阵营极为关切移民和边境安全议题，反对放宽移民政策。② 出于对“不劳而获者”的反感，部分“茶党”支持者在族裔议题上存在一定偏见，但他们仍旧崇尚所谓的“美国梦”，认同美国多元族裔融合、共同奋斗的历史。③ 此外，“茶党”强调对于美国联邦宪法的恪守，基本上回应着20世纪60年代以巴里·戈德华特（Barry Goldwater）为代表的反对民权运动、反对“伟大社会”福利项目、强调限制政府权力的极端化的“新保守主义”思潮。④

关于“茶党”政治研究的另一个视角关注了步入华府决策层的“茶党”势力，即针对第112届国会众议院“茶党连线”成员（简称为“茶党议员”）的构成进行了量化研究。⑤ 该研究指出，作为“茶党运动”参政机制化的组织，“茶党连线”基本上同时被意识形态与选区经济因素所驱动。在意识形态方面，“茶党”议员多为支持“有限政府”和“低税收”政策的共和党人，这完全与“茶党运动”的核心思想一致。在选区经济利益方面，“茶党”议员多来自失业率相对较低的选区或较为富裕的选区。此发现的可能解释为，“茶党”议员更多担心负面经济与财政状况对本选区经济可能造成的拖累。同时，研究证明，“茶党”议员在资历和占据国

---

① Vanessa Williamson, Theda Skocpol and John Coggin, “The Tea Party and the Remaking of Republican Conservatism,” *Perspectives on Politics*, Vol. 9, No. 1, March 2011, pp. 27 – 28.

② Theda Skocpol and Vanessa Williamson, *The Tea Party and the Remaking of Republican Conservatism*, NY: Oxford University Press, 2012, pp. 64 – 68.

③ Skocpol and Williamson, pp. 69 – 70.

④ Williamson, Skocpol and Coggin, pp. 32 – 35.

⑤ Bryan T. Gervais and Irwin L. Morris, “Reading the Tea Leaves: Understanding Tea Party Caucus Membership in the US House of Representatives,” *PS*, April 2012, pp. 245 – 250.

会制度性职位上的总体水平并不一定低于非“茶党”共和党人。从国会连线组织成员动机的经典判断推论，这一发现说明“茶党连线”并未被普通议员视为是“攀升的阶梯”。[①] 此外，研究还提出，选区族裔分布因素并不会对议员参与“茶党连线”的可能性产生影响。这意味着，有别于“茶党运动”支持者，“茶党”议员本身在族裔议题上并不存在明显偏见。

与“茶党”在内政议题上较为明确的立场相比，关于其外交政策倾向，美国学界也存在着一定争论。2010年中期选举前夕，美国政治批评家奥洛尔克（P. J. O'Rourke）在观察数场竞选后撰文指出，“茶党”并不存在明确的外交政策，甚至可以称得上是“海外无知”（innocence abroad）。按照他的解释，这种情况是由于“竞选者们大都极为关注地方，极少介入他们后院之外的事务”所致。[②] 但即便如此，奥洛尔克还是承认，一些“茶党”参选者不同程度地涉及到了反恐、移民政策、边境安全、能源安全等多个涉外领域，甚至提出了针对与中印两国对美贸易中所谓“不公平现象”加以制裁的主张。

事实上，奥洛尔克所谓的“无知”并非全然如是，“茶党”正在面临着宽泛的立场选择。外交政策专家沃尔特·拉塞尔·米德（Walter Russell Mead）按照具有代表性政治人物所持立场将“茶党”的选择大致划分为两类，即得克萨斯州前国会众议员罗恩·保罗（Ron Paul）所代表的“保罗派”（Paulite）和阿拉斯加州前州长萨拉·佩林（Sarah Palin）所代表的“佩林派”（Palinite）。依照米德的说法，“保罗派”是一种认同“杰斐逊主义”（Jeffersonianism）理念的新孤立主义倾向，尽量避免美国对世界的过多介入，甚至主张与以色列保持距离。[③] 该派思想的代表人物罗恩·保罗也曾在书中写道，“是时候重新评估我们对外干预、占领以及国家建设

---

① Susan Webb Hammond, *Congressional Caucus in National Policy Making*, Baltimore, MD: The Johns Hopkins University Press, 1998, p. 116.

② P. J. O'Rourke, "Innocence Abroad: The Tea Party's Search for Foreign Policy," *World Affairs*, September/October 2010, pp. 5 – 14.

③ Walter Russell Mead, "The Tea Party and American Foreign Policy: What Populism Means for Globalism," *Foreign Affairs*, March/April 2011, p. 40.

的政策了。这关乎我们国家利益与世界和平。”[①] 不难看出，“保罗派”的外交主张与其在国内事务上的限制一脉相承，政府行为缩减，进而财政规模压缩，外交领域的限制或孤立同样能起到了类似作用。但必须承认，这种孤立主义在国际政治现实中不太容易被致力于存续全球领导力的美国主流决策圈视为战略选项。

相比而言，“佩林派”不但基本延续了共和党的外交传统与军事安全议程，而且更倾向于是现代版的“杰克逊主义”（Jacksonianism）。虽然他们可能同样会说出“不必充当世界警察”之类的“豪言壮语”，但也一定会强调绝不给“坏蛋”任何空间。在米德看来，在中东乱局特别是美以特殊关系的前提下，又加之以中国为代表的新兴国家的崛起，“佩林派”将在“茶党”外交决策中占据更多话语权。[②] 不过，这种“杰克逊主义”的外交倾向势必导致增加——至少不会削减——军费开支。这就意味着，“佩林派”“茶党”政治人物要坚持“有限政府”和“低税收”，只能依靠对社会项目等国内支出部分的削减方可实现，进而其与民主党甚至共和党温和派达成妥协的余地将极为局促，党争的裂度必将加剧。正是因此，罗恩·保罗之子兰德·保罗转而拥护略显积极的外交政策，但同时提醒公众这不仅是外交问题，也是财政问题。关于解决之道，兰德指出，“美国需要强大的国防，但侵犯与占领的方式毫无帮助……我们需要一种非常规的战争，一种回归常识的方式，一种旧有外交实践无法达到的认知。”[③] 依此逻辑，“非常规”的概念至少能够满足预算约束、宪法精神以及合法的利益防卫。

米德对“茶党”外交立场的理论阐释得到了基于民意问卷调查完成的定量研究的呼应。该研究指出，如果控制住财政保守主义等意识形态变量，“茶党运动”支持者在外交政策上持有的立场较为模糊。换言之，“茶党”本身并没有标新立异的外交政策，而是在延续着某种传统。定量研究判断，相比于“合作国际主义”（cooperation internationalism），“军事国际

① Ron Paul, “The Revolution: A Manifesto,” NY: Grand Central Publishing, 2008, p. 39.

② Mead, p. 41.

③ Rand Paul, “The Tea Party Goes to Washington,” NY: Center Street, 2011, p. 167.

主义”（militany internationalism）得到了“茶党”支持者的更多认同，即米德所谓的“佩林派”占据了上风。[①]

必须看到，随着共和党在2014年中期选举后同时掌握了国会参众两院的多数地位，共和党内部开始对相对比较极端倾向的“茶党”势力进行整合，因而在规模上“茶党”势力的确呈现出了萎缩的趋势，但仍旧把持了一定水平。在第116届国会（2019—2021）中，所谓“茶党”议员在国会参众两院分别为13人和23人。同时，虽然显性的“茶党”议员规模没有扩大，但“茶党”本身的政治倾向却深刻地影响到了共和党政治。

在很大程度上，作为社会运动和政治力量的“茶党”直接强化了共和党的“反建制”趋势，应该说为2016年特朗普作为“反建制派”的当选做好了充分的政治与舆论准备的因素。[②] 而特朗普政府内部的多位重要官员也都具备“茶党”背景，比如成为白宫管理与预算办公室主任、随后又成为了白宫办公厅代理主任的米克·马尔瓦尼（Mick Mulvaney）以及特朗普政府最后一任的白宫办公厅主任马克·梅多斯（Mark Meadows）等都是“茶党连线”的活跃分子。[③] 与此同时，“茶党”势力也加速了共和党超过民主党的代际更迭，导致在国会等层面上出现了一系列更为年轻世代的共和党政治人物，如卢比奥、克鲁兹、科顿以及霍利等，这些人必将在未来继续搅动美国政坛，并很有可能踏上白宫之路。

在奥巴马执政八年中，与保守派出现“茶党运动”的同步，抗议当今美国种族歧视的“黑人的命也是命”（Black Lives Matter）的社会运动乃至抗争也开始抬头。该趋势也意味着美国种族矛盾与族裔政治再次上升为首要议题。而面对着非洲裔的抗争，在后金融危机时代无法实现有效复苏的

---

① Brian Rathbun, “Steeped in International Affairs? The Foreign Policy Views of the Tea Party,” *Foreign Policy Analysis*, Vol. 9, 2013, pp. 21 – 37.

② Bryan T. Gervais and Irwin L. Morris, “How the Tea Party Paved the Way for Donald Trump,” *Washington Post*, September 7, 2018, https://beta.washingtonpost.com/news/monkey – cage/wp/2018/09/07/how – the – tea – party – paved – the – way – for – donald – trump/.（上网时间：2019年5月2日）。

③ Jonathan Strong, “Tea Party Caucus to Relaunch With Event Thursday,” *Roll Call*, April 24, 2013, http://www.rollcall.com/goppers/house – tea – party – caucus – to – meet – thursday/.

白人中下层群体也持续积累着民怨情绪，并最终在2016年大选中得到了集中爆发。

第二节　2016年大选与“特朗普时代”[①]

2016年大选标志着美国政治的新一轮重大调整。现任总统因任期限制无法谋求连任，此次大选势必要选出新人来出任美国下一届总统。同时，34位国会参议员、全部435位国会众议员及6位没有投票权的国会众议院代表要进行改选；12个州的州长、美属萨摩亚及波多黎各等两个属地的行政长官及多个城市政府要举行换届。[②] 就大选结果而言，共和党取得了大幅度的胜利：共和党在国会两院的席位虽缩水，但延续了占据多数地位的优势；共和党党籍的州长数量也从选前的31位增至33位；更为重要的是，70岁的共和党总统候选人唐纳德·特朗普出人意料地以306∶232的选举人团票优势战胜希拉里·克林顿（Hillary Clinton）入主白宫。[③]

一场被认为是两位“最不受欢迎”的候选人之间的白宫之争，却以所谓“反建制派”候选人击败“建制派”候选人的结果落幕，这一选举结果对观察、研究美国政治的现状与前景提出了新的更高的要求。这是一场怎样的选举？特朗普及共和党为何能够取得胜利？特朗普上台后面对何种政治局面？2016年大选对美国政治而言又将意味着什么？本部分就尝试基于选后掌握的有限信息对相关问题展开初步探讨。

---

① 本部分节选版发表于《美国研究》2016年第6期，题目有改动，编入报告的版本为全文版。

② “United States Elections, 2016,” *Wikipedia*, https://en.wikipedia.org/wiki/United_States_elections%2C_2016.

③ “2016 Election Results,” *Politico*, http://www.politico.com/2016-election/results/map/president.

一、2016 年大选的环境与趋势

既定且难以改变的环境一定程度上约束并驱动着总统竞选所有参与者的策略制定。[①] 环境或特定趋势塑造着竞选议题，甚至决定着选举政治的最终走向。对于2016 年大选而言，选举本身的开放式定位、当前美国民众特别是白人群体的民怨情绪、反对精英政治的“反建制派”趋势，以及社交媒体所发挥的个性化效果，都在潜移默化地左右着本次选举的基调与态势。

第一，开放式选举决定了本次大选的基本结构。所谓“开放式”选举是指总统大选中在任总统不能或不愿谋求连任、副总统也未参选，从而使大选完全向两党各参选人开放的选举。这种形式的选举提升了总统大选的竞争性与不确定性。自民主、共和两党首次同时参与总统大选的1856 年以来，共有 12 次开放式选举，21 世纪以来已出现了两次（2008 年和 2016 年）这样的大选。同时，美国在过去 24 年中经历了三位连任总统、两次政党轮替的“政治钟摆”过程，这凸显了美国总统政治及其政策议程进入了延续性相对较低、变动性相对较大的历史阶段。

一方面，民主党面对求变的民意。美国历史上上一次出现延续某一政党对白宫控制的开放式选举还是在 1928 年，即赫伯特·胡佛（Herbert Hoover）接替同为共和党的加尔文·柯立芝（Calvin Coolidge），且是以全美经济繁荣和民主党分裂为重要背景的。[②] 时隔 88 年之后，民主党治下的美国经济并不令选民满意，民主党继续控制白宫所面临的民意压力相对较大。另一方面，共和党面对整合的难题。在同时容纳 17 位主流参选人竞争的历史性规模的初选中，共和党陷入了分裂状态，杰布·布什（Jeb Bush）、约翰·卡西奇（John Kasich）、克里斯·克里斯蒂（Chris Christie）

---

① Nelson W. Polsby，Aaron Wildavsky，Steven E. Schier，and David A. Hopkins，*Presidential Elections：Strategies and Structures of American Politics*，14th ed.，New York：Rowman & Littlefield，2016，p. 1.

② “United States Presidential Election，1928，” *Wikipedia*，https：//en. wikipedia. org/wiki/United_ States_ presidential_ election，_ 1928.

等参选人之间的激烈竞争无法整合“建制派”力量，最终为特朗普的异军突起创造了机会。①

第二，美国选民尤其是白人中下层群体的民怨情绪营造了本次选举的民意环境。2016年大选充斥着美国民众在经济与就业、社会议题与族裔关系，以及国际地位与安全环境等多层次议题上长期积累的不安、不满、愤怒甚至是恐惧情绪。这种谋求变革的民怨是以全球化作为主要背景的，并表现为资本流动所导致的美国国内实体经济空心化与移民流动导致的美国国内人口结构多元化等两个核心矛盾点。

2008年金融危机以来，美国经济的缓慢复苏令民众“无感”而“无奈”，② 改善经济与就业状况一直是美国公众最为关注的首要议题。③ 一方面，就业增长更多地来自低端服务业而非实体经济。据统计，2014年美国就业岗位中的80.1%是由服务业提供的，而工业实体产业与农业只分别创造了15.1%和1.5%的就业岗位。④ 美国劳动者特别是蓝领工人的就业在水平、质量和稳定性上都难言理想。更糟的是，由于专业程度低而具有极强的可替代性与流动性，蓝领中下层白人群体极易因被新移民、少数族裔等更低成本的劳动力群体取代而再度失业。另一方面，美国中产阶级的规模呈现出空前的萎缩态势。根据2015年初的统计，中产阶级占人口的比例已从20世纪70年代的61%降至49.89%的历史低点。⑤ 与之相伴的是，社

---

① 刁大明：《“特朗普现象”探析》，《现代国际关系》2016年第4期，第31—39页。

② 美国国内生产总值（GDP）增长率从2009年的-2.8%恢复到2015年的2.4%，处于西方世界的领先水平；2015年年底，失业率已降至5.0%，2016年11月更是实现了失业率为4.6%的水平，回到了2008年金融危机之前的状态；人均可支配收入在2014年和2015年更是实现了2.7%和3.4%的增长。分别参见：“Annual growth of the Real Gross Domestic Product (GDP) of the United States from 1990 to 2015,” *Statista*, http://www.statista.com/statistics/188165/annual-gdp-growth-of-the-united-states-since-1990/；以及“Labor Force Statistics from the Current Population Survey,” *Bureau of Labor Statistics*, http://data.bls.gov/timeseries/LNS14000000；“Personal Income and Outlays: January 2016,” *Bureau of Economic Analysis*, Feb. 2016, http://www.bea.gov/newsreleases/national/pi/pinewsrelease.htm.

③ “Problems and Priorities,” *The Polling Report*, http://www.pollingreport.com/prioriti.htm.

④ “Employment by Major Industry Sector,” *Bureau of Labor Statistics*, http://www.bls.gov/emp/ep_table_201.htm.

⑤ “The American Middle Class Is Losing Ground,” *Pew Research Center*, Dec. 9, 2015, http://www.pewsocialtrends.org/2015/12/09/the-american-middle-class-is-losing-ground/.

会财富继续向富裕的高收入阶层快速聚集，令处于社会大多数的中产阶级与低收入阶层普遍存在着强烈的“被剥夺感”。

在经济与就业议题上受累的同时，白人群体还面对着人口结构多元化带来的认同危机。一方面，据保守预计，由于新移民的激增和少数族裔的高生育率，美国可能在50年后成为“无多数族裔人口结构”的国家。[①] 塞缪尔·亨廷顿提出的“我们是谁”的疑问已萦绕在所有美国人心中，构成了主导地位岌岌可危的白人群体持续焦虑的根源之一，进而从历史中走来的种族与族裔矛盾再度凸显出来。另一方面，经济与就业改善的难遂人愿、中东地区极端伊斯兰思想的抬头，以及美国国内枪支泛滥的顽疾，共同将族裔矛盾抛入了恶性循环之中。低水平的就业加剧了白人蓝领中下层与少数族裔、新移民之间的生存竞争，恶化了少数族裔、新移民的经济处境与社会状况；而这些无法实现所谓“美国梦”的少数族裔，新移民群体又极可能受到伊斯兰极端思想的驱使，在控枪不利的状况下酿成诸多恶性事件，从而再次激化了白人与少数族裔、新移民之间的敌对情绪。2013年波士顿马拉松爆炸案、2015年加州圣贝纳迪诺枪击事件、2016年佛罗里达州奥兰多酒吧枪击案等类似事件的实施者皆为“梦断”美国的少数族裔新移民。根据调查，有大约四成美国民众同意将“无证移民”（undocumented immigrant）驱逐出境；在叙利亚局势日益恶化之后，超过一半的美国公众都反对美国接受叙利亚的难民。[②]

2016年大选中的民怨情绪可被视为是2008年民心求变的累积与延续。奥巴马的8年执政虽然尽力兑现竞选承诺，但并未令民众满意，甚至其少数族裔的身份，以及民主党针对少数族裔、新移民的政策倾向，反而加剧了白人中下层群体内心的不满与愤怒。

第三，“反建制派”倾向构成了本次大选的政治风向。所谓“反建制派”倾向即对具有专业经验、政策积累以及社会资源的政治精英的反感与

---

① 白人的比例将在50年之后降至50%以下，拉美裔将上升至24%，14%的亚裔可能超过非洲裔的13%。参见：D'Vera Cohn，“Future Immigration will Change the Face of America by 2065，” *Pew Research Center*，Oct. 5，2015，http：//www. pewresearch. org/fact - tank/2015/10/05/future - immigration - will - change - the - face - of - america - by - 2065/。

② “Immigration，” *The Polling Report*，http：//www. pollingreport. com/immigration. htm.

不信任，希望与政治精英无关的“圈外人”改变现行政治规则与政策议程。从历史上看，美国的“反智主义”（anti - intellectualism）传统在政治上就表现为“反建制派”倾向。而在现实中，根据2008年以来的民调持续显示，至少七成美国民众对国家发展方向并不满意，进而对政治精英充满了不信任。①

金融危机以来，“反建制派”倾向在共和党中尤为明显，2009年兴起、2010年逐步进入政治运作的“茶党”势力强烈抵制华盛顿精英，并快速催生了数量可观的“反建制派”政治人物出任国会议员等选任职务。其中最具代表性的事件为，时任国会众议院多数党（共和党）领袖的埃里克·坎托（Eric Cantor）在2014年的中期选举初选中意外地被“茶党”势力支持的“圈外人”击败，使他成为1899年设置多数党领袖职位以来首位在初选中落败的在任者。② 在本次大选的共和党初选中，除特朗普外，也有如脑外科医生本·卡森（Ben Carson）、女商人卡莉·菲奥里纳（Carly Fiorina）等多位毫无政治经验的“反建制派”参选。与共和党相同，“反建制派”倾向也贯穿于民主党党内竞争的始终。在初选阶段，“建制派”希拉里遭遇了“反建制派”伯尼·桑德斯（Bernie Sanders）的强力挑战，足以说明民主党内部反对传统政治精英的呼声在上升。

第四，社交媒体的个性化动员改变了本次大选的竞选生态。大众传媒的变革既是经济和社会发展的产品，也是理解美国政治进程的钥匙。③ 如果说2004年霍华德·迪安（Howard Dean）的总统初选标志着美国竞选政治步入了互联网时代，那么2016年大选无疑是社交媒体首次全面介入竞选活动的一场选举。根据皮尤研究中心的一项调查显示，在18岁到29岁的受访者中，有35%的人将社交媒体视为获取大选信息的最重要来源，排名第二位的是新闻网站和手机应用（18%）；而在30岁到49岁的受访者中，

① “Satisfaction with the United States,” *Gallup*, http://www.gallup.com/poll/1669/general-mood-country.aspx.

② Molly Ball, “Eric Cantor's Loss: A Stunning Upset,” *The Atlantic*, June 10, 2014, http://www.theatlantic.com/politics/archive/2014/06/eric-cantor-loses-in-stunning-upset/372550/.

③ ［美］W·兰斯·班尼特：《新闻：政治的幻象（第5版）》，杨晓红、王家全译，北京：当代中国出版社，2005年版，第15页。

虽然21%的人将电视视为最重要来源，但更愿意借助新闻网站和社交媒体的人也分别有19%和15%，总数同样多于传统媒体。[①]

必须看到，互联网和社交媒体的确已改变了美国竞选政治的运作方式。其一，研究证明，互联网并未为选民提供广泛而公开的信息，反而会促使选民只关注那些他们支持的候选人的信息、只与那些有共同倾向者建立联系，从而固化甚至极端化了选民的政治倾向。[②] 其二，传统媒体在议程设置上要么被政治精英操控，要么充斥着政治人物的负面信息，因而逐渐引发公众的反感，[③] 社交网络等新媒体则取而代之，甚至为无法得到主流媒体支持的"反建制派"政治人物提供了传播与动员的主要渠道。按照桑德斯本人在选后的描述，其"推特"（twitter）和"脸谱"（facebook）账户在竞选中分别增加了300万和500万个关注者，"我们通过对社交媒体潜力的挖掘为'进步主义政治'著书立说了"。[④] 其三，互联网与社交媒体重构了竞选的募款模式，社交媒体构建起双向互动，实现了与动员反向的捐款。[⑤] 桑德斯在初选中通过互联网得到了250万个捐款人的800万笔捐款，[⑥] 而他募集到的2.28亿美元个人捐款中的59%为小额款项，其中互联网与社交媒体的贡献颇多。[⑦]

需要指出的是，在共同塑造2016年大选走向的上述四个因素中，只有开放式选举结构的影响力仅限于本次选举阶段，其他三个如民怨情绪、"反建制派"倾向，以及社交媒体对政治的介入等趋势，正在继续左右美国政治未来的发展路径与样貌。

---

① "The 2016 Presidential Campaign：A News Event That's Hard to Miss," *Pew Research Center*, Feb. 4，2016，http：//www. journalism. org/2016/02/04/the－2016－presidential－campaign－a－news－event－thats－hard－to－miss.

② Philip Paolino and Daron R. Shaw，"Can the Internet Help Outsider Candidate Win the Presidential Nomination?" *P. S.*，Vol. 36，Iss 2，April 2003，pp. 193－197.

③ ［美］W·兰斯·班尼特：《新闻：政治的幻象（第5版）》，第95页。

④ Bernie Sanders，"Our Revolution，" New York：Thomas Dunne Books，2016，p. 100.

⑤ Matthew Hindman，"The Real Lessons of Howard Dean：Reflections on the First Digital Campaign，" *Perspectives on Politics*，Vol. 3，No. 1，March 2005，pp. 121－128.

⑥ Bernie Sanders，"Our Revolution，" New York：Thomas Dunne Books，2016，p. 100.

⑦ 参见 Open Secrets. org 关于桑德斯竞选经费的相关网页：https：//www. opensecrets. org/pres16/candidate. php? id＝N00000528。

二、2016年大选的结果评析

2016年美国大选以共和党在总统、国会和各州层次的胜利而落下帷幕。比较而言，共和党在国会两院继续维持多数的结果在选前得到了较多的预见：共和党在第114届国会众议院中占据的59席多数是1929年第71届国会以来该党占据的最大规模优势，在大选年的国会选举中被翻盘的难度略大；共和党在国会参议院选举中较为关键的席位如宾夕法尼亚、威斯康星、北卡罗来纳、新罕布什尔、伊利诺伊等州均为在任者谋求连任，整体上胜算也略大。与国会两院选情相对稳定不同，总统大选的结果超出了多数人的普遍预期：民主党总统候选人希拉里不但同时失去了佛罗里达、俄亥俄、艾奥瓦等关键摇摆州，而且还在此前被预期选情稳健的宾夕法尼亚、密歇根及威斯康星等所谓“锈蚀带”（Rust Belt）[①] 各州以微弱劣势不敌共和党总统候选人特朗普。虽然以48.2%比46.3%领先特朗普将近257万张选民票，但希拉里仍以232∶306的选举人团票差距输掉了选举，这也是美国历史上第五次发生选民票与选举人团票相悖的选举结果。[②] 面对如此始料未及的大选结果，美国政治的历史周期、特朗普对竞选的准确定位，以及希拉里作为候选人的天然欠缺等因素或可提供一些初步的解释视角。

第一，美国政治的历史周期正在转向共和党。关于美国历史周期的讨论以美国历史学家施莱辛格父子的研究流传最广。基于老阿瑟·施莱辛格（Arthur M. Schlesinger, Sr.）关于保守主义与自由主义交替主导且平均11.5年更迭一次的论断，小阿瑟·施莱辛格（Arthur M. Schlesinger, Jr.）提出了关于美国联邦政府的国内政策在“公共利益”（public purpose）与“私人利益”（private interest）之间摇摆的历史周期理论，每次回摆大概需

---

① “锈蚀带”是指传统制造业广泛分布的美国大湖区与中西部各州。该区域是美国经济衰退、人口流失、城市衰败最为明显的区域之一，也是美国蓝领中下层群体分布最为密集的地区之一。

② “Presidential Results,” *CNN Politics*, Dec. 4, 2016, http://www.cnn.com/election/results/president.

要25到30年。[①] 通常而言，“公共利益”导向的选举即偏自由派主张的得势，比如1901年的老罗斯福、20世纪30年代的小罗斯福和20世纪60年代的肯尼迪政府；而“私人利益”主导的选举开启的则是保守主义思潮笼罩的政府，如20世纪二三十年代的“哈丁—柯立芝—胡佛”政府和20世纪80年代的里根政府。[②] 基于小施莱辛格的理论，美国立国以来的52次大选分为20次“公共利益”主导及32次“私人利益”主导，而至少自1856年以来，“公共利益”或“私人利益”导向基本上是分别直接与民主党或共和党相对应的。[③]

美国目前所处的历史周期基本上是“公共利益”导向的，发端于1992年当选的克林顿政府。即便在2001年到2008年是共和党人小布什执政，但他在国内政策议题上的某些做法还是体现了“公共利益”倾向，体现在他宣称的“富有同情心的保守主义”的社会政策上，比如将部分处方药纳入医疗保险范围，以及“一个孩子都不能少”（No Child Left Behind）的教育改革等政策。值得注意的是，在2009年以来奥巴马政府推进全民医改、向富人征税、移民改革等“公共利益”导向的自由派政策的同时，一系列要求“个人利益”的政治浪潮也此起彼伏，比如主张有限政府、反对政治精英的“茶党运动”，以及在2016年大选中得以充分体现的中下层白人群体的民怨情绪。换言之，2016年大选或2020年大选正处于从“公共利益”回摆到“私人利益”即从民主党转向共和党的周期调整点上，而特朗普及共和党的竞选成功地顺应了这一周期趋势。

具体观察，本次大选初步具有了历史周期摆动所带来的“政党重组”（party realignment）与“区域主义”（sectionalism）整合的某些端倪。从“政党重组”角度而言，虽然仍不能确定2016年大选是一次促使两党选民

---

① Arthur M. Schlesinger, Jr., “The Cycles of American History,” Boston: Mariner Books, 1999, p. 31.

② 谢韬：《从大选看美国的历史周期、政党重组和区域主义》，《美国研究》2012年第4期，第30—45页。

③ Stewart J. H. McCann, “Schlesinger's Cycles of American History and Presidential Candidate Age (1789 - 1992): When Younger Is Better,” *Political Psychology*, Nov. 2001, Vol. 27, No. 11, pp. 1429 - 1439.

基本盘发生重大变化的“关键性选举”，但从选举结果看，特朗普扩展了共和党在中下层特别是蓝领群体中的支持度。从出口民调数据观察，对比2012年大选，在本次选举中，共和党增长最多与民主党减少最多的同步变化群体包括了“中学教育及以下者”（共和党增加16%、民主党减少19%）、“家庭年收入3万美元以下者”（共和党增加6%，民主党减少10%），以及“非婚男性”（共和党增加5%、民主党减少10%），这些群体的变化直接反映了受教育程度偏低的蓝领中下层在本次选举中支持特朗普而非希拉里的态势。① 而在“区域整合”意义上，决定最终选举结果的宾夕法尼亚、威斯康星和密歇根三州正是蓝领中下层选民聚集的“锈蚀带”地区，而“锈蚀带”地区逐渐从民主党基本盘转入共和党基本盘的态势事实上自金融危机以来就已悄然开启。与2008年大选相比，奥巴马在2012年不但输掉了位于“锈蚀带”的印第安纳州，而且其胜出比例缩水幅度最大的五个州中除佛罗里达（31%）、内华达（53%）等摇摆州外，就是“锈蚀带”的威斯康星（49%）、宾夕法尼亚（52%）和密歇根（57%）三州。② 在2016年大选中，希拉里只是延续了奥巴马任内民主党在“锈蚀带”地区逐渐失势的大趋势，该地区的区域整合直接将共和党候选人特朗普送入了白宫。

第二，特朗普实施了驾驭2016年大选态势的精准竞选。客观而言，2016年大选中的开放式选举结构、求变民怨情绪、“反建制派”风向和社交媒体动员等趋势都对传统政治精英不利，反而有助于特朗普的竞选；而特朗普则充分利用了本次大选的特定环境与趋势，实现了精准的动员与竞选。

其一，特朗普有效地迎合了以中下层白人为代表的民怨情绪。在其

---

① 依照公开出口民调的数据计算而成。参见：“Exit Polls,” *CNN Politics*, Nov. 23, 2016, http://www.cnn.com/election/results/exit-polls/national/president；以及“United States Presidential Election, 2012,” *Wikipedia*, https://en.wikipedia.org/wiki/United_States_presidential_election,_2012#Voter_demographics。

② 依据美国联邦选举委员会公布的2008年及2012年总统大选各候选人在各州得票数字记录计算而成。参见：“Federal Elections 2008: Election Results for the U.S. President, the U.S. Senate and the U.S. House of Representatives,” *Federal Election Commission*, July 2009, http://www.fec.gov/pubrec/fe2008/federalelections2008.pdf；以及“2012 Election Results: Official Vote Totals by States,” *Federal Election Commission*, http://www.fec.gov/pubrec/fe2012/tables2012.pdf。

2015 年出版的竞选书《跛足美国：如何让美国再强大起来》（*Crippled America：How to Make America Great Again*）的开篇，特朗普就将封面选择其愤怒的肖像照解释为因为美国民众如今也正在怀有同样的不安、焦躁、愤怒，甚至是恐惧。① 面对全球化冲击下的民怨情绪，与桑德斯的“平民主义”方案不同，特朗普始终强调“美国优先”，推崇“本土主义”（nativism）的解决方案。具体而言，特朗普将目前美国所有的问题都定义为是“非美国”或者“非本土”的，占主导地位的白人群体并没有错，而是外部世界的“他者”或者移民的过错，因而要阻断这些“非本土”因素的负面牵扯或介入。在众多政策议程中，特朗普在贸易与移民问题上颇为极端，在竞选中多次提出以反对自由贸易、对相关国家课以重税等政策强行实现制造业回流；以在美墨边境筑墙、全面禁止穆斯林入境、全面驱逐“无证移民”等政策捍卫白人权益。在对外政策方面，特朗普并不赞同美国维持与其他国家的盟友关系，认为应该专注于应对美国的“真正威胁”。②

特朗普将民怨引向“非本土”因素的竞选操作在当今美国不乏市场。通常而言，特朗普的支持者被认为是受教育程度较低的白人男性，即那些在全球化冲击下低水平就业且要养家糊口的群体。但随着选举的逐步推进，特朗普的支持群体呈现出扩大态势：受教育程度较高者、传统经济（农业、建筑业、制造业和贸易）的从业者、基督教福音派，以及更为广泛的美国本土出生者，甚至在获得合法身份的新移民中，都不同程度地存在着特朗普的支持者。③ 换言之，不同阶层与群体的美国人都存在不满与怨气，而特朗普的“本土主义”解释可以令他们接受。也正是在这种状况下，美国社会中出现了实际支持特朗普的所谓“沉默的选民”，而且这些人在接受民调问答时可能出于对“政治正确”的考虑而隐瞒自身真实的意图，从而导致了特朗普在民调中被低估的现象出现。事实上，从出口民调

① Donald J. Trump, “Crippled America: How to Make America Great Again,” New York: Threshold Editions, 2015, p. iv.

② Donald J. Trump, op. cit., pp. 33 – 35.

③ Neil Irwin and Josh Katz, “The Geography of Trumpism,” *The New York Times*, March 12, 2016, http://www.nytimes.com/2016/03/13/upshot/the-geography-of-trumpism.html.

来看，相对于2012年米特·罗姆尼（Mitt Romney）的表现，特朗普在非洲裔、拉美裔、亚裔等群体中的支持率均有所成长。① 更有研究发现，在从中国、墨西哥等国竞争性进口增长的美国各县中，特朗普获得的支持率都超过了这些县过去20年对共和党支持的平均水平。②

其二，特朗普充分地迎合了“反建制派”的政治审美。相对于杰布·布什等所代表的“建制派”甚至“家族政治”，特朗普等“反建制派”人选更能迎合当前美国民众普遍对华盛顿精英、极化政治的不满，以及希望改变传统“驴象党争”的诉求。特别是在对奥巴马无法满足民意诉求的失望之下，民众颇有“赌性”地期待一位距离传统政治更远的“反建制派”参选人可以实现某些切实的改变。值得一提的是，特朗普这种排外甚至颇有“种族歧视”意味的言论看似“政治不正确”，却被另外一种“政治正确”保护着，即反对或批评特朗普就是代表“建制派”政治精英，就是“反对变革的民意”。

其三，特朗普知名度高，操纵媒体的技巧娴熟，善于开展互联网与社交媒体竞选。虽为富商，但特朗普多年来始终活跃于美国的各类传媒上，在传播意义上具有“网红”特质。特朗普“跨界参选”本身就是新闻，而他在竞选过程中“语不惊人死不休”的言论表达，也时刻为美国媒体制造着新闻话题，客观上抬升了特朗普竞选的曝光度。2015年8月3日，共和党总统初选的首场电视辩论，就因为特朗普的参与而吸引了2400万观众，创造了非体育赛事类节目的收视纪录。③ 更为重要的是，特朗普通过社交网络实时向关注者发送信息，表达着不同于传统政治人物的极端言论和政

---

① “Exit Polls,” *CNN Politics*, Nov. 23, 2016, http://www.cnn.com/election/results/exit-polls/national/president；以及“United States Presidential Election, 2012,” *Wikipedia*, https://en.wikipedia.org/wiki/United_States_presidential_election,_2012#Voter_demographics。

② Andrea Cerrato, Francesco Ruggieri and Federico Maria Ferrara, “Trump Won in Counties that Lost Jobs to China and Mexico,” *The Washington Post*, Dec. 2, 2016, https://www.washingtonpost.com/news/monkey-cage/wp/2016/12/02/trump-won-where-import-shocks-from-china-and-mexico-were-strongest/?from=timeline&isappinstalled=0&utm_term=.4b25ea3e5798&wpisrc=nl_cage&wpmm=1.

③ Lydia Wheeler, “Record Audience Tunes in for GOP Debate,” *The Hill*, Aug. 7, 2015, http://thehill.com/blogs/ballot-box/presidential-races/250549-early-numbers-show-record-audience-for-first-gop-debate.

策立场，这种通过社交媒体实现的实时动员，影响甚至主导了传统媒体议程，实现了传统方式无法企及的竞选效果。截止到大选投票日，特朗普在“推特”上的关注者超出了希拉里 400 万，同时他也是在“推特”和“脸谱”网站上被提及频率最高的候选人。[①]

第三，希拉里并非适合 2016 年大选的理想候选人。在选前，无论是在联邦层次的综合民调还是在各州选举人团分布的预估中，希拉里都握有更大胜算。最终落败的结果，除了开放式选举的高竞争性、各州选举人团对民意的重塑等因素造成的影响之外，希拉里作为候选人的政策倾向与个人特质也并不符合 2016 年大选的整体趋势。

其一，希拉里的政策立场无法有效地吸引蓝领中下层群体的支持。长期以来，希拉里的政策站位属于 20 世纪 80 年代末期民主党内部崛起的“新民主党人”（New Democrats），即在经济财政议题上相对温和、在社会议题上较为自由，支持自由贸易、主张以促进经济增长来实现“就业福利”。[②] 而这种与奥巴马政府支持“跨太平洋伙伴关系协定”（Trans - Pacific Partnership Agreement，TPP）如出一辙的政策倾向无法得到蓝领中下层的拥护。正因为如此，代表民主党党内传统自由派即“进步主义民主党人”（Progressive Democrats）的桑德斯才以改革华尔街、反对自由贸易、促进社会权益平权等主张取得了工会组织以及中下层民众的支持。虽然希拉里在获得提名后也有意识地跟进桑德斯的“平民主义”主张、调整自己的政策主张，但仍未扭转民主党在蓝领中下层群体和“锈蚀带”地区支持度降低的整体困境。

其二，希拉里的个人特质已不符合民主党的政治生态。从传统上来讲，民主党更易推出相对年轻的“新面孔”竞选包括总统在内的选任公职，民主党的政党生态也更青睐新鲜血液。而在 2016 年大选中，希拉里不但是民主党建立以来最年长的总统候选人，也是长期混迹于政治舞台的

① Laeeq Khan, “Trump Won Thanks to Social Media,” *The Hill*, Nov. 15, 2016, http://thehill.com/blogs/pundits - blog/technology/306175 - trump - won - thanks - to - social - media.

② Jon F. Hale, “The Making of the New Democrats,” *Political Science Quarterly*, No. 110, 1995, pp. 208 - 211.

“老面孔”。自实施现行初选制度的20世纪70年代以来，在7次开放式选举的初选中，民主党在前6次都产生了毫无总统选举经验的“新面孔”，只在2016年选择了曾经参与总统初选的“老将”希拉里。这一变化严重压低了民主党基本盘选民的参与热情：特朗普的选民票基本保持了2008年麦凯恩和2012年罗姆尼的6000万左右的水平，而民主党的选民票却从2008年的6949万直接缩水了1400万；希拉里在非洲裔（88%）、拉美裔（65%）、18岁到25岁的年轻人（54%）群体中的支持率也都明显弱于2012年的奥巴马（93%、71%、60%）。[①] 换言之，拉低投票率的并非特朗普及共和党，而是对希拉里热情骤降的民主党选民。

其三，希拉里的“建制派”身份激化了本次大选中原本存在的矛盾。因为希拉里与特朗普分获提名，总统大选转变为“建制派”与“反建制派”的正面对决。一方面，希拉里充当了美国社会各界“建制派”精英反对特朗普的最佳代言人，导致了传统主流媒体“一边倒”背书的罕见情形，加深了精英群体与普通民众之间的裂痕。另一方面，希拉里“公务私邮”的“邮件门”、民主党全国委员会的偏袒丑闻、克林顿基金会海外献金，以及“维基揭密”（WikiLeaks）爆出的一系列负面信息交互叠加作用，固化了希拉里所谓“豪车自由派”（limousine liberal）的负面刻板形象，导致希拉里沦为普通选民“反建制派”倾向的众矢之的，甚至在反华盛顿精英、期待切实变革的民众中酿成了不可小觑的“反动员”效果。[②]

三、特朗普政府面临的政治局面

特朗普的当选刷新了美国总统政治的多项纪录：继1952年德怀特·艾

① 资料参见：“Exit Polls,” *CNN Politics*, Nov. 23, 2016, http://www.cnn.com/election/results/exit-polls/national/president；以及“United States Presidential Election, 2012,” *Wikipedia*, https://en.wikipedia.org/wiki/United_States_presidential_election,_2012#Voter_demographics。

② Steve Fraser, “Hillary is Trump's Dream Opponent: Clinton is Exactly the ‘Limousine Liberal’ his Coalition Distrust the Most,” *Salon*, May 9, 2016, http://www.salon.com/2016/05/08/hillary_is_trumps_dream_opponent_clinton_is_exactly_the_limousine_liberal_his_coalition_distrusts_the_most.

森豪威尔（Dwight Eisenhower）以来首位不具备政府工作经验的美国总统；至今最为富有和初次当选时最年长的美国总统。同时，特朗普是自20世纪70年代现行初选制度实施以来，首位在初选选民支持率未过半、大选选民票得票率未过半的情况下当选的美国总统。① 由于毫无政府工作经验可循，判断特朗普政府内外政策走向的重要依据之一即其竞选期间的各种政策表达，但竞选语言往往与实际政策存在较大差异。

第一，特朗普必须回应多层次的民怨压力与变革需求。特朗普得以当选的最重要选民基础是怀有不满情绪的蓝领中下层特别是白人民众，因而他上台后必须兑现承诺、实现变革。又据民调显示，57%的受访者认为美国要处理好自己的事情，别国的事情让别国尽可能自己处理；认为美国在解决世界问题上做的太多的人为41%；49%的受访者深感美国介入世界经济是件坏事。② 这就意味着，特朗普必然表现出极强的"内顾倾向"，即将关注点聚焦在美国国内议题而非国际议题上，着力安抚选民的思变情绪，将解决国内问题作为首要政策议程，在提振国民经济、推动移民改革、解决族裔矛盾、整顿华盛顿政治等议题上拿出有效举措。

11月21日，特朗普通过网络视频公布了一系列旨在回应国内民意诉求的举措，包括退出《跨太平洋伙伴关系协定》、取消能源产业就业限制、限制新监管规则、强化基础设施、调查劳工签证滥用，以及加紧约束离任官员参与游说等。③ 这些承诺说明，特朗普正在尝试从"竞选状态"转入"执政状态"，但他也面对着无法兑现承诺的极强挑战。其一，与选举期间

① Phillip Bump, "Trump Will Be the First Modern President to Get Less than Half of the Vote in Both the Primary and General," *The Washington Post*, Nov 30, 2016, https: //www. washington-post. com/news/the – fix/wp/2016/11/30/trump – will – be – the – first – modern – president – to – get – less – than – half – of – the – vote – in – both – the – primary – and – general/? utm_ term = . 302539805ab3.

② Bruce Drake and Carroll Doherty, "Key Findings on How Americans View the U. S. Role in the World," *Pew Research Center*, May 5, 2016, May 5, 2016, http: //www. pewresearch. org/fact – tank/2016/05/05/key – findings – on – how – americans – view – the – u – s – role – in – the – world.（上网时间：2017年2月16日）。

③ Tom LoBianco, "Donald Trump Outlines Policy Plan for First 100 Days," *CNN Politics*, Nov. 22, 2016, http: //www. cnn. com/2016/11/21/politics/donald – trump – outlines – policy – plan – for – first – 100 – days/.

相对极端甚至不切实际的竞选语言相比，特朗普在当选后的某些政策阐述更为务实甚至具有更多可操作性。比如在移民议题上，特朗普虽然仍强调要在美墨边境建长达1000 英里的边境墙的计划，但事实上他只是延续小布什政府以来已构筑 700 英里边境墙的一贯做法，[①] 此外，特朗普也明确澄清要先行驱逐具有犯罪记录的非法移民；[②] 又如，在奥巴马医改议题上，特朗普也公开表示将保留某些内容。[③] 其二，特朗普提出的包括减税、反对现行多边自由贸易安排、强化基础设施建设投资等一系列提振美国经济的举措，在实际操作中不但可能难以奏效，而且这种“减收增支”的做法也极易导致美国联邦财政状况的进一步恶化。其三，虽然特朗普的政策议程以国内议题优先，但调整国内议题的过程也将对美国对外政策产生连锁影响，这方面最具代表性的例子是他宣布退出“跨太平洋伙伴关系协定”的公开表态。这种反对现行自由贸易安排、希望推进更为公平的双边贸易安排的做法必将引发美国在世界经济舞台上所扮演角色的加速调整。

在对外政策方面，除了经贸利益调整的牵动之外，考虑到“内顾倾向”以及新当选总统个人不熟悉政策，特朗普的外交政策甚至对外战略存在较大的迟缓性与不确定性。其一，特朗普将经历比以往总统更为漫长的“学习周期”（learning curve），[④] 其完整对外战略的阐述可能要在就职后半年乃至一年后才会比较清晰。虽然当前美国两党在亚太战略上已具有高度共识，但特朗普政府的“新版”亚太战略的细节也极可能要等到 2017 年底亚太经合组织领导人峰会前后才能公诸于众。其二，由于选举期间并未得到共和党党内外交政策精英的支持，特朗普的外交团队极可能接纳更多

① Peter Andreas, “Yes, Trump Will Build His Border Wall. Most of It Is Already Built,” *The Washington Post*, Nov. 21, 2016, https://www.washingtonpost.com/news/monkey-cage/wp/2016/11/21/yes-trump-will-build-his-border-wall-most-of-it-is-already-built/?utm_term=.0a13b95cfbb4.

② Louis Nelson, “Trump: Criminals Will Be Deported First,” *Politico*, Nov. 13, 2016, http://www.politico.com/story/2016/11/donald-trump-immigrants-criminals-231293.

③ Zulekha Nathoo, “Trump Appears to Backtrack on Obamacare in 60 Minutes Interview,” *CBC News*, Nov. 12, 2016, http://www.cbc.ca/news/entertainment/trump-60-minutes-teaser-1.3848411.

④ William B. Quandt, “The Electoral Cycle and the Conduct of Foreign Policy,” *Political Science Quarterly*, Vol. 101, No. 5, 1986, pp. 825-837.

强烈反对奥巴马外交政策、持新保守主义立场的官员与政策专家，甚至是某些非主流派人士。这就意味着，特朗普政府不但会扭转奥巴马政府在中东地区的“廉价存在”，而且会强化在亚太地区的意识形态介入与军事战略部署。其三，在对国际事务缺乏了解、在个性上却易怒且易反戈一击的情况下，不排除特朗普会采取超出合理预期的超常举动，甚至是在突发事件的处理上表现出偏执倾向。这种不确定性至少将贯穿特朗普“学习周期”的始终。值得注意的是，特朗普不断熟悉国际事务的“学习周期”相对而言是可以被塑造的，进而完全可能引出相对延续共和党传统的外交战略；但仍至少存在两方面的变数：某些外交事务顾问可能利用特朗普在对外关系上的空白，误导其做出可能引发不可逆后果的外交动作；某些突发事件所引发的特朗普的极端反应可能导致其“学习周期”的提前终止。

第二，特朗普面临着较为脆弱的“一致政府”。特朗普作为共和党人当选总统且共和党仍然控制国会参众两院的多数席位，这种情况就构成了所谓的“一致政府”，这也是连续第四位美国总统首次当选后面对“一致政府”的状况。一般而言，“一致政府”下的府会关系有助于总统推进其内外议程，比较典型的近例即奥巴马在 2010 年推动完成了全民医改立法。但对于“反建制派”身份的特朗普而言，如何与国会共和党人保持合作，将是一个重要变数。其一，特朗普就任后的政策议程未必满足国会传统“建制派”共和党人的期待，比如特朗普在奥巴马医改、社会福利项目、移民政策、自由贸易、气候变化、与北约关系和美俄关系，以及美古关系等诸多议题上都与国会共和党人存在不同程度的分歧。① 这就意味着，特朗普与国会共和党人要么实现妥协，要么回到奥巴马绕开国会，采取总统行政令等方式单方面推进政策制定的老路上来。因此特朗普与国会的关系极可能重演卡特时代的“一致但不和谐”的尴尬局面。② 其二，特朗普的

① Aaron Blake, “6 Issues That Could Pit Donald Trump Against the GOP Congress,” *The Washington Post*, Nov. 10, 2016, https://www.washingtonpost.com/news/the-fix/wp/2016/11/10/6-issues-that-could-pit-donald-trump-vs-the-gop-congress/? utm_ term=.65f4f1df04c3.

② ［美］罗杰·H. 戴维森、沃尔特·J. 奥勒斯泽克、弗朗西斯·李、埃里克·希克勒：《美国国会：代议政治与议员行为》（第 14 版），刁大明译，北京：社会科学文献出版社，2016 年版，第 343—344 页。

“反建制派”标签虽然在竞选期间赢得了国会内部同为“反建制派”的“茶党”势力特别是国会众议院“自由连线”(Freedom Caucus)议员的呼应，但这些“财政保守主义”立法者可能会极力抵制特朗普号称耗资一万亿美元的基础设施建设计划，进而提高财政与债务危机再现的概率。其三，国会共和党人将在2018年中期选举中面临失去多数的巨大风险。在自1934年至今的21次中期选举中，总统所在党大都会在国会两院丢失席位，平均在众议院减少27个席位，在参议院减少3.8个席位。[①] 这一平均值所导致的席位变化足以抵消目前共和党分别在国会参众两院的46席和4席的多数地位。在参议院部分，33个换届席位中的23个为民主党人占据、两个席位为与民主党结盟的独立人士占据，且其中10个民主党席位来自特朗普获胜州，因而共和党的不确定性略小。[②] 相较而言，背负更大改选压力的国会众议院共和党人或将在未来两年极力推动得以使其席位最大化的政策议程，特别是在特朗普内外政策无法兑现承诺、丧失民意支持的情况下，国会共和党人更具备选举动机来与总统保持距离，甚至展开竞争。同时，在2018年中期选举中国会众议院有望翻盘、国会参议院压力陡增的预期下，民主党可能倾向于在国会内提出激进立法并将立法失败归结于共和党的阻碍，甚至反复采取冗长发言等极端方式阻碍特朗普和共和党的立法议程。这种国会民主党人的党争倾向，反而将加剧民众期待改变的两党政治极化与碎片化现象。

第三，特朗普的决策团队是封闭而内斗的决策核心圈。事实上，由于奥巴马缺乏华盛顿“圈内人”的经验，其核心决策团队基本上是其国会参议员任内或竞选期间的个人助手，这也决定了其决策核心圈团队的封闭性与同构性。[③] 相比之下，特朗普身边的决策核心圈多为其竞选过程中的得力助手与主要支持者。由于他竞选期间出现多次团队重组并接纳了多位“建制派”共和党人的加盟、背书，因而特朗普的决策核心圈不但具有封

---

① “Seats in Congress Gained/Lost by the President's Party in Mid – Term Elections,” *The America Presidency Project*, http://www.presidency.ucsb.edu/data/mid – term_ elections.php.

② Burgess Everett, “Reeling Democrats Confront Brutal 2018 Senate Map,” *Politico*, Nov. 17, 2016, http://www.politico.com/story/2016/11/senate – democrats – 2018 – midterms – 231516.

③ 刁大明:《决策核心圈与奥巴马外交》,《现代国际关系》2015年第5期，第23—32页。

闭性，而且也充斥着“内斗”氛围。[①] 从目前来看，这个决策核心圈至少由三部分人组成：以候任副总统迈克·彭斯（Mike Pence）、共和党全国委员会主席莱因斯·普里布斯（Reince Priebus）为代表的传统共和党“建制派”；以竞选团队首席执行官斯蒂芬·班农（Stephen Bannon）、竞选经理凯莉安妮·康威（Kellyanne Conway）为代表的激进保守派；以及以特朗普大女儿伊万卡·特朗普（Ivanka Trump）、大女婿贾里德·库什纳（Jared Kushner）为代表的家庭成员。

自开启政府交接程序以来，传统“建制派”与激进保守派之间呈现出愈发明显的对抗态势，这主要表现为特朗普任命普里布斯出任白宫办公室主任的同时，又为班农创设了总统首席战略师兼高级顾问这一职位，形成了未来白宫相互竞争的“双引擎”。同时，在未来政府内阁职位的安排上，两派的角力一定程度上导致了激进派人士领衔国家安全团队、温和重商派人士主导财政经贸领域的“对手内阁”。此外，在国务卿人选的问题上也延续了两派的分歧态势，传统派一度支持以罗姆尼为代表的主流共和党人选，而激进派则倾向于延请鲁迪·朱利安尼（Rudy Giuliani）、戴维·彼得雷乌斯（David Petraeus）等持有激进立场者出任国务卿这一要职，[②] 而埃克森美孚集团总裁兼首席执行官雷克斯·蒂勒森（Rex Tillerson）这一商业界人士的选择则是体现妥协的折中选择。这种在政府人事安排上的分歧极可能延续到特朗普未来的内外决策过程当中。值得注意的是，伊万卡、库什纳等特朗普的家庭成员在某些关键决策中始终扮演着至关重要的角色，甚至发挥了平衡传统派和激进派的协调作用。事实上，家庭成员的过多参与的确会引发包括家族企业利益与国家决策难以划清界限在内的一系列弊端，[③] 但这

① Kenneth P. Vogel, Nancy Cook, and Alex Isenstadt, “Trump Team Rivalries Spark Infighting,” *Politico*, Nov. 11, 2016, http://www.politico.com/story/2016/11/donald-trump-team-rivals-231277.

② Matthew Nussbaum, “Conway Unloads on Romney,” *Politico*, Nov. 27, 2016, http://www.politico.com/story/2016/11/conway-unloads-on-romney-231855.

③ Richard C. Paddock, Eric Lipton, Ellen Barry, Rod Nordland, Danny Hakim and Simon Romero, “Potential Conflicts Around the Globe for Trump, the Businessman President,” *The New York Times*, Nov. 26, 2016, http://www.nytimes.com/2016/11/26/us/politics/donald-trump-international-business.html?_r=0.

种情况同时也有可能提升特朗普政府决策的理性程度：家庭成员会顾及家族企业在特朗普卸任之后的商业利益，以及家庭成员个人未来的政治前景。

四、选举的余波：政党重组与社会运动

2016 年大选在美国政治发展中的地位或许只有在若干年后的历史回望中才能得以明辨。但可以肯定的是，本次大选不但加剧了美国两党政治的重组，而且也可能引发新一轮社会运动的浪潮。

2016 年大选开启了民主、共和两党政治新一轮重组与整合的漫长过程。蓝领中下层特别是其中的白人群体在本次选举中倒向了共和党，而且这种态势不仅限于总统选举层次，在国会选举等层次也有体现，如宾夕法尼亚、威斯康星两州的在任共和党籍国会参议员都在被预期不佳的情况下顺利连任。

引发蓝领中下层这一关键选民群体变动的原因复杂，但首要的因素是 20 世纪 90 年代以来民主党相对忽视工会群体的发展态势。一方面，民主党为了扩大选民基本盘，将更大的热情倾注于建构所谓“身份政治”，吸引规模扩展加快的女性、非洲裔等少数族裔、城市年轻人、同性恋者、环保主义者甚至是新移民群体。[①] 这种“马赛克化”的政党发展模式逐渐将中下层白人群体的利益表达置于边缘位置。“身份政治”倾向的最典型体现是在非洲裔与女性候选人之间展开的 2008 年民主党总统初选，以及奥巴马的历史性当选。长期以来，民主党政府的一系列政策虽然可以同步惠及白人蓝领中下层，但后者始终认为自己只是少数族裔或移民群体的搭便车者。特别是在金融危机以来蓝领中下层“被剥夺感”加剧的情况下，民主党逐渐失去了这部分关键的选民群体。另一方面，与“身份政治”的影响同等重要的是民主党的“硅谷化”，即民主党人开始得到高新科技产业的支持，并为后者的利益代言。根据统计，接受过大学教育的选民已逐步成

① Francis Fukuyama, “American Political Decay or Renewal? The Meaning of the 2016 Election,” *Foreign Affairs*, July/August 2016, pp. 58 – 68.

为民主党的中流砥柱，其占比从 1952 年的 12% 扩展到 2004 年的将近 60%，民主党阵营接受的来自信息技术产业的募款也逐年超过工会组织能够提供的水平。[①] 从盖茨到扎克伯格，从微软到谷歌，降低劳动力成本的高新科技产业至少在短期内无法代表蓝领劳工群体的诉求。

面对“身份政治”与“硅谷化”造成的失去蓝领中下层选民的困境，输掉 2016 年大选的民主党阵营正在面临重新定位的抉择。事实上，国会众议院民主党党团在选后重新选举领袖时，在任者南希·佩洛西（Nancy Pelosi）就遭遇了代表劳工利益的来自“锈蚀带”俄亥俄州的国会众议员蒂姆·瑞安（Tim Ryan）发起的挑战。[②] 而在 2017 年 2 月 23 日至 26 日举行的民主党全国委员会主席的选举中，国会众议员基思·埃利森（Keith Ellison）因得到了桑德斯等“反建制派”政治人物的背书而一度成为强有力的竞争者。埃利森不但是非洲裔，而且是美国国会首位穆斯林议员，同时他所在的明尼苏达州也属于“锈蚀带”的边缘地区。[③] 埃利森的出现，预示着民主党正在尝试在工会利益与少数族裔等群体的利益诉求之间寻求平衡，从而扭转该党在蓝领中下层及“锈蚀带”的不利趋势。但就像埃利森本人时常因极端言论而身陷争议一样，如何在全球化冲击下的获益与受损群体之间再度实现黏合，无疑是民主党未来需要应对的巨大考验。[④] 最终，虽然得到了希拉里等党内传统建制派阵营支持的奥巴马政府劳工部部长汤姆·佩雷兹（Tom Perez）当选民主党全国委员会新主席，但埃利森也很快

---

① Greg Ferenstein, “The Age of Optimists,” *The Ferenstein Wire*, Nov. 5, 2015, https://medium.com/the-ferenstein-wire/silicon-valley-s-political-endgame-summarized-1f395785f3c1#.gadgzdf1.

② James Hohmann, “Meet Tim Ryan, the Ohio Democrat Challenging Nancy Pelosi to Lead House Democrats,” *The Washington Post*, Nov. 29, 2016, https://www.washingtonpost.com/news/powerpost/wp/2016/11/29/meet-tim-ryan-the-ohio-democrat-challenging-nancy-pelosi-for-control-of-house-democrats/?utm_term=.0b38d7885ac1.

③ David A. Graham, “Keith Ellison and the Battle for the Democratic Party,” *The Atlantic*, Dec. 2, 2016, http://www.theatlantic.com/politics/archive/2016/12/keith-ellison-and-the-battle-for-the-soul-of-the-democratic-party/509336/.

④ Chris Cillizza, “Keith Ellison's Coronation As DNC Chair Is Over,” *The Washington Post*, Dec. 4, 2016, https://www.washingtonpost.com/news/the-fix/wp/2016/12/04/keith-ellisons-coronation-as-dnc-chair-hit-a-major-hurdle-this-week/?utm_term=.2cf4db09d48f.

就被任命为副主席，从而体现了民主党党内不同派别之间必须保持平衡，并将持续竞争的整体态势。

反观共和党，传统上被宗教与家庭价值观牵引的蓝领中下层在本次选举中固然认同了特朗普的“本土主义”，但特朗普执政亟需的党内整合势必要经历一个漫长的过程。一方面，特朗普的当选和他执政后的政策议程，需要巩固20世纪80年代里根时期构建的温和重商派、军事“鹰派”及宗教保守派等党内势力的联盟。另一方面，蓝领中下层群体的诉求能否与共和党党内各传统势力实现共处，将是特朗普时代共和党重组必须面对的重大挑战。最为外化而具体的现实问题是，一个由华尔街富翁、鹰派将军、极端保守派政党精英等组成的特朗普内阁，将如何有效地回应蓝领中下层在经济与社会层面上追求公平的诉求。

2016年大选酝酿着新一轮社会运动，突出表现为阶层与族裔意义上的抗争倾向。在本次大选过程中，政治精英层面的极化对峙态势逐步下沉到普通民众层面，进而可能激发继“茶党运动”“占领华尔街”运动之后更大规模的社会运动。首先，本次大选的过程与结果凸显了当今美国阶层、族裔等层面的尖锐矛盾。未来一旦特朗普政府无法有效地兑现承诺，求变的白人中下层完全可能掀起新一轮反抗精英层的社会运动。同时，由于特朗普在解决族裔矛盾与移民问题上并不积极的态度，不排除有可能不断涌现与“黑人的命也是命”类似的社会运动。其二，当前美国选民（2.19亿）结构已形成了“婴儿潮一代”（7490万）与“千禧一代”（7540万）并立的双核结构。[①] 相较而言，“千禧一代”受到金融危机及全球化的冲击更大，更渴望平等的机会与权利，更容易反对美国现行的政治经济体制，成为社会运动的持续主力。其三，互联网与社交媒体所实现的动员极大地促进了社会运动的兴起。特别是在特朗普通过“推特”等社交媒体实现以所谓“永续竞选”（permanent campaign）为特征的执政时，自下而上被煽动的民意也会以社会运动的方式向政治精英施压。

---

① Shanika Gunaratna, “Millennials Reach A U. S. Population Milestone,” *CBS News*, April 25, 2016, http://www.cbsnews.com/news/millennials-surpass-baby-boomers-us-census-data-largest-living-generation.

小结

2016 年大选与其说是一次竞选，不如说更像是一场社会运动，一场怀有变革与“反建制派”民怨情绪的白人蓝领中下层在社交媒体动员下实现的社会运动。“反建制派”候选人特朗普为共和党提供了吸引蓝领中下层这一关键选民群体的“本土主义”理念，进而成功地顺应了 2016 年大选的整体趋势。“建制派”候选人希拉里无论在政策立场还是个人特质上都已不适合本次选举的特定环境，最终因无力扭转民主党在蓝领中下层群体及“锈蚀带”地区的颓势而落败。

不可否认，特朗普及共和党的胜利，远非美国选民为当前内外困境寻求到的最佳解决方案，而是选民对传统精英提出的方案的彻底否定，以及对非传统精英方案的“赌性”期待。这就意味着，对特朗普而言，胜选只是迈出的第一步，能否兑现承诺、切实解决问题，才是接踵而至的更大考验。如果无法实现诺言，他要么很快被“建制派”精英同化，要么只能通过不断的极端动员来维持部分却足够的民意支持，实施社会运动般的执政。

可以预见，特朗普的当选预示着美国政党政治新一轮漫长重组的开始，也将美国再度抛入了以阶层与族裔意义上的抗争为主题的社会运动的多发期与易发期。但无论如何，特朗普极可能并非切实变革的起点，而是民怨情绪的下一个目标，美国政治进而也将步入充斥着冲突与不确定性的自我调整阶段。

第三节　“特朗普时代”的美国政治：延续、变化与走向[①]

“今天我们不仅仅是把权力从一个政府转交给另一个政府，或者从一个

① 本部分节选版发表于《美国问题研究》2017 年第 2 期，题目有改动，编入报告的版本为全文版。

政党转交给另一个政党，而是将权力从华府权贵的手中归还给人民。……真正重要的不是谁在执掌我们的政府，而是我们的政府是否‘民有’”。[①] 2017年1月20日，美国第45任总统唐纳德·特朗普在宣誓就职时承诺将确保民众成为所谓“国家主人”，并将变革的矛头直指华盛顿“建制派”。

于是，一场“民粹主义”色彩浓厚的政治革新似乎接踵而至。作为美国历史上首位政府经验与军旅生涯同时空白的白宫主人，特朗普被期待驾驭“反建制派”力量，涤荡华盛顿政治圈的分裂、僵化以及与民意的脱节，这些也构成了普通选民特别是蓝领中下层选民希冀特朗普兑现“让美国再次强大”竞选承诺的关键内容。但现实情况是，从前后两版的所谓“限入令”遭遇司法冻结，到旨在废除并替代“奥巴马医改”的共和党版本，即《美国医保法案》（*American Health Care Act*）引发党内分歧，再到“通俄门”调查的愈演愈烈、扑朔迷离……这一系列重大争议性事件都在强调一个不争的事实：新总统正在接受美国政治所蕴含的巨大惯性的塑造。而正是这种塑造，让特朗普很快意识到了美国总统在宪法框架与政治生态夹缝之中的局限性。

基于自2016年美国总统选举以来美国政治发展的初步观察，本部分尝试就“特朗普时代”即其执政以来的美国政治走向进行梳理，重点探讨作为美国政治重大背景的民意态势、特朗普影响下的政治生态及当前美国政治生态的基本主题。在延续与变革的对比之中，本部分尝试对特朗普时代美国政治的总体走向作出初步判断。

一、不变的环境：不满与极化民意的延续

众所周知，2016年美国总统选举是以美国民众对经济、社会事务及国际环境等多议题的不满甚至怨气作为关键民意背景的，进而也为迎合民怨宣泄的“反建制派”候选人特朗普的当选创造了条件。但不可否认，2016年大选虽然实现了不低的投票率（55.5%），但仍旧是一场“低质量”的总统选举。其一，两党提名的总统候选人均未享有多数民意支持。在选举

① “The Inaugural Address,” *The White House*, Jan 20, 2017, https://www.whitehouse.gov/inaugural – address.

日前夕，特朗普的满意度只维持在三成上下、不满意度可达六成，民主党候选人希拉里·克林顿的满意度也不足四成，不满意度达到五成以上。[①]在竞选期间围绕着两位候选人的争议性议题乃至丑闻也加剧了民众的厌恶情绪，而“两害相权取其轻”的大选显然无法为选民提供有效且优质的解决方案。其二，特朗普的当选是在“双不过半”的前提下实现的。在美国特有的初选制度和各州“胜者全得”的选举人团制度的交互影响下，特朗普在初选和大选的相应范围选民中均未得到简单半数以上的支持，甚至在大选期间还是以“选民票落后、选举人团票反超”的民意劣势当选的。[②]“双不过半”以及“两票倒置”的弱势状态直接约束着特朗普推进内外政策的政治空间。

正是由于总统选举的“低质量”，在特朗普政府上台之后，美国民意不但没有显现出积极调整迹象，反而发生了民怨累积与极化加剧同步恶化的态势。一方面，民意的悲观与不满持续加剧，毫无改观。根据皮尤研究中心在2017年5月公布的民调显示，美国民众对联邦政府的信任度已跌落至20%，即首次达到自1958年以来同主题民调的最低水平。具体而言，至少有22%的受访者对当前联邦政府的所作所为感到愤怒，55%深感失望。这两个指标的水平与2016年3月即大选初选期间（21%和57%）以及2015年10月即大选隐形初选期间（22%和57%）不存在统计差异。此外，对联邦政府感到愤怒者在民主、共和两党阵营中的比例分布差距不大，即24%和21%。[③]

在对联邦政府信任感缺失的同时，美国民众对国家方向也持续不满。如图4－1所示，选举之后特别是特朗普政府上台以来，民意虽然有所好转，但幅度仍旧微弱。这就意味着，特朗普新政府并未给普通民众对国家前景的期待注入“正能量”。又如图4－1所示，2009年即奥巴马上台后民

---

① “Donald Trump: Favorability Ratings,” *Polling Report*, http://www.pollingreport.com/trump_fav.htm；以及“Political Figures: Hillary Clinton,” *Polling Report*, http://www.pollingreport.com/hrc.htm。

② “United States Presidential Election, 2016”, *Wikipedia*, https://en.wikipedia.org/wiki/United_States_presidential_election.

③ “Public Trust in Government Remains Near Historic Lows as Partisan Attitudes Shift,” *Pew Research Center*, May 3, 2017, http://www.people-press.org/2017/05/03/public-trust-in-government-remains-near-historic-lows-as-partisan-attitudes-shift.

众的满意度与不满意度同步呈现出较为明显的积极变化，说明其时的奥巴马新政府为普通民众创造了新的期待。两次政府换届前后民众态度的不同变化，足以说明2016年选举不但没有实现2008年大选的民怨释放效果，反而酿成了民怨情绪的进一步积累。

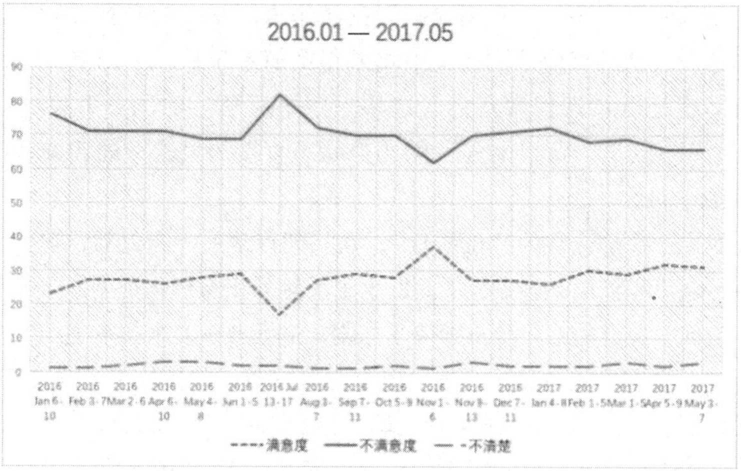

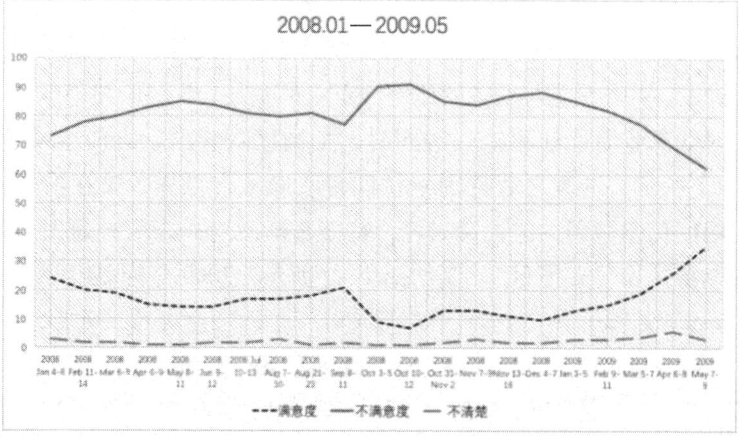

图4-1　2008年和2016年两次大选当年以及其后新政府上台前五个月美国民众对国家方向的满意度与不满意度走势的对比

资料来源：http：//www. gallup. com/poll/1669/general - mood - country. aspx。

民众对于国家首要议题的关注度偏好上的持续性，也可能体现出民怨情绪的堆积。根据美国有线电视新闻网在 2017 年 3 月初公布的民调显示，美国民众仍将经济与就业（26%）、医疗保险（20%）、国家安全（16%）视为国家需要急迫解决的首要关切，[①] 如此状况与 2016 年竞选期间别无二致。

另一方面，特朗普面临着极化的民调表现：总体满意度创历史新低，但共和党阵营却给予坚定支撑。根据盖洛普的每日追踪民调显示，特朗普以满意度与不满意度同为 45% 的相对低民调就任，其后满意度基本都不及不满意度，甚至在 3 月 26 日至 28 日的民调中出现了满意度为 35%、不满意度 59% 的最差民调表现。[②] 对比而言，奥巴马同期的满意度超过六成，不满意度最高也仅为三成。[③] 再从总统上任百日民调的历史比较观察，特朗普以 41% 的满意度刷新了 1953 年以来最低民调满意度总统的纪录：前 9 位总统无一在百日执政中民调跌至 50% 以下。可见，特朗普在总统政治意义上面对着一个历史上最低、最为负面的民意开局。[④]

就各类政策议题的分类表现而言，特朗普的民意支持也都差强人意。截止到 5 月初，特朗普在经济、外交、反恐、移民、医疗、税收、贸易等诸多议题上的不满意度均不同程度地超过了满意度。特别值得一提的是，特朗普自竞选以来持续保持的在经济议题上的满意度优势也正在逐步缩水：从 2017 年 2 月 2 日至 6 日的满意度 44%、不满意度 41%，到 5 月 4 日至 9 日时的数字转为 40% 比 52%，不满意度陡然上升。[⑤]

在总体民意满意度持续低位的情形下，特朗普在两党各自选民群体中

---

① "Problems and Priorities," *Polling Report*, http://www.pollingreport.com/prioriti.htm.

② "President Trump: Gallup Daily Tracking," *Polling Report*, http://www.pollingreport.com/djt_job1.htm.

③ "President Trump: Gallup Daily Tracking," *Polling Report*, http://www.pollingreport.com/djt_job1.htm；以及 "President Obama: Gallup Daily Tracking: 2009 – 2012," *Polling Report*, http://www.pollingreport.com/obama_job1a.htm。

④ "Presidential Job Approval Ratings Following the First 100 Days: Eisenhower – Trump," *The American Presidency Project*, http://www.presidency.ucsb.edu/data/100days_approval.php.

⑤ "President Trump and the Trump Administration," *Polling Report*, http://www.pollingreport.com/trump_ad.htm.

遭遇了分歧性极大的民意分布，特别是在共和党阵营中仍享有颇高支持率。具体而言，按照2017年5月12日至14日的相关民调显示，特朗普在全体受访者中的满意度与不满意度分别为43%和51%，这组数字在共和党、民主党选民中则分别变化为几乎“互为倒像”的79%和16%、15%和80%，而在独立选民群体中则为与全体受访者民调水平相当的39%和50%。[①]

表4－1　特朗普在三个争议议题上得到不同选民群体的支持率比较

议题	全体选民	民主党选民	共和党选民	独立选民
	支持率—不支持率（%）			
限入令	－5	－79	＋77	－6
共和党医改	－25	－73	＋37	－26
解雇科米	－14	－70	＋64	－15

资料来源：“Immigration/Border Security,” *Polling Report*, http：//www. pollingreport. com/immigration. htm；“Health Policy,” *Polling Report*, http：//www. pollingreport. com/health. htm；“President Trump and the Trump Administration,” *Polling Report*, http：//www. pollingreport. com/trump_ ad. htm。（上网时间：2017年5月11日）

即便在新政府上台以来涌现出的极具争议性议题上，特朗普也保持了总体较低但相对极化的民意窘况。如表4－1所示，如果拿“限入令”、共和党主导的《美国医保法案》以及5月9日解雇联邦调查局时任局长詹姆斯·科米（James Comey）等三个争议性事件中的民意支持率进行比较，特朗普显然在全部受访者、独立选民群体中都得到了总体负面评价，且在民主党群体中的负面评价更大，但共和党阵营明显在这些争议性议题上却给予特朗普颇为坚实的支持。

在本党支持的争议性议题上，为特朗普提供了坚持争议性立场或决定的有限动力。值得一提的是，特朗普自身已具备在争议性议题上聚集党内

① Steven Shepard, “Poll：Trump Approval Rating Hits New Low,” *Politico*, May 17, 2017, http：//www. politico. com/story/2017/05/17/trump – approval – rating – 238457.

支持的动员能力。根据“清晨咨询”（Morning Consult）和“政治论坛”联合进行的民调显示，共和党受访者在4月中旬时对解雇科米表示支持的比例仅为31%，但在5月9日至11日即特朗普正式做出解雇决定之后立即进行的民调却显示，共和党群体在该决定上的支持率迅速飙升为62%。[①]

同时，民调也得出结论，即当仍旧对特朗普持有高满意度的共和党选民群体面对特朗普与国会两院共和党（多数党）领导层出现分歧之时，还是会坚持对特朗普的更多支持。共和党受访者中有62%选择支持特朗普，只有34%会力挺国会共和党领导层。如此悬殊的民意分布在共和党内部不同人口统计学分类中基本得以维持，只有18岁至39岁的青年选民逆转：52%支持国会共和党、36%支持特朗普。[②]

即便在争议性议题或府会关系上足以握有党内优势，但特朗普在另外一些民调中却被认为正在缓慢地逐渐丢失共和党支持的潜在危机。根据5月14日至18日的民调显示，共和党受访者中对特朗普不满者的比例从一周前的16%增至23%。[③] 此外，特朗普在对其当选具有关键作用的白人选民群体中的满意度也有所下降。5月中旬的民调显示，特朗普在白人选民群体中的满意度与不满意度分别为48%和46%，4月中旬时的这组数字为53%和38%，而去年大选的出口民调显示特朗普在白人选民群体中斩获了62%的支持率。如果再具体到没有受过大学教育的白人选民群体中，特朗普在去年大选出口民调的支持率、4月中旬以及5月中旬的满意度分别为一路下滑的67%、57%以及47%。[④]

---

① Cameron Easley, "Partisanship A Strong Factor in Voters' Stance on Comey Firing," *Morning Consult*, May 11, 2017, https://morningconsult.com/2017/05/11/partisanship-strong-factor-voters-stance-comey-firing.

② "In Trump Era, What Partisans Want From Their Congressional Leaders," *Pew Research Center*, Feb 22, 2017, http://www.people-press.org/2017/02/22/in-trump-era-what-partisans-want-from-their-congressional-leaders.

③ Chris Kahn, "Approval of President Trump Drops to Lowest since Inauguration: Reuters/Ipsos Poll," *Reuters*, May 19, 2017, http://www.reuters.com/article/us-usa-trump-poll-idUSKCN18F2AH.

④ Tim Marcin, "How Popular is Trump? Latest Approval Rating Plummets as White Supporters Flee," *Newsweek*, May 11, 2017, http://www.newsweek.com/how-popular-trump-latest-approval-rating-white-supporters-flee-president-607478.

不可否认，在党争极化的大环境下，特朗普所面对的两党选民势如水火的两极评价固然司空见惯，但作为新总统，其在总体选民群体及独立选民群体中的低满意度或低支持率却颇为罕见。特别是在美国经济与就业形势至少在指标意义上持续向好（如 2017 年 5 月的失业率已降至 2007 年以来即十年间最低的 4.3%）[①] 的趋势下，美国民众仍对国家现状和特朗普政府表现出不同程度的不满情绪，无疑只能说是在延续去年大选期间不断累积的民怨情绪。总体负面而极化悬殊的民意分布，也决定了约束特朗普政府内外政策的最关键的延续性政治环境因素。

二、特朗普的应对：“推特治国”与“帝王式总统”

累积的民怨与极化的民意，提高了特朗普推进内外政策议程的难度。矛盾性的民意分布至少对特朗普政府造成了两个维度上的重要塑造。其一，为了抗衡民众的不满、确保政府与政策的稳定，特朗普存在极强的动机来强化针对共和党选民群体的动员，全力确保助力其胜选的基本盘支持得以延续。在该维度上，社交媒体的广泛运用为特朗普提供了最佳工具。其二，面对总体民意满意度低、共和党党内保持高支持度这一难以很快缓解的困境，特朗普逐渐倾向于采取单边主义路径推进政策议程，进而导致了所谓“帝王式总统”（Imperial Presidency）的差异化回归。

1. “推特治国”重构美国政治生态

如同小罗斯福通过广播进行的“炉边谈话”或者肯尼迪凭借电视展现的领导人魅力，能够代表特朗普或者“特朗普时代”的政治传播工具当然是推特等社交媒体，甚至特朗普频繁使用推特发表政治立场、预告政策决定的行为，也被戏称为是“推特治国”。[②] 虽然这种说法存在很大夸张成分，但信息传播技术的进步当然会深层次改变政治运行的基本逻辑。这种

---

① “Labor Force Statistics from the Current Population Survey,” *Bureau of Labor Statistics*, https://data.bls.gov/timeseries/LNS14000000.

② Neal Gabler, “Donald Trump, the Emperor of Social Media,” *Moyers & Company*, April 29, 2016, http://billmoyers.com/story/donald-trump-the-emperor-of-social-media/.

改变显然并非是特朗普造成的，却是由于特朗普的当选和广泛使用而成为了重构美国政治传播或动员结构的重要因素。

一般而言，佛蒙特州前州长霍华德·迪安（Howard Dean）在2004年总统大选民主党初选早期的意外领先被认为是互联网技术应用于选举政治的重大成功，也标志着美国政治的“网络化”与“数据化”。[①] 网络技术塑造的政治语境下，“永续动员”成为更易完成的任务，特别是决策在华盛顿政治圈受阻或总统本人作为“圈外人”而并不擅于与华盛顿“建制派”合作的情形下，网络动员的广泛性、针对性与及时性都为白宫提供了直接诉诸民意支持的重要渠道。极具代表性的例子，即奥巴马在执政八年中广泛运用网络技术实现的自下而上的政策动员，成功推动了包括“奥巴马医改”在内的众多议程。[②]

如果将美国首位“互联网总统”的头衔冠以奥巴马的话，特朗普无疑是首位所谓“社交媒体总统”，而美国政治也就步入了所谓“社交媒体”时代。推特、脸谱等社交媒体的普及虽然有赖于互联网技术，但因其轻而易举地实现双向度网络化动员已在竞选和政策过程中显现出不同于普通互联网技术的巨大能量。根据皮尤研究机构的民调显示，62%的美国成年人不同程度地凭借社交媒体获悉新闻，而这个数字在2012年时还是49%。[③] 换言之，社交媒体在“奥巴马时代”崭露头角，在“特朗普时代”已然大行其道。

一方面，推特等社交媒体所能实现的政治动员具有极强的“负面吸附力”，加剧政治极化态势。整体而言，社交媒体的传播方式表现为语句简

---

① Matthew Hindman, "The Real Lessons of Howard Dean: Reflections on the First Digital Campaign," *Perspectives on Politics*, Vol. 3, No. 1, March 2005, pp. 121 – 128.

② James A. Thurber, "Changing the Way Washington Works? President Obama's Battle with Lobbyists," *Presentation at Conference on The Early Obama Presidency Centre for the Study of Democracy*, Westminster University London, UK, May 14, 2010.

③ Jeffrey Gottfried and Elisa Shearer, "News Use Across Social Media Platforms 2016," *Pew Research Center*, May 26, 2016, http://www.journalism.org/2016/05/26/news – use – across – social – media – platforms – 2016/.

洁的“口号化”、明确立场的“激进化”以及宣泄情绪的“低俗化”。[①] 这三个特征决定了社交媒体具有颇为可观的“负面吸附力”，完全符合2016年民怨情绪表达的一般规律，也与特朗普的行事风格特别是在社交媒体上的言论取向高度吻合。换言之，特朗普通过在推特等社交媒体实现的动员最大程度上迎合并驾驭了2016年选举中的民怨情绪。因而，其上台后也正在继续采取相对简单、激进甚至粗暴的推特表达来巩固这一部分民众的支持。

与此同时，研究证明，包括社交媒体在内的网络传播事实上并未为选民提供广泛而公开的信息，反而加深了已有不同群体认同的固化，恶化了政治立场的极化。[②] 再具体而言，推特中的“转发”（retweet）行为明显具有强烈的极化分布，而“提及”（mention）行为则相对不具备明显差异。[③] 这就意味着，同一条具有特定政治立场的推文可能被反复地甚至几何级地转发，从而形成强化极化立场的效果；而“提及”行为构成的新推文则往往不会造成广泛极化的传播效果。推特等社交媒体在加深政治极化中所扮演的这种“传染性”角色，不但是特朗普竭力稳固共和党基本盘的有效途径，事实上也是反向导致特朗普陷入总体满意度低，但共和党选民满意度高的民意困境的重要原因之一。

另一方面，推特等社交媒体正在解构所谓“政治权威”，不断推动着“反建制派”浪潮。如果说2016年美国大选的主线之一即“建制派”与“反建制派”之间激烈的对决的话，社交媒体无疑为“反建制派”提供着强劲推动力。在传统媒体的语境下，媒体议程设置基本上是由专业精英或者所谓“建制派”决定的，民众个体本身在绝大多数情况下只充当受众角色。而在社交媒体的参与下，包括政治人物在内的个体都转化为消息源，甚至可以制造具有高舆论关注度的所谓“新闻”，并足以吸引传媒媒体报

---

① Brian L. Ott, “The Age of Twitter: Donald J. Trump and the Politics of Debasement,” *Critical Studies in Media Communication*, Vol. 34, Iss 1, Jan 2017, pp. 59 – 67.

② Sarita Yardi and Danah Boyd, “Dynamic Debates: An Analysis of Group Polarization Over Time on Twitter,” *Bulletin of Science, Technology and Society*, Vol. 30, No. 5, pp. 316 – 327.

③ M. D. Conover, J. Ratkiewicz, M. Francisco, B. Goncalves, A. Flammini, and F. Menczer, “Political Polarization on Twitter,” *Proceedings of the Fifth International AAAI Conference on Weblogs and Social Media*, 2011, https://www.aaai.org/ocs/index.php/ICWSM/ICWSM11/paper/viewFile/2847/3275.

道议程的跟进与政府政策议程的关注。[①] 这种逆向传播的新结构本质上导致了对“建制派”或“权威”的解构。

以个体消息源为核心的社交媒体传播不但助力了特朗普的当选，而且确保其在与主流媒体关系始终紧张的情况下，仍可以实现有效的社会动员。但不可否认的是，这种对包括传统主流媒体在内的权威发起的解构，也直接挑战着就任总统进而也成为“权威”的一部分的特朗普自身。根据相关研究针对 2016 年新闻消息源的统计显示，主流新闻网站的访问量有 48.7% 来自直接访问，来自社交媒体传播点击访问的只有 10.1%，而所谓的“假新闻”网站的直接访问量约为 30.5%，社交媒体的链接提供了 41.8% 的访问量。[②] 这种“假新闻”在社交媒体中蔓延的态势在选后并未缓解，至今仍在延续。这就意味着，社交媒体一定程度上造成了所谓的“后真相时代”，进而恶化了特朗普的个人形象及其当前所面对各种“门”丑闻的复杂程度与负面影响。

社交媒体给予个体参与者的重要角色，导致着“反建制派”政治人物乃至“反建制派”政治力量的不断涌现。随着特朗普以毫无政治经验的“圈外人”角色入主白宫，社交媒体带来的制造“网红”参选人的传播结构、锁定支持者群体的直接动员以及动员与募款（如通过社交网络技术实现的小额捐款）合并的双向路径，都为“政治圈外人”或者所谓“非主流政治人物”创造了获得足够政治资源的充分机会。事实上，这种帮助特朗普或伯尼·桑德斯崛起的政治传播结构在特朗普上台之后逐渐进入了常态化状态。在 2017 年 4 月到 6 月之间进行了关于多个国会众议院席位的补选中，多位“反建制派”参选人至少都战胜了相对具有丰富政治经验的党内竞争者：比如，佐治亚州国会众议院第 6 选区席位的民主党候选人乔恩·奥瑟夫（Jon Ossoff）就是一位只具有国会议员助手经历的纪录片制作人，但他战胜了身为该州前州参议员的党内对手；又如，在蒙大拿州国会众议

① Nic Newman, “The Rise of Social Media and Its Impact on Mainstream Journalism,” *Reuters Institute of the Study of Journalism*, 2009, http://reutersinstitute.politics.ox.ac.uk/publication/rise - social - media - and - its - impact - mainstream - journalism.

② Hunt Allcott and Matthew Gentzkow, “Social Media and Fake News in the 2016 Election,” *Journal of Economic Perspectives*, Vol. 31, No. 2, Spring 2017, pp. 211 - 236.

院单一席位补选的民主党初选中，歌手罗布·奎斯特（Rob Quist）也战胜了多位州议员。[①] 甚至在关于2018年中期选举的众多猜测中，畅销书作者J. D. 万斯（J. D. Vance）和广播谈话节目主持人劳拉·英格拉哈姆（Laura Ingraham）也被认为可能分别在俄亥俄州和弗吉尼亚州代表共和党参选国会参议员。[②] 如此“反建制派”持续挑战“建制派”的浪潮，完全是社交媒体推波助澜下不信任政治精英的民怨情绪的持续发酵，但其结果未必是民意不满的平复，而可能是因为“反建制派”无力有效兑现承诺而导致的民意不满的进一步升级。这种恶性循环部分地正发生在特朗普政府之中，也将直接妨碍某些关键政策的延续性。

可见，特朗普如今所谓的“推特治国”，本质上是在迎合性地延续使用社交媒体工具，从而实现强化共和党基本盘支持度的动员效果。但在实现针对性动员的同时，社交媒体在政治层面的广泛运用也为特朗普政府的公信力制造了众多新挑战，进而也加剧了“建制派”与“反建制派”的激烈冲突。这种冲突虽然正在制造某些不稳定性，但也在加速美国政治生态的自我更新。

2. “帝王式总统”凸显特朗普执政困境

所谓“帝王式总统”主要用来形容新政时代以来的现代美国总统制中总统权力有所上升的整体趋势。按照小阿瑟·施莱辛格（Arthur M. Schlesinger, Jr.）在其同名专著中的极简提炼，“帝王式总统”至少具有两个明确标志，即超越可控的制约以及超越联邦宪法的限制。[③]

---

① “Georgia's 6th Congressional District Special Election, 2017,” *Wikipedia*, https://en.wikipedia.org/wiki/Georgia%27s_6th_congressional_district_special_election,_2017；以及“Montana's At-Large Congressional District Special Election, 2017,” *Wikipedia*, https://en.wikipedia.org/wiki/Montana%27s_at-large_congressional_district_special_election,_2017。

② Max Greenwood, “Author of Hillbilly Elegy Encouraged to Run for Senate: Report,” *The Hill*, May 25, 2017, http://thehill.com/blogs/blog-briefing-room/news/335246-author-of-hillbilly-elegy-encouraged-to-run-for-senate-report; Igor Bobic, “Laura Ingraham Considering Run for Senate in Virginia,” *The Huffington Post*, Jan 17, 2017, http://www.huffingtonpost.com/entry/laura-ingraham-virginia-senate_us_587e1abee4b0d4cc08848390.

③ Arthur M. Schlesinger, Jr., *The Imperial Presidency*, Boston: Houghton Mifflin Company, 1973. p. x.

虽然总统及其行政分支权力扩大的趋势在“水门事件”以来有所减缓，甚至国会所代表的立法权力也同步复兴，但在21世纪以来先后陷入反恐泥潭和金融危机阴影的大背景下，总统权力再度回升。小布什时期的阿富汗战争和伊拉克战争无疑是总统权力在危机中占据主导的绝佳体现。而在奥巴马执政的八年中，“帝王式总统”也直接体现为，面对国会共和党的彻底抵制与某些议题急需解决方案的矛盾之时，奥巴马通过总统行政令（executive order）等方式，将政策暂时执行的所谓“单边主义”扩权。[①] 需要说明的是，奥巴马在八年任期中总共颁布了276项总统行政令，平均每年35项，该年均水平是格洛弗·克利夫兰（Grover Cleveland）第二个任期（1893—1897年）以来最低的。这也凸显了奥巴马的总统行政令更多聚焦在较为重要的政策议题，进而在政策影响意义上具有更高“含金量”。[②]

就其执政初期的作为判断，特朗普在很大程度上延续了奥巴马时代的所谓“帝王式总统”风格，但这种延续显著地存在着两个维度上的差异。其一，两者面对的民意基础不同。如前文提及的那样，特朗普所面对的是历史最低最负面的民意开局，民意前景也不乐观；而奥巴马上台之初享有的是满意度68%、不满意度12%的极高期待，即便是在八年执政之中也只有2011年下半年到2012年上半年和2013年底到2016年初两个时段经受了不满意度反超满意度的困难局面，但在这两个时段中奥巴马的不满意度也从未超过六成，满意度也基本维持在四成以上的水平。[③] 换言之，特朗普只拥有共和党基本盘的极化支持，而奥巴马享有的支持群体规模明显更为“光谱”。其二，两者在与国会合作上的态度不同。两人上台之初都面临着本党控制国会两院多数的“一致政府”状态，奥巴马选择更多与国会合作，在2010年中期选举中民主党失去国会众议院多数之后才转而推进

① Zachary Karabell, “How the GOP Made Obama One of America's Most Powerful Presidents,” *Politico*, April 14, 2006, http://www.politico.com/magazine/story/2016/04/barack-obama-gop-most-powerful-213814.

② “Executive Orders: Washington - Trump,” *The American Presidency Project*, http://www.presidency.ucsb.edu/data/orders.php.

③ “President Obama: Gallup Daily Tracking: 2009 - 2012,” *Polling Report*, http://www.pollingreport.com/obama_job1a.htm; 以及“President Obama: Gallup Daily Tracking,” *Polling Report*, http://www.pollingreport.com/obama_job1.htm。

“单边方式”，而特朗普则从上台伊始就依赖于总统行政令来实施核心政策。具体而言，奥巴马在上任第一年共发布了39项行政令，在百日执政期间公布了19项，其中内容除了解除联邦政府拨款支持干细胞研究禁令等具体政策之外大都为程序性或组织架构性安排[①]；反观特朗普，百日执政期间就已发布了31项行政令，截止到5月16日就公布了36项，其内容则包含如所谓“限入令”，推翻奥巴马政府气候能源政策等众多颇具争议性的重大政策调整。[②]

这两个维度上的差异决定着两位总统扩权所形成的“帝王”存在着明显区隔。对奥巴马而言，“帝王式总统”更多是在党争意义上的，旨在绕开共和党的抵制才设法延伸了行政权的“手臂”；而特朗普的“帝王式总统”处于一种自行其是的孤立状态：他更强调自身与整个政治体系的分立，希望白宫及其行政分支可以绕开包括共和党占据多数的国会在内的其他所有政治体系的制衡。其表现有三：其一，特朗普尽力通过总统行政令而非国会立法的方式来推进其在竞选期间承诺过的众多主要政策主张，但事实上其中很多政策因其重要性而应当通过国会立法实施；其二，特朗普在医改、税改等必须通过国会立法方式推动的政策议程上并未表现出足够的重视，至少没有就议题本身进行较为专业的了解与准备，而是将责任交由国会共和党领导层负责；其三，由于共和党民意对特朗普的充分支持以及特朗普通过社交媒体对这种民意支撑的反复强化，国会共和党不具备充分制约特朗普的民意基础与政治动力，进而也就让一位总体民调历史最低的总统获得了扩张行政权的空间。

相对孤立的“帝王式总统”还表现为特朗普在组建白宫乃至政府团队时将“忠诚度”视为唯一标准，进而形成白宫核心决策圈的做法。需要指

---

① “List of Executive Actions by Barack Obama,” *Wikipedia*, https://en.wikipedia.org/wiki/List_of_executive_actions_by_Barack_Obama；以及“List of Executive Actions by Donald Trump,” *Wikipedia*, https://en.wikipedia.org/wiki/List_of_executive_actions_by_Donald_Trump.

② “President Obama: Gallup Daily Tracking: 2009 – 2012,” *Polling Report*, http://www.pollingreport.com/obama_job1a.htm；以及“President Obama: Gallup Daily Tracking,” *Polling Report*, http://www.pollingreport.com/obama_job1.htm。

出的是，虽然关于特朗普核心决策圈的内部派系划分存在众多版本，但目前被了解到的这些核心决策参与者显然具有不同的政治经历，他们所代表的利益及所持有的政治观点相互竞争冲突但又维持着某种程度的均势。[①]这就意味着，特朗普的核心决策圈一定会保持对外封闭、对内各派争斗却相互平衡、在不同议题上轮流发挥主导话语权的微妙状态。

需要进一步分析的是，特朗普的这种“帝王式总统”虽然可以一定程度上超越国会制约，但并不能彻底主导所有政策议程，最为典型的例子即所谓“限入令”前后两本版本都被联邦司法系统冻结搁置。值得关注的是，特朗普已经敦促美国联邦最高法院接受审理这一争议性案件。[②] 在特朗普提名的保守派大法官人选尼尔·戈萨奇（Neil Gorsuch）就任并使得联邦最高法院内部政治氛围再次略微倾向于共和党一方时，如果联邦最高法院审理并做出支持“限入令”判决的话，特朗普的所谓“帝王式总统”将得到进一步扩权。而对“限入令”本身的司法制衡也充分展现了美国现行政治体制最为基本但最为重要的底线约束。

与此同时，特朗普的“帝王式总统”也正在经历国会即立法分支不同形式的塑造。最为典型的例子即所谓的“通俄门”系列调查。目前国会两院司法委员会、情报委员会都先后展开了听证调查。虽然两党在该议题上的诉求大相径庭，但至少可以肯定的是，双方不同程度地希望通过“通俄门”彻底调查斩断特朗普政府与俄罗斯缓和关系的可能性。这也是国会对特朗普必要且基本的制衡作用的关键体现。

特朗普目前相对孤立的“帝王式总统”状态，说明其仍旧难以融入美国政治体系，却因为握有共和党基层选民的足够支撑，而有恃无恐地采取了众多“单边方式”来推进重大甚至争议性政策。不过，总统行政令等“单边方式”显然无法有效而彻底地实现所有政策落实、兑现竞选承诺，这也就凸显了特朗普目前执政特别是政策制定上的难解困境。

---

① 刁大明：《特朗普政府对外决策的确定性与不确定性》，《外交评论》2017 年第 2 期，第 71—92 页。

② Adam Liptak，“Trump Administration Asks Supreme Court to Revive Travel Ban，” *The New York Times*，June 2，2017，https：//www. nytimes. com/2017/06/02/us/politics/trump - travel - ban - supreme - court. html？ _ r =0.

三、美国政治的当前主题："党内政治"与"周期更迭"

2016年大选并未宣泄的民怨情绪、社交媒体重塑的政治动员结构、特朗普政府"单边主义"的政策倾向，这些态势相互牵动、交错强化，推动着美国政治重心或主题的新变化。概括而言，当前美国政治主题，从短期而言是所谓的"党内政治"，而长期主题则是所谓的"周期更迭"。

1. 短期主题："党内政治"优先于"两党政治"

2016年大选特别是两党初选阶段，极化对峙的民主、共和两党各自内部也较为集中地爆发了不同政治理念或不同派别之间的冲突，比如共和党党内以特朗普为代表的"反建制派"崛起，或者民主党党内"新民主党人"希拉里与"进步主义民主党人"伯尼·桑德斯的激烈竞争。这种党内分歧并不仅仅是所谓"建制派"与"反建制派"的冲突，更是两党党内各派别在应对美国当前内外挑战时不同路线选择的冲突。值得注意的是，自1856年即如今的民主、共和两党正式介入总统政治以来，两党政治生态大多数情况下表现为"党内合—党间斗"（即党内团结合作，两党冲突斗争），在较少的状况下也表现为"党内斗—党间合"（即党内存在某种冲突斗争，两党之间存在一定合作空间），比如"南方民主党"现象。而2016年总统选举当中的两党政治生态却显现出所谓"党内斗—党间斗"的罕见组合，如此更为复杂的极化现象也可以被概括为是"碎片极化"的新特征。

"双斗"态势在"特朗普时代"显然得到了延续，但其主要矛盾或侧重点出现调整，即"党间斗"明显弱于"党内斗"。虽然如前文提及的那样，特朗普的当选并不是"高质量"的当选，但共和党的确自1928年以来再一次掌握了对白宫、国会两院多数、50个州州长多数以及可能决定联邦最高法院政治风向权力的全面控制。[①] 即便民主党在国会参议院尚且有

① Josh Zeitz, "What Happened the Last Time Republicans had A Majority This Huge?" *Politico*, Nov. 15, 2014, http://www.politico.com/magazine/story/2014/11/1928 - congress - last - time - republicans - had - a - majority - this - huge - 112913.

权通过“冗长发言”等方式对共和党的政策议程构成某种程度的搁置，但所谓“核选项”（nuclear option）的广泛使用正在极大地蚕食着这种防御性的制衡能力。进而，民主党人只有在批准条约等需要国会参议院⅔即“超级多数”通过时才能显现对白宫的影响力。正是由于当前两党政治权力的不对称性，两党之间的竞争性与制衡性暂时下降，两党各自党内的矛盾与整合上升为核心主题，即“党内政治”已优先于“两党政治”。

就民主党而言，2016 年总统选举的落败加速着党内权力重构。民主党正在经历寻找新路线与新的领导层的整合过程。前文提及的代表民主党角逐佐治亚州国会众议院第 6 选区席位的乔恩·奥瑟夫刚刚年满 30 岁，由他参与的这次选举也被认为将是民主党在“千禧一代”（millennials）群体中动员能力的“压力测试”，并可能成为“千禧一代”对特朗普内外政策表达不满甚至对其进行象征性“公投”的明确信号。[①] 奥瑟夫作为“圈外人”的意外崛起也得到了包括桑德斯、马萨诸塞州国会参议员伊丽莎白·沃伦（Elizabeth Warren）等颇受欢迎的民主党政治人物的支持，而这些人都属于民主党党内较为激进自由派的“进步主义民主党人”。因而，奥瑟夫的竞选前景可能成为观察民主党党内生态的“试金石”。而民主党的党内整合效果最早将在 2018 年中期选举的议题与路线规划乃至 2020 年大选中总统候选人的提名初选中得到印证。

就共和党而言，虽然整体上近乎于占据绝对优势，但并不意味着彻底控制了美国国家议程，反而是同样面对着党内整合的挑战。客观而言，特朗普只是以共和党候选人身份当选，其政策议程原本就需要与共和党主流派协调，又加之其“反建制派”标签也面临着与“建制派”互动的难度。从其执政初期的表现观察，共和党主流或“建制派”的确对特朗普进行着并实现了塑造。这不但表现为特朗普在外交事务上的实际选择较为快速地回归到了共和党传统轨道上来，也体现为特朗普在内政议程上的推进效果：即共和党主流派一贯支持的且特朗普接受的政策或议题往往较为顺利

① Doug Bock Clark, “Jon Ossoff's Race Is The First Real Battle Between Millennials and Trump,” *Mother Jones*, April 15, 2017, http://www.motherjones.com/politics/2017/04/jon-ossoff-race-first-real-battle-millennials-vs-trump-1.

地实现（如最高法院大法官的提名，或者去监管、推翻奥巴马能源政策等行政令）或正在推进之中（共和党版本的《美国医保法案》或税改立法），而特朗普个人极端色彩较为明显的，但共和党主流派并未全部接受的政策或议题（如“限入令”或者“边境筑墙”等）都陷入了被搁置甚至失败的状态。换言之，面对这位颇为孤立的“帝王式总统”，共和党主流派虽然无法实现对白宫决策过程的有效控制或沟通、实现“事前制约”，但至少正在通过针对白宫决策产出进行结果导向的“事后制约”。

“党内政治”作为优先主题的状态可能在2018年中期选举后被终止。基于中期选举中总统所在党往往会失去席位的经验判断以及过去三次国会众议院的“多数—少数”轮替均发生在中期选举的历史事实（即1994年共和党增加54席转为多数、2006年民主党增加32席转为多数、2010年共和党增加64席转为多数），民主党在2018年中期选举中存在较大可能增加足够席位（24席或以上），进而重新回到国会众议院多数地位。特别是在2016年大选中，23位共和党籍国会众议员所在选区的选民在总统选举层面上支持了希拉里，[①] 为民主党的翻盘提供了更大概率。一旦共和党在国会两院的多数地位被打破，民主党也就将获得足够制约特朗普政策推进的能力和空间。需要强调的是，“两党政治”或“党争政治”的回归，仅仅改变了“党内政治”作为优先主题的地位，但并不意味着两党各自党内长期整合过程的尘埃落定。

至少在2018年中期选举之前，“党内政治”的主题可以被视为是判断美国政治大方向特别是特朗普政府稳定性的“唯一标尺”。一方面，如果特朗普可以有效保持共和党阵营的民意支撑、保持国会两院共和党领导层等党内主流派或“建制派”的充分支持、避免出现党内支持的塌方式逆转，所谓“通俄门”等危机都基本上可以保持在可控范围之内，远远不会发酵到开启弹劾程序的地步。另一方面，只有确保共和党党内主流派或“建制派”对其政策议程的支持，特朗普才能彻底实现某些政策绩效，进

① Kyle Kondlk, “House 2018: Crossover Appeal,” *Sabato's Crystal Ball*, Feb 9, 2017, http: //www. centerforpolitics. org/crystalball/articles/house - 2018 - crossover - appeal/.（上网时间：2017年6月3日）

而兑现竞选承诺。特朗普作为共和党总统的承诺兑现或执政业绩，也将有助于拉抬共和党在国会中期选举中的选情。

2. 长期主题："周期更迭"下的政治重组

在整个 2016 年选举期间，关于美国"政治周期"的论断以及"政党重组""区域主义"等相关分析框架被反复提及，甚至被视为选前预判和选后分析大选结果以及美国未来政治走向的重要视角。[①]

就政党重组而言，出现这种情况的前提是导致政党基本选民盘重大变化的所谓"关键性选举"（critical election）。从 2016 年总统选举两党党内初选竞争甚至是金融危机以来两党在某些核心议题上的政策调整上观察，至少从 1960 年以来长期充当两党政治划界标准的所谓"社会议题"正在急速弱化，而"如何应对全球化挑战"这一"发展议题"开始占据核心地位。换言之，党争的核心议题正在加剧地经历从"国内议题"转为"应对国际趋势挑战"的所谓"外部化"。这里的"社会议题"基本上涵盖了与意识形态价值观相关的诸多所谓"文化"事务，比如同性婚姻、堕胎、性别平等，以及社会福利事务，等等。过去半个世纪以来，在这些议题上的迥异立场不但充当着区分民主、共和两党的鲜明标签，也是两党进行差异性选民动员的抓手，客观上还掩盖了两党党内在经贸、移民等"发展议题"上的隐形分歧。

产生这种议题"外部化"调整的原因复杂，其中最为突出者有二。其一，众多社会议题本质上具有代际属性，其争议性随着世代更替而弱化。最为典型的例子即美国公众对同性婚姻逐渐宽容的态度变化。2001 年时的民调显示，支持同性婚姻者在民主党、共和党以及独立选民群体中分别为 43%、21%以及 43%，而在 2016 年的民调中这三个数字分别提升为 70%、33%以及 61%。[②] 可见，围绕社会议题展开的所谓"文化战争"（culture

---

① 谢韬：《从大选看美国的历史周期、政党重组和区域主义》，《美国研究》2012 年第 4 期，第 30—45 页。

② "Changing Attitudes on Gay Marriage," *Pew Research Center*, May 12, 2016, http://www.pewforum.org/2016/05/12/changing-attitudes-on-gay-marriage/.

war）在烈度上持续下降。其二，金融危机以来的美国的确更多面临着全球化带来的自由贸易与移民流动等多重严峻挑战，而两党在这些重大民意关切议题上原本存在的“党内”和“党间”分歧被放大为主要矛盾，进而形成了全球主义者与本土主义者之间的所谓“边境战争”（border war）。①

“战争”主题转化的直接结果就是两党基本选民群体以及政策偏好的同步变化。民主党内部原本存在的“新民主党人”与“进步民主党人”在经济发展议题上的差距日益突出。民主党面对着在前者的不遗余力地发展经济的全球主义倾向和后者的保护本土劳工利益的本土主义倾向之间的重大抉择。2016 年总统选举民主党初选对于“新民主党人”的选择，进一步导致了蓝领中下层群体的分化甚至转投共和党。相关民调显示，在民主党受访者中对自由贸易协定的支持者与反对者分别为 56% 和 38%，而这组数字在共和党受访者中为 38% 和 53%。② 这就意味着，民主党正在呈现出拥抱全球主义的趋势，也就导致了其在新周期中彻底失去蓝领中下层群体选票的很大可能。特别是民主党在移民问题上坚持开放态度的前提下，蓝领中下层白人获奖者更为快速地倒向共和党。如果这一趋势得以延续，民主党的选民基础将在新的历史周期中转化为以上层受教育程度较高的白人、少数族裔以及城市人口组成的具有全球主义或多元主义倾向的群体。

蓝领中下层群体走向共和党的基本动力，其实是共同分享的传统价值观；但至少在 2016 年共和党特别是其总统候选人特朗普也提出了在经济议题上同样吸引蓝领中下层的“美国优先”“让美国再强大”等本土主义解决方案。如果这些经济政策理念得以完善并在特朗普任内获得收效，进而被共和党主流派彻底接纳的话，共和党就将不断将蓝领中下层特别是白人群体巩固为其重要基本盘。换言之，“特朗普时代”之后的共和党极可能将成为以蓝领中下层白人与南方以及农村地区保守派共处为选民基础的本

① Michael Lind, “This is What the Future of American Politics Looks Like,” *Politico*, May 22, 2016, http://www.politico.com/magazine/story/2016/05/2016-election-realignment-partisan-political-party-policy-democrats-republicans-politics-213909.

② “Views on Economy, Government Services, Trade,” *Pew Research Center*, March 31, 2016, http://www.people-press.org/2016/03/31/3-views-on-economy-government-services-trade/.

土主义政党。

需要强调的是，基于民主党由不同利益群体构成而共和党由不同理念驱动的大判断[①]，与民主党党内其他群体存在利益差异的蓝领中下层可能更易发生政党归属意义上的移动，而逐渐失去蓝领中下层的民主党也将更易整合其他群体的利益；但是相比而言共和党却更难很快在不同理念之间形成能够满足蓝领中下层群体诉求的政策方案与政治立场。这就意味着，因特朗普而回归的本土主义倾向虽然已再次成为了共和党未来的一个重要选项，但也同样是共和党党内不同理念或派别的攻击目标。换言之，这一轮政党重组可能会贯穿特朗普整个四年任期。

就区域主义而言，通常各区域各州在政党归属上具有一定的稳定性，但在新周期开启、政党重组出现时，政党区域分布通常也将相伴出现规模较大且周期较长的调整。比如 1960 年以来南方从民主党转向共和党的过程。2014 年中期选举之后，来自南方各州的所有民主党籍国会议员已无白人，进而南方各州彻底完成了这一轮共和党化。[②]

结合 2016 年选举以来的政治现实，美国当前正在同步经历着两个区域的整合。正如前文提及的那样，一个是被认为决定了 2016 年大选结果的所谓“锈蚀带”（Rust Belt）。该区域范围内的宾夕法尼亚（20 张选举人团票）、威斯康星（10 张选举人团票）以及密歇根（16 张选举人团票）三州正是在多个民调中被预测倾向于民主党，但最终却为特朗普锁定胜局的关键三州。这个区域原本是民主党占据某些相对优势的摇摆地带，但自金融危机以来逐渐在摇摆状态得以保持的前提下出现了倒向共和党的端倪。与 2008 年首次当选相比，奥巴马在 2012 年连任时不但丢掉了同为“锈蚀带”的印第安纳州，而且其胜出比例缩水幅度最大的五个州中除佛罗里达（31%）、内华达（53%）等传统摇摆州之外，就是威斯康星（49%）、宾

① Matt Grossmann and David A. Hopkins, *Asymmetric Politics: Ideological Republicans and Group Interest Democrats*, NY: Oxford University Press, 2016, p. 3.

② Jason Zengerle, “The Death of the Southern White Democrat Hurts African - Americans the Most,” *New Republic*, November 9, 2014, https://newrepublic.com/article/120212/john-barrows-2014-midterm-loss-end-white-southern-democrats.

夕法尼亚（52%）和密歇根（57%）这三个“锈蚀州”。[1] 因而，希拉里2016年在该区域的落败只是延续奥巴马任内民主党在“锈蚀带”逐渐失势的整体颓势。[2] 当然，催化“锈蚀带”变动的最大动力无疑是在该地区人口比例中占据举足轻重地位的蓝领中下层白人群体逐渐倒向共和党的选民变化。[3] 而由于共和党党内不同理念整合重构的难度与耗时持久，“锈蚀带”的变动也大概率地要经历一个漫长且方向不定的过程，在两党之间的摇摆或将成为强于某一党明确倾向的区域特征。

另一个是自21世纪以来就被认为最有可能引发下一轮重大重组的区域，即横贯南北的落基山区八州。这一区域在近年来的变化的确符合当前民主党党内整合的新趋势：以南部墨西哥移民涌入为主动力的少数族裔比例激增；该地区白人受教育程度的提升以及蓝领工人比例的骤降；西海岸高科技产业及人口的内迁；城市化进程的快速推进导致人口向城市地区的聚集，等等。[4] 也正是因为这些符合民主党受教育程度高的白人、少数族裔以及城市人口的新构成，该区域范围内的内华达、科罗拉多、新墨西哥乃至亚利桑那等州也已在不同程度上在总统选举层次成为关键摇摆州。[5] 不过，由于落基山区人口规模仍旧较小，其政治影响力无法与南方各州或“锈蚀带”相提并论，因而也只能作为可能引领未来某个周期变革的潜在积蓄因素来持续关注。

---

① 依据美国联邦选举委员会公布的2008年及2012年总统大选各候选人在各州得票数字记录计算而成。资料参见：“Federal Elections 2008：Election Results for the U. S. President，the U. S. Senate and the U. S. House of Representatives，” *Federal Election Commission*，July 2009，http：//www. fec. gov/pubrec/fe2008/federalelections2008. pdf；（上网时间：2017年6月7日）以及“2012 Election Results：Official Vote Totals by States，” *Federal Election Commission*，http：//www. fec. gov/pubrec/fe2012/tables2012. pdf。

② 刁大明：《2016年大选与美国政治的未来走向》，《美国研究》2016年第6期，第41—58页。

③ ［美］J. D. 万斯：《乡下人的悲歌》，刘晓同、庄逸抒译，南京：江苏凤凰文艺出版社，2017年版，第181—187页。

④ Ruy A. Teixeira，*America's New Swing Region：Changing Politics and Demographics in the Mountain West*，Washington D. C.：Brookings Institution Press，2012，pp. 1 – 10.

⑤ Sean Quinn，“The Mountain West：America's New Swing Region，” *Five Thirty Eight*，Dec 10，2008，http：//fivethirtyeight. com/features/mountain – west – americas – new – swing – region/.

概括而言，“政党重组”与“区域调整”的核心都是蓝领中下层尤其是其中白人群体的变动，只是前者是在政党归属意义上的，后者是因为该地区内的群体变动政党归属而导致了区域在政治倾向上的整体移动。这就意味着，民主、共和两党未来也将在与蓝领中下层白人群体密切相关的内外议题上进行重大的政策调整。

小结

2016年总统选举落幕以来，关于特朗普将为美国政治与内外政策带来的不确定性以及将给美国政治制度与生态带来的挑战，成为多方关切的热点话题。美国学术界也呈现出各种不同的声音。相对悲观的立场，如经济学家达龙·阿西莫格鲁（Daron Acemoglu）曾指出，“特朗普时代”的美国政治可能面对着一种持续的失衡状态。共和党多数主导的国会，由特朗普通过人事权施加极大影响的司法系统和行政官僚体系都无法有效实施制衡，传统媒体也将因被特朗普冠以所谓“假新闻”而遭遇公信力衰落。在这种权力制衡几近失灵的情况下，美国所谓“公民社会”的力量将逐渐扮演起对抗特朗普的“最后防线”角色。①

阿西莫格鲁的观点的确指出了美国政治未来发展的一个重要取向，即社会运动乃至社会抗争的持续加剧与爆发。具体而言，由于经济、移民等发展议题上升为主要矛盾，社会运动的主线也将以阶层和族裔为核心诉求展开。但必须看到，这种观点显然低估了美国政治本身的复杂性特别是参与政治过程的各要素内部以及之间的多元互动。正如弗朗西斯·福山（Francis Fukuyama）的回应那样，与特朗普立场相左的国会共和党主流派、坚持所谓“司法独立”且生态演变缓慢的司法体系、代表着不同利益诉求的内阁成员与专业行政系统，以及在联邦制框架下拥有强大自主性的各州

① Daron Acemoglu，“We Are the Last Defense Against Trump，” *Foreign Policy*，Jan 18，2017，http：//foreignpolicy. com/2017/01/18/we – are – the – last – defense – against – trump – institutions/.

都能够在某些议题上成为对特朗普实现有效制约的关键因素。① 站在福山的观点上，反观前文讨论的多个发展态势，事实上也在证明特朗普作为总统所带来的不确定性并不能影响到当前美国政治的总体走向。

表 4－2　不同设定情形下的美国政治发展态势

美国政治发展态势	特朗普政府（现实情况）	彭斯政府（虚拟：弹劾）	希拉里政府（虚拟：胜选）
民怨延续/极化分布	符合	符合（无法改变）	符合
社交媒体的塑造	符合	符合（加以运用）	符合（加以运用）
总统“单边行动”	符合	有所改变（作为共和党“建制派”，可能与国会实现更多合作）	符合（面对共和党国会两院，势必尽可能采取“单边行动”）
作为优先主题的“党内政治”	符合	符合（仍面对与党内“反建制派”的整合）	符合（仍面对与党内“进步主义民主党人”的整合）
周期更迭	符合	符合	符合（但新周期开启的节点可能会被后置到 2020 年总统选举）

换言之，美国政治的固有惯性正在超越特朗普所制造的不确定性。表 4－2 大胆地对比了在特朗普当政的现实情况以及两个虚拟但仍存在（或曾经存在过）某种可能发生的情况下，美国政治发展态势的延续与变动态势。比较而言，前文中提及的大部分态势并不会随着特朗普政府或者“特朗普时代”在虚拟中的改变而彻底改变。只有在“特朗普遭遇弹劾、副总统彭斯接任”的虚拟情形下，总统行政令等“单边行动”的可能性相对下降；而在“希拉里赢得 2016 年总统选举并上台”的虚拟情形下，由于美国国内政治经济背景不变，新历史周期更迭的节点可能会被相对后置到 2020 年选举。这就意味着，虽然在关注外交政策或战略调整意义上，特朗

① Francis Fukuyama, “Is American Democracy Strong Enough for Trump?” *Politico*, Jan 23, 2017, http://www.politico.com/magazine/story/2017/01/donald-trump-american-democracy-214683.

普的个人因素以及特朗政府的特征的确正在充当着重要变量，但如果着眼于美国政治发展的大趋势惯性而言，特朗普所引发的不确定性并未发挥关键变量的作用。

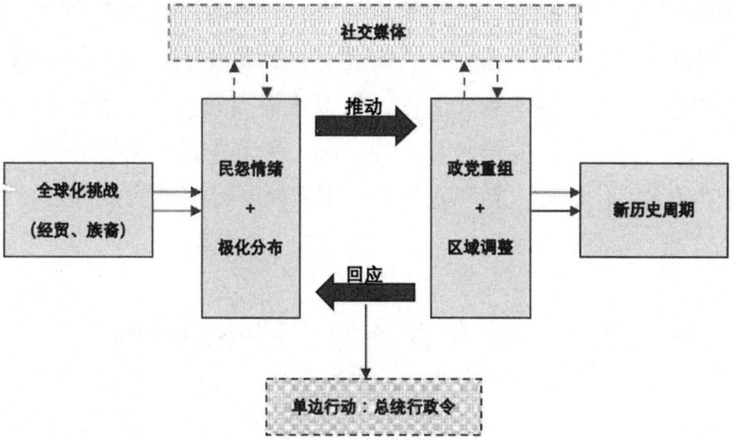

图4－2　当前美国政治生态结构

金融危机以来面对全球化下原本掩盖但如已日渐凸显的经济发展与族裔结构矛盾，持续积累着美国普通民众特别是蓝领中下层白人群体的民怨情绪。持续的民怨涤荡着传统政治精英体系，刺激着极端政治表达和“反建制派”政治人物的涌现。社交媒体等技术的崛起也在变动过程中扮演了“强催化剂”的作用。进入政治系统的“反建制派”政治人物或着面对着“反建制派”政治力量的传统政治人物，都面对着碎片极化加剧且难以妥协的政治生态，进而又更易选择扩权的“单边方式”来强推政策议程。以如此方式推进的政策显然难以高质量地回应民意甚至无法满足选举中反映出的民意诉求，进而无法抑制民怨情绪的肆虐。面对这种恶性循环，以选民结构重组与区域分布调整为特征的政党政治重构本质上是当前美国国家发展新矛盾和新挑战的必然后果和自然回应。

简言之，正如图4－2所示，美国政治当前经历的恰恰是全球化挑战下经济和族裔维度上的新问题，驱动政治层面以政党重组与区域调整等新周期特征作为新的及时回应的过程。在这个过程中，社交媒体营造了重要的变革氛围，而特朗普使用的“单边方式”只是绕开所有阻碍新周期变革的藩篱而采取了最为直接的回应挑战的方式而已。

或者说，以国家挑战为起点，以新历史周期开启为节点，构成了美国政治发展的新的历史片段。而特朗普的当选，所谓“特朗普现象”的出现以及“特朗普时代”的不确定性，都是这个特定政治生态发展阶段的组成部分与关键特征。从这个意义上讲，特朗普的当选当然存在偶然性，甚至他的个人特质也正在挑战美国政治的底线，但其中那些必要的时代趋势成分，显然是美国政治进入新一轮变革与重组时不可避免的代价。

第四节　2020 年大选与“后特朗普时代”①

2020 年大选是美国政治与政府的又一次重大洗牌，包括正副总统、全部 435 位国会众议员及 6 位没有投票权的代表、35 位国会参议员、11 个州及两个属地的州长以及多个城市与地方选任官员都进行了换届选举。面对 2016 年共和党候选人唐纳德·特朗普出乎意料的当选及其执政对美国自身与世界造成的破坏性影响，本次选举不仅如以往大选一样牵动着至少未来四年美国政治与内外政策，也将对美国的国家前景与国际角色具有关键意义。②

由于疫情及其连带出现的较多邮寄投票等原因，11 月 3 日投票日当晚并未确认结果，两党总统候选人一度势均力敌、选情胶着。直到 11 月 7 日即宾夕法尼亚州允许邮寄选票寄到截止日期（11 月 6 日）之后，美国多家主流媒体认定民主党总统候选人乔·拜登因赢得宾州的 20 张选举人团票而

① 本部分选版发表于《美国研究》2020 年第 6 期，题目有发动，编入报告的版本为全文版。

② Michael Hirsh，“The Most Important Election. Ever,” *Foreign Policy*, September 25, 2020, https://foreignpolicy.com/2020/09/25/2020-election-donald-trump-joe-biden/.

以至少279票（最多306票）锁定胜局。[①] 截止到11月16日计票预计完成97%之际，拜登与特朗普分别已获得约7886万（50.9%）和7322万（47.3%）的普选票。[②] 至此，两党各自获得的普选票规模都相比于2016年明显增长并创造了历史新高。[③] 12月7日晚，拜登正式发表胜选演讲，但特朗普阵营并未就此承认败选。[④] 与此同时，在尚未全部统计完成的情况下，民主党在国会众议院确定维持多数；共和党仍可能以微弱优势维持国会参议院多数；共和党在州长层次的控制也从26州微幅增至27州。

从选举初步结果观察，民主党在各层次竞选中的整体表现并不如预期，而特朗普及其共和党也未见显著劣势。造成如此差异有限结果的原因及其所表现出的政治态势值得深究。进一步讲，如果说2016年大选的结果是所谓“反建制派”针对所谓“建制派”的大获全胜，并将特朗普的当选解释为其“本土主义”议程在蓝领中下层白人群体中获得了关键支持，甚至将过去四年共和党的发展态势描述为所谓“特朗普化”的话，2020年大选的初步结果是否标志着2016年以来的某些趋势再次发生了重大变化？这又将对未来美国政治走向与决策生态带来怎样的影响？本文尝试以对2020年大选本身及其初步结果的分析作为切入点来回答这些问题。

一、2020年大选的结构与趋势

任何一次选举都具备一定的基本结构，并处于某种既定趋势之中。前者最为基本的要件即选民群体与两党参选人在各相关维度上的比较特质。

---

① Meg Wagner, Fernando Alfonso III, Melissa Macaya, Melissa Mahtani, Veronica Rocha, and Amanda Wills, “Joe Biden Elected President,” CNN, November 8, 2020, https://www.cnn.com/politics/live-news/trump-biden-election-results-11-07-20/h_1e0e91d050d44ff57754643e6d9008d2.

② “Presidential Election Results: Biden Wins,” *The New York Times*, https://www.nytimes.com/interactive/2020/11/03/us/elections/results-president.html.

③ 按照美国联邦选举委员会（Federal Election Commission）公布的数字，特朗普在2016年得到约6298万普选票（46.1%），而希拉里·克林顿则得到6585万张普选票（48.2%）。

④ Maeve Reston and Stephen Collinson, “President-Elect Joe Biden Seeks to Unite Nation with Victory Speech,” CNN, November 8, 2020, https://www.cnn.com/2020/11/07/politics/biden-victory-speech-2020-election/index.html.

后者则表现为一次选举所面对的重要议题以及选民在这些议题上较为固化的民意倾向。从选前情况看，这两个维度共同构成了2020年大选较为复杂的选情态势，但总体上对特朗普的连任选情并不有利。

第一，本次选举的选民构成继续快速变化。近年来，美国的人口结构加速呈现多元化与碎片化趋势。在族裔维度，非洲裔选民比例稳定（2000年为11.5%，2020年被预计基本与2016年相同的12.5%），拉美裔选民占比预计达到13.3%，高于2016年的11.9%。相应地，白人选民持续下降，从2000年的76.4%降至如今的66.7%。此外，非白人选民和海外出生选民也分别从2000年的24%和6%快速上升为33%和10%。

在代际维度，各年龄段群体更为平衡甚至碎片化。65岁以上群体被预计达到1970年以来最高水平的23%。“千禧一代”（24—39岁）与“婴儿潮一代”（56—74岁）、“X世代”（40—55岁）选民并驾齐驱，分别保持27%、28%以及25%；而“Z世代”（24岁以下）选民比例也从2016年的4%快速上升为10%，不但超越了“沉默一代”（74岁以上），而且其中45%为非白人选民。①

依据传统经验，非白人化与年轻化的选民结构总体上对民主党有利，65岁以上群体的稳定则在静态上有助于共和党选情。除了选民构成变化之外，某些群体的政党倾向变动也值得关注。最为典型的即女性选民在特朗普执政期间表现出对共和党的进一步疏远，仅能保持不足四成的支持。②

第二，本次大选存在着非开放式选举中在任者优势与选举人团制度扭曲之间的矛盾。由于在任总统特朗普谋求连任，本次大选属于非开放式选举，即现任一方具有所谓的“在任者优势”，可以通过行使总统权力推进政策、兑现承诺，从而提振选情。从历史上看，特朗普之前的44位美国总统中有27位谋求连任、10位连任失败，仅占比37%。该比例在一定程度上也佐证了在任者优势的存在，特朗普的在任者优势也不例外。当然，在

① Anthony Cilluffo and Richard Fry, “An Early Look at the 2020 Electorate,” Pew Research Center, January 30, 2019, https://www.pewsocialtrends.org/essay/an-early-look-at-the-2020-electorate/.

② 刘卫东：《试析2020年美国大选中的选民因素》，《美国研究》2020年第4期，第68—93页。

任者优势也意味着在任者可能面对突发事件乃至危机的挑战：如果应对得当，可有效强化优势、利好选情；如果应对失误，则会以责任承担者的身份遭遇对选情有不可小觑的拖累。

虽为在任者，但特朗普在2016年的当选是以普选票落后、选举人团票胜出的“胜者全得”特殊制度扭曲为前提的。[①] 没有赢得普选票而因制度扭曲赢得选举人团票的情况，在美国历史上已出现过五次。在特朗普之前的四次，除了1876年拉瑟福德·海斯（Rutherford Hayes）放弃连任之外，只有小布什连任成功。虽然历史经验尚不足以支持规律性判断，但2016年颇具“历史偶然性”的胜利毕竟很难复制，特朗普虽然具有在任者优势，也必须要面对民意支持“先天不足”的较大压力。

第三，特朗普政府在执政期间始终保持着极化下的“不过半”状态。以当选时并未获得普选票多数为起点，特朗普在过去四年中所采取的内外政策仅回应基本盘并未扩大选民支持，反而加剧了民意撕裂。这也直接导致其在任期间的民调表现持续处于较为稳定却低迷的水平：其全美满意度基本维持在35%到50%之间，不满意度则在45%到60%的区间内浮动。[②] 同时，特朗普上台之初在全美、共和党及民主党选民群体中的支持度分别为45%、88%及12%，而在11月初即选举投票日之前的这组数字为46%、94%及4%。[③] 虽然共和党选民增加了对其的支持，但特朗普在全美民调中始终处于“不过半”的少数状态，毫无改观。

如此稳定、低迷且“不过半”的民意表现导致特朗普更加难以超越选举人团制度扭曲下的“先天不足”。相比而言，小布什的连任成功恰恰是较为有效地利用了在任者优势，以反恐战争形成“聚旗效应”并扩展至少是稳定了民意支持。根据数据显示，2001年9月上旬，小布什在全美、共和党及民主党选民群体中的支持度分别为51%、87%及27%，但在9月14

① 虽然希拉里·克林顿领先特朗普约287万张普选票，但其在选举人团票上却以227比304落败。

② “President Trump Job Approval,” *Real Clear Politics*, https://www.realclearpolitics.com/epolls/other/president_trump_job_approval-6179.html.

③ “Presidential Job Approval Center,” *Gallup News*, https://news.gallup.com/interactives/185273/presidential-job-approval-center.aspx.

日至15日这组数字提升为86%、95%及78%，实现了高度的跨党拥护。随后的伊拉克战争、抓捕萨达姆等事件又先后提升了小布什在全美及两党选民的支持率。到2004年11月大选时，小布什不但在共和党内部提高了支持率（88%上升至92%），而且在全美民调中也得以保持其上台之初的过半水平（52%），弥补了首次当选时普选票不足的劣势。[①] 而特朗普却并不具备类似的全美民意成长，进而在连任竞选中并不占据明显优势。

第四，民主党阵营的正副总统候选人强调代表性，但也凸显民主党自身的转型问题。2020年总统大选的民主党初选从2018年底、2019年初就已开跑，很快云集了至少27位在族裔、代际、履历、性别乃至性取向等各维度上极具多元性的竞争者，最终至少有11位参选人进入了各州的正式初选角逐。从初选态势上看，时任印第安纳州南班德市市长彼得·布蒂吉格（Pete Buttigieg）和佛蒙特州国会参议员伯尼·桑德斯（Bernie Sanders）分别获得了艾奥瓦和新罕布什尔两场揭幕战的胜利。特别是在桑德斯赢得第三场初选州内华达之后，民主党初选呈现出桑德斯及其代表的激进力量极可能得势的走向，引发了党内传统建制派的极大忧虑。[②] 2020年2月29日，拜登凭借非洲裔群体支持在南卡罗来纳初选州胜出，从而成为被建制派认定足以阻击桑德斯及其力量的最有力人选。[③] 随后，包括布蒂吉格在内的多位建制派参选人纷纷退选并公开为拜登背书。民主党初选快速明朗化，并随着2020年4月初桑德斯退选而最终锁定了拜登的出线。值得注意的是，拜登的提名是自1970年总统候选人初选制度普及以来两党第二次出现同时在艾奥瓦和新罕布什尔两个揭幕战州败选但最终获得提名的情况，凸显了自2016年就已公开化的民主党内部派系分歧与冲突，也暴露出民主党主流建制派中的年轻世代仍不具备充分整合能力的短板。

---

① "Presidential Job Approval Center," *Gallup News*, https://news.gallup.com/interactives/185273/presidential-job-approval-center.aspx.

② Lisa Lerer and Reid J. Epstein, "Democratic Leaders Willing to Risk Party Damage to Stop Bernie Sanders," *The New York Times*, February 27, 2020, https://www.nytimes.com/2020/02/27/us/politics/democratic-superdelegates.html.

③ Jonathan Martin and Alexander Burns, "Winning South Carolina, Biden Makes Case Against Sanders: 'Win Big or Lose'," *The New York Times*, February 29, 2020, https://www.nytimes.com/2020/02/29/us/politics/joe-biden-south-carolina-primary.html.

很大程度上，拜登与加州国会参议员卡玛拉·哈里斯（Kamala Harris）都具有“任务型候选人”特质。就拜登而言，其白人身份、高龄、长期建制派精英、相对温和派立场等特质并不代表近年来民主党政治生态的发展方向。然而，其最终获得提名的原因是拜登被党内精英认为在有限人选中最有可能阻碍桑德斯及其力量的崛起，并最有可能击败特朗普，即完成党内与党争两个任务。也正是因此，拜登在大选中的吸引力与动员力自然存在一定隐忧。有民调显示，拜登支持者中的67%是出于对特朗普的反对，而特朗普支持者中只有24%是因为反对拜登、76%是支持特朗普，即拜登的所谓“逆向支持者”会否坚持投票具有不确定性。[①] 就哈里斯而言，其成为副总统人选也具有偶然性与任务性。在多次表态将提名女性副手的前提下，拜登面临着来自非洲裔群体要求其提名非洲裔人选的压力，特别是在2020年5月“弗洛伊德事件”引发全美范围反种族歧视抗争之后，哈里斯超越了明尼苏达州国会参议员艾米·克洛布察（Amy Klobuchar）等原本更具呼声的人选脱颖而出。而拜登提名哈里斯的动机显然是希望后者凭借非洲裔身份来完成更多提高非洲裔等少数族裔选民投票率的任务。[②] 从这个遴选逻辑看，哈里斯的出线虽然也具有类似2008年提名奥巴马一样的所谓“进步意义”，但也反映出民主党已然需要通过候选人的族裔身份才能巩固原本作为基本盘的非洲裔的尴尬。

第五，新冠肺炎疫情构成了本次选举极其特殊且关键的背景因素。突如其来的传染病疫情与美国大选选情叠加，在美国政治史上极为罕见。随着疫情在美国的持续肆虐，大选的选举议题、选民偏好以及竞选与投票方式等都遭遇了不同程度上的改变。

就选举议题而言，疫情已上升为选民关切的重要议题。按照选前民调显示，15%的美国民众将疫情作为最为重要的议题，但明显低于认为经济

---

① “Deep Divisions in Views of the Election Process – and Whether It Will Be Clear Who Won,” Pew Research Center, October 14, 2020, https://www.pewresearch.org/politics/2020/10/14/deep-divisions-in-views-of-the-election-process-and-whether-it-will-be-clear-who-won.

② Camille Busette, “A Fitting Legacy for George Floyd: Vice President Kamala Harris,” Brookings, November 7, 2020, https://www.brookings.edu/blog/how-we-rise/2020/11/07/a-fitting-legacy-for-george-floyd-vice-president-kamala-harris/.

议题最为关键的比例（29%）。[1] 同时，67%的美国民众在选前担心疫情，而担心经济前景者为85.7%。由此可见，美国民众整体对疫情本身虽然担忧，但更为担忧的还是疫情对美国经济的长期拖累。就具体两党区别看，特朗普与拜登的支持者都对经济表现出明显关切，分别为84%和66%关注经济议题，但在对疫情的关切度上却分别为24%和82%。[2] 如此明显差异足以说明两党在疫情防控上的极化对峙：民主党同步关注疫情与经济，但疫情在经济之前，即疫情更为紧急，认同如果疫情无法解决、经济也难以有效持续复苏的判断；共和党明显看重经济而非疫情，认同优先重启经济而轻视疫情防控。也正是由于两党对疫情的不同理解，特朗普在该议题上的满意度与不满意度才始终维持在其整体满意度与不满意度的范围之内，而其在经济与就业议题上甚至还可以整体上保持满意度略大于不满意度的积极民意表现。[3] 与共和党选民对特朗普防控疫情的满意度为82.9%相比，民主党和独立选民在该议题上对其满意的比例分别仅为6.3%和34.7%。[4] 而在特朗普自身确诊新冠肺炎之后，60%的美国民众认为其不应继续淡化疫情的危险性，其中共和、民主两党及独立人士持该态度者分别为28%、83%以及60%。[5] 这就意味着，疫情因素虽然并未对特朗普的基本盘造成重大的颠覆式影响，但仍在非共和党支持者群体中形成了对特朗普不利的

① “Problems and Priorities,” PollingReport, https://www.pollingreport.com/prioriti.htm.

② Amina Dunn, “Only 24% of Trump Supporters View the Coronavirus Outbreak as A ‘Very Import’ Voting Issue,” Pew Research Center, October 21, 2020, https://www.pewresearch.org/fact-tank/2020/10/21/only-24-of-trump-supporters-view-the-coronavirus-outbreak-as-a-very-important-voting-issue/.

③ “Public Approval of President Trump’s Handling of the Coronavirus,” *Real Clear Politics*, https://www.realclearpolitics.com/epolls/other/public_approval_of_president_trumps_handling_of_the_coronavirus-7088.html; 以及 “President Trump Job Approval - Economy,” *Real Clear Politics*, https://www.realclearpolitics.com/epolls/other/president_trump_job_approval_economy-6182.html.

④ Aaron Bycoffe, Christopher Groskopf and Dhrumil Mehta, “How Americans View the Coronavirus Crisis and Trump’s Response,” *Five Thirty Eight*, https://projects.fivethirtyeight.com/coronavirus-polls.

⑤ Eli Yokley, “Most Voters Say Trump is Wrong to Tell Americans Not to Be Afraid of COVID-19,” *Morning Consult*, October 6, 2020, https://morningconsult.com/form/reaction-poll-trump-covid/.

强调“同理心”的民意趋势。

就选民偏好而言，除了两党不同看法之外，某些特定群体由于对疫情影响更为敏感也将在政党偏好上呈现出某些变化。比较典型的即65岁以上的选民群体。由于相对年长的原因，这一在2016年大选中特朗普握有优势的群体更为关切疫情，因而也就对特朗普政府防控不利更易不满。按照选前民调显示，60%的65岁以上群体更为倾向于拜登，仍支持特朗普者仅为39%。[①] 如此大幅度的民意变化若发生在某些关键州的确可能产生对特朗普选情极为不利的致命影响。

就竞选与投票方式而言，疫情影响也诱发了较为特殊的联动效应。一方面，两党候选人由于对疫情态度差异而选择了迥异的竞选造势方式。特朗普方面继续举办线下较大规模的选民集会，导致了多地确诊数字上升。[②]拜登则较为谨慎，即便在选前冲刺的线下造势也尽可能保持社交距离。这种差异也是两人民调差距在选前最后时段被拉近的原因之一。另一方面，在疫情背景下，选民更易选择提前投票，而各州也修改规则，将允许邮寄投票的条件设定得更为宽松。根据初步预估，在本次选举中采取包括邮寄投票在内的提前投票选民可达1.019亿，显著超过了2016年的水平（4700万），而且提前投票的民主党选民也明显超过共和党选民。[③] 预估包括65%左右邮寄选票[④]在内的提前投票至少产生了三个维度的政治影响。其一，

① Ursula Perano, “Polls: Biden Leads Trump among Seniors by Double Digits,” *Axios*, October 6, 2020, https: //www. axios. com/biden – trump – seniors – polls – 2020 – elections – 9509aefc – 46db – 459b – beea – b6a724b17961. html.

② Erin Mansfield, Josh Salman and Dinah Voyles Pulver, “Trump's Campaign Made Stops Nationwide. Coronavirus Cases Surged in His Wake in at Least Five Places,” *USA Today*, October 24, 2020, https: //www. usatoday. com/story/news/investigations/2020/10/22/trumps – campaign – made – stops – nationwide – then – coronavirus – cases – surged/3679534001/.

③ Brittany Renee Mayes and Kate Rabinowitz, “The U. S. Hit 73% of 2016 Voting Before Election Day,” *The Washington Post*, October 20, 2020, https: //www. washingtonpost. com/graphics/2020/elections/early – voting – numbers – so – far/.

④ 按照佛罗里达大学迈克尔·麦克唐纳（Michael McDonald）教授主持的“美国选举项目”（U. S. Elections Project）的测算与估计，共有6549万选民采取了邮寄投票方式。参见：“Summary Statistics for Reporting States,” U. S. Elections Project, https: //electproject. github. io/Early – Vote – 2020G/index. html.

选民的参与度得到了更多动员，进而导致投票率的上升；其二，2020 年 9 月中旬以来的大量提前投票打乱了特朗普在选举最后阶段主动设置议程的节奏，削弱了其在任者优势；其三，邮寄投票在计票时间等技术层面上带来的新变化增加了选后争议发生的可能性。

二、对 2020 年大选结果的评析

目前看，2020 年大选将以民主党赢得总统并维持国会众议院多数，共和党维持至少并未彻底失去国会参议院控制权的“分治”结果落下帷幕。在总统选举层面，拜登基本赢回了希拉里·克林顿（Hillary Clinton）在 2016 年失去的宾夕法尼亚、密歇根以及威斯康星等中西部“铁锈带”三州，不但避免了重蹈当年希拉里·克林顿因失去三州而败选的覆辙，而且似乎帮助民主党重新修复了所谓“蓝墙”。与此同时，拜登还被预计分别自 1996 年和 1992 年以来首次作为民主党总统候选人赢得亚利桑那和佐治亚两州，从而扩展了民主党在南方政治版图的想象空间。但具体而言，如表 4 – 3 所示，拜登在中西部三州的翻转以及在南方两州的收获所基于的优势在互比和历史比较上都较为微弱。一方面，拜登在宾西法尼亚、密歇根、威斯康星三州的优势整体上与特朗普当年胜出的优势相比并未构成压倒性翻转，而且也无法与奥巴马两次选举所获得优势幅度相提并论。同时，基于三州自 2008 年以来持续表现出的民主党优势下降的趋势，拜登的胜出也由于优势幅度有限而无法证明民主党在该区域的颓势得到了明显遏制乃至逆转。另一方面，拜登在亚利桑那与佐治亚的优势也极为微弱，趋势性意义难言明确。从这个意义上讲，拜登的胜利特别是其在关键州的成功可能存在一定偶然性，并非 2008 年或 2016 年大选中某种“浪潮”趋势下相对稳定的结果。

与总统选举并未体现民主党的引领性优势相似，国会两院的选举结果也无法证明民主党的优势。在国会众议院选举中，虽然维持了多数地位，但在目前未完全计票完成的情况下，民主党可能还是要面对失去 10 个左右席位甚至更多的不佳结果。在国会参议院选举中，民主党虽然赢得了亚利

桑那和科罗拉多州的两个席位，但也同步输掉了亚拉巴马的一个席位。在不计入需要等待2021年1月5日“第二轮投票”才能最终决定的佐治亚州两个席位的情况下，民主党只净增长了一个席位。历史数据显示，自1932年到2016年的22次总统大选中，当选总统所在党在国会众、参两院分别平均增长14.1个席位和1.9个席位。以这一历史标准衡量的话，民主党在本次国会选举中的斩获显然并不理想。

表4-3　2020年总统选举政党归属变动州过去四次大选中胜者优势比例

各州	2008年	2012年	2016年	2020年
	奥巴马胜出比例	奥巴马胜出比例	特朗普胜出比例	拜登胜出比例
宾夕法尼亚	10.32%	5.38%	0.72%	0.96%
密歇根	16.44%	9.5%	0.23%	2.65%
威斯康星	13.91%	6.94%	0.77%	0.63%
各州	麦凯恩胜出比例	罗姆尼胜出比例	特朗普胜出比例	拜登胜出比例
亚利桑那	8.48%	9.03%	3.5%	0.3%
佐治亚	5.2%	7.82%	5.09%	0.29%

注：2020年各州数据为11月13日前后统计98%到99%不等的结果。虽并非最终数据，但也可显示趋势。

资料来源：“Election and Voting Information,” *Federal Election Commission*, https://www.fec.gov/introduction-campaign-finance/election-and-voting-information/.；“Presidential Election Results: Biden Wins,” *The New York Times*, https://www.nytimes.com/interactive/2020/11/03/us/elections/results-president.html。

2016年大选的结果令很多人意料之外，如果可以从政治周期、特朗普竞选定位以及希拉里作为候选人的自身欠缺等因素加以解释的话,[①] 本次选举中民主党胜出却表现不如预期、共和党惜败却未全败的结果或者可以理解为是在最为特殊的新冠肺炎疫情、两党候选人竞选策略以及美国政治发展态势等因素交互影响下的结果。

① 刁大明：《2016年大选与美国政治的未来走向》，《美国研究》2016年第6期，第41—58页。

第一，疫情因素在关键州对关键群体的影响拖累了特朗普的连任。前文提及了对疫情更为敏感的65岁以上选民群体在选前民调中的两党变化。从选后出口民调看，该群体的变化虽并不如选前民调反映的如此之巨，但仍具有一定影响。总体而言，特朗普2016年在该群体中7%的优势缩水为3%。同时，在宾西法尼亚、密歇根、威斯康星、亚利桑那、佐治亚五个翻盘州的优势缩水幅度分别为13%、12%、-5%、13%及23%。[①] 除威斯康星的不降反升需要进一步理清之外，65岁以上群体对特朗普的支持显然呈现出较大幅度的下降，可以理解为极为不利于特朗普在这些州的选情。

类似情况也发生在受疫情影响同样较大的未受过高等教育的蓝领白人群体当中。出口民调显示，特朗普在该群体中的得票优势从2016年的37%降至2020年的29%。具体到宾西法尼亚、密歇根、威斯康星、亚利桑那、佐治亚等五州，优势缩水分别为5%、11%、12%、8%及5%。[②] 这些数据对比也可以得出初步判断：关键州蓝领白人支持率的下降与特朗普在这些州无法胜出，最终导致连任失败存在密切关联。由此可见，疫情因素在2020年大选中给特朗普在2016年以“本土主义”议程对蓝领白人群体吸引的态势按下了“暂停键”，并与其他因素叠加起来，共同导致了特朗普的连任失败。

第二，特朗普从2016年延续的“消极竞选”面对2020年大选中的“反特朗普”趋势时难以奏效。如果是2008年大选的主题是“变革”，那么2016年大选的主题就是对于变革未到或仍无法实现真正变革的“不满”，而特朗普在个人定位和竞选策略上显然是迎合当时的不满情绪，从而实现了当选。换言之，特朗普竞选动员的定位是具有“反建制”倾向的消极定位，即利用选民对作为精英的对手的不满情绪来巩固并扩大自身的选民支持。也正是因此，特朗普在选举中更多吸引的是不满对方的逆向支

---

① “Exit Polls,” CNN Politics, November 23, 2016, https://www.cnn.com/election/2016/results/exit-polls；以及“Exit Polls,” CNN Politics, November 4, 2020, https://www.cnn.com/election/2020/exit-polls/president.

② Ibid. 此处同上引是指两个吗？

持者而非以政策阐述来吸引中间选民，而且其在执政期间继续推动较为极端的内外政策也并未吸引更多选民支持。原本由于社交媒体的存在以及特朗普对其的广泛应用，特朗普被认为仍可以在任总统身份保持所谓“反建制派”的政治定位，继续通过攻击精英来强化巩固不满的普通选民，从而维持优势乃至连任。

然而，在疫情背景下，“反建制派”被松动，“反特朗普”基调渐浓。虽然共和党选民整体上态度松动不大，但民主党选民以及中间选民的不满倾向不再是针对精英的，而是针对特朗普的。与2016年的特朗普相比，如今的拜登因为更易代表“同理心”而发生了角色转换、成为吸引大量反对特朗普选民的一方。在这种选举主题与生态的微妙变化之下，特朗普阵营也并未提出任何比2016年更具吸引力、动员力甚至是颠覆性的新口号与新议程，至多只是从“让美国再次伟大”转向“保持美国伟大”（Keep American Great）。其结果是特朗普的竞选即便可以稳住大部分基本盘，却无法防止其中某些关键群体因为疫情因素而产生致命松动，也无法实现选民盘的扩大。在2020年大选中，无法扩大选民盘的特朗普所面对的不再是四年前对自身信心不足、投票率下滑、未进行充分动员的民主党，而是因为共同反对特朗普而形成的包括民主党以及中间选民在内的更大规模的“反特朗普”联盟。从这个角度看，特朗普的个人定位与竞选策略的确在其自身成为“众矢之的”时就无法发挥理想的选举效果了。①

就具体竞选操作而言，特朗普也并未将自身的优势议题最大化。如前文提及的那样，特朗普基本保持了在经济与就业议题上的满意度，而且在疫情之前美国经济的整体表现已被认为是特朗普谋取连任的最大“政绩”。面对疫情，特朗普政府与国会在2020年3月份共同推动了涉及2.2万亿美元的《新冠援助、缓解以及经济安全法案》（*The Coronavirus Aid, Relief, and Economic Security Act*, *CARES Act*），得到了较好的民意反映。66%的美国民众认为该纾困立法如预期对小企业和中产阶级有利，认为对低收入群

① Alan Greenblatt, “Five Reasons Donald Trump Lost the Presidency,” *Governing*, November 9, 2020, https://www.governing.com/now/Five-Reasons-Donald-Trump-Lost-the-Presidency.html.

体有利者也有 64%。[①] 但后续由于党争分歧，特朗普政府并未再与国会就新的纾困立法达成一致。而在选前的 2020 年 10 月份民调显示，在佛罗里达、宾夕法尼亚、密歇根、北卡罗来纳、亚利桑那以及威斯康星等六个关键州中，62% 的民众认为共和党主导的国会参议院应该聚焦于推进纾困立法，只有 38% 支持参议院共和党推进联邦最高法院大法官的批准程序。[②] 62% 的水平已足以说明共和党支持者中也有持有希望推进纾困立法的一定声音。试想，面对共和党群体对经济更为关切、民主党对经济的关切度也不低的现实，特朗普如果更为配合并推动国会参议院在选前批准新的纾困立法的话，其在某些关键州的蓝领白人群体中的得票也不排除抵消疫情因素并得到一定改善的可能性，进而至少中西部三州的胜负就将更具悬念。

第三，作为“任务型候选人”的拜登在竞选中的各种表现完成了任务。虽然未必代表民主党的发展方向，甚至其胜出也难以为当前民主党在理念、阶层和族裔维度上的内在矛盾提供答案，但总统候选人拜登的确顺应了 2020 年大选所具有的结构与趋势，最终赢得了胜利。这些也是希拉里在四年前所不具备的。

其一，拜登提供或顺应了本次大选中应该传递给选民的重要信息。回顾 2016 年大选，希拉里似乎除了要“打破玻璃天花板”之外并未给普通选民足以满足其切实诉求的准确信息，给人感觉似乎她的当选是“应得的”，这也直接导致了其动员乏力的效果。[③] 相比而言，拜登阵营虽然也有很多竞选口号，但从选后复盘看其给出的信息是明确且具有针对性的，即团结与治愈、反对特朗普、修复美国。这些信息也许未必是拜登阵营主动设定的，而是疫情所决定的，但拜登的丰富经验与奥巴马政府的链接甚至

---

① Claire Williams, “Voters Believe CARES Funding Has Helped Small Business as Intended,” *Morning Consult*, June 24, 2020, https://morningconsult.com/2020/06/24/voters-believe-cares-funding-has-helped-small-businesses-as-intended/.

② Jacob Pramuk, “Voters Want Senate to Prioritize Coronavirus Relief over Supreme Court, New Poll Finds,” CNBC, October 20, 2020, https://www.cnbc.com/2020/10/20/voters-want-senate-to-choose-coronavirus-stimulus-over-supreme-court.html.

③ Richard Cohen, “The Real Reason Hillary Clinton Lost,” *The Washington Post*, May 8, 2017, https://www.washingtonpost.com/opinions/the-real-reason-hillary-clinton-lost/2017/05/08/d13c82fc-340f-11e7-b4ee-434b6d506b37_story.html.

是在四年前作为负面资产的建制派定位都顺应或强化了这些在今年足够动员选民的信息。[①]

其二，拜登与哈里斯的组合至少在本次选举中对民主党所需要的选民群体形成了具有一定针对性的动员效果。作为传统民主党人，出生在宾夕法尼亚的拜登显然比当年的希拉里·克林顿更易回应蓝领群体的诉求。2019 年 4 月，在拜登正式宣布参选后，作为最为活跃且最具影响力的工会组织之一的国际消防员联合会（IAFF）就率先公开表达了对拜登的力挺。[②]在基本确定胜出之后，美国工会组织普遍对拜登抱有极大期待。美国劳联—产联主席理查德·特拉姆卡（Richard Trumka）也公开发声，“拜登是我们蓝领的人……他将成为我们见过的最维护工人利益的总统。”[③] 与此同时，哈里斯的存在对于从 2020 年 5 月以来强势加入到选举议题的族裔诉求的回应效果还仍需观察。从选后出口民调看，拜登在非洲裔男性与女性选民的得票比例分别为 80% 和 91%，不但明显低于奥巴马，而且不及希拉里·科恩林顿的表现（82% 和 94%）。[④] 当然，虽然存在差距，也算是基本保持了稳定水平，而且难以想象如果不选择哈里斯会否导致更糟糕的结果。因而，这组数据目前看还很难全然否定哈里斯的作用，只能进一步说明当前民主党在巩固非洲裔选民方面存在着深层次的挑战。

其三，拜登的短板和负面信息在本次竞选中并未成为足以左右选情的争议话题。四年前的所谓“邮件门”几乎与希拉里的整个总统竞选如影随形，甚至在最后一刻还因联邦调查局重启调查而制造出不利于希拉里的“十月惊奇”。与此不同，拜登较为有效地实现了短板和负面消息的管控。

---

① Robert Ivie, “Joe Biden’s Message of Healing,” *Public Seminar*, September 2, 2020, https://publicseminar.org/essays/joe-bidens-message-of-healing/.

② “IAFF Endorses Joe Biden for President of the United States,” International Association of Fire Fighters, April 29, 2019, https://www.iaff.org/wp-content/uploads/Press_Releases/43349_Biden-Endorsement-FINAL.pdf.

③ Alex Seitz-Wald, “‘Joe’s A Blue-Collar Guy’: After Years of Declining Power, Union Leaders Look to Biden,” *NBC News*, November 15, 2020, https://www.nbcnews.com/politics/2020-election/joe-s-blue-collar-guy-after-years-declining-power-union-n1247819.

④ Mara Ostfeld and Michelle Garcia, “Black Men Shift Slightly towards Trump in Record Numbers, Polls Show,” *NBC News*, November 5, 2020, https://www.nbcnews.com/news/nbcblk/black-men-drifted-democrats-toward-trump-record-numbers-polls-show-n1246447.

一方面，由于高龄等原因，拜登在公开场合的确有过并不太理想的表现，并被对手阵营炒作。但由于疫情因素的限制，拜登的公开讲话相对较少，而且其在两场电视辩论中尤其是在特朗普表现失态的映衬下并没有明显失分。另一方面，与引发特朗普被弹劾的“电话门”有联系的拜登父子“丑闻”并未发酵为聚焦话题。原因一是该争议并不符合选举主线，并不能减弱对特朗普的不满或减弱拜登传达出的信号；原因二是民主党或自由派阵营也准备并发起了类似税收问题等针对特朗普的负面攻击，从而相互冲抵；原因三是主流媒体和社交媒体都在传播相关消息时保持了必要的克制与管控。

其四，本次选举的结果反映了美国政治中长期趋势与短期因素、区域与各州趋势之间的妥协与抵消。所谓长期趋势，即特朗普胜出的2016年大选被判断为将引发包括政党重组与区域变化的美国政治周期变化。① 在2020年大选中，在疫情作为短期因素的影响下，特朗普在中西部三州以及蓝领白人群体中不及2016年的表现，难以验证关于2016年及其开启新周期定位的判断。但与此同时，即便存在疫情因素，特朗普仍在全美以及包括中西部三州在内的关键州得票上保持了较高甚至仅仅小幅落败的水平，在一定程度上也说明2016年开启的长期趋势并未得到彻底否定，只是仍需未来在后疫情条件下的更多验证。从这个意义上讲，大选结果就可被理解为是在长期趋势与现实短期因素之间的一种妥协。

区域趋势在2020年大选中体现为两个方向：一是宾西法尼亚、密歇根、威斯康星中西部三州再次回调到民主党阵营，其未来方向如何要取决于上述长期趋势的未来走向。二是亚利桑那在总统和国会参议院选举意义上进一步倒向民主党。亚利桑那、科罗拉多、内华达以及新墨西哥西南部四州在20世纪90年代克林顿的两次总统选举中先后开始表现出民主党倾向，2008年奥巴马再次拿下科罗拉多、内华达、新墨西哥三州，民主党也

① 相关讨论如谢韬：《从大选看美国的历史周期、政党重组和区域主义》，《美国研究》2012年第4期，第30—45页；王浩：《结构重组与过程重塑：特朗普执政以来的美国政治》，《美国问题研究》2019年第1期，第170—188页；刁大明：《2020年美国大选的特殊性及其影响》，《现代国际关系》2020年第8期，第9—16页。

将对该三州的控制延续本次大选。该区域的变化被认为与选民结构的年轻化与拉美化趋势、城市化程度的加速以及加州在经济产业社会等多维度的辐射等因素明显关联。[①] 亚利桑那与其他三州也分享着共同的区域特点，只是因为选民规模最大而反应可能更为滞后，但最终在本次选举中发生政党归属变化应该说是符合该区域的整体趋势的。当然，西南部四州的趋势将对临近的得克萨斯造成怎么的塑造，还需要未来数次选举加以观察。

与亚利桑那的变化如约而至相比，民主党在佐治亚的表现所反映出的可能趋势更值得玩味。综合考虑，佐治亚在本次选举中的变化可以归结为人口结构的多元化（比如国外出生移民比例的激增）、民主党城市优势向近郊扩展、城郊白人选民对特朗普的不满以及民主党支持者通过邮寄投票等方式的更多参与等多维度原因。[②] 但本质上讲，佐治亚所提供的个案所体现的是所谓“增长南方”（Growth South）与所谓“停滞南方”（Stagnant South）之间产生的巨大张力。前者如佐治亚、弗吉尼亚、北卡罗来纳、南卡罗来纳、佛罗里达以及得克萨斯；后者则如密西西比、阿肯色、亚拉巴马等州。需要关注的是，其一，即便是“增长南方”，增长因素也只是推动民主党倾向的一个因素，仍旧面对着其他诸多逆向因素的抵消；其二，增长因素对某个州的影响可能未必是彻底的或者不可逆的。比如，在佐治亚州，即便本次总统选举对民主党有利，但在其 14 个国会众议院席位选举中民主党也只翻盘一席且仍处于少数地位，国会参议院选举也未必乐观，

---

① Ronald Brownstein，“How 2020 May Reconfigure Politics in the Southwest，” CNN Politics，October 13，2020，https：//www. cnn. com/2020/10/13/politics/southwest – swing – states – 2020/index. html；Manuel Pastor and Cristina Tzintzun Ramirez，“Turning the Southwest Blue with ‘Brown and Beautiful’ Millennials，” *The American Prospect*，April 30，2018，https：//prospect. org/infrastructure/turning – southwest – blue – brown – beautiful – millennials/；Stephen Nuno – Perez，“Latino Help Turn Southwest，West A Deeper Purple and Blue，” *NBC News*，November 20，2018，https：//www. nbcnews. com/news/latino/latinos – help – turn – southwest – west – deeper – purple – blue – n937556.

② Emma Green，“What Just Happened in Georgia，” *The Atlantic*，November 13，2020，https：//www. theatlantic. com/politics/archive/2020/11/biden – win – georgia – democrats – senate – runoff/617001/；Richard Fausset，“Georgia，Once Reliably Red，Is Suddenly A Battleground. What Happened?”，*The New York Times*，October 26，2020，https：//www. nytimes. com/2020/10/26/us/politics/georgia – battleground – state. html.

而其州层次选任官员仍全部为共和党人。这种政党固化控制会放缓增长因素所能发挥的催化作用；其三，“增长南方”与“停滞南方”的对峙可能长期存在，民主党只能通过“各个击破”而非“建筑蓝墙”的方式尝试扩展在南方的政治权力。

同为“增长南方”，佛罗里达州对特朗普的再次拥抱也等待进一步解释。在2020年大选中，特朗普在佛罗里达州的得票率有所成长，即高于2016年49.02%的51.2%。这也意味着，佛罗里达州也遭遇了1928年以来第三次（1960年和1992年）该州胜出者无法赢得白宫的风向标失灵。具体而言，虽然占比超过全美的65岁以上选民群体由于疫情因素减少了对特朗普的支持，但拉美裔对特朗普的支持率却从35%升至47%。事实上，在本次选举中，特朗普在全美范围内的拉美裔支持率也从2016年的28%增长为32%。[①] 某些拉美裔对特朗普及其共和党人的青睐一般被理解为与宗教价值观、经济阶层、对其故国政策（古巴裔）以及某些特殊心态有关。[②] 而就本次选举而言，佛罗里达的结果至少重申了两个问题：一是目前持续激增的拉美裔在身份政治意义上需要细分；二是“增长南方”所有赖于的所谓“增长”可能也未必全然有利于民主党。

三、拜登政府面临的政治局面

拜登的当选再次刷新了美国总统政治的多个历史纪录：当选所获得的普选票创造了美国总统选举的新高，以78岁高龄成为美国历史上当选并就任总统时的最年长者，同时也是美国历史卸任后经历其他政党总统任期后再当选美国总统的首位民主党人。[③] 而其自1972年进入国会参议院到2016

---

① “Exit Polls,” CNN Politics, November 23, 2016, https://www.cnn.com/election/2016/results/exit-polls；以及“Exit Polls,” CNN Politics, November 4, 2020, https://www.cnn.com/election/2020/exit-polls/president。

② 何晓跃：《“西裔特朗普选民”与美国2020年大选》，《国际展望》2019年第6期，第130—149页。

③ Joshua Bote, “Joe Biden is Only the Fifteen Vice President in History to Become President,” *USA Today*, November 7, 2020, https://www.usatoday.com/story/news/politics/elections/2020/11/07/biden-harris-win-2020-election-biden-15th-vp-ever-president/6204266002/.

年卸任副总统即在华盛顿政坛上的44年，应该说也是等待总统宝座的最长时间。但客观而言，拜登的当选才意味着其真正挑战的开始：背负着众多期待的拜登将要面临的执政局面显然是极度艰难的。

第一，拜登将面临着空前撕裂与激烈对峙的政治生态与舆论氛围。如果说拜登获得最多普选票而当选的话，特朗普就是获得了最多普选票的败选总统，进而拜登也就必须面对历史最大规模支持对手的选民群体。在疫情背景下，特朗普仍可以得到如此之多的选票，足见当前美国社会的撕裂之深与拜登将要面对局面之复杂。

更为严峻的是，特朗普并没有遵照选举政治传统选择接受败选的事实，而是坚持拒绝认输的拖延姿态，并希望通过司法起诉和动员支持者抗争等方式来挑战选举结果。这种拖延持续时间越长，无疑就将对拜登当选及其未来政府的合法性造成越大的损害。[①] 即便特朗普最终在联邦宪法框架下接受政党轮替，其支持者或保守派某些人还是会因为持有偏见而长期保持对拜登政府合法性的强烈质疑，并以反对拜登政府的政策议程为主要表现。选后民调显示，86%的特朗普支持者认为拜登并非“合法胜出者”。[②] 这些反对群体也极可能利用社交媒体来制造话题、影响舆论、最大化地阻碍拜登政府议程，这对于并不擅长使用社交媒体动员的拜登而言可谓挑战不小。

与此同时，即便接受败选，特朗普在未来政治舞台上的角色也将继续影响着拜登政府的施政。如果特朗普最终如外界猜测那样，以宣布参与2024年总统大选为由头变相接受2020年败选，特朗普就将继续以前总统与准候选人的身份继续造势，针对拜登政府的内外政策展开抨击，动用各种舆论动员方式阻碍拜登政府政策议程的正常推进。即便不宣布参与2024年大选，前总统特朗普仍可以通过具有约8890万关注者的推特等社交媒体

① Julie Pace and Steven Sloan, “Analysis: GOP Lets Doubts about Biden’s Legitimacy Flourish,” AP, November 11, 2020, https://apnews.com/article/republicans-let-doubt-flourish-joe-biden-d119d89aea5cad57237b88bf37199bc9.

② Molly Ball, “As Donald Trump Refuses to Concede, America Is Caught Between Crisis and Confusion,” *Time*, November 12, 2020, https://time.com/5910875/trump-concede-biden/.

动员保守派民众，从而发挥在外围牵制拜登政府的“批评者”作用。① 于是，届时可能出现的是一个已就任并推进正常履职的总统与一个已卸任却继续保持竞选状态的前总统之间的对峙。这种戏剧性场面也必将加剧美国政治与社会层面的高度撕裂。

第二，由于无法控制国会参议院，拜登难以避免上台后就陷入“跛脚”状况。虽然佐治亚州的两个国会参议院席位最终出人意料地都由民主党赢得，但拜登及其民主党人仍然只是在名义上占据国会参议院多数，并在名义上形成了所谓的“一致政府”。

第117届国会参议院以50席比50席形成两党僵局，与2001年小布什上台之初所面对的第107届国会参议院（2001—2003）的情况类似。作为以党派势力对比为主要逻辑的国会，在两党势均力敌时的权力分配可能会转向谋求平衡。因而，在第107届国会参议院中，虽然因可以投票打破僵局的副总统为共和党人，共和党仍为名义上的多数党，且各委员会主席由共和党议员担任，但院会程序需要两党协商确定，各委员会成员也由数量相同的两党议员分别出任。② 如果按照此惯例，第117届国会因为可以由民主党籍副总统哈里斯打破僵局，因而民主党仍为名义上的多数党，其议员也将出任各委员会主席，但各委员会成员则由两党议员等额出任，院会和委员会所有立法、批准等程序也都需要两党达成一致或者某一党某些议员支持另一党主张才能推进。③ 在如今党争极化加剧之下，拜登及其民主党人并不太容易在如此立法成本之高的国会生态下实现相关议程的胜利，甚至也将面临类似于“半跛脚”状况的所谓“一致政府”。届时，政治立场位于两党边缘的温和派势力，乔·曼臣（Joe Manchin）、吉尔斯滕·希

① Frederick Kempe, “Op – Ed: Trump Will Remain President – Elect Biden’s Greatest Obstacle Even After He Takes Office,” CNBC, November 14, 2020, https://www.cnbc.com/2020/11/14/op-ed-trump-will-remain-president-elect-bidens-greatest-obstacle-even-after-he-takes-office.html.

② Michael Barone, Richard E. Cohen and Grant Ujifusa, “The Almanac of American Politics 2002,” Washington D. C.: National Journal Group Inc., 2001, p. 43.

③ 第107届国会参议院很快就出现了温和派共和党议员吉姆·杰弗兹（Jim Jeffords）宣布为独立人士，并同意在投票中与民主党一致，进而导致民主党在2001年6月10日之后转为当届国会参议院多数。未来的第117届国会如果再次出现平局，也不排除会连带地出现类似倒戈的情况。

纳玛（Kyrsten Sinema）等民主党人能否与本党保持一致，或者苏珊·柯林斯（Susan Collins）、丽萨·穆考斯基（Lisa Murkowski）以及米特·罗姆尼（Mitt Romney）等共和党人会否跨党支持，都将是关键看点。当然，这也就意味着拜登在相关政策内容上也必须平衡共和党温和派无法接受，党内激进派却强烈要求的某些主张。[①]

第三，拜登也同样面对着来自党内不同派别整合的压力。如前文提及的那样，从选举结果看，拉美裔选民和非洲裔选民对拜登的支持并不如预期，而拜登在蓝领白人群体中得到的更多选票也存在疫情因素的短期助力，仍需要长期政策回应来实现稳固。同时，在大选期间，以桑德斯、亚历山德里亚·奥卡西奥—科茨（Alexandria Ocasio - Cortez）等为代表的民主党激进派力量虽然表示了对拜登的背书，但也同样反复提出了希望其当选后在社会福利、税收、新能源、气候变化等政策议题以及重要内阁官员人选上的所谓“回报”。[②] 面对国会参议院共和党人的压力，拜登又该如何在确保立法通过的前提下满足党内激进派的诉求，这需要极高的政治平衡力。此外，拜登在大选前后已显露出希望构建跨党妥协的团结政府的信号，甚至已开始与多位具有入阁潜在可能的共和党人选进行沟通。[③] 采取这种跨党大联合的方式也非常符合拜登在国会中长期任职所形成的妥协与共识的政治风格，颇有“总统首相化”的意味。但在两党极化加剧、府会冲突一促即发以及民主党内部派系分歧不断外化的今天，妥协与共识的传统是否还可以发挥作用，而非导致更为严重的民主党内外分歧与冲突，需要进一步观察。

① Mike DeBonis, “Biden's Agenda may Rest on Centrist Republicans—and the Return of A Bygone Senate Era,” *The Washington Post*, November 14, 2020, https://www.washingtonpost.com/powerpost/biden - senate - mcconnell - republicans/2020/11/13/52517962 - 2370 - 11eb - 952e - 0c475972cfc0_ story.html.

② Sydney Ember, “Progressives' Wish List for Biden Starts with Warren and Sanders,” *The New York Times*, November 11, 2020, https://www.nytimes.com/2020/11/11/us/politics/warren - sanders - biden - cabinet.html.

③ Megan Cassella and Alice Miranda Ollstein, “Biden Eyes GOP Candidates for Cabinet Slots,” *Politico*, October 20, 2020, https://www.politico.com/news/2020/10/20/biden - transition - republican - cabinet - 429972.

当然，如果拜登在执政前两年无法有效稳固各关键选民群体诉求，民主党就不得不面对在2022年中期选举进一步失去国会众议院多数的极大风险。这也将意味着，拜登本任期的后两年将面对来自共和党以及来自党内的更大压力，还极可能遭遇共和党政治议程的剧烈干扰。

第四，拜登面对着极为复杂的国内外环境，其兑现政策承诺的难度颇大。在当选之后，拜登延续了竞选议程、提供了四个方面的优先议题，即防控疫情、复苏经济、族裔平权以及应对气候变化。① 这些议题基本都聚焦于国内，也可判断出拜登更为关注内部事务，将施政重点放在提升美国自身的国家竞争力。需要指出的是，拜登上台后虽然会更为科学且严格地推动疫情防控，但仍需要27个共和党主导州以及众多共和党选民的配合。面对目前疫情分布已与人口分布高度重合的失控局面，难以想象拜登政府如何在仅仅拥有23个民主党主导州以及哥伦比亚特区的支持下实现有效防控。② 换言之，拜登的防控努力同样有深陷于党争极化现实之中的极大风险，未必能立竿见影。如果疫情无法快速缓解，经济复苏也就无法随之快速提上议程。为了确保经济复苏，税收改革等竞选承诺也完全有可能推迟兑现，进而不排除引发党内激进派的反弹。又加之国会参议院可能的杯葛，拜登政府在上台一段时间内如果无法在疫情和经济等议题上有所建树，就会引发共和党阵营、特朗普支持者等群体更为激烈的反对，陷入党争的恶性循环。

虽然聚焦于国内议题，拜登政府可能在对外政策上进行的调整仍被认为将具有重大影响。③ 即便拜登在选前表达了重塑美国领导力的意愿，其政策起点也一定还是要优先考虑国内诉求特别蓝领等关键群体的诉求。而其所要维持领导力的方式也是通过解决美国国内问题、提振美国国家竞争

---

① "Priorities," Biden－Harris Transition, https://buildbackbetter.com/priorities/.

② Dan Goldberg, Rachel Roubein, and Alice Miranda Ollstein, "Red State Governors Reject Biden on Mask Orders," *Politico*, November 13, 2020, https://www.politico.com/news/2020/11/13/republican－governors－reject－biden－mask－orders－436385.

③ "How A Biden Presidency could Change US Relations with the Rest of the World," Atlantic Council, November 13, 2020, https://www.atlanticcouncil.org/blogs/new－atlanticist/how－a－biden－presidency－could－change－us－relations－with－the－rest－of－the－world/.

力而实现的。这也意味着，拜登会做出一些回调，但也无法实现巨大资源投入，同时也不得不考虑国际社会特别是相关方已变化了的环境与立场。换言之，拜登政府未必会将美国对外政策调整彻底回到特朗普政府之前的某种状态，反而会部分延续特朗普政府开启的某些战略调整方向，从而更多是在所谓“奥巴马遗产”与“特朗普遗产”之间来努力谋求某种新的平衡点。

四、选后美国政治走向

如果2020年大选以特朗普连任落幕的话，这个结果就完全可以理解为是特朗普的胜利，或者是“特朗普化”的共和党的胜利。而如今，面对拜登胜选的结果，考虑到疫情因素的特殊影响，特朗普的连任失败或许也未必意味着“特朗普化”的共和党的彻底失败，而拜登的胜出可能也未必意味着四年前惨败的建制派已再次翻盘。无论如何，2020年大选引发了政党轮替，权力与地位转移后的两党必然要进入新的状态、面对新的挑战甚至新的转型。

对于共和党而言，特朗普的败选仅仅意味着共和党失去了总统职位，但并不意味着特朗普特别其代表的政治理念与议程彻底远离共和党。虽然现任马里兰州州长的拉里·霍根（Larry Hogan）和现任马萨诸塞州州长查理·贝克（Charlie Baker）等被认为始终在特朗普执政期间代表着共和党传统温和派的另一条路线，但在后特朗普时代的共和党也未必会是他们的机会。事实上，特朗普在2016年大选中胜出最为关键的原因是唤醒了仍勉强占据主导地位的白人群体的身份政治诉求，将政治叙述从阶层转换为族裔，将从“新政”时期就成为民主党基本盘的蓝领群体彻底拆解为蓝领白人群体与蓝领少数族裔群体，并在蓝领白人群体中扩展出了关键支持。特朗普开启的这种分化蓝领、巩固白人选民的议程在疫情因素下遭遇了一定阻力，但并非彻底遭遇否定，甚至还保证了特朗普在数量上如此可观的普选票水平。这就意味着，以身份政治为切入维度的“白人至上”倾向的动员或者说是所谓的“特朗普化”不但不会就此结束，而且将普选票做大的共和党因需要它在一定程度上仍会继续执行。

与“特朗普化”延续同步的是，共和党精英也将进一步改造或丰富特朗普为其开启的身份政治。在选后，曾在2016年参与过共和党总统初选竞争的佛罗里达州国会参议员马尔科·卢比奥（Marco Rubio）在接受媒体采访时呼吁，“共和党的未来要形成一个多族裔、多种族的劳工阶层联盟”。[①] 作为拉美裔共和党政治人物，卢比奥被广泛认为有助于共和党在拉美裔群体中扩展选票，而其这种关于共和党定位的表态似乎正在开始努力丰富特朗普留下的遗产。卢比奥提供的这种发展路径，即共和党不仅仅是代表着特朗普吸引到的蓝领白人，更可以扩展为所有在经济全球化趋势下受损的美国劳工群体，进而促使共和党呈现出类似于1896年威廉·詹宁斯·布莱恩（William Jennings Bryan）时代民主党的反商业利益的民粹化定位。[②] 不过，要丰富乃至改造“特朗普化”的这种“卢比奥路径”也必须要解决如何同时容纳白人群体与少数族裔群体的难题，而这个问题也是如今民主党人的噩梦。对未来共和党而言，“卢比奥路径”的最大效果可能只是进一步尽可能扩大拉美裔选民的选票，而原本的“特朗普化”还是会发挥稳固蓝领白人选民的最关键作用。

虽然“特朗普化”得以延续，但特朗普个人的继续政治存在则未必是共和党精英所希望看到的。正如前文讨论的那样，特朗普本人可能未必会快速告别政治舞台，甚至会继续通过操控舆论来发挥政治影响力。面对此状况，共和党政治精英将不会像过去四年那样对作为总统的特朗普保持基本支持，但由于其代表的选民群体仍举足轻重，所以还是会在与特朗普本人保持距离的同时继续接受其宣扬的某些理念。接受理念但不一定接受其本人作为政党领袖的做法，必然会激怒特朗普，特别是如果他参与2024年大选但并非锁定提名的情况下，特朗普以独立人士参选或者做出其他分裂共和党行为的可能性并不能排除。总体而言，共和党未来也将面对特朗普

---

① Alayna Treene, “Rubio Says the GOP Needs to Reset after 2020,” Axios, November 11, 2020, https://www.axios.com/rubio-gop-reset-trump-872340a7-4c75-4c2b-9261-9612c590ee14.html.

② Gary Miller and Norman Schofield, “The Transformation of the Republican and Democratic Party Coalitions in the U.S.,” *Perspective on Politics*, Vol. 6, No. 3, September 2008, pp. 433-450.

个人与“特朗普化”分离后如何平衡两者的新难题。

与共和党一定程度上延续“特朗普化”的明确方向相比，赢得总统选举的民主党却面对着仍然难有定论的路线磨合。可以预见，拜登与哈里斯组合在政治理念与族裔标签上都属于民主党的传统路线，即“新政”和民权运动以来的蓝领与非洲裔为主要基本盘的一贯路线，并不代表任何新路线，因而他们可能也无力有效整合民主党的未来方向。特别是在面临着共和党的“特朗普化”或者“卢比奥路径”的挑战时，民主党也面对如何在坚持自由主义国际秩序的同时在国内同步平衡蓝领与少数族裔选民群体及其诉求的严峻挑战。不同在于，民主党如果继续坚持“多元文化主义”并推进较为宽松的移民政策的话，其能实现的效果仍是巩固非洲裔、维持拉美裔但可能仍无法稳定住蓝领白人群体。

由此可见，虽然两党都希望利用经济全球化对美国某些关键群体的影响来实现关键且有效的动员，从而推进以阶层分野作为选民党派归属的主要逻辑，但其结果可能还是绕不开美国特有族裔关系背景下的身份政治作为两党划界的最重要主线，进而引发出一种具有“部落化”特征的党争局面。从这个角度出发，2016 年特朗普的当选仍有可能是一次关键性选举，只是其开启的是持续时间更长的“渐进式重组”，或者说是其掀开的是一个全新美国政治周期的漫长序幕。当然，这些判断仍需要在拜登时期得到进一步的检验。但等到最终确认之时，新周期或许早已到来。

小结

具有历史意义的 2020 年大选至少没有打破美国总统政治中的一个纪录。在特朗普当选之前的 24 年中连续出现了三位两任总统，历史上的相同情况只发生在 1801 年到 1825 年的杰斐逊、麦迪逊以及门罗先后执政时期。如果引入政党因素的话，19 世纪前 24 年中总统政治稳定的最重要解释当然是其时民主共和党（Democratic – Republican Party）的独大，而克林顿、小布什与奥巴马的 24 年却等距节奏地经历了三次政党轮替。换言之，三位总统都能够顺利连任，但又都无法在任期结束之时确保本党继续控制总统职位。由于事件较近且个案有限，这一现象的内在成因难以清晰归纳，但至少可被视为是美国20世纪90年代以来党争极化加剧的真实写照。

2016年总统大选的结果虽然并非寻常，但延续了其前24年的惯例。一位看尽党争的“圈外人”异军突起，终结了已持续八年的民主党政府，最大程度上利用并升级了党争极化，将之推向了“部落化”的新阶段。4年之后，一位立身于党争的“圈内人”抓住了最后的机会，否定了“圈外人”的某些极端做法，终结了其连任的努力，却并未扭转已然注定的极化与“部落化”。前者可以说是极化矛盾长期积蓄的一次高烈度爆发，而后者则是在某种程度上的回调与稳盘。

于是，从总统政治的历史发展视角观察，特朗普和拜登都更为可能属于节点式的阶段性过渡人物。而这对2020年大选的对手携手共同构成的这个历史片段在总统政治或政党政治上所形成的阶段性过渡，也恰恰是这个国家在多个维度上走到十字路口的又一表征。

第五节　美国政治的“特朗普化”及其影响①

2020年美国总统大选以一种极不寻常的方式落下帷幕：作为挑战者的民主党人乔·拜登胜出并得到联邦宪政程序的确认，在任总统唐纳德·特朗普却始终拒绝公开承认败选并在选后发起了不同形式的各类挑战。2021年1月6日即国会两院最终确认选举人团投票结果之际，特朗普煽动其支持者攻占国会大厦的暴力行为将这一系列癫狂之举推高到了极致，成为特朗普个人与共和党主流建制派精英进一步疏离的关键节点。1月13日，针对国会山事件，民主党人凭借国会众议院多数地位以所谓“煽动叛乱”为由通过了对特朗普的第二次弹劾起诉，其中10位共和党人选择支持弹劾本党总统。虽然比例仍有限（几乎是1/21），但其中包括国会众议院共和党党

① 本部分节选版发表于《探索与争鸣》2021年第2期，题目有改动，编入报告的版本为全文版。

团主席莉兹·切尼（Liz Cheney）以及与传统能源产业关系密切的资深议员弗雷德·厄普顿（Fred Upton）等代表性人物。

事实上，即便在最后时刻的突发事件给特朗普带来一定压力，甚至令特朗普失去了实现定点动员的社交媒体加持，但其在综合民调中的表现却仍未冲破过去四年执政中的总体表现区间，即其基本盘仍然巩固并未垮塌。[①] 也有民调显示，多数共和党人仍坚持特朗普不应该对国会山事件负责（56%），并认为特朗普在11月3日之后对选举结果的一系列行为都是适当的（65%）。[②] 客观而言，即便美国政治闹剧不断，但特朗普从2016年当选到随后执政中所代表并塑造了的权力结构与政治生态丝毫没有改变。过去四年，特朗普对美国政治各层面的“创制”乃至“扭曲”可谓“覆水难收”。不仅仅是共和党在“特朗普化”，整个美国政治也在如此，而且这一变化必将留给历史一道长长的残影。

一、对权力结构的塑造

作为掌握最高行政权力的美国总统，特朗普的特有风格与作为会被放大、构成某种既成事实，并强化或加速某些已初见端倪或积蓄已久的政治趋势。

第一，总统“行政令”“话语权”以及“小圈子”意义上的扩权。站在今天的时间点回望，总统权力总体上处于持续扩张的轨道。特别是在“9·11”事件与全球金融危机的背景下，被要求应对危机的总统自然需要相匹配的超然权力。为了穿过“党争的丛林”，奥巴马反复通过总统行政令等单边工具绕开立法机构，推动了无法实现妥协或等不及达成一致的重大议程，从而最大化地扩展了权力空间。这一态势在特朗普期间得以传承并登峰造极。虽然总统单边工具被较多使用的初衷是为了弥补党争极化下

① “President Trump Job Approval,” *RealClearPolitics*, https://www.realclearpolitics.com/epolls/other/president_trump_job_approval-6179.html.

② Zeeshan Aleem, “Poll: Most Republicans Believe Trump Bears No Responsibility for Capitol Attacks”, *Vox*, January 16, 2021, https://www.vox.com/2021/1/16/22234704/poll-republicans-trump-capitol-riot-blame.

无法通过立法推动政策的不足与短板，但特朗普政府行政令所涉及的政策要件本身的极端与激进程度难以令另一党或者精英舆论所接受，于是才有了所谓“行政令治国”的批评。这些极端化的行政令之所以得以出台并执行，源自党争极化加剧的纵容。而这些行政令本身也再度助推了极化的氛围与环境，进而又导致了总统扩权行为逐渐成为既定选项。

与此同时，特朗普通过社交媒体保有了很大程度上的“反建制派”色彩，维持了对基本盘选民长期且高强度的定点动员，为自身营造出华盛顿政治构架无法赋予、更无法限制的超级“话语权”。“身处华盛顿、反对华盛顿”，即通过反对实现领导力，首当其冲的是社交媒体等传播技术更迭快速发展的政治副产品，但也创制出了政治传播、动员乃至治理的全新样态。[①] 社交媒体所带来的击穿时间与空间阻隔的“话语权”让特朗普可以不受任何限制地将所谓“永续竞选”极致化，实现类似于“上帝视角”式的对基本盘的控制与操纵。值得比较的是，特朗普的“永续竞选”完全不同于克林顿、奥巴马等前任的类似实践。克林顿、奥巴马等人的动机是在华盛顿阻力巨大的情况下动员基层选民来最终推动某些具体政策，而特朗普的目标只是在反复强调自身的权力与适任性。[②] 也正是由于这种“话语权”，与特朗普分享着同构选民群体的共和党建制派精英不得不屈从于总统，进而助长了所谓的“特朗普化”。当然，物极必反，这种看似不可控的“话语权”也最终酿成了震惊世界的国会山事件，招致了社交媒体平台及其背后隐藏的互联网资本对特朗普不同程度上的抛弃。但即便在一个没有了特朗普发声的社交媒体世界当中，美国政治本身也将源源不断地成为主要讨论话题的提供方，而总统或是其他政治人物能否掌控其中的“话语权”，仍至关重要。

此外，虽然美国倚重总统“小圈子”决策的历史个案并不鲜见，比如

① Ashley Parker, “The Permanent Outsider,” *The Washington Post*, August 21, 2020, https: //www. washingtonpost. com/outlook/2020/08/21/trump - outsider - incumbent - campaign/?arc404 = true.

② Dave Levinthal, “Donald Trump Created A Permanent Presidential Campaign. Here's How,” *The Center for Public Integrity*, February 18, 2019, https: //publicintegrity. org/politics/donald - trump - president - campaign - money - fundraising/.

奥巴马时期的白宫也聚集并形成了以所谓“奥巴马族”（Obamian）等少壮派为主体的决策核心圈，但特朗普任期内大肆任用家族成员等身边人广泛参与决策的做法无疑给美国总统政治留下了颇有复辟感的负面先例。必须看到，虽然家人参政的情况或许具有一定偶然性，但面对着总统权力不可避免的扩张，总统更为依靠基于各类私人关系而编织出的内核圈子来实现决策的习惯性动作可能也已难以抗拒。

第二，国会宪政权力的党争工具化。面对特朗普的总统扩权与所谓“美国优先”的政策议程，民主党可谓用尽国会权力来尽可能实现阻碍与限制。特别是在2018年中期选举民主党掌握了国会众议院多数控制权之后，更是采取了最高级别的权力制衡。2019年12月到2020年2月，在所谓“通俄门”调查未果之后，以所谓“通话门”为契机，民主党主导国会众议院以“滥用职权”与“妨碍国会”为由通过了对特朗普的第一次弹劾，但共和党占据多数的国会参议院并未同意对总统定罪。2021年1月13日，民主党多数主导的国会众议院通过对特朗普的第二次弹劾，但又面对着在特朗普1月20日卸任之前无法开启国会参议院定罪程序的现实尴尬，以及由于民主党在国会参议院仍只是“名义多数”而难以实现以⅔投票支持的客观困难给其定罪。换言之，民主党发起的两次弹劾都可以说并非是以将特朗普免职并剥夺其相关资格为终极目标的，而完全是以党争为目标的。民主党的党争目标即尽可能最大化地削弱特朗普未来的政治影响力，并迫使国会两院共和党人在捍卫所谓宪政框架与维护本党总统之间做出未来可能被选民监视甚至被选民惩罚的艰难选择。

1998年12月到1999年2月，共和党人纽特·金里奇（Newt Gingrich）在国会众议院凭借多数优势对克林顿的弹劾在当时就被认为是一场充斥着党争色调的“政治追杀”。① 但必须看到的是，金里奇等人当年所面对的第105届及第106届国会参议院毕竟也是由共和党占据多数的。这与佩洛西所面对的本党占据少数的国会参议院即在理论上不存在确认弹劾罪名可能性的情况是有所区别的。或者说，民主党的这种做法从本质上就是彻底让

① McKay Coppins, “The Man Who Broke Politics,” *The Atlantic*, November 2018, https: //www. theatlantic. com/magazine/archive/2018/11/newt - gingrich - says - youre - welcome/570832/.

在宪政框架下具有“核选项”意义的弹劾程序失去了革除不适任者职位的应有作用，而是完全党争工具化。其做法显然不符合2016年民主党全国代表大会上时任第一夫人米歇尔·奥巴马（Michelle Obama）所说的“当他们堕落时，我们应走向更高处”的宣誓，而更像是一种以“堕落”对抗“堕落”的极端行为。也正是由于民主党针对特朗普而创制出的先例，未来任何时候，只要国会众议院多数党与总统分属两党，就都有可能出于党争目的发起对总统的弹劾，只为给总统贴上“被弹劾过”的历史性标签。事实上，在特朗普被第二次弹劾之后，共和党阵营中就已传出将竭力在2022年中期选举夺回国会众议院多数控制权并旋即弹劾拜登的呼声。[①] 弹劾权力的党争工具化滥用最终导致的是国会权力对总统真正制衡与牵制的彻底缺位，饮鸩止渴式地加剧着美国政治的失序与混乱。

当然，将宪政权力党争工具化的做法是特朗普白宫与民主党国会互构的必然结果。2018年12月22日到2019年1月25日，美国联邦政府发生了持续35天的停摆，刷新了历史纪录。其原因即作为总统的特朗普以停摆及其产生的民意压力为要挟试图迫使国会民主党人同意其关于边境墙项目的拨款要求。由此可见，基于国会特定财政立法程序和党争现实可能出现的政府关门与停摆危机，对于往届总统往往是避之不及，希望尽快与国会达成妥协以尽早结束的所谓“灾难”，而在特朗普这里却被使用为党争施压的利器。从以政府停摆作为党争筹码到弹劾层序的党争工具化，充分说明特朗普政府期间的党争已失去了以往认识中“政党政治对美国宪政框架的所谓润滑剂作用”，反而沦为了美国宪政框架保持基本秩序的腐蚀剂。

第三，联邦法院体系的进一步保守化。总统与国会权力变化的相对隐性以及影响的缓释，在特朗普任期内联邦最高法院体系保守派法官数量的增加，以及进一步更为显性保守化趋势。在过去四年，共和党始终保持国会参议院多数且将绕开“冗长发言”的所谓“核选项”用于最高法院大法官批准程序的规则改变等条件下，特朗普成功提名并推动就位了至少260

① Tierra Hayes, “Biden Impeachment Articles Planned by Rep. Marjorie Taylor Greene,” *The Chattanooga Times Free Press*, January 14, 2021, https://www.timesfreepress.com/news/local/story/2021/jan/14/biden-impeachment-articles-planned-rep-marjor/539717/.

位联邦司法系统的大法官。其中包括3位联邦最高法院大法官、54位联邦上诉巡回法院法官、174位联邦地区法院法官以及多位索赔、国际贸易、税收、军事与退伍军人事务等专门联邦法院的法官。对比历史而言，特朗普对于联邦司法体系的补充程度基本上高于老布什、卡特两位一任总统，且并不明显逊色于里根、克林顿、小布什以及奥巴马等近期的两任总统。①当然，特朗普对联邦法院体系最为关键的影响还是在于其提名并就位了3位联邦最高法院大法官。这不但是胡佛以来一任总统提名最高法院大法官数量的最高纪录，而且将现任罗伯茨法院被认为分属自由与保守阵营的大法官数量设定为3∶6的失衡态势。考虑到现任不同倾向大法官的年龄构成，未来4年即下次可能出现新变数或延续某些影响因素的总统大选之前，罗伯茨法院将不可避免地维持保守派占据绝对上风的态势。而这个保守派占据压倒性优势的最高法院在未来4年时间中足够在某些重大议题上做出影响深远的历史性判决，进而也就构成了特朗普4年执政最为重大的显性遗产。

二、对政治生态的塑造

2016年特朗普的现象级崛起并作为共和党候选人当选总统的现实，开启了共和党的“特朗普化”，相应地互为倒像地牵动着民主党的政党生态。这些尚未确定方向以及最终效果的改变也一度被初步预估可能引发美国政治新周期的到来。②

第一，唤起了属于白人的“身份政治”。相比而言，白人群体长期以来是共和党的主要选民来源，共和党政治人物以往则时常以所谓“狗哨”等方式在“政治正确”的限定下以具有“白人至上”色彩的议程回应保守

① John Gramlich, “How Trump Compares With Other Recent Presidents in Appointing Federal Judges,” *Pew Research Center*, January 13, 2021, https://www.pewresearch.org/fact-tank/2021/01/13/how-trump-compares-with-other-recent-presidents-in-appointing-federal-judges/.

② 谢韬：《从大选看美国的历史周期、政党重组和区域主义》，《美国研究》2012年第4期，第30—45页；以及王浩：《结构重组与过程重塑：特朗普执政以来的美国政治》，《美国问题研究》2019年第1期，第170—188页。

立场的白人群体。而特朗普的崛起彻底改变了共和党相对有所顾忌的种族叙事，完全以“本土主义”的议程拥抱了“白人至上”的立场，不但有效巩固了传统保守派白人选民，而且也进一步吸引了在经济全球化背景下更为受累的作为非流动因素的中下层白人群体。这种回应本质上是唤醒了属于白人群体的“身份认同”。从美国的人口与经济结构出发，处于少数或弱势地位的群体往往更为强调“认同”与“身份政治”。而面对着在未来数10年内即将丢失多数地位的白人群体无疑也存在着关于“美国到底是谁的美国”的认同隐忧，特朗普在2016年以所谓“让美国再强大”等“本土主义”表述则彻底点燃了这种隐忧，充分动员了白人的“身份政治”。与此同时，正是由于“特朗普化”的共和党对“白人至上”的彻底接受，民主党人的“多元文化主义”倾向及其代表的少数族裔的“身份认同”也在相互激发中更为凸显。进而，两党党争也逐渐呈现出不同“身份认同”的群体之间类似于“部落”式的分歧与对抗。[①]

第二，明确了共和党的方向，加剧了民主党的困境。从民主党的选民基本盘观察，“新政”留下的蓝领中下层群体以及“民权运动”留下的非洲裔群体在近年来先后呈现出不同程度的松动迹象。特朗普的当选及其4年的执政以族裔维度上的动员瓦解了以往在经济与阶层维度动员的蓝领中下层群体选民。换言之，在两党选举竞逐意义上，两党不再仅仅面对在经济阶层以上的蓝领中下层群体，而是要面对蓝领中下层白人群体和蓝领中下层少数族裔群体之间微妙却巨大的差异与抉择。进而，特朗普复活了的“本土主义”与直截了当的“白人至上”帮助共和党在蓝领中下层白人群体中实现了关键的得票率成长，从而进一步削弱了民主党保持了数10年的关键基本盘。与此同时，蓝领中下层白人群体的流失，也伴随着民主党选民内部分歧的共振，特别是凸显了蓝领中下层白人群体与受过高等教育的白人群体之间的理念对抗。后者在民主党内部长期存在，体现为进步主义理念，而现如今又转化为民主党内部快速抬头的激进自由派力量，比如桑德斯以及亚历山德里亚·奥卡西奥－科茨等。这股力量的上升甚至某种程

---

① 刁大明：《身份政治、党争“部落化”与2020年美国大选》，《外交评论》2020年第6期，第48—73页。

度上的得势反过来又恶化了在诸多政策议题上相对保守的非洲裔选民对民主党的热情，也导致了奥巴马之后的2016年和2020年大选中非洲裔投票率与民主党候选人得票率都难言理想的窘况。在特朗普执政期间，非洲裔群体中也显现出极少数却比较固定的要求脱离民主党的另类主张，其理由是作为民主党固化“死忠”选民盘的非洲裔群体已不能得到民主党的足够重视与政策回应。[①] 特别是对于蓝领中下层非洲裔（尤其是男性群体）而言，特朗普较为内顾倾向的贸易、产业以及移民政策未必不会带来所谓“好处”。同理，特朗普在2020年大选中也迎来了拉美裔选民群体的支持率增长，令人深思。但这一现象至少能说明人口规模快速增长并逐渐积累政治影响力的拉美裔群体并非“铁板一块”。未来共和党完全有可能与民主党平分秋色，这对于更为强调“多元文化主义”的民主党而言自然不是好消息。

第三，煽动了政治的极端化与暴力化。特朗普在2016年大选中利用乃至驾驭了当时积蓄已久的民怨情绪。特别是通过社交媒体宣泄式的动员与散布，特朗普可以肆无忌惮地宣扬一些传统上认为“政治不正确”的理念、立场与议程。随着其当选并执政，特朗普继续通过社交媒体以及其作为总统所特有的动员手段来继续刺激民怨与仇恨情绪。从2017年夏洛茨维尔发生白人骚乱以来，特朗普始终保持了对白人极端群体的所谓“同情”与纵容，甚至采取某种不负责任的模棱两可的表达来实现直接煽动的效果，并将这些支持者的有组织化极端行为视为是向共和党建制派以及民主党人展现自身政治能量的最佳舞台。作为总统，特朗普这种做法直接推高了全美范围内政治极端思想泛滥以及呈现出暴力化表达的负面势头。从“骄傲男孩”到“匿名者Q”等极端组织都具有“民粹主义”“白人至上”“反精英”及“反政府”色彩，而这些组织在2020年大选周期中被验证已快速蹿升为美国政治秩序的破坏力量。又加之近年来争取族裔平权的所谓“黑人的命也是命”在美国持续升温，引发了一系列抗争运动。白人极端

① Gabrielle Gurley, “Black Men Support Trump Again,” *The American Prospect*, December 4, 2020, https://prospect.org/politics/black-men-support-trump-again/.（上网时间：2021年1月17日）。

群体也必然相应地进行针锋相对的行动，从而共同酿成了政治冲突的升级，进一步恶化了美国政治与社会环境、刺激了美国政治上的极端化与极化。可以预见，美国在政治抗争与社会运动意义上也已再次进入了类似20世纪五六十年代的相对动荡不定的历史新阶段。

三、等待下一个特朗普？

“特朗普虽将离开，但‘特朗普主义’还将继续。”这种说法无疑强调出了特朗普执政4年所留下的影响，令人玩味。但究竟何为“特朗普主义”？是否真的存在可以进行系统性阐述完全不同于以往美国政治样态的“特朗普主义”？“特朗普主义”与“本土主义”“偏执风格”“反智主义”“单边主义”以及“白人至上”等到底存在哪些交叉？……一系列问题都等待回答，而且或许很难在刚刚作别特朗普总统时就给出最恰切的答案。因而，与其说存在“特朗普主义”的概念化，不如表述得更为复杂且具体一些：即特朗普崛起所基于的美国内外困顿仍在，进而也就决定改了其所代表的、或者其创制出的某些政治趋势必然将得到延续。换言之，特朗普在2020年的败选、其一任总统的“昙花一现”以及拜登政府就位后与其形成的某种对比，将给全世界一个更为清晰观察并尝试读懂这个国度现况与未来的最佳契机。届时，我们将更为清晰地明确过去4年中所发生的那些令人瞋目结舌的事情，哪些是美国国家快速转向所决定的，却只因特朗普作为总统的个人风格所放大了的，哪些是仅仅由特朗普个人风格乃至偏好所决定的，却由于总统权力扩张趋势所放大了的。很显然，前者将得到不同程度上、不同表象上顽固的延续，甚至可以用所谓“特朗普化”加以形容，而后者才会随着特朗普个人的可能谢幕而逐渐消散。

接替特朗普总统位子的拜登除了同样高龄之外，应该将主动展现出与特朗普截然不同的执政风格，也被期待将把华盛顿带回到外界惯常认知中的传统路线上来。但无法改变的现实是，拜登也不得不面对特朗普所面对过的以及特朗普所塑造出来的权力结构与政治生态。

其一，面对着继续极化的华盛顿政治环境特别是在国会参议院因两党持平而仅仅维持“名义多数”而造成的立法成本增加，拜登仍可能不得不凭借大量行政令来加速强推民主党的政策议程，从而必然进一步刺激共和党反弹、激化党争。同时，虽然拜登在社交媒体上的活跃度明显不及特朗普，但其会否通过社交媒体的动员来维持总统的话语权，特别是在面对华盛顿党争或党内一定压力的情形下，可能还是需要密切关注的。此外，从政府人事安排上观察，拜登也快速组建起以其在国会以及副总统任内长期密切助手为班底的核心团队，与其他强调专业度或强调党内派系平衡的人选安排形成了较为明显的对比，这也预示着“小圈子”决策风格更为明显的延续性。①

其二，拜登在2020年的胜利可能未必是民主党自身比较优势的彰显，而更可能是具有新冠肺炎疫情及其引发相关特殊因素所共同塑造出的结果。民主党在蓝领中下层白人群体以及非洲裔群体中不同程度上的优势损失并未改变，党内激进派与温和派的分歧犹在。这些党内挑战，是等待拜登解决的，但可能也是难以在有限时间内由一个自身并不代表民主党发展趋势的老派政治人物能够解决得了的。这也意味着，在未来的选举周期中，随着疫情因素的最终消减，民主党如果仍然无法理顺自身稳固基本盘的逻辑，就相当于预定了来自共和党的更为严峻的全面挑战。

其三，面对着特朗普执政期间愈演愈烈的政治暴力与社会抗争，拜登政府能够实现的所谓“治愈”恐怕也将极为有限。拜登团队目前计划推动的税收、社会福利及移民政策乃至副总统哈里斯的非洲裔身份等势必再度引爆保守派白人群体的怒火，未来的相关抗议与暴力活动没有任何理由得出可以偃旗息鼓的判断。相应地，当“黑人的命也是命”等族裔抗争意识到拜登政府对族裔议题的回应仅仅能够表现为在政府官员人选等层面的“口惠”之时，当下一个“弗洛伊德事件”几乎不可避免地再次发生之时，拜登的“治愈”也将破功。于是，拜登或者任何其他政治人物都在面对着一系列的所谓“特朗普难题”。拜登虽然可以在选举意义上击败特朗普，但无法在政治意义上去除特朗普，因为产生特朗普并被特朗普强化的那个

① Evan Osnos, *Joe Biden: The Life, The Run, and What Matters Now*, NY: Scribner, 2020, p. 95.

美国早已难在朝夕间改变。

与过去4年共和党“特朗普化”的历程相比，未来一段时间的共和党则将面对在“两个特朗普”之间的抉择。“第一个特朗普”当然就是特朗普本人。如果其仍具有参与政治的资格至少具有保持政治影响力的意愿，特朗普及其支持的候选人对共和党建制派而言都将是最为棘手的问题。如果共和党继续提名特朗普或者其支持的候选人，其本人或其代表的力量能否复制2016年的“革命性”作用，应该说是存在着一定风险性。反而，如果共和党最终并未提名特朗普或者其支持的候选人，特朗普及其阵营若选择以第三势力或第三党的面目继续参选，就必然形成对共和党的“破坏性”力量：不但会导致选举的失败，也将引爆党内分裂的悲剧。“第二个特朗普”则是特朗普仍然控制的基本盘所显现出的“本土主义”“白人至上”以及“民粹主义”的立场和通过社交媒体等实现有效动员的煽动能力等政治存在，这些显然是共和党未来要重返执政所必需的。因而，未来一段时期，对共和党而言，也就是这些特朗普遗产的“共和党化”或者“内化”的过程。然而，这种需要特朗普的理念，却不需要特朗普本尊的微妙态势，的确是共和党需要拿捏、平衡与妥协的一大困点。

共和党可能面对的另一个可能方向是等待再出现特朗普式的政治人物，即完全能够承接“本土主义”“白人至上”的立场以及“民粹主义”的动员，但具有可控的情绪、建制派的履历以及更为巧妙地利用宪政框架扩张权力而非公然对抗的职业政治人物，还可以具有一定对拉美裔群体产生吸引力的身份标签。这个或这类政治人物的出现，一定程度上也是特朗普遗产被共和党“内化”的结果，是特朗普个人在政治存在意义上的“迭代进化版”，但也可能是共和党在未来数年内一个更艰巨的新难题诞生的序章。但无论如何，正所谓“请神容易，送神难”，特朗普的角色会否延续，或者到底是他本人还是他的替代者来延续其所代表的现实与理念，都将直接左右着美国共和党乃至两党政治的未来方向。

后　　记

本书是教育部人文社会科学重点研究基地重大项目《美国综合国力及社会政治生态的变化趋势》的最终研究成果，项目由课题组成员集体完成。第一章“进入21世纪以来的美国”由倪峰、魏南枝、谢韬、高智君撰写，第二章“新世纪以来的美国综合国力变化”由达巍、苏刘强、孙成昊、冯羽婷撰写，第三章“新世纪以来的美国社会”由魏南枝、王聪悦、俞凤撰写，第四章“新世纪以来的美国政治发展”由刁大明撰写。在课题开展过程中，复旦大学美国研究中心的领导吴心伯教授、宋国友教授给予了大力的指导和帮助，复旦大学美国研究中心王浩和中国社会科学院美国研究所博士后张湉做了大量后勤保障的工作，时事出版社的领导为本书的出版投入了大量心血。借此书的出版向相关单位和各位同仁表达最诚挚的感谢！

《美国综合国力及社会政治生态的变化趋势》课题组

图书在版编目（CIP）数据

美国综合国力及社会政治生态的变化趋势/倪峰等著．
—北京：时事出版社，2021.10
ISBN 978-7-5195-0429-8

Ⅰ.①美… Ⅱ.①倪… Ⅲ.①综合国力—研究—美国
②政治—研究—美国 Ⅳ.①D771.2

中国版本图书馆 CIP 数据核字（2021）第 142542 号

出版发行：时事出版社
地　　址：北京市海淀区彰化路 138 号西荣阁 B 座 G2 层
邮　　编：100097
发行热线：（010）88869831　88869832
传　　真：（010）88869875
电子邮箱：shishichubanshe@sina.com
网　　址：www.shishishe.com
印　　刷：北京良义印刷科技有限公司

开本：787×1092　1/16　印张：22.5　字数：334 千字
2021 年 10 月第 1 版　2021 年 10 月第 1 次印刷
定价：130.00 元
（如有印装质量问题，请与本社发行部联系调换）